do SUICÍDIO e da VIDA

Valdemar Augusto Angerami
(ORG.)

do SUICÍDIO e da VIDA

Artesã

Do suicídio e da vida

DIRETOR
Alcebino Santana

REVISÃO
Giovanna Marques Hailer Felipe

IMAGEM DE CAPA
Evandro Angerami

CAPA
Michelle Guimarães El Aouar

PROJETO GRÁFICO E DIAGRAMAÇÃO
Conrado Esteves

D631 Do suicídio e da vida / Valdemar Augusto Angerami, org. – Belo Horizonte : Artesã, 2023.

424 p. ; 23 cm.

ISBN: 978-85-7074-089-2

1. Psicologia. 2. Suicídio. 3. Vida. I. Angerami-Camon, Valdemar Augusto, 1950-.

CDU 159.9

Catalogação: Aline M. Sima CRB-6/2645

IMPRESSO NO BRASIL
Printed in Brazil

(31)2511-2040 (31)99403-2227
www.artesaeditora.com.br
Rua Rio Pomba 455, Carlos Prates - Cep: 30720-290 | Belo Horizonte - MG
/artesaeditora

Para

Pessoas que clamam por amor
diante do desespero...

Agradecimentos

Valdemar Augusto Angerami

Mais um livro que não seria possível sem um punhado de pessoas tão queridas e que não medem esforços para que tudo fique absolutamente perfeito. Inicialmente, nossos agradecimentos se direcionam ao Alcebino, antes editor entusiasta de nossos projetos, hoje, um amigo igualmente parceiro e verdadeiro cúmplice de nossas empreitadas pelo universo dos livros. Outra menção especial é a Karol Oliveira, antes apenas coordenadora editorial dos nossos projetos e, hoje, uma pessoa querida, que faz dos detalhamentos dos nossos livros algo para ser apreciado em detalhes e requintes artísticos. Ao artista visual Evandro Angerami nossos agradecimentos pela cessão da imagem desse livro. Aos amigos Pablo e Daniel, igualmente pessoas vinculadas à editora, mas que igualmente alçaram patamar de destaque em nossos caminhos editoriais. E nossos agradecimentos ao Conrado, pelo cuidado na diagramação e formatação dessa obra.

E o agradecimento principal é a você, leitor, pessoa tão especial que acompanha nossas publicações e, sem a qual, o livro não teria razão de ser.

Serra da Cantareira, numa manhã azul de Verão.

Sumário

Apresentação

Valdemar Augusto Angerami

Ao acreditar nos sonhos você vai ao encontro do Luamento.
Sabedoria cigana

Um novo livro. Mais um título abordando a temática desesperadora do suicídio. Mais uma obra que servirá de balizamento a todos que buscam subsídios para a compreensão desse drama que ceifa tantas vidas de modo impiedoso. E, certamente, mais um dos nossos tantos questionamentos em forma de livro, que servirão de sustentáculo teórico e filosófico para tantos que tentam se aproximar da temática do suicídio de modo pleno e absoluto.

Mais uma vez, estamos na vanguarda, com capítulos instigantes e ao mesmo tempo decisivos para que o suicídio seja desentranhado em seus detalhes e em suas configurações.

Você, mais uma vez, será nosso companheiro nessa empreitada editorial. Uma viagem feita de sonhos e ilusões da fé inquebrantável de que estamos contribuindo para a construção de uma sociedade mais justa, digna e fraterna.

O Luamento ilumina a mata prateando com seus raios argênteos a magia desse encantamento. Somos um emaranhado das diferentes vivências em busca de compreensão para o fenômeno maior da condição humana. Este é o nosso novo livro, o teu livro de referências de vida e amor.

Serra da Cantareira, numa noite de Verão.

CAPÍTULO 1

Roda de Conversa sobre a Autodestruição

Valdemar Augusto Angerami

Isabella Leão

Ma Belle Cadinho
Meu Coraçãozinho...
Minha pequena adorada...

Introdução

Desde muito tempo, frequento a Praça Roosevelt, no Centro Histórico de São Paulo, tradicional reduto da boêmia de esquerda e vanguardista. Referência pelos teatros e bares, a Praça Roosevelt fervilha nas noites com os diversos grupos se reunindo para as mais diferentes atividades, que vão desde saraus literários até a encenação de peças teatrais de vanguarda. Praça Roosevelt, que também é ponto de encontro das pessoas que saem com seus cachorros para um passeio, e por lá permanecem trocando amenidades, enquanto os cachorros brincam e pulam com seus semelhantes. Sentar-se nesse espaço dos cachorros a correrem e pessoas a conversarem sobre a vida é dádiva que a vida nos presenteia. A vida pulsando cor e desejo de que tudo seja apenas e tão somente fagulhas de prazer e esperança.

Em determina ocasião, estávamos no tradicional Bar do Zé, em conversa inflexiva com o querido André Bogdan[1], quando ele abordou a necessidade de fazer algo relacionado ao suicídio para as pessoas da região, pois, recentemente, havia ocorrido um suicídio em um dos

[1] *Designer* humanista e cidadão comprometido com a dignidade humana e a luta por Direitos Humanos.

prédios da Praça Roosevelt. Era necessário agir, algo precisava ser feito diante desse fenômeno, o qual se tornava recorrente nas imediações. Confabulamos, discorremos sobre possibilidades, e finalmente surgiu a ideia de fazermos uma roda de conversa sobre a autodestruição. Dessa maneira era iniciada a nossa série mensal de rodas de conversa sobre a autodestruição. Mas, no momento dessa idealização, não se concebia que seria a primeira de um sequencial de muitos outros encontros. Assim, foi acertado em detalhes que a nossa roda de conversa sobre autodestruição ocorreria no dia 8 de agosto de 2019, no Espaço Parlapatões, tradicional teatro da Praça Roosevelt, além de respeitável centro de fomentação das mais diferentes formas de arte, e que, gentilmente, cedeu seu espaço para a realização do nosso evento (Figura 1).

Figura 1 – Foto de André Bogdan

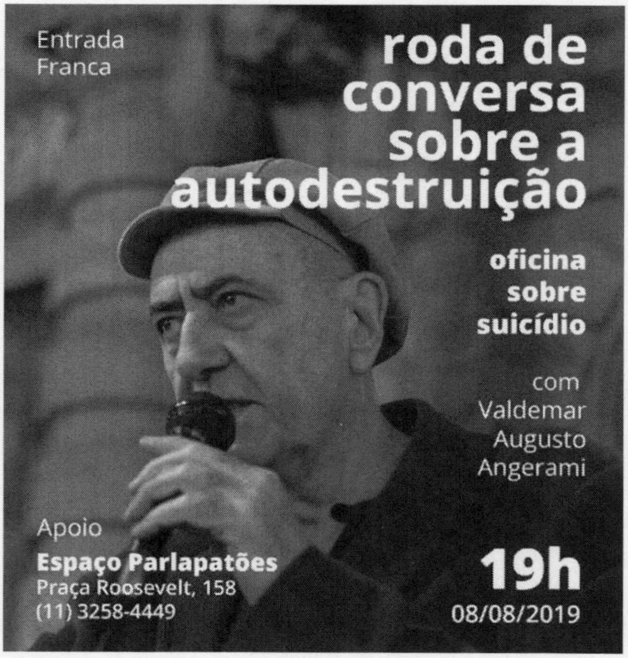

Esse primeiro encontro teve a mediação de André Bogdan e a minha participação. Inúmeras pessoas acolheram ao local em busca de informações e possíveis esclarecimentos sobre esse fenômeno tão misterioso que está a crivar a alma humana com questionamentos e polêmicas das mais variadas.

Frise-se que essa primeira roda aconteceu no mês de agosto, mês que antecede o setembro e, portanto, as manifestações do Setembro Amarelo quando, então, os profissionais da saúde e leigos envolvidos com a temática do suicídio vêm a público para propagar reflexões a respeito desse tema tão contendente e, de alguma maneira, trazer esperança a tantos corações desolados.

Discorrendo sobre a estruturação das Rodas de Conversa sobre a autodestruição

O segundo encontro da Roda de Conversa sobre a autodestruição aconteceu no Teatro Studio Heleny Guariba, também localizado na Praça Roosevelt, local de resistência cultural e política desde os tempos sombrios da ditadura militar, os quais assolaram o país por longos vinte anos, que cedeu seu espaço gentilmente para que pudéssemos sequenciar nossa roda de conversa sobre a autodestruição. E onde permanece até hoje. Isso em que pese a interrupção inevitável dos encontros presenciais devido à pandemia do Covid 19, que paralisou atividades diversas não apenas no Brasil, mas em todo o mundo. No momento em que essas linhas estão sendo escritas, os nossos encontros estão sendo virtuais.

Esse segundo encontro, além de mim, contou com a participação da psicóloga Sueli Guerreiro[2]. Ela continua na mediação e participação das nossas rodas até os dias atuais.

Nesse encontro, tivemos uma participação massiva de pessoas da comunidade, ao contrário do primeiro encontro cuja maioria dos participantes era composta de profissionais da área da saúde e de algumas pessoas que vieram pela expectativa da temática.

No segundo encontro, quando abrimos a palavra aos participantes da plateia, constatamos com a presença do síndico de um prédio com

[2] Psicóloga existencialista, que atua com pessoas vulneráveis desde algumas décadas, com larga experiência na temática do suicídio.

dois casos recentes de suicídio, de uma mãe sobrevivente do drama do suicídio da própria filha, de uma pessoa que se disse extremamente angustiada pelos períodos de intensa depressão que vivia e de outra que estava preocupada com a situação do filho. Momentos de intensa emoção cujo sofrimento pungente nessas pessoas eclodia de modo irrebatível e permitia contraponto e propostas para o alívio da situação. Dramas pessoais foram expostos sem qualquer receio e constrangimento. O acolhimento foi intenso e o modo como tudo foi sendo conduzido trouxe não apenas alívio, mas principalmente a sensação de que a dor dessas pessoas tinha similaridade com a dor de outras tantas pessoas. Muito choro e muita dor sendo expostos de modo intangível pela razão. E o que tínhamos a nossa frente era um frenesi de intensa emoção de pessoas entrelaçadas pela vivência do suicídio em seus entornos.

Vidas estraçalhadas por sonhos e ilusões desfeitos impiedosamente. Vidas que se cruzam buscando uma compreensão para algo que, na realidade, é incompreensível, algo intangível pela razão. Almas que se solidarizam na dor e buscam uma maneira de alívio a um sofrimento tão dilacerante.

Promovemos esse encontro tão dilacerante sem intenção de promover algo catártico, apenas intencionávamos estabelecer uma dialética envolvendo a temática de suicídio. E o que se viu foi algo inusitado tanto pela emoção exaurida nesse encontro quanto pela maneira como essa solidariedade enfeixou essas vidas em busca de luz e esperança.

Fomos catalizadores de um grande encontro, em que as pessoas envolvidas se viram alcançadas pela solidariedade que envolve a dor, a qual dilacera a alma sem trégua e piedade. Uma cena que me foi muito tocante foi ver pessoas enlutadas pelo drama do suicídio aconselharem o síndico a prestar atenção aos moradores que se isolavam e que não saiam dos seus apartamentos, pois poderia se tratar de alguém que estivesse precisando de ajuda e solidariedade. Ou seja, pessoas enlutadas mostrando ao síndico como a dor da alma a estrangula de modo irreversível.

De vidas totalmente quedadas sem qualquer perspectiva para o desabrochar da esperança; do choro que atormenta a alma para o alívio de novas possibilidades diante da vida; do pesadelo da desilusão para sonhos que tragam a vida para nova pulsão de desdobramentos alvissareiros.

De como a união de pessoas tão desoladas e desesperançadas pode descortinar horizontes de solidariedade e de fraternidade entre as pessoas.

O interessante nisso tudo é que a nossa intenção inicial com essas rodas de conversa sobre autodestruição era promover um espaço de discussão de temática tão contundente como o suicídio, como foi dito, contudo, o que começamos a presenciar com esse segundo encontro foi a criação de um espaço de catarse, um espaço em que as pessoas puderam colocar suas dores e angústias.

Um detalhe a mostrar é que as pessoas estão constantemente em busca de espaços para que suas dores e sofrimentos possam ser acolhidos em plenitude. Pessoas em busca de semelhantes que também possam estar com o mesmo sofrimento e com a mesma dor pungente que açoita suas almas. É como diz a sabedoria popular que define situações semelhantes *atirando no que viu e acertando o que não viu*, pois, a ideia e os propósitos iniciais eram promover um espaço para esclarecimentos de alguns pontos envolvendo a autodestruição. E o que obtivemos foi um espaço de catarse e de intenso sofrimento emocional, em que as dores psíquicas se mostraram intensas, a necessitar de cuidados prementes e mesmo urgentes.

E sem que pudéssemos nos dar conta da dimensão dos fatos, aos poucos, fomos nos tornando referência de um espaço em que as dores e os sofrimentos das pessoas com o suicídio crivado em suas vidas pudessem ser acolhidos e amparados: pessoas enlutadas pelo suicídio; pessoas com ideação suicida; pessoas cujo suicídio fez marcas irreversíveis e que, por isso, não tinham espaço para acolhimento. Caminhávamos com nossas rodas e com a plena consciência de que estávamos apreendendo com o próprio grupo os rumos e as determinantes de sua estruturação. Aprendíamos com a dinâmica do próprio grupo a como conduzi-lo, e até mesmo sobre a alternância dos temas a serem apresentados a cada mês. E essa condição fez com que evoluíssemos na busca de novas temáticas envolvendo o suicídio, bem como de pessoas que pudessem contribuir com suas reflexões, aumentando, dessa forma, o leque de abrangência de nossa inserção junto às pessoas interessadas e necessitadas desses encontros promovidos pela nossa roda de conversa sobre a autodestruição.

Sequencialmente, a nossa Roda de Conversa sobre a autodestruição passou a ter a participação da psicóloga e ativista da causa de prevenção ao suicídio Ionice Lourenço e de Ivo Oliveira Farias, sobrevivente enlutado pelo suicídio e pela morte de sua filha primogênita em plena adolescência. Essa formatação se mantém atualmente com a inserção dos convidados de cada mês, os quais apresentam os temas de suas alçadas (Figuras 2 e 3).

Figura 2

Figura 3

Outro detalhe bastante inusitado, e que passou a fazer parte da roda de conversa sobre a autodestruição, foi o *Vinho Amigo*, como passou a ser denominada a degustação de vinho após o evento sobre suicídio. O Ivo surgiu naturalmente como sendo o nosso *sommelier*, e a cada encontro cabia a ele a escolha do vinho a ser degustado.

É dizer que tínhamos, ao final dos eventos, um congraçamento regado a vinho como a contemporizar a carga emocional tão dramática desses encontros. E o mais interessante é que adentrávamos à noite com as mais diferentes temáticas em nossas conversas, mas jamais se falou de suicídio nos encontros do *Vinho Amigo*. Talvez, fosse uma pausa necessária para a alma se restabelecer e seguir adiante.

A escolha do tema do mês passou a ser feita pelo grupo após o balizamento do que seria interessante trazer para que a dinâmica da nossa roda de conversa sobre a autodestruição se mantivesse dinâmica e atraente a todos os interessados.

E, certamente, uma das coisas mais importantes no desenvolvimento dessas rodas de conversa sobre a autodestruição foi a implantação de um modelo de intervenção, o qual foi sendo sistematizado e se tornando, aos poucos, modelo teórico de abrangência para outras tantas pessoas que desejam criar espaços para a discussão da temática do suicídio.

Inicialmente, foi mencionado que a origem das rodas de conversa se deu por causa de uma necessidade específica de fazer algo diante dos casos de suicídio relacionados aos prédios da Praça Roosevelt. A maneira como tudo foi se expandindo, acrescendo a criação de temas que se alternam mensalmente, temos que, de uma proposta inicial que abarcasse uma necessidade específica, caminhamos para algo unidimensional e com tentáculos para vários desdobramentos envoltos na temática do suicídio.

A inserção de outras pessoas para compor o núcleo central de mediação da roda de conversa sobre a autodestruição permitiu, inclusive, uma pulverização dos diferentes olhares envolvidos nessa atividade. Dessa maneira, tornamo-nos, além de multiprofissionais e multiteóricos, um grupo de multifaces para a tentativa de compreender um fenômeno tão emaranhado e complexo como o suicídio.

Caminhos unindo as divergências para que isso se transformasse em amalgama a unir os pontos de tangenciamento na condução da roda de conversa sobre a autodestruição diante dos diferentes temas elencados para fazer parte dos nossos encontros mensais. Algo que foi se configurando de modo inusitado está relacionado ao teor emocional, que vibrava a cada encontro, bem como os dramas encravados nas almas das pessoas que procuravam pela roda de conversa sobre autodestruição em busca de alento para os seus sofrimentos.

E se de início esperávamos pessoas que pudessem recorrer a esses encontros em busca de subsídios teóricos e filosóficos sobre a temática do suicídio, deparamo-nos com pessoas que recorriam a esses eventos na busca de alívio às suas dores e aos sofrimentos escancarados de modo totalmente difuso e, muitas vezes, incontroláveis.

As perspectivas que se descortinavam a cada encontro nos faziam refletir não apenas sobre a repercussão desses encontros, mas também da maneira como essa ideia estava se propagando entre pessoas envolvidas de alguma maneira com a temática do suicídio.

O ato do suicídio envolve muitas pessoas que fazem parte do núcleo familiar e de amigos da vítima. O número de pessoas atingidas direta e indiretamente por um ato de suicídio é sempre incontável. Temos desde laços sanguíneos até amizades como vizinhos e pessoas que eventualmente possam ter presenciado um ato desse teor. Todos trarão o suicídio vincados em sua alma para sempre, sendo impossível apagar essa pecha de dor e sofrimento de suas vidas.

Tomemos como exemplo alguém que simplesmente se encontra em uma estação de metrô a usá-lo para se deslocar ao seu destino e, inesperadamente, depara-se com o ato de alguém desesperado lançar-se à frente de um trem tentando dar fim ao seu sofrimento de vida. Certamente, estas serão imagens que acompanharão essa pessoa por toda a eternidade, sem trégua, e isso sem mesmo ela saber minimamente o nome da pessoa envolvida nesse drama. O mesmo pode acontecer com uma pessoa que, ao passar por uma rua qualquer, depara-se com alguém se lançando de um prédio para colocar fim à própria vida. Igualmente, essa pessoa, que não sabe nada da vida daquela em desespero que opta por tirar a própria vida, terá eternamente, de modo indissolúvel, essa cena como observador em sua vida.

Vidas que se cruzam e se enfeixam de modo intrínseco a criar uma amalgama indivisível e indissolúvel. De minha parte, a primeira vez que tive o suicídio por perto estava na tenra infância, e um amiguinho, ainda em uma pequena cidade do interior, simplesmente colocou um ponto final em sua vida sem qualquer titubeio e sem deixar vestígios que minimamente trouxessem compreensão a um fato tão desesperador. E, sem dúvida, tudo o que envolveu aquele período, faz parte de mim de modo indissolúvel, não sendo possível jamais pensar em minha vida sem a presença desse espectro tão desesperador. Eu não presenciei a cena tão dramática, mas os momentos fogueados de infância com esse amiguinho permanecem de modo indelével na memória em um misto de inconformismo e desesperança com a própria condição humana.

E esse episódio dista mais de cinquenta anos do momento em que essas linhas estão sendo escrevinhadas. Rabiscos de dor e desilusão, em que a desesperança insiste para que a memória apague tais lembranças e reminiscências. Mas não tem jeito, pois são vivências encrustadas na alma e vincadas no coração para todo o sempre. A diferença da criança que eu era ao profissional que se tornou referência na área reside no fato de que, naquele momento, nutria esperança de que algum dia compreenderia os mistérios de algo tão insólito como o suicídio. Hoje, apenas sei que, diante do suicídio, eu sou tal qual o marinheiro que vive no mar, mas sabe que jamais irá compreender seus mistérios e detalhamentos.

De outra parte, o que ficava evidenciado a cada encontro da nossa roda de conversa sobre a autodestruição é que a diversidade de vínculos envolvidos era completamente inusitada, como a do síndico do prédio de uma vítima de suicídio. Tratava-se de um síndico que buscava subsídios para intervir junto a outros possíveis moradores que pudessem igualmente estar em situação análoga de desespero, algo que ia totalmente além dos quesitos necessários para se tornar um síndico a cuidar de um prédio. Além disso, havia um condutor de trem que procurava elementos para conseguir ajudar pessoas que se jogassem em frente ao seu veículo e mesmo para si, a fim de tentar elucidar situações tão traumáticas que tinha dentro de si e que propiciavam questionamentos infindáveis. Amigos e parentes que buscavam avidamente dados que pudessem trazer compreensão para um ato tão violento e marcante para todos os envolvidos eram comuns.

O farfalhar de depoimentos e de emoções decorrentes era tão intenso que a principal constatação, diante disso tudo, era a necessidade de abordar a temática do suicídio como algo premente, visto que as pessoas procediam colocando as suas emoções como se fizessem parte de um grupo, no qual se encontravam desde muito tempo, e que, por isso, tinham facilidade para expor as dilacerações da alma. Detalhes intimistas de dor que nos surpreendiam e nos deixavam atônitos, tal a dimensão que tudo adquiria. Não havia parâmetros de contenção, nada que pudesse estabelecer parâmetros para a exposição tão dilacerante e tão contundente.

E se considerarmos uma das principais queixas contemporâneas, colocada pelas pessoas, sem titubeio, de que ninguém mais está interessado em relações interpessoais mais profundas, mas sim em vivenciar momentos em que a superficialidade caracteriza a maioria dessas relações, temos, então, que a maneira como as pessoas colocam suas dores e mazelas na roda de conversa sobre a autodestruição é algo totalmente disforme dos padrões da contemporaneidade. E, como dito anteriormente, as colocações são feitas como se aquelas pessoas estivessem juntas desde muito tempo e em sintonia de concepções de valores pessoais e de mundo.

Essa maneira de expor as dores acabou sendo mais um mistério a ser desvendado em nossa vã tentativa de compreensão da realidade humana. Afinal, como é possível as pessoas falarem de suas dores com tamanha profundidade diante de pessoas que acabaram de conhecer, quando é sabido a dificuldade de expor as coisas mais intimistas da alma até mesmo para pessoas mais próximas? Ou ainda, o que ocorria com aquelas pessoas para que não houvesse nenhuma trava impeditiva para que seu sofrimento fosse exposto e que tantas outras pessoas pudessem colocar ponteamentos, reflexões e até mesmo situações de acolhimento? E mesmo, que condições havia nessas situações para que as pessoas sentissem o ambiente como acolhedor se a proposta inicial era ser uma roda de conversa sobre a autodestruição?

Não temos resposta, e tampouco importa.

O importante, de fato, é que as pessoas tinham um espaço propício para expor suas dores sem qualquer constrangimento e pudor. Um depoimento, por demais contundente, foi a de um pai que narrou a morte do seu filho com detalhes do acontecimento. Em meio à narrativa, ele apresentou-se como judeu e, por isso, perguntei, então, como era para ele ter o filho enterrado à parte dos demais, visto que na tradição judaica as pessoas que se suicidam são enterradas isoladamente dos demais mortos. Ele, então, respondeu que a morte do filho não foi divulgada como suicídio, sendo um segredo familiar, e que estava sendo exposto naquele contexto de modo inexplicável até mesmo para ele. Aliás, essa tradição judaica, de enterrar as pessoas vítimas de suicídio em local separado das demais, tem na morte de Vladimir Herzog um paradigma bastante interessante.

Vladimir Herzog era um jornalista que se posicionava contra a ditadura militar, a qual açoitou o Brasil por longos 20 anos, e foi barbaramente torturado nos porões da ditadura até a morte. A versão oficial da corja militar, que açoitava o país impiedosamente, é que Vladimir Herzog havia se suicidado na cadeia. Para mostrar que não aceitava essa versão oficial, a comunidade judaica o enterrou junto aos demais mortos, e não aparteado no local destinado aos que se matavam com as próprias mãos.

Tivemos também uma mulher que detalhou a maneira como a sua filha havia se suicidado e como todos, incluindo a filha e os demais familiares, eram vítimas de uma desesperança que corrói a alma da maioria das pessoas, mas que algumas sucumbem diante do peso que isso representa. A dor dessa desesperança é desalento a carcomer com a dignidade das pessoas em busca de algo insólito. Ela falava e chorava ao mesmo tempo em que era consolada pelo grupo, por meio de gestos de amor e acolhimento.

A cada encontro tínhamos situações que se desenhavam em emoção e situações de extrema complexidade, pelo modo como as coisas se desenvolviam. De modo geral, os encontros começavam com os coordenadores da roda de conversa sobre a autodestruição expondo suas explanações com relação à temática do suicídio e, na sequência, alguém da plateia fazia alguma pergunta, e isso, por si, desencadeava várias outras colocações por parte de outros participantes e tudo se estruturava com base nos conteúdos colocados.

A identificação da dor e do desespero expostos fazia as pessoas se colocarem e se consolarem de modo único e admirável. Em situações como essas, o nosso papel de coordenadores nos transformava em catalisadores do que estava sendo exposto e, de modo conciso, em algumas ocasiões, atuávamos como facilitares desse processo de intensa catarse emocional.

Momentos em que a nossa emoção se misturava ao material exposto pela plateia e nos fundia como parte inerente de uma amalgama: a dor e o sofrimento nos transformavam em uma unicidade com o sofrimento exaurido pelos integrantes da plateia.

E apesar dos anos de intensa vivência diante da temática do suicídio, em muitas ocasiões, sentíamo-nos principiantes diante da avalanche de dor e desespero que exauria a cada encontro. Era como se estivéssemos vivendo o processo de desdobramento, processo esse que os espiritualistas afirmam ser da condição do espírito de se desdobrar e estar simultaneamente em vários lugares diferentes. Diante de situações expostas de modo tão dramático, desdobrávamos para outras situações em que pessoas igualmente desesperançadas colocavam seus sofrimentos e o modo como agimos naquelas situações e circunstâncias. Desdobramentos para vivências do passado cujo desespero se fez presente em nossa seara profissional.

De minha parte, em muitas ocasiões, simplesmente me via no início da minha trajetória profissional, atendendo às vítimas de tentativa de suicídio que davam entrada no Pronto Socorro do Instituo Central do Hospital das Clínicas da Faculdade de Medicina da USP, isso no final dos anos 70 do século passado. Alguns casos expostos na roda de conversa sobre a autodestruição me deslocavam para o ambiente hospitalar, situações em que os atendimentos eram feitos no exaurir de uma intensa emoção e no frenesi da paixão que aqueles atendimentos me despertavam. Desdobramento em busca de subsídios emocionais para que a dor exposta pudesse ter o acolhimento necessário ao seu abrandamento. Desdobramento, a fim de que tivéssemos transcendência espiritual para o acolhimento de algo tão desesperador e que necessitava de alívio imediato.

Construímos um arcabouço de envolvimento emocional sobre a temática de suicídio em um espaço que teria como proposta inicial discutir aspectos que envolvessem a temática de modo direto e abrangente. Fomos além da discussão da temática e nos deparamos, ao longo do caminho, com os aspectos catárticos que envolviam os nossos encontros. E assim prosseguimos até março de 2020, quando tudo mudou, e surgiu a pandemia do Covid 19.

E tudo se transformou diante da pandemia da Covid 19

Esta riqueza de troca de vivência com a presença de pessoas interessadas e enlutadas pelo suicídio, infelizmente, foi alterada devido ao surgimento da pandemia provocada pela Covid 19.

Nossos encontros passaram a ser *on-line*, e a participação das pessoas em nossas atividades a ser por meio de perguntas realizadas pelo *chat* da plataforma digital utilizada. Evidentemente, essa mudança trouxe uma transformação significativa em toda a nossa estruturação, afinal, do encontro realizado no espaço do teatro passamos para uma plataforma digital, onde sequer podemos ver quem acompanha as nossas transmissões. Evidentemente que a emoção presente nos encontros no Espaço Parlapatões e depois no Teatro Heleny Guariba não se repetiram nas transmissões *on-line*, pois, agora, a participação dos que nos acompanham se dá por mensagens enviadas pelo *chat* virtual, não tendo a participação dos demais envolvidos.

Entretanto, não cabe discutir sobre a eficácia do encontro presencial em uma atividade em que as pessoas participavam colocando suas dores e se sentiam acolhidas por abraços e tantas outras manifestações de afeto, como também pela colocação dos demais participantes, para outra atividade feita pela plataforma virtual. Não se tratou de uma mudança deliberada por causa de alguma conveniência específica do grupo condutor da Roda de Conversa sobre a autodestruição. Tratou-se de uma imposição das circunstâncias pandêmicas que nos assolaram e nos fizeram buscar alternativas de atuação para a atividade presencial, totalmente banida do cenário social pelas restrições impostas pela presença do vírus da Covid 19 entre nós. Assim, nossa Roda de Conversa sobre a autodestruição passou a ser transmitida virtualmente, mantendo a última quinta-feira de cada mês como a data de sua realização. Por outro lado, passamos a ter a participação de pessoas de outras cidades, estados e países. Por causa disso, uma coisa se tornou determinante na volta das atividades presenciais, transmitir os encontros presenciais também pela plataforma virtual.

De outra parte, se é fato que a psicoterapia *on-line* tem eficácia maior do que a psicoterapia presencial, pois o vídeo propicia uma interação entre o psicoterapeuta e o paciente mais intensa e abrangente; a Roda de Conversa sobre a autodestruição não tem como apresentar a mesma eficácia da situação presencial em sua versão *on-line*.

No caso da psicoterapia *on-line*, há um cansaço muito maior por parte do psicoterapeuta, pois ele fica todo o tempo do atendimento sem poder se desviar um segundo sequer da câmera que faz a transmissão da sessão. Qualquer desvio do seu olhar da câmera pode ser interpretado como desatenção, então, o que se tem é o psicoterapeuta durante todo o tempo da sessão totalmente imerso no foco da câmera. Sem dúvida alguma, o atendimento *on-line* é muito mais exaustivo e requer um desdobramento e uma superação contínuos.

Certamente, tanto os atendimentos de psicoterapia como os da Roda de Conversa sobre a autodestruição se transformaram na versão *on-line* em decorrência da pandemia que nos assolou impiedosamente, mas é fato que a psicoterapia mostrou-se muito mais eficaz do que a sua versão presencial, fazendo com que muitos psicoterapeutas, e eu me incluo nesse rol, afirmem textualmente não voltarem mais ao atendimento presencial pela constatação dos benefícios dessa forma de abordagem principalmente para o paciente.

No tocante à Roda de Conversa sobre a autodestruição, a mudança para a plataforma digital trouxe a perda significativa do envolvimento presencial entre as pessoas. Não queremos com isso afirmar que a atividade virtual não está sendo reconfortante para muitas pessoas, ao contrário, os inúmeros depoimentos recebidos nos dão conta de que estamos atingindo inúmeras pessoas por meio do encontro via plataforma digital. Apenas não temos o frenesi da emoção presencial com inúmeras pessoas colocando suas dores e se reconfortando umas às outras de modo contínuo e sem intermitência. É evidente que quando falamos em transmissão virtual o alcance é bem maior do que a atividade presencial e, por isso, a junção da atividade presencial com a transmissão virtual se torna um avanço nessa dimensão do alcance da Roda de Conversa sobre a autodestruição.

Alguns temas trazidos para a Roda de Conversa sobre a autodestruição

Nesse trecho do trabalho, vamos abordar alguns temas que fizeram parte da programação da nossa Roda de Conversa sobre a autodestruição. Isso não significa demérito a outros temas que foram deixados de lado. Apenas buscamos alguns deles para ilustrar minimamente a descrição da nossa Roda de Conversa sobre a autodestruição. Consideramos também o impacto causado nas pessoas que nos acompanham, seja nos encontros presenciais, ou ainda nos virtuais, afinal, o balizamento da repercussão junto a tanta gente diferente que acompanha nossa realização mensal é determinante para esse contraponto. E, ademais, esse capítulo está sendo escrito com a Roda de Conversa sobre a autodestruição sendo realizada mensalmente, ou seja, novos temas estão surgindo, e isso implica que esse capítulo precisará ser revisado e atualizado continuamente. Dessa forma, vamos abordar alguns temas considerados significativos e, repito, sem demérito a qualquer outro tema que ficou fora dessas citações.

Aspectos Jurídicos envolvendo o suicídio

Para esse tema tão atrativo e com imbricamentos e desdobramentos tão fascinantes, convidamos o jurista Geraldo Magela Pessoa Tardeli para expor mais detalhes. Ele participou várias vezes da nossa roda, algumas vezes nos encontros presenciais no Teatro Heleny Guariba, e depois em alguns encontros já no plano virtual.

Nesses encontros, foi apresentado a maneira como a legislação aborda a questão do suicídio e as implicações legais do ato do suicídio. É interessante frisar que, mesmo atuando durante décadas com a temática do suicídio, sempre me vejo perplexo em como esse universo é vasto e o tanto que desconhecemos principalmente sobre as implicações legais desse ato tão desesperador. Casos de indução ao suicídio; casos em que pessoas resolvem se suicidar em gesto de união e um dos participantes não morre; casos em que o suposto suicídio, na realidade, é um ato de homicídio. Enfim, filigranas que se somam e se multiplicam de modo a fazer do suicídio algo simplesmente inominável.

O mestre Geraldo sempre nos presenteou com apresentações pontuadas de citações jurídicas e ilustradas com diversos casos a embasar as suas colocações. Outro amigo muito querido, o saudoso Antônio Carlos Malheiros, um brilhante desembargador das *lides* jurídicas paulistas, ao se referir ao mestre Gerado dizia: "*O Geraldo é Direito puro, da mais alta qualidade*".

E de fato, as apresentações do mestre Geraldo em nossas Rodas de Conversa sobre a autodestruição consolidam essa conceituação e faz com que sua presença entre nós seja dádiva de luz e esperança. Tanto nas apresentações presenciais quanto posteriormente nas virtuais, a clareza e a didática de suas exposições destrincham um tema tão complexo e permite uma compreensão detalhista dos fatos.

Saliente-se que o mestre Geraldo nos trouxe, dentre outras coisas, a consciência da necessidade de que tenhamos conhecimento mínimo dos aspectos jurídicos envolvendo o suicídio. Afinal, a dramaticidade desses casos, no tocante aos aspectos emocionais que nos envolve na condição de profissionais da saúde, também é tangenciada por aspectos legais, que trazem consequências diversas para as pessoas que participam do entorno da vítima de suicídio, ou mesmo, de tentativa de suicídio.

Na medida em que o nosso envolvimento com esse paciente, muitas vezes, também engloba os familiares e amigos, saber desses aspectos jurídicos pode ser importante para elucidar até mesmo alguns pontos que precisam estar entranhados no próprio processo emocional.

Os aspectos multidisciplinares que envolvem as mais diferentes situações ocorridas na seara da saúde, em grande parte, envolvem apenas profissionais da saúde. E essa interlocução com profissionais de outras áreas é bastante pertinente e oportuna, pois nos abre diferentes perspectivas de compreensão do paciente que se apresenta diante do nosso olhar.

Diferentes olhares enquadrados sob os mais diversos ângulos certamente irão propiciar uma abrangência maior de compreensão do paciente envolto em suicídio, fazendo com que tenhamos um panorama multidimensional dessa ocorrência.

O olhar dos sobreviventes enlutados pelo suicídio diante do sofrimento

Um dos aspectos mais tocantes e emocionantes em nossas Rodas de Conversa sobre a autodestruição foi a participação de pessoas enlutadas por suicídio de filhos, os chamados sobreviventes enlutados pelo suicídio. Pessoas que perderam os filhos vitimados pelo suicídio, e que se apresentam em público deixando o anonimato para trás, a fim de levar esperança e um novo alento a tantos que padecem com o desespero crivado em suas almas. Pais que, após a perda dos filhos para o suicídio, passaram a organizar grupos e espaços com a intenção de dar guarida a tantos outros pais que se encontram nas mesmas situações e que não têm locais para o acolhimento de suas dores.

Em diversos encontros da Roda de Conversa sobre a autodestruição, esses pais mostraram a dimensão da superação da própria dor para poder alcançar outros tantos pais que, desolados, vagueiam em busca de algum esclarecimento sobre a tragédia envolvendo seus filhos. Eles mostraram a diversidade de espaços criados para esses acolhimentos, espaços que vão desde grupos mistos até grupos masculinos, além de diferentes aspectos em que o acolhimento à dor tão pungente é a tônica prevalecente.

Os depoimentos desses pais, além de muito emocionante, é paradigma inabalável da superação da própria condição humana diante da dor e do sofrimento. Pais que sabem que as suas dores não podem impedir que sua mensagem de esperança seja transpassada aos quatro cantos para todos que, de alguma maneira, precisem desse alento.

Pais que trazem detalhes dos filhos e dos momentos em que consumaram a morte com as próprias mãos, e que, no entanto, fazem disso um sustentáculo de esperança para dar guarida a outros tantos pais enlutados e desolados diante da dor e do sofrimento.

Seguramente, os encontros que tiveram a participação desses sobreviventes enlutados pelo suicídio, dessas pessoas que perderam seus filhos diante do desespero da vida foram os que mais trouxeram emoção às nossas Rodas de Conversa sobre a autodestruição, pois, acima de tudo, tínhamos a nossa frente pessoas com a alma ensanguentada de dor, e que, ainda assim, traziam a esperança da vida e da superação a tantos que dispunham a segui-los. Depoimentos marcados pela dor e que, simultaneamente, traziam a determinação de mostrar que a vida, a despeito dos enfrentamentos e embates do caminho, sempre é a obstinação da superação.

Pais que sabiam que o desespero de alma de seus filhos os levou à sucumbência e, ainda assim, mostravam em suas falas e sorrisos que a superação e a busca de ajuda especializada é o melhor antídoto para evitar um final desesperador.

A fragilidade da vida humana é exposta nesses depoimentos de modo muito sensível e dilacerante. Pais que se mostravam próximos aos seus filhos, e ainda assim não conseguiram perceber, nem mesmo estancar o sofrimento desesperador que carcomia suas almas. E isso era sempre o mais impressionante no detalhamento desses depoimentos: a consciência de que não conseguiram ajudar seus filhos, por mais que estivessem próximos e atentos às suas manifestações. Era sempre a mesma metáfora subjacente, a de que o suicídio apresenta nuanças incompreensíveis para todos que se debruçam sobre ele na tentativa de compreensão de seus tentáculos desesperadores.

E não se tratava de teóricos tergiversando sobre o suicídio e suas manifestações, e sim, de pais enlutados, sobreviventes enlutados pelo suicídio, pessoas que tinham a alma dilacerada de dor e sofrimento, e que num processo hercúleo de superação, ainda se dispunham a vir a público trazer novos matizes de cor e luz a outros tantos desesperançados e enlutados.

Da minha parte, em minha trajetória profissional, depois de décadas atuando junto a vítimas de tentativas de suicídio, e de enlutados por suicídio, não tenho qualquer constrangimento em dizer da minha emoção diante de novos casos de suicídio. Não consigo conter minha emoção e, em muitas ocasiões, as lágrimas diante da notícia de suicídio de adolescentes e, principalmente, de crianças.

Nas situações em que ocorre o depoimento de pais sobreviventes enlutados pelo suicídio de seus familiares, verdadeiramente é algo indefinível em termos emocionais para mim. Algo que toca minha alma de modo tão profundo e sensível que demoro tempo significativo para recuperar minha capacidade de reflexão e condição cognitiva e intelectual. É como se a emoção mostrasse que não há espaço para qualquer forma de racionalidade ao nos depararmos com casos de suicídio que se tornam próximos a nós em depoimentos tão pungentes.

Esses depoimentos carregados de tanta dramaticidade sempre me trazem a incomoda percepção de não estar preparado emocionalmente para lidar com casos tão desesperadores. E mesmo o contraponto do tanto de anos na lida com a temática de suicídio não traz alívio à angústia que se apossa de mim e me deixa paralisado e inerte diante dessas situações. *Ah*, dirão meus apreciadores, *você está preparado e qualificado para esses casos, afinal, nossa trajetória profissional é embasada em seus livros que, por sua vez, é fundamentada em sua prática profissional.*

E nessa toada prosseguimos com a vida escancarando casos e mais casos que me dilaceram a alma e me deixam prostrado e sem ação, mas, ainda sim, sendo referência a tantos que nos seguem por meio dos nossos escritos.

Pais falando da morte dos próprios filhos sempre é algo por demais doloroso. Temos, então, a absurdidade dessa situação se materializando de modo indissolúvel. Afinal, é da gênese humana um filho esperar pela morte dos pais, algo que seria natural e sequencial na própria vida, existe até uma definição para os filhos que perdem os pais, eles se tornam *órfãos*. Mas a possibilidade de perder um filho é de tamanha absurdidade que sequer existe definição para esse fenômeno.

E quando a morte desse filho se efetiva a partir do suicídio, essa absurdidade se torna ainda mais dramática e totalmente indescritível. É como se algo transcendesse não apenas os aspectos de descendência e continuidade da própria vida, mas também a situação de algo inusitado que a vida nos escancara em alguns momentos de modo totalmente insano.

Pessoas em situação de rua diante do suicídio e da autodestruição

Esse tema, de grande relevância, foi conduzido pela psicóloga Sueli Guerreiro, tanto no plano presencial como na atividade virtual. Sulica, como a chamamos carinhosamente, desenvolve um trabalho admirável com pessoas em situação de rua desde alguns anos. A sua atividade foi registrada anteriormente no livro *A Psicologia da Saúde na Prática*[3], trabalho esse que se tornou referência teórica e prática em muitas universidades pelo país afora. Sulica detalhou as desventuras das pessoas em situação de rua e o modo como a autodestruição se torna algo imbricado em suas vidas pela própria condição que a rua estabelece.

As pessoas em situação de rua se mostram invisíveis para a grande maioria das pessoas. Sequer são percebidas em seus infortúnios e mesmo notadas amontoadas sob os viadutos da cidade e sob escombros de prédios em estado de total precariedade. Pessoas que reviram lixo em busca de comida ou mesmo de materiais que possam ser vendidos e revertidos na busca de sua sobrevivência. Pessoas que simplesmente tentam a sobrevivência sem qualquer amparo ou proteção social e governamental.

E como não bastasse as desventuras da rua, essas pessoas, muitas vezes, estão envolvidas na ingestão de álcool e drogas, mormente o *crack* na atualidade. Pessoas que se destroem com a ingestão dessas substâncias sem qualquer aspecto de reflexão que minimamente faça contraponto a essa forma de autodestruição.

Sulica mostrou como acolher pessoas com esse teor de destruição, e combalidas pelo açoite cruel perpetuado por essa forma de vida. Ela detalhou como é a convivência com essas pessoas e como é aceita entre elas, algo que não acontece até mesmo com os agentes de saúde governamentais. Ela relatou situação em que esses agentes de saúde pediram ajuda a ela para poder abordar um paciente que se encontrava nas ruas e necessitava de tratamentos emergenciais, o qual, no entanto, mostrava-se totalmente arredio a eles.

Detalhes de preciosidade tão grandiosos que, por mais eloquentes que sejam as palavras para descrevê-los, certamente estarão aquém da vivência em si e de sua narrativa envolta em intensa emoção. Um aspecto bastante importante nessa narrativa é o fato de Sulica transmitir o modo carinhoso e acolhedor com que desenvolve seu trabalho junto a essas pessoas. Sempre obstinada com os detalhes da sua narrativa, esses momentos foram muito marcantes para as pessoas que participaram desses

[3] GUERREIRO, S. Consultório de Rua. *In:* ANGERAMI, V. A., (org.). *A Psicologia da Saúde na Prática*. Belo Horizonte: Artesã Editora, 2018.

eventos. Discussão sobre as maneiras de autodestruição encontradas na rua e o modo como isso pode diferir desses mesmos procedimentos em outro contexto. Tudo detalhado por meio de sua vasta experiência com essa população.

Vidas que foram excluídas do seio social pela perversidade do modelo econômico vigente em nosso país. Pessoas que perderam tudo e, muitas vezes, têm como restante a dignidade em busca da própria sobrevivência.

A autodestruição nas pessoas em situação de rua é algo muito presente e de matizes contundentes. Afinal, a sobrevivência nas ruas em meio a todas as formas de adversidades é algo que se contrapõe aos preceitos básicos de vida e mesmo de sustentabilidade. A ingestão excessiva de álcool e outras drogas não é apenas um lenitivo de enfrentamento a tantas e tamanhas adversidades, mas também algo que vai carcomendo esse organismo já tão combalido pelas adversidades da rua.

Com o advento do *crack*, a situação de autodestruição ganha contornos precisos e incontestáveis, afinal, trata-se da droga que impele seus usuários a uso contínuo e sem qualquer forma de regramento. Assim, é comum ver pessoas de muletas, cadeiras de rodas, em razão de pernas gangrenadas devido a horas e horas cachimbando[4] em posição de cócoras. E na própria conjuntura do ato em si, sem alimentação, água ou qualquer outro cuidado com o organismo. Pessoas que ficam dias sem comer e mesmo sem dormir, ou seja, além da falta de cuidados básicos e mínimos para o organismo, ainda estão ingerindo drogas de alto poder destrutivo.

O acolhimento descrito por Sulica a essas pessoas é comovente, afinal, são pessoas que não têm, na maioria das vezes, nenhum esteio com a própria vida. Pessoas que foram preteridas por familiares, amigos, autoridades sanitárias e pela sociedade como um todo.

Tivemos a descrição de um trabalho maravilhoso por parte da Sulica, atividade que nos faz mais humanos na medida em que se acolhem pessoas largadas à própria sorte e que têm na autodestruição apenas uma de suas manifestações frente à vida. Enxergar a dimensão

[4] Expressão utilizada para definir o uso de *crack*.

desse fenômeno é aspecto primordial para que possamos atingir patamares mais elevados em nossa busca profissional e mesmo pessoal.

Vidas enlameadas nas sarjetas a revirar lixos, a mendigar por um prato de comida. Vidas encarquilhadas pela dor e pela total escassez das condições básicas mínimas para uma vida digna. Um dos ensinamentos mais belos dessa vida é o de Ghandi quando ele diz: "*se Deus tiver que aparecer para um faminto, Ele se configura em um prato de comida*".

Isso mostra que pessoas como a Sulica, que levam esperança para esses combalidos, para essas pessoas quedadas ao longo do caminho são mais do que presenças profissionais, representam, ainda, presença divina na vida dessas pessoas. Um toque de carícia na alma dessas pessoas tão desesperançadas. Além de sua atuação como psicóloga, ela também está levando a centelha de luz e esperança para tantas pessoas desesperadas.

Abordagem técnica a tentativas de suicídio

Para falar de um tema tão importante e delicado, tivemos a presença de Diógenes Martins Munhoz ou apenas Major Diógenes, como é carinhosamente chamado tanto na corporação de bombeiros quanto por seus amigos queridos. Ele é instrutor da Escola Superior de Bombeiros e criador do primeiro Curso Brasileiro de Abordagem Técnica e Tentativas de Suicídio. É autor do livro *Abordagem Técnica a Tentativas de Suicídio*[5]. Verdadeiramente, tivemos uma demonstração, por meio de suas colocações, de desprendimento e de entrega para ajudar tantas pessoas desesperadas e que têm na ação dos bombeiros o último elo de vida diante da morte.

Casos foram desfiados em detalhes, a fim de mostrar que a técnica de resgaste do tentante unida a uma sensibilidade humana contagiante fez com que tivéssemos uma compreensão pormenorizada da ação dos bombeiros nesses instantes tão delicados.

Tivemos uma aula magna de como abordar o tentante desesperado e fazer com ele possa se demover da ideia da autodestruição iminente.

[5] MUNHOZ, D. M. *Abordagem técnica a tentativas de suicídio.* São Paulo: Editora Ahthentic Fire, 2019.

Impressionou um caso em que o tenente ficou horas conversando com um tentante que estava dentro de um cômodo de seu apartamento, sem que esse abrisse a porta, na tentativa de demovê-lo da autodestruição.

Além da técnica de resgaste de tentantes que se encontram em grandes alturas até casos como o relatado, ficou evidenciado que, junto a técnicas apuradas, há também a necessidade de uma sensibilidade para tocar a alma desses tentantes de modo único e imediato. E isso sem qualquer titubeio, pois a vida do tentante, muitas vezes, está por um fio de esperança.

Interessante e fascinante essa junção da técnica com a sensibilidade dos oficiais bombeiros, pois, se de um lado a técnica de resgate dessa vítima pode ser ensinada por meio da transmissão de um conjunto de procedimentos, essa abordagem em que a palavra tem o dom de acalmar e serenar o estado de espírito do tentante é algo que até tem normatização, mas demanda uma sensibilidade e uma superação humana contínua e que, seguramente, renova-se e se desdobra a cada novo caso.

A serenidade necessária para o oficial bombeiro intervir junto a essa vítima tentante é algo admirável, pois a situação é limite e sequer pode haver a conjunção de uma pausa para reflexão ou mesmo descanso diante da exaustão do caso. Filigranas que significam o resgate de uma vida, a qual se encontra no limite da desesperança; situações em que a palavra desse oficial pode trazer uma luz ao pensamento do tentante que se encontra, na quase totalidade das vezes, em total turbulência. O próprio Major Diógenes mostra, em sua explanação, serenidade e determinação, o que nos faz antever os detalhes dessas técnicas criadas ou aperfeiçoadas por ele e seus auxiliares.

De modo conciso, temos diante de nossa percepção uma forma de prevenção do suicídio no momento maior da crise dessa pessoa envolta nas garras do desespero e da autodestruição.

A vida humana é frágil, excessivamente frágil, e a descrição dessas abordagens efetivadas pelo Major Diógenes e seus colegas de ofício mostram-nos esse teor de modo abismal. Detalhes que implicam em resgatar essa vida envolta em tamanha fragilidade num momento crucial de seu desespero. Momentos em que as conjurações sobre o suicídio e seus aportes teóricos inexistem, e o efetivamente vivido é o desespero em sua manifestação mais aguda e a tentativa de resgaste dessa vida.

Situações extremadas em que a sensibilidade do oficial bombeiro se torna a premissa maior para que o resgate do tentante seja pleno de êxito, momentos em que a condição humana se mostra em harmonia com o resgate e valorização da vida. Sabemos que o desespero humano tem múltiplas facetas, mas, seguramente, o momento em que a vida está se esvaindo na iminência de um gesto fortuito e intempestivo, o acolhimento trazendo esperança e luz é o fio de esperança capaz de alicerçar essa vida para novos patamares.

Vidas que se cruzam e se entrelaçam em momentos extremados de desespero. Uma mão sendo generosamente oferecida para que a outra mão possa segurá-la e ser resgatada para a vida. Resgate que significa uma nova oportunidade de soerguimento e de renascimento frente aos escombros emocionais que determinaram a intenção de colocar fim à vida com as próprias mãos.

E vendo o domínio que o Major Diógenes tinha das estratégias a serem adotadas nessas situações e circunstâncias, uma coisa que me ocorreu era a quase total ausência desses oficiais bombeiros em eventos abordando a temática do suicídio. Exceção feita ao próprio Major Diógenes, que se faz presente em inúmeros eventos sobre suicídio, os demais não são chamados para tais eventos e decididamente suas ações são determinantes de modo absoluto ao se falar em prevenção de suicídio. Prevenção no sentido mais restrito do termo, prevenção no momento em que o suicídio deixa de ser uma possibilidade e se torna a iminência real e fatídica da morte.

O sofrimento emocional advindo dos *cancelamentos* das redes virtuais

Esse tema foi abordado pelo núcleo coordenador da Roda de Conversa sobre a autodestruição. Tal tema foi proposto devido ao número cada vez maior de pessoas que são lançadas a situações de extremo sofrimento emocional em razão de terem sido *canceladas* nas redes sociais por seus amigos. Cancelar originalmente significa tornar algo nulo, sem efeito, sem valor. Na atualidade, temos uma transformação desse significado para a chamada cultura do cancelamento. Nesse sentido, há a configuração de uma forma moderna de ostracismo, em que pessoas ou grupos são expulsos de uma posição de influência ou destaque, devido a atitudes consideradas questionáveis, seja na realidade virtual, seja no mundo real ou em ambos.

E na medida em que a contemporaneidade implica, para muitas pessoas, aceitação incondicional na realidade virtual, sofrer *cancelamento* por seus amigos é algo que está provocando sofrimento emocional significativo em um número muito grande de pessoas. E verdadeiramente estamos diante de um fenômeno cuja ocorrência está nos levando a determinantes de compreensão de algo que apresenta regras claras de ocorrência, e cujos aspectos de sofrimento das pessoas *canceladas*, é algo que precisa ser compreendido em uma dimensão mais ampla.

Em princípio, algo que parece insólito, ou seja, pessoas sofrendo em níveis insuportáveis por terem sido excluídos de grupos virtuais, ou melhor definindo, terem sido *canceladas*. Algo que visto à distância não deveria ter o condão de provocar tanto sofrimento e, muitas vezes, até mesmo a perda do próprio sentido da vida. Mas, ao contrário, temos algo tão forte e tão intricado nos relacionamentos interpessoais da modernidade que os tentáculos de sua abrangência chegam a ser assustadores.

O *cancelamento* adquire tons de desprezo pessoal e social cujo dimensionamento se torna dilacerante e de contundência única. Choro tangenciado pela exclusão dos amigos da presença em grupos virtuais e com repercussões na vida real, e sem delimitação entre essas duas realidades. Houve uma inversão de valores, pois, em vez de buscar notoriedade, reconhecimento por seus valores e virtudes, busca-se a fama a qualquer custo. Fama dimensionada pelo número de curtidas e por comentários efetivados a cada postagem. Algo totalmente efêmero, que precisa ser renovado a cada nova postagem e, na maioria das vezes, estabelecendo até mesmo aspectos afetivos por meio das respostas obtidas. E quando surge o *cancelamento*, a exclusão dos grupos de mídia significativos, essa pessoa excluída tem sobre si a dimensão de uma rejeição que transcende o grupo para além de parâmetros de racionalidade.

A contemporaneidade dos relacionamentos virtuais, e a maneira como as interações e comunicações se processam nesse universo, está a exigir um olhar apurado e sensível para captar os sentimentos presentes e emaranhados nesse ambiente. As transformações e novas configurações ocorrem de maneira abrupta e sem que se permita pausa para reflexão e inflexão dos significados dessas mudanças. Fomos acostumando e incorporando expressões e neologismos que surgiam ao nosso repertório linguístico e simbólico. Assim, expressões como *deletar*, inicialmente usada apenas como neologismo de *delete* do computador, passou a ser utilizado também como referência à exclusão de pessoas do nosso rol de amizades. Ou de como a expressão *enviar um torpedo*, que significa enviar mensagem pelo celular, foi legado ao ostracismo com o surgimento de novas tecnologias, e hoje é configurada como *enviar um zap*. Tudo se transforma de modo muito rápido e sempre a exigir uma adaptação constante de nossa parte para o acompanhamento dessas mudanças.

E o *cancelamento* surge no bojo dessas mudanças, mas traz sobre si implicações emocionais bastante contundentes, e está levando muitas pessoas, principalmente os mais jovens, a patamares de sofrimento impensáveis em períodos anteriores. *Cancelamento* que adquire contornos de rejeição extremada, e que culmina com a autoestima desse excluído sendo atirada às raias do domínio público pelas implicações inerentes a esse ato na contemporaneidade.

A sugestão do tema do *cancelamento* para a Roda de Conversa sobre a autodestruição aconteceu pelo número de casos que estão surgindo em nossas clínicas que manifestam até mesmo a perda de sentido de vida diante dessa situação de exclusão. Ou seja, estamos diante de um fenômeno que está a nos exigir uma compreensão com premência e urgência, pois sequer temos material em nosso arsenal teórico que contemple tais ocorrências. Essa modalidade de rejeição, denominada cancelamento, está a exigir novos desdobramentos em nosso olhar clínico para poder abarcar algo cuja dimensão se mostra em pequenos detalhamentos, mas cuja dimensão certamente é estrondosa.

A realidade virtual se embrenhou em nossas vidas de modo definitivo e, além dos atendimentos de psicoterapia, e mesmo a nossa Roda de Conversa sobre a autodestruição que se adaptou a essa nova formatação, temos, ainda, a maneira com que os relacionamentos interpessoais estão sendo transpassados para novas configurações e exigindo que o nosso olhar clínico se supere para poder alcançar seus novos desdobramentos.

O desespero da noite de natal

Tema recorrente em nossas explanações sobre suicídio, com presença em nossa Roda de Conversa sobre a autodestruição. Esse tema igualmente foi conduzido pelo núcleo coordenador da Roda de Conversa sobre a autodestruição.

O natal, por sua configuração de encontro familiar, traz em si a mitificação de que se trata de um momento sublime, em que a família precisa estar reunida em harmonia. E quem está sem família, ou mesmo distante de sua família, tem diante de si um sofrimento infindável. E frise-se ainda que a festividade de natal foi apropriada pelo comércio e, dessa maneira, a ceia de natal para ser completa precisa ter, além da família reunida, uma quantidade de bebidas e comidas incontáveis, e a necessidade de uma fartura de presentes para ser distribuído entre os participantes. Sem esses apetrechos, a ceia de natal estará incompleta, e o que era originalmente uma festa cristã, tornou-se uma festa pagã, embalada em consumismo desenfreado de bebidas e comilança.

Em trabalho anterior[6], descrevemos um plantão de atendimento em uma noite de natal. É sabido do perigo de transitar pelas ruas na madrugada de natal pelo número presumível de pessoas alcoolizadas, o que talvez a maioria das pessoas não saiba é o teor de destrutividade presente na véspera de natal. Seus dados de destruição a tornam a noite mais violenta do ano em termos de suicídio, tentativas de suicídio e, possivelmente, em conflitos familiares. Vidas que se desesperam pela contingência de estarem distantes de seus familiares, ou então, que perderam familiares para a morte.

Na véspera de natal, momento consagrado para o congraçamento familiar, a ausência de familiares se faz dolorosa e contundente. Frise-se que os familiares ausentes, na realidade, fazem-se mais presentes do que em situação real de presença física. A ausência é presença a mostrar o lugar vazio à mesa, ou ainda, a falta dos detalhes que marcavam sua presença no seio familiar.

[6] ANGERAMI, V. A. O desespero da noite de natal. *In*: ANGERAMI, V.A., (org.). *Suicídio e suas interfaces*. Belo Horizonte: Artesã Editora, 2019.

O detalhamento dos casos ocorridos em suas nuances sempre dramáticas marcou esse tema em nossa roda de conversa sobre a autodestruição. O natal, envolto em tantas contradições, mostra-se como uma data que se tornou paradigma do cristianismo e, ao mesmo tempo, uma festa cuja religiosidade, na quase totalidade das ceias, está ausente.

Seguramente, o número de famílias que faz alguma oração por ocasião da ceia de natal é raro, praticamente inexistente. Mas a exigência de comidas, bebidas e presentes foi algo imposto pelo comércio de modo soberano. Foi trazido à baila o enredo de um paciente que, por não ter condições de arcar com o que se espera de uma ceia de natal e seus presentes, mostrava-se desolado e, de tão desesperançado, a perspectiva de suicídio surgia como ponto em que suas mazelas teriam fim.

O mais importante ao trazer esse tema para reflexão é a possibilidade de despertar a consciência das pessoas para essa realidade. E o que notamos nessas situações é a mobilização das pessoas para atentar a familiares, vizinhos, amigos que estejam solitários pela vida, e tentarem acolhê-los nessa noite tão dramática e, muitas vezes, desesperadora. Isso tem sido uma tônica frequente, e não foi diferente em nossa Roda de Conversa sobre a autodestruição. Tivemos uma mobilização significativa da plateia para essa temática de modo a despertar a consciência para estender a mão a essas pessoas solitárias.

Esse aspecto da mobilização de pessoas para o acolhimento daqueles que, porventura, possam estar desesperançados, sempre é algo alvissareiro, afinal, o que almejamos em nossas incursões pela temática do suicídio é sempre levar alento e esperança aos combalidos pela dor. Algo que sempre afirmamos é que, se todas as nossas atividades resultarem que uma vida, apenas uma única vida seja resgatada para a esperança, o nosso trabalho terá cumprido sua finalidade maior. Por maior que seja o número de casos de suicídio ocorridos no Brasil anualmente, cerca de 12 mil casos, média de 40 casos por dia, estamos falando de números, estatísticas, mas quando temos alguém à nossa frente, um coração vibrando em ânsia, alguém que é filho, esposa, marido, daí a coisa se torna humana, e não mais um amontoado de números frios e distantes da realidade humana. E, se uma vida for resgatada, essa vida significa algo inerente à condição humana, e o nosso trabalho será considerado vitorioso.

Na situação de natal, especificamente, temos que a mobilização para que as pessoas se atentem aos parentes, amigos, vizinhos que possam estar em situações de isolamento, de vida solitária, certamente, é uma situação de antídoto para que o manto de desespero do natal não envolva a pessoa desesperançada. O resgate de cada vida é algo bastante delicado e sensível, e, a isso, temos que atentar e fazer com que essa centelha de esperança se espalhe e possa envolver outras tantas pessoas desesperançadas.

Nesse mesmo diapasão de acolhimento de vidas desesperadas na noite de natal, efetivamos uma empreitada junto a algumas igrejas e mosteiros para que permanecessem abertos nessa noite e fizessem a divulgação desse fato. Fomos acolhidos por alguns religiosos nesse pedido e alguns mosteiros e igrejas permanecem abertos nessa noite, a qual se mostra desesperadora para muitas pessoas. Lembro-me de que, em uma determinada ocasião, passei em um dos mosteiros para saber como havia sido o movimento na noite de natal, e o prior disse que o movimento havia sido pequeno, que apenas algumas pessoas procuraram por acolhimento nessa noite. Disse, então, que provavelmente essas pessoas que buscaram o mosteiro nessa noite seriam pessoas desesperadas e que, dessa forma, teriam sido resgatadas para a vida. E como dissemos, uma única vida justifica todos os nossos esforços em que pese o número diário de suicídio ser assombroso.

E se tem algo com o qual já me acostumei é ser chamado de sonhador por evocar que o resgate de uma vida justifica toda a nossa empreitada envolvendo a temática de suicídio. Sonhador ou simplesmente alguém que acredita na centelha da esperança junto ao desesperado.

Não importa!

O importante é saber que podemos evitar que algumas pessoas busquem no suicídio o alívio para as suas desventuras. Esperança para que outros caminhos sejam procurados que não a morte pelas próprias mãos. O suicídio é por demais contundente para que esmorecemos nessa cruzada. O sonho de que a esperança possa acalentar o coração daqueles que estão em situação de prostração frente à vida; esperança para os que não conseguem ver outras possibilidades para a sua vida que não o suicídio; vidas que condigam buscar outros caminhos que não a própria destruição.

A ideação suicida na sala de aula

Para falar desse tema tão importante e premente, tivemos a presença de Selma Leite, formada em filosofia e professora da rede pública em São Paulo. Ela colocou os casos vividos por ela com seus alunos. Dramaticidade que tem sua dimensão expandida em razão da pandemia da Covid 19, que deixou esses alunos em casa e distantes da escola por quase dois anos. Ou seja, no período em que há o desenvolvimento da socialização, no momento em que há a busca do contato com colegas no encontro da própria formação de identidade, esses alunos foram apartados do convívio social e lançados ao isolamento cruel imposto pelos tempos pandêmicos. Ainda estamos longe de aferir as sequelas emocionais provocadas pelo isolamento social em razão da pandemia da Covid 19 em crianças, adolescentes e na população adulta. As colocações de Selma, no entanto, mostraram que nos adolescentes, nessas pessoas em formação para a vida adulta, os efeitos foram lesivos e de toxidade alarmantes.

Detalhes do sofrimento desses jovens foram expostos de modo que a contundência da situação foi dilacerante a todos que presenciaram a sua explanação. E o fato de que esses jovens perderam os sonhos de um futuro mais promissor ecoou com a dimensão da presença da morte em suas vidas, que foi trazida de modo perverso pela presença da pandemia entre nós.

Selma relatou como os adolescentes se mobilizam diante de letras de músicas trazidas para reflexão temática. Foi relatado ainda a perversidade do consumismo e de como os ideais desses jovens se tornaram imediatistas, visando apenas à sobrevivência atual, sem qualquer outra perspectiva, mesmo a de um futuro promissor. Um detalhe por demais contundente foi a colocação de que muitos desses jovens sonham em poder comprar uma motocicleta para trabalhar fazendo entregas no sistema *delivery*, ou seja, algo que além de imediatista não considera os riscos inerentes a essa atividade, nem tampouco a precariedade do que isso significa em termos de desenvolvimento e das perspectivas de vida.

Os indícios de autodestruição presentes nesses jovens se manifesta de diversas maneiras, e invariavelmente de maneira muito contundente. Choros descontrolados em sala de aula, manifestações de dor na presença dos colegas. O corpo docente se une à coordenação pedagógica para tentar encontrar meios de ajudar esses jovens tão desesperançados. E, se considerarmos que a predominância de tentativas de suicídio se localiza nesse período da adolescência, temos que algumas dessas manifestações nos mostram a dramaticidade, tanto nesse período de vida, como também pelas sequelas emocionais trazidas pela pandemia.

Selma, com sua fala concatenada de sabedoria e reflexões sobre o sentido de vida desses jovens, mostrou-nos a necessidade de fazer algo com premência junto a essa população. Trabalho ímpar a mostrar que a autodestruição se manifesta de diferentes e abrangentes maneiras, e que toda a sorte de enfrentamento a esses desatinos deve ser efetivada sem qualquer titubeio. A sua presença foi bálsamo de esperança, e mostrar que por mais turvo que sejam os nossos caminhos envolvendo a autodestruição sempre haverá espaço para que a esperança seja triunfante.

Considerações Complementares

O teu coração vibra amor...
E isso transforma o mundo...

Anoitece na mata. Os bichos diurnos se acomodam para a proteção da noite. Buscam um canto em que se protejam das intempéries da noite como também dos predadores notívagos que se preparam para agir. O mistério da mata envolto no anoitecer traz em si uma mítica que a simples observação não alcança. É necessário que se permaneça em silêncio para que a densidade do mistério da noite, que cobre com seu manto ao entardecer, penetre em nossa subjetivação e nos adentre nessa magia. O mistério envolto nesse fenômeno do anoitecer não contempla a racionalidade, é procura descrevê-lo apenas como uma ocorrência no plano da ciência, seja ela biologia, física, geografia ou qualquer outra que se queira arvorar.

O anoitecer traz a magia do fim do dia que está indo para outros cantos, outras paragens. Naquele momento em que ainda não é noite, mas também não é mais dia, momento em que um frestado de luz insiste em prolongar os raios do dia, somos invadidos por sensações e emoções que as palavras não definem. Somos reféns desse mistério que nos envolve nesse momento e nos arrebata para uma grande transformação humana. Da mesma maneira, a morte nos envolve com seu manto de mistério e de absurdidade de modo indescritível. Não compreendemos suas razões, seus determinantes e tampouco a maneira abrupta como muitas vezes algumas vidas são interrompidas sem qualquer nexo de razão. E quando essa morte surge por deliberação própria, quando é efetivada pelas próprias mãos, a absurdidade dos tons sóbrios com que a morte é revestida se torna ainda mais drástica e dramática.

E assim ocorre com tudo que envolve a temática do suicídio. Jamais temos como dimensionar a absurdidade de suas inserções, e tampouco, a maneira avassaladora com que se alastra e se difunde entre as pessoas. O suicídio está a desafiar planejamentos e inserções de sua prevenção e mesmo o trabalho de acolhimento posterior às pessoas envoltas em um caso de suicídio.

Envoltos nesses e tantos questionamentos, configuramos a iniciativa da Roda de Conversa sobre a autodestruição.

Iniciamos, e isso foi o marco determinante para uma jornada que se desenhava desafiadora e verdadeiramente complexa na estruturação de seus emaranhados.

Como foi dito, iniciamos essas Rodas de Conversa sobre a autodestruição sem sabermos seu dimensionamento e sequer que seriam sequenciais. E hoje estamos constatando que mostramos um modelo teórico de intervenção, o qual está se expandindo e encontrando guarida nas mais diferentes frentes de atuação.

Estamos sendo procurados por diversas e diferentes instituições para efetivarmos essas Rodas de Conversa sobre a autodestruição em outros contextos. Algo interessante e muito inusitado, afinal, estamos transmitindo um modelo de intervenção que se mostra profícuo principalmente por ser um espaço em que as pessoas podem expor seus dramas e serem acolhidas pelos participantes.

A transmissão de conhecimentos e de modelos teóricos de intervenção é sempre pertinente por levar a outros cantos a dimensão de que podemos alterar o drama de tantas pessoas com atuação incisiva e certeira.

Ao abrir um espaço em que há a possibilidade de falar sobre suicídio e outras formas de autodestruição, estamos possibilitando que as dores envolvendo o desespero contemporâneo sejam expostas de maneira única, e os dramas individuais se tornem partilhas de dor, envolvendo os participantes de modo muito efetivo e especial. Algo muito delicado e que mostra como a alma humana, sofrida e encarquilhada em dor, sente-se amparada quando consegue similaridade diante do acolhimento ao seu sofrimento.

As sendas do caminho estão sendo percorridas sem que possamos ver seus deslizes e suas dificuldades. Seguimos com a fé inquebrantável de que a nossa força determinante é motriz para o enfrentamento das adversidades que surgem ao longo do caminho.

O detalhamento mais importante nisso tudo é que buscamos resgatar vidas desesperançadas, e o resgate de uma única vida nos é determinante da importância desse trabalho.

A consciência de que esse trabalho está incompleto por ainda estar em construção faz com que sigamos atentos às mudanças que surgem a cada momento. É a configuração de que caminhamos de modo lento e pausado, mas com a consistência dos nossos tentáculos sendo fincados de modo pleno e seguro.

Sabemos das dificuldades enfrentadas, pois, além do sofrimento psíquico das pessoas que nos procuram pelos caminhos, temos também uma situação desesperadora em termos sociais. Desespero que uniu a tragédia da Covid 19 com os problemas estruturais do nosso país. União perversa que fez com que o sofrimento, principalmente o dos mais desfavorecidos e combalidos, tornasse-se ainda mais cáustico e doloroso.

E com o agravante de que, nos mais jovens, ainda cerceou suas possibilidades de sonhar com perspectivas mais alvissareiras para o futuro. Sofrimento psíquico do presente e que se mostra como irreversível para o futuro, sem qualquer possibilidade de modificação para esse cenário. Situações que nos dilaceram o coração, mas que, por outro lado, irão exigir que estejamos fortalecidos para o enfrentamento de toda sorte de adversidades.

Inúmeras vezes ouvi que a escolha em trabalhar com suicídio e autodestruição implica, por si, em lidar sem trégua com o que existe de mais dilacerante na condição humana. Inicialmente, é necessário pontuar que se muitas pessoas decidem atuar com essa temática por deliberação própria a partir de sua historicidade, não é o meu caso. Eu fui lançado ao encontro desses pacientes por diversas circunstâncias que se cruzaram em minha trajetória profissional, e, verdadeiramente, busco o sentido disso tudo sem conseguir alcançar os ditames de compreensão dessa interseção.

Sou uma grande referência na área quando a temática em voga é o suicídio, mas não tenho constrangimento em me comparar ao marinheiro que, embora viva no mar, jamais conhecerá os seus mistérios. Assim também é com o suicídio e com o fenômeno da autodestruição, jamais saberemos os ditames de seus tentáculos e do alcance de sua destrutividade.

Nesse momento, em que a perspectiva de que a nossa Roda de Conversa sobre a autodestruição torne-se paradigma para outras tantas pessoas que desejam promover espaços abertos, a fim de que o desesperançado coloque suas dores e sofrimentos, algo se funde em mim como a refletir sobre a responsabilidade dessas circunstâncias. Muitas pessoas nos seguindo em busca de referência para algo tão tortuoso, ao mesmo tempo em que em mim surgem ponteamentos sobre a dimensão desses projetos.

Solidificar a própria caminhada e ter sempre a consciência de que as coisas não se aplainam como muitas vezes desejamos. Ao contrário, na maioria das vezes, as correções são feitas durante a caminhada. E com a condição da necessidade de superação diante das possibilidades de percalços.

Somos reféns da nossa própria ousadia, e isso faz com que tenhamos a consciência incômoda de que teremos que nos renovar continuamente, além de passar por um processo de superarão infindável em busca dos subsídios necessários para a continuidade dessas atividades. E como diz a sabedoria popular: "quem sabe faz, que não sabe vai dar aula para aprender", e isso sentimos em nossa realidade.

Críticos não faltam para apontar reparos em nossas ações, para falar de questões epistemológicas, como também não falta os que pontuam que isso é algo totalmente ineficaz e desnecessário. As críticas, mais do que os elogios, impulsionam-nos para novos patamares, pois são elas que nos dimensionam a necessidade de revisão de posturas, paradigmas e são os determinantes de estruturação das nossas atividades. O que não se quer, entretanto, é a crítica inconsequente e que não considera qualquer outra coisa que não a sua visão e asserção. Crítica que visa fazer do crítico alguém superior ao criticado. Assim, como um crítico de música ou de outra forma de arte, sente-se superior ao criticado e, na quase totalidade das vezes, não tem a menor habilidade de executar o que critica.

Ouro Preto no Outono, no Luamento da Páscoa; Paris na Primavera com as Figueiras Brancas emoldurando a Vaugirard de modo único. A florada do Ipê Verde na mata do meu canto. E das floradas maravilhosas do Ipê Roxo e da Suinã no Inverno. Dádivas de esperança a nos encher o coração de luz para o enfrentamento de tema tão dilacerante como o suicídio.

Suicídio e a desesperança gritando por acolhimento. E de como a esperança se tinge de cores da paixão para buscar guarida diante do desespero que dilacera a alma.

Chegamos! A lugar nenhum. Ainda estamos buscando por onde seguir e para quem falar. Esperança de novos momentos, de uma sociedade mais justa, digna e fraterna. Onde o desespero e a desesperança sejam acolhidos de modo pleno e sem preconceitos.

Referências

ANGERAMI, V. A. O desespero da noite de natal. *In*: ANGERAMI, V. A., (org.). *O suicídio e suas interfaces*. Belo Horizonte: Artesã Editora, 2018.

GUERREIRO, S. Consultório de rua. *In*: ANGERAMI, V. A. *A psicologia da saúde na prática*. Belo Horizonte: Artesã Editora, 2018.

MUNHOZ, M. D. *Abordagem técnica a tentativas de suicídio*. São Paulo: Editora Ahthentic Fire, 2019.

Posfácio

Isabella Leão

Desperta em seus escritos e em
seus poemas cada parte em mim...
a essência mais bela de uma mulher.

Você descreve a vida em seus detalhes, em cada construção, destruição, reconstrução, sabor e dissabor. O alcance existencial em cada esfera da vida, o pinçar da essência em cada envolvido tornando momentos únicos e especiais, sim, tornando, pois, na caminhada isso infelizmente se perde. Como também o divino presente em cada um que participa dessa teia vital seja presencial, *on-line*, nas ruas, consultórios alimenta o essencial nesse outro e em nós mesmos, nosso lado humano e divino por meio do amor, do acolhimento. O estar nesses diferentes momentos requer ousadia. Ousadia alimentada pela sensibilidade em se sentir presente em situações de cuidado, de acolhimento. E em situações de busca constante de cantos que sintonizam a Alma no que há de mais Sagrado na vida: a essência humana.

Nessa teia de cuidados todos são essenciais. Olhares diferenciados existentes no acolhimento das emoções intensas e complexas. Cuidados presentes na rede de apoio tecida cuidadosamente com olhar atento à essência de cada ser nesse momento de franco sofrimento. A vida descrita em seus detalhes escancara o alcance de estar nesse acolhimento, que sempre abrange muito mais da nossa condição de simplesmente Ser.

CAPÍTULO 2

Sob inspiração de Sócrates:
meditações sobre o sentido do morrer, do viver e da morte voluntária

Luiz José Veríssimo

> *... é praticamente impossível pensar-se de que forma seria a existência sem a morte. Se não existisse a possibilidade de se morrer, então, seguramente teríamos que conceber uma forma de existência sequer tangível pela razão e, portanto, pela não razão.*
>
> ANGERAMI

Introdução

Convidados generosamente por Angerami para trabalhar o tema que envolve o suicídio e a vida, fomos parar na distante filosofia grega, a dos tempos de Sócrates e Platão. Aqui, deparamo-nos com uma reflexão sobre a morte e sobre a vida.

Nesse contexto histórico-filosófico, falar sobre a morte remete a falar sobre a vida e vice-versa. O desenvolvimento da temática vida--morte, assim como a sua articulação com o suicídio, encontramos em Sócrates que, por sua vez, dialoga com o orfismo. O orfismo não era a religião oficial da *polis* (cidade-Estado) ateniense. Sócrates move os seus argumentos com inspirações órficas e, por outro lado, coloca-se sob a luz solar de um deus também cultuado por Atenas: Apolo. Mas a forma com que Sócrates e Platão apresentam Apolo é peculiar em relação à tradição homérica.

Apolo é, por assim dizer, *filosofisado*, isto é, apropriado pelo pensamento de Sócrates e de Platão, associado à Luz da Sabedoria, ao Bem, ao Justo, à cura (catarse). A catarse também é contemplada pelo orfismo, mas com sentido eminentemente moral. A religião órfica propõe como meta de vida a purificação da alma das condutas e intenções perversas.

Estudar filosofia nos remete à falta e à angústia originárias. Nesse sentido, devemos nos manter alertas para retificações intermináveis e novas reflexões. No ponto onde nos encontramos de nossos estudos, confessamos, de público, o nosso espanto quanto à acusação a Sócrates, feita pela assembleia dos juízes de Atenas, que ele descredenciava os deuses. Além da interlocução que Sócrates opera com o mundo divino, convém recordar as suas últimas palavras antes de morrer, quando lembrou ao seu amigo Críton que sacrificasse um galo a Asclépio, filho de Apolo (Platão, 1987b, p. 126).

A condenação de Sócrates pela Assembleia de Atenas

O texto *Fédon*, de Platão (1987b), é um texto sobre a morte. Os discípulos estão reunidos em torno de Sócrates (469 ou 470 a. C. a 399 a. C.), condenado pela Assembleia de Atenas a tomar cicuta, sob acusação de ter subvertido a mente dos jovens e os instigado a esquecer os deuses cultuados pela cidade de Atenas.

Devido ao cumprimento de um ritual mítico importantíssimo para a cidade, a execução da pena teve que ser adiada por cerca de um mês. O ritual celebrava a vitória do herói Teseu sobre o Minotauro. Conta a narrativa mítica que, todo ano, jovens de Atenas deveriam ser enviados para Creta, a fim de "servirem de pasto ao Minotauro" (Brandão, 1987b, p. 159), o qual havia sido confinado num labirinto. O Minotauro é um ser monstruoso, com um corpo de homem e a cabeça de touro, que devora carne humana. A obrigação macabra deveu-se à guerra entre Creta e Atenas. Egeu, rei de Atenas, invejoso com os triunfos do filho de Minos (rei de Creta) nos Jogos, enviou-o para combater o terrível touro de Maratona, onde o herói encontrou a morte. Esse enredo fez irromper a guerra entre Creta e Atenas. Zeus atende a um pedido do seu filho *Minos* para que enviasse uma peste para Atenas. Para cessar a guerra, que se prolongava, assim como os malefícios da peste sobre Atenas, Minos impôs uma paz sob condições macabras. Exigiu que todo ano fossem enviados sete moços e sete moças para o labirinto do Minotauro. Se algum deles conseguisse vencer e matar o Minotauro, todos poderiam voltar a salvo para a pátria. No terceiro ano do despacho dos jovens para o terrível fado, o herói Teseu se ofereceu para compor o grupo de jovens e, como é sabido, lutou contra o monstro e o venceu. Ainda por cima, não se perdeu no labirinto. Teseu foi auxiliado pela amada Ariadne. Ela lhe entregou um novelo que, ao desenrolar o fio, permitiu ao herói a identificação do caminho para a saída do fatídico lar do Minotauro, o que ficou conhecido como "fio de Ariadne".

Para comemorar o feito mítico-heroico, todos os anos era enviado um navio representando a cidade de Atenas ao santuário de Delos. Enquanto essa viagem de celebração não fosse concluída, nenhum condenado poderia ser executado. Sócrates, uma vez condenado, aguardava o fim da viagem ritualística. Nesse ínterim, os discípulos tiveram uma oportunidade ímpar para privar mais um pouco da companhia do filósofo e, sobretudo, da presença carismática e fascinante daquele que os instigava a trilharem os caminhos do pensamento e, acima de tudo, do cuidado com a alma.

A condenação de Sócrates produz um estranhamento para o próprio projeto de democracia ateniense. Como pode a cidade condenar aquele que é um sábio, um filósofo, que é também um herói da cidade, combateu pela cidade na guerra do Peloponeso (Atenas contra Esparta), destacando-se "pela bravura e pelas demonstrações de resistência física" (Pessanha, 1987, p. XVII), que lutou, uma vez mais, pela cidade contra os tebanos, dedicado ao serviço da justiça e da verdade, que combateu, inclusive, no campo das ideias, os sofistas para defender a cidadela da filosofia?

E mais, como pode uma cidade que, apresenta um projeto de participação ativa na deliberação da gestão da cidade, que instaura um debate de ideias acerca do bem comum, como é estimada a cidade ou a *pólis* (donde o sentido originário do espaço político), agora, ao encargo de, ao menos, parte da comunidade, os cidadãos atenienses, que retira dos deuses, dos tiranos (reis) e dos sacerdotes o privilégio de conduzir e comandar os rumos da comunidade, condenar um pensador pelas suas ideias? Um espanto se faz notar, em nossa consciência.

Stone sentencia: "quando Atenas processou Sócrates, a cidade se traiu" (Stone, 1988, p. 201).

Stone sumaria o nosso espanto: ora, uma cidade, famosa pela liberdade de expressão nela existente, processa "um filósofo que não era acusado de outra coisa senão exercer o direito de se exprimir livremente" (Stone, 1988, p. 201).

Parte da assembleia, que ganhou nos votos, quer disciplinar Sócrates. Mas o constrangimento não é pouco.

> Afinal, fora difícil obter um veredicto de culpabilidade: [Sócrates] havia sido condenado por uma margem de apenas sessenta votos. Qualquer pena moderada que ele mesmo propusesse seria certamente acatada com alívio por aquela assembleia constrangida por condenar um cidadão que, apesar de suas excentricidades e de suas atitudes muitas vezes irreverentes, e incômodas, apresentava aspectos de indiscutível valor (Pessanha, 1987, p. IX).

No entanto, Sócrates mantém sua serenidade impassível, não faz concessões. Para ele, "propor-se a cumprir qualquer pena, mesmo pagar uma multa, por menor que fosse, seria aceitar a culpa de que não o acusava a própria consciência" (Pessanha, 1987, p. IX).

Pelo visto, não há mais um Teseu para salvar Sócrates do Minotauro da intolerância, da ignorância, do sentir-se ameaçado por ideias fora dos cânones tradicionais da religião oficial do Estado e das crenças a ela aderidas. O herói, aqui, é o próprio Sócrates. Em vez de apoiado diretamente por figuras lendárias típicas, nosso herói é auxiliado por uma voz, a um só tempo, interior e transcendente, o seu *daímon*, um espírito que o orienta em seus diálogos com as pessoas na direção dos valores que conduzem à justiça, ao bem e à verdade.

Façamos uma descrição mais detalhada por meio do filósofo José Américo Motta Pessanha. Pessanha informa que Sócrates é acusado por um poeta chamado Meleto, por um rico curtidor de peles, que é um influente orador e político, e por um tal de Licão.

> A acusação era grave: não reconhecer os deuses do Estado, introduzir novas divindades e corromper a juventude. [...] [Num] momento de sua defesa, Sócrates dialoga com um de seus acusadores, Meleto, deixando-o embaraçado quanto ao significado

da acusação que lhe imputava – "corromper a juventude". Demonstra que estava sendo acusado por Meleto de algo que o próprio Meleto não sabia bem explicar o que era, já que não conseguia definir com clareza o que era bom e o que era mau para os jovens (Pessanha, 1987, p. VIII).

A construção do *ethos* e o sentido originário de busca da felicidade

Sócrates dedica a sua vida e, por que não dizer, sacrifica-a em nome de valores dos quais não abre mão. Um deles é o seu apreço pelas leis, ainda que sujeitando as leis ao debate político e discutindo (ou ironizando criticamente) a interpretação dessas leis. As leis devem se originar da organização da *polis*, do conjunto dos cidadãos, representantes das suas comunidades. A *polis*, essa experiência grega de um período histórico, que durou aproximadamente um século, mas que, de alguma forma, encravou-se como ideal político e filosófico na chamada cultura ocidental, formatou parte da própria cultura que vivemos hoje, tornou-se o campo de expressões das opiniões e do debate das ideias.

Aqui, está em jogo uma gestão da comunidade que deve girar em torno do eixo da justiça, da verdade e da moral. Esse exercício contínuo avaliza e consagra a noção de supremo bem, o bem comum, raiz do que se traduz por busca de felicidade (*udaimonia*), vale dizer, busca da edificação do bem comum que tangencia com a ideia de que a virtude de uma vida deve estar devotada ao bem (comum). Eis a trama que, imaginada e desejada como fizeram Sócrates, Platão e Aristóteles, forma o sentido grego metafísico de *ethos*, a morada comum, um coabitar que apela para uma conjugação de seus partícipes, que exige o exercício de virtudes que geminem o ético ao político.

Por isso, Sócrates, apesar de ironizar os seus algozes, acata livremente a sua própria condenação.

> Fugir da prisão, cujas portas o dinheiro dos seus amigos saberia franquear, e cruzar a fronteira para buscar refúgio na Beócia, não era ideia que pudesse tentar Sócrates. No instante em que esta tentação acena ao seu espírito, vê as leis da sua pátria, im-

> prudentemente aplicadas pelos seus juízes, erguerem-se diante dele e recordarem-lhe tudo o que desde criança lhes devia: a união de seus pais, o seu nascimento e educação, e os bens que lhe fora dado adquirir em anos posteriores. Apesar de ser livre para fazê-lo, e embora as leis da sua pátria não lhe agradassem em tudo, não se ausentara de Atenas até então, mas, ao contrário, ali se sentiu a seu gosto por espaço de setenta anos. Reconheceu com isso as leis em vigor e não era agora que lhes ia negar o seu reconhecimento (Jaeger, 2003, p. 578).

Essa figuração de *polis* está bem distante do político e da cidade de nossos dias, sobretudo, de uma grande metrópole, onde cada um, como *indivíduo*, perde-se no burburinho de vozes, sons, imagens e crendices que lhe inundam a psique continuamente.

A arquitetura conceitual da *polis* imaginada pela tradição platônica, pode evanescer diante da própria cidade grega efetiva, a cidade histórica do tempo de Sócrates, a cidade *real*. Jaeger (2003), em diversos momentos de seu longo estudo sobre Sócrates, alude a uma decadência do político no seio da própria democracia de Atenas. Stone descreve um século marcado pela rivalidade entre Atenas e Esparta, na qual a democracia ateniense se via derrubada, ameaçada, debilitada por acordos espúrios e conspirações. Baseando-se em Tucídides, Stone (1988) apresenta as observações do historiador grego contemporâneo a Sócrates. Tucídides relata que havia homens do partido popular que ninguém jamais imaginaria que viessem a mudar de posição e defender uma oligarquia. "Não se tratava de mera paranoia. Ocorriam traições imprevisíveis, e alguns mudavam de lado por covardia ou oportunismo" (Stone, 1988, p. 150).

O Estado, a *polis* e a democracia sob o crivo dos valores como o bem, a justiça, a racionalidade, a liberdade e a temperança formavam (talvez até hoje) a moldura de um Estado platônico. "Platão diz-nos como deveria ser o Estado para poder continuar a cumprir a sua missão primitiva, na época em que Sócrates viera pregar uma nova meta da vida humana. Mas o Estado não era assim nem era possível transformá-lo" (Jaeger, 2003, p. 577). Era demais neste mundo.

Num misto de frustração, algo ingênua, já que nunca vivemos historicamente um cenário político em que a sociedade, como uma *polis* coesa, engajasse-se em distribuir os bens sociais, materiais e culturais por meio de instituições justas e, ao mesmo tempo, insistindo em vislumbrar tal utopia, escutamos a nossa voz reproduzir a leitura de Jaeger: "Em Platão não se diz uma única palavra sobre se Sócrates poderia ter agido de outro modo ou se teriam podido ser melhores e mais clarividentes os seus juízes. Um e outros eram como tinham de ser e o destino não tinha outro remédio senão seguir o seu curso" (JAEGER, 2003, p. 576).

O cuidado com a alma

Mencionamos, supra, valores como o bem, a verdade, a justiça, que Sócrates não abre mão, ou seja, que gozam de absoluta prioridade axiológica. Esses valores carimbam a inauguração de uma tradição filosófica, que será sacramentada por Platão e por Aristóteles como *metafísica*, que enreda uma conjunção necessária do ético com o político. A segunda joia pela qual Sócrates não hesita de botar na mais alta conta é a psique, ou seja, a *alma*. A centralidade da alma na e para a vida humana sustenta e alcança todos os âmbitos de uma existência singular, assim como alcança, de ponta a ponta, a vida coletiva. Ninguém pode ser um bom administrador, um bom político, um bom cidadão sem o cuidado com a alma.

O cuidado com a alma, com a própria alma ou, simplesmente, cuidado da alma, que Foucault (2004) se refere como *cuidado de si*, é a *conditio sine qua non*, do que nos faz efetivamente humanos, e, ao mesmo tempo, tangenciar com o divino. A certa altura de sua longa e conhecida obra *Paidéia*, Jaeger (2003) observa a analogia de Sócrates com o trabalho do médico. Ao exortar para que cada um cuide da alma, "Sócrates fala como um médico, cujo paciente fosse, não o homem físico, mas o homem interior" (JAEGER, 2003, p. 528). A alma é o si-mesmo, uma pedra preciosa imaterial e eterna incrustrada em cada um. A alma é quem pensa, delibera, ou melhor, tem a potência fundamental do pensar e da vontade e, portanto, é a condição de possibilidade da liberdade. A alma é quem tem uma ligação umbilical com a transcendência. A fonte dos valores morais e do conhecimento, que deve sustentar todas as práticas, articula numa totalidade o Bem, o Justo, o Belo, a Verdade. A alma, ou antes, o cuidado com a alma é o que permite a nossa ascese a esses valores, o tomar ciência deles e a sua prática. Jaeger nos indica essa revolução no imaginário grego: "A experiência da alma como fonte dos supremos valores humanos deu à existência aquele jeito de interioridade, característico dos últimos tempos da Antiguidade. A virtude e a felicidade deslocaram-se, assim para o interior do Homem" (Jaeger, 2003, p. 536).

O método para o cuidado da alma não prescreve um conhecimento puramente livresco. Sócrates busca, incansavelmente, conversar com as pessoas, e remetê-las ao exame de si mesmas, ele as interpela se estão dando os devidos cuidados à alma. Esse caminho é delicado e paciente. Por vezes, tudo o que se pode obter é uma desconstrução de convicções tomadas como verdades inquestionáveis e percepções parciais e arraigadas na passionalidade, presas das armadilhas da opinião que pretende discorrer sobre qualquer coisa, mas não tem a raiz no ponto de partida, único que possibilita o efetivo pensar, o conhecimento de si mesmo.

A máxima de todo esse cuidado é a conhecida sentença *conheça a ti mesmo*. Está estampada no oráculo de Delfos (Giebel, 2013, p. 49), onde Sócrates descobriu a sua missão. Essa é uma estória bem conhecida, mas vale a pena repeti-la. Seu amigo Querofonte fez uma consulta ao oráculo de Delfos. Perguntou se existia alguém mais sábio do que Sócrates. A resposta da pitonisa, a sacerdotisa do oráculo de Apolo, foi que não havia ninguém mais sábio do que Sócrates. Sócrates ficou espantado.

> Logo ele, sem nenhuma especialização, ele que estava ciente de sua ignorância? Logo ele, numa cidade repleta de artistas, oradores, políticos, artesãos? Sócrates parece ter meditado bastante tempo, buscado o significado das palavras da pitonisa. Afinal concluiu que sua sabedoria só poderia ser aquela de saber que nada sabia, essa consciência da ignorância sobre coisas que era sinal e começo da autoconsciência (Pessanha, 1987, p. XVII).

A conjugação do ético com o político

Desde então, Sócrates se considera a serviço do deus Apolo, o patrono do oráculo de Delfos. Sócrates irá perambular pela cidade e interrogar, de acordo com o deus, a quem se achar sábio, "e, quando julgar que não o é, coopero com o deus, provando-lhe que não é sábio" (Platão, 1987a, p. 10). Jaeger nos oferta uma narração de Xenofonte acerca do diálogo entre Sócrates e um jovem que se julga superior e sapiente em vários conhecimentos (medicina, matemática, arquitetura, etc.). Arguido, na interação com Sócrates a respeito do que seja a justiça e, por conseguinte, a injustiça, o jovem, finalmente se dá conta de que nada compreendeu a respeito. O jovem tinha pretensões à vida pública. No entanto, o relato faz notar que em sua biblioteca não consta algum manual sobre virtudes políticas. Sócrates procura demonstrar que ninguém conseguirá se tornar um político no sentido regulado pela ética fundada na *polis* sem ser justo. Assim, "em substituição do estudo livresco, outro caminho se abre à iniciação da "virtude política", caminho que parte da consciência da própria ignorância e do conhecimento de si próprio, isto é, das suas próprias forças" (Jaeger, 2003, p. 559).

Por esse recorte que acabamos de fazer, podemos notar que os valores pelos quais Sócrates não cede a sua postura inabalável em seu julgamento (correndo risco de receber um veredito que o condene à morte), a saber, o político e a interioridade estão indissociáveis e intimamente articulados. Ninguém pode exercer a justiça, praticar o bem, gerir com equanimidade, equilíbrio e ponderação a ordem coletiva sem estar em si, sem cuidar de sua própria alma, sem o cultivo reflexivo da alma.

Para Jaeger, Sócrates não era uma pessoa desligada do político, somente interessado nos assuntos da alma. Alguma coisa na direção de uma argumentação em sentido contrário ficou da nossa compreensão de Kierkegaard a respeito de Sócrates em *O conceito de ironia*. Kierkegaard estima que os homens gozam de uma infinita importância para Sócrates. Kierkegaard faz notar ao leitor que Sócrates conversava com todo mundo, agricultores, alfaiates, poetas, jovens, velhos, até com os políticos e com os sofistas. Na sequência dessa observação, Kierkegaard dispara a seguinte tese, parecendo, nesse ponto, afinado com Hegel quanto à associação de Sócrates com a determinação da subjetividade: "Mas em tudo isso não era certamente um bom cidadão e certamente não tornava melhores cidadãos os outros" (Kierkegaard, 1991, p. 142).

Kierkegaard acredita que o ponto de vista de Sócrates era superior ao do Estado. E conclui:

> Se o ponto de vista de Sócrates era realmente superior ao do Estado, se ele em verdade estava autorizado pela divindade [pelo seu *daímon*], sobre isto e a história universal deve julgar, mas se ela deve julgar razoavelmente, então tem de conceder ao mesmo tempo que o Estado estava autorizado a condenar Sócrates (Kierkegaard, 1991, p. 142).

Esse Estado ateniense que condena Sócrates é o Estado em estado crítico, ou seja, o Estado submetido à ironia inapelável de Sócrates, o réu que, afinal de contas, surge aos nossos olhos, como o julgador de um Estado que expõe a política da Atenas de seu tempo. Precisamos, aqui, reforçar a distinção que deve ser observada entre o Estado ligado à noção ética de *polis* grega do Estado em sua efetividade histórica do momento socrático. De qualquer forma, acreditamos caber um pensar que reivindique a ética para as coisas do Estado, e não apenas para as coisas da vida interior.

Dessa forma, é admissível a pintura de um Sócrates que aparece como um mestre também do âmbito político da existência. Isso é retratado tanto por Platão como por Xenofonte, segundo as pesquisas de Jaeger.

> As "coisas humanas", para as quais se orientava a sua atenção, culminavam sempre, para os Gregos, no bem do conjunto social, de que dependia a vida do indivíduo. Um Sócrates cuja educação não fosse "política" não teria encontrado discípulos na Atenas do seu tempo. A grande novidade que Sócrates trazia era buscar na personalidade, no caráter moral, a medula da existência humana, em geral, e a da vida coletiva, em particular (Kierkegaard, 2003, p. 540).

Sócrates morreu com rigorosa congruência entre pensamento e atitude. Viveu e morreu de acordo com o que acredita ser o sentido da existência: o cuidado com a alma e a práxis regulada por esse cuidado, em todos os planos, desde o privado ao público. Não só viveu como morreu por esse *telos* (meta), julgado e condenado pela assembleia da sua própria cidade. Pelo seu zelo ao debate público e à soberania secular da organização legal da cidade acata o seu veredito. Dessa forma, a vida de Sócrates se apagou, mas, não a sua luz: Sócrates, até o último momento, cumpriu o seu dever de cidadão, inclusive, no seu ocaso, o de beber cicuta (Kierkegaard, 2003, p. 578).

Tudo parece conforme à defesa de uma vida repleta de vigor e sentido. Mas, ainda assim, uma pergunta permanece pairando no ar de nosso pensamento.

Teria Sócrates provocado a própria morte?

Para apimentar ainda mais a nossa narrativa, perguntamo-nos se Sócrates, de certa forma, assinou a sua sentença de morte. Sócrates foi condenado, mas poderia propor a sua pena. Meleto quer a pena máxima, a pena de morte. Sócrates provoca. Não propõe qualquer pena, propõe ser sustentado, enquanto vivesse, no Pritaneu, ou seja, não propõe uma punição, mas um prêmio. O Pritaneu era um lugar de honra na comunidade ateniense. Era um edifício em forma circular, que recebia embaixadores estrangeiros e aqueles que a cidade conferia honras, como os vencedores dos Jogos Olímpicos. Sobretudo, o Pritaneu era um local onde se hospedavam os magistrados que presidiam as sessões plenárias da assembleia (*ekklesia*). Enquanto lá se hospedavam eram alimentados e recebiam um pagamento durante esse período (MOSSÉ, 2004, p. 243). Ora, Sócrates quer ser alimentado eternamente no Pritaneu... Isso nada mais é do que (mais) uma grande ironia de Sócrates.

Stone acrescenta um detalhe, trazido por Sócrates, narrado por Platão. Sócrates teria retirado a sua proposta irônica. "E então propôs uma multa tão ridícula [...] que deve ter ofendido o júri quase tanto quanto a proposta anterior" (Stone, 1988, p. 193). Isso alarmou os discípulos. Eles apelaram a Sócrates para sugerir uma multa mais razoável. Sócrates, então, propõe uma multa aceitável, mas o dano já estava feito, a oferta final não aplacou o ânimo de condenação da maioria do júri. "Mas as duas primeiras alternativas sugeridas por Sócrates certamente levaram o júri a pensar que Sócrates estava debochando dele e tratando com desprezo o julgamento – o que era mesmo verdade" (Stone, 1988, p. 193).

A morte de Sócrates, condenado a beber cicuta, podemos justificar pela sua rigorosa congruência com as suas convicções. Por outro lado, insistimos em perguntar: ao provocar os juízes, recusando-se a propor penas razoáveis aos olhos daqueles que o julgavam, ele teria provocado a sua própria condenação e, consequentemente, assinado um acordo voluntário com a sua própria morte? A sua atitude poderia ser, ao menos parcialmente, encarada como ou associada à ideia de suicídio?

A palavra *suicídio*, referida à atitude de Sócrates em seu julgamento, aparece mais de uma vez na escrita de Stone. Numa delas, Stone não rediz explicitamente a palavra suicídio, mas, comenta o autor.

> Sem dúvida, Sócrates tinha o direito de tratar com desdém a acusação e o tribunal, porém o preço que pagou por isso foi o de convencer mais jurados a votarem por uma alternativa que, não fosse por sua atitude, teria sido considerada excessivamente severa. É como se o próprio Sócrates tivesse levado aos lábios a taça de cicuta (Stone, 1988, p. 193).

Hermógenes, um dos discípulos mais próximos a Sócrates, informa que o *daímon* de Sócrates o dissuadiu a escrever a sua defesa. Sua voz interior teria admoestado que era melhor Sócrates morrer agora, "antes que os sofrimentos da velhice o dominem" (Stone, 1988, p. 188). Sócrates ratifica essa orientação nos seguintes termos: "Se minha existência se prolongar, sei que as debilidades da velhice virão inevitavelmente – minha vista se enfraquecerá, meu ouvido se tornará menos aguçado, demorarei mais para apreender e me esquecerei mais depressa do que aprendi" (Xenofonte, apud Stone, 1988, p. 188). Para Stone, está claro que Sócrates queria morrer. Sócrates lança a pergunta: se percebesse a sua decadência e começasse a se lamuriar, "como poderia continuar a gozar a vida?" (Stone, 1988, p. 188).

O filósofo é aquele que se prepara para morrer

O *Fédon* é um texto que se refere aos últimos dias de Sócrates. Aos dias que antecederam ao cumprimento da sua penalidade imposta pela maioria da assembleia de Atenas. Esses dias foram marcados pelo diálogo de Sócrates com alguns amigos sobre a morte. Poderíamos ter digitado discípulos, mas preferimos a palavra amigos para marcar a *philia*, a amizade como um valor de excelência do mundo grego a que pertence Sócrates. Ela é ressaltada como um dos principais aspectos da vida social por Aristóteles. "De fato, ninguém deseja viver sem amigos, mesmo dispondo de todos os outros bens" (ARISTÓTELES, 2001, p. 153). Ratifica Jaeger, afirmando que um bom amigo é um bem do mais alto quilate em todas as situações da vida. Ao posicionar a amizade num patamar de excelência, Aristóteles dá luz a uma tradição que já aparece ressaltada filosoficamente por Sócrates "A amizade começa pelo aperfeiçoamento da própria personalidade" (KIERKEGAARD, 2003, p. 555). Ora, o que é a personalidade senão o próprio cuidado com a alma?

Passando os olhos pela leitura de *Fédon*, de repente surge uma frase de Sócrates que choca a nossa sensibilidade. Segundo Sócrates, o filósofo se prepara para morrer, e o ofício da filosofia, de alguma forma, consiste em estar morto. Nos vemos, então, como um de seus amigos, um silencioso leitor, atento, ao mesmo tempo, pasmo, o que pode denunciar a nossa ingenuidade quanto à infinita abrangência do tema da morte, incluindo a morte voluntária.

Sócrates vai apresentando perguntas, que na verdade, expõem as suas teses ao longo da sua argumentação por meio do diálogo com os seus amigos. O filósofo nos indaga sobre a vida e a morte. Mais precisamente, indaga o que as pessoas costumam tomar como vida e o que elas costumam tomar como morte.

Qual o sentido que as pessoas costumam dar à vida e à morte? Qual a finalidade para elas do seu viver? O viver de não poucos se assenta sobre um desses três pilares ou todos de uma só vez: prazeres, honras (reconhecimento) e riquezas. Elas apostam todas as suas fichas (expectativas, desejo, investimento de energia) em aquisições efêmeras, sujeitas à perda, à corrupção, ao descrédito, à indiferença ou ao escárnio, em suma, desejam o que é impermanente. Visam àquilo que não é o mais próprio do ser humano.

Ora, para Sócrates, a essência do ser humano reside na alma. E a alma não contempla a mesma natureza que o corpo. O corpo surge no mundo, depende de condições mais ou menos favoráveis ao seu desenvolvimento e dos cuidados que alguém confira a ele. Chega o dia em que, a olhos vistos, o corpo definha (o que é um grande drama para muitos e alegria dos esteticistas) e, finalmente, morre. Despede-se da vida como um sono eterno. A alma é imortal. Enquanto no corpo, pulsa a natureza inscrita em nós, manifestam-se as inclinações naturais e a efervescência das nossas paixões, na alma, reside o pensar, o ponderar e o deliberar. Portanto, só a alma é livre do imperativo das calibragens da natureza.

Cabe à alma certas qualidades que moldam o caráter virtuoso de alguém, segundo valores socráticos. Entre elas, a autonomia, a não servidão ao humor das manifestações passionais. O embate entre psique e soma que nos cutuca volta e meia deve ser orientado pelo cuidado com a alma. Esse cultivo nos confere temperança e firmeza. O exercício das virtudes é uma incumbência da alma, permite "emancipar a razão da tirania da natureza animal do homem e a estabilizar o império legal do espírito sobre os instintos" (Xenofonte, apud Jaeger, 2003, p. 549).

A alma como fonte dos supremos valores humanos, configura a interioridade. A atribuição pensante, o autodomínio, a autonomia dotam o indivíduo de uma capacitação moral, uma capacitação para se relacionar no âmbito privado e público, sob o horizonte de valores como a busca do justo e do bem, não só para si, mas num sentido que alcance a todos, desde a família, os amigos, até os cidadãos, e que possa sustentar a boa ordenação da vida política da cidade. Jaeger ressalta, nesse horizonte, a conduta moral como "algo que brota do interior do próprio indivíduo e não como a mera submissão exterior à lei, tal qual exigia o conceito tradicional de justiça" (Jaeger, 2002, p. 548).

Debate socrático acerca do suicídio

O suicídio é explicitamente tematizado nas primeiras páginas do *Fédon*. Sócrates envia uma saudação ao poeta Eveno. E lhe dá um conselho: se for, de fato, sábio, deve seguir os seus passos o mais depressa possível. Referindo à sua sentença, diz: "Quanto a mim, parece que me vou hoje mesmo, uma vez que os atenienses me ordenaram"

(Platão, 1987b, p. 61). O endereço para onde brevemente irá Sócrates e que ele sugeriu ao poeta Eveno, no exercício da sabedoria segui-lo, é nada menos do que o caminho para onde muitos querem fugir, o tremendo e temível Hades, reino mítico-religioso dos mortos. Ao se certificar, junto ao amigo e discípulo Símias, que Eveno é também filósofo, Sócrates ratifica a sua convicção de que não há algo melhor para se desejar a quem palmilha a senda da amizade à sabedoria (a filósofa) do que a trilha da morte.

Logo após, Sócrates pondera que espera que Eveno não faça uma violência contra si mesmo, "pois, segundo dizem, isso não é permitido" (Platão, 1987b, p. 62). Ao que parece, Sócrates se refere aqui às religiões dos mistérios, os mistérios órficos. Sócrates entende que, por essa tradição religiosa, cabe aos deuses a tutela de nossa vida: "os Deuses são aqueles sob cuja guarda estamos, e nós, homens, somos uma parte da propriedade dos Deuses" (Platão, 1987b, p. 63). A fórmula revelada por Sócrates evoca-nos as raízes de tal convicção que sugere desembocar na tradição órfica, segundo a qual a vida da alma encarnada é uma vida de uma psique pregada ao corpo, ou seja, a vida encarnada é considerada o cárcere da alma. Sócrates reproduz uma espécie de mandamento órfico, ou seja, uma norma preciosa órfica "É uma espécie de prisão o lugar onde nós, homens vivemos, e é dever não se (sic) libertar a si mesmo nem evadir-se" (Platão, 1987b, p. 63).

Os discípulos imediatamente concordam. Argumentam que sendo o plano divino bom e, portanto, os deuses os melhores tutores, os homens de sabedoria devem ficar o mais próximo possível deles. Símias inquere: Mas, Sócrates, [...] de fato, com que intenção homens incontestavelmente sábios haveriam de fugir de donos que valem mais do que eles próprios, e sem grandes cuidados, se afastariam deles?" (Platão, 1987b, p. 63).

Então, Sócrates insinua aos interlocutores, ainda que de forma não explícita, que poderia estar sendo tomado como impiedoso para com os deuses, a mesma acusação que lhe foi feita pelos seus algozes juízes de Atenas: "Eis uma acusação de que me devo defender como se estivesse num tribunal" (Platão, 1987b, p. 63), responde Sócrates aos amigos.

O cuidado da alma pertence aos deuses ou é responsabilidade dos seres humanos?

Em nossa interpretação, há uma palavra-chave aqui: *autonomia*. Essa é uma das qualidades mais preciosas a ser conquistada pela alma. Reale nos faz notar que, para o sofista Hípias, a autonomia concerne à capacidade de fazer por si tudo o que fosse necessário para a vida. "O próprio Hípias é representado por Platão como particularmente orgulhoso dessa capacidade de saber fazer tudo por si, com as próprias mãos" (Reale, 1993, p. 277). A autonomia socrática reside no plano moral. E isso quer dizer "o domínio não da *vontade*, mas da *razão e do conhecimento* sobre os impulsos sensíveis" (Reale, 1993, p. 279). Trata-se da *liberdade* ao estilo socrático: da capacitação, pelo exercício do *logos*, da alma operar uma autogestão, e não escorregar para a servidão aos impulsos corporais e ao desejo passional.

Por isso, não é crível a determinação de uma submissão absoluta humana aos deuses, tal como reluz no panorama mítico-religioso de Homero. Nesse cenário, nota-se um embate frequente entre homens, heróis e deuses. Assistimos aos homens e aos heróis (filhos de um deus e de uma pessoa mortal) cometendo a *hybris*, a perda da medida humana, e sendo severamente punidos por isso pelos deuses.

Em Sócrates, o que se descortina? A relação entre os humanos e o transcendente é marcada por uma hierarquia, mas também, por um desejo de proximidade, guardadas, evidentemente, as devidas proporções entre o plano divino e a alma de cada um. Sócrates sente-se feliz pela perspectiva de poder estar *ao lado* dos deuses, sábios e dos bons, junto a homens que já morreram e que valem mais do que os daqui. Na verdade, Sócrates parece entusiasmado mesmo é para estar num "lugar perto dos Deuses, que são amos em tudo excelentes, e, se há uma coisa a que eu me dedique com todas as minhas energias, será essa!" (Platão, 1987b, p. 64).

Sobre o sentido da morte e da vida

Vamos retomar algumas teses elencadas anteriormente, mas agora, tentando uma maior familiaridade com o problema que enovela e, ao mesmo tempo, discrimina a vida e a morte, a alma e o corpo, o ser humano e o divino. Vamos encarar a frase de Sócrates, que envolve a relação entre a morte voluntária e a filosofia. Quanto àqueles que se dedicam à filosofia, cuja vida se põe à serviço da sabedoria, que tratam com todo empenho do cuidado com a alma, a conclusão a que chega Sócrates é: "Receio, porém que quando uma pessoa se dedica à filosofia no sentido correto do termo, os demais ignoram que sua única ocupação consiste em preparar-se para morrer e em estar morto!" (Platão, 1987b, p. 65).

A proposição acerca da finalidade da filosofia e da tarefa do filósofo causa um grande espanto, que beira o cômico, posto que, ao escutar a afirmativa estranha de Sócrates, Símias, de imediato, põe-se a rir. A frase parece um escândalo, ao menos para o senso comum. Sendo assim, para muita gente, a filosofia não faria o menor sentido, e alguns até pensassem, já que é assim, "justamente é esse o fim que os filósofos merecem!" (Platão, 1987b, p. 65).

É preciso explicitar o sentido da morte, de que modo significa esse se preparar para morrer, e assim, descortinar o sentido da vida.

Esse preparar-se para a morte abriga uma hermenêutica complexa, uma vastidão de possibilidades de interpretação que não cabe aqui, é uma pesquisa exaustiva inesgotável. Modestamente, permitimo-nos considerar que tem a ver com a distinção metafísica entre psique e soma, alma e corpo. À medida em que a alma consegue ser autônoma e desenvolver temperança, à medida em que ela consegue deliberar, não exatamente com a pretensão de atropelar o corpo, mas não se submetendo a ele, teremos uma vida que se filia à sabedoria.

Platão retrata um Sócrates que se inspira na tradição mítico-religiosa, mas não a compreende como um seguidor, e sim, apropria-se dela como filósofo. Nessa articulação, é decantada não só a separação ontológica entre alma e corpo, como a necessidade imperativa de o filósofo afastar o mais que puder a sua alma do seu corpo. Para início de conversa, admoesta Sócrates, o que se revela ao filósofo é que, na contramão de todos os outros homens, afaste tanto quanto pode a alma do contato com o corpo (Platão, 1987b, p. 66).

O que é vida para o senso comum, é a asfixia da filosofia. Para o senso comum, importa o aprazível. Não é o saber que se busca, mas o que confere gratificação e prazer. Além disso, o corpo "agita a alma e a impede de adquirir a verdade e exercer o pensamento, todas as vezes que está com ela"[1] (PLATÃO, 1987b, p. 67).

Considerações socráticas sobre o corpo

O corpo é um entrave à aquisição de sabedoria. "Quando é, pois, que a alma atinge a verdade? Temos dum lado que, quando ela deseja investigar com a ajuda do corpo qualquer questão que seja, o corpo, é claro, a engana radicalmente" (PLATÃO, 1987b, p. 66). Somente pelo exercício do *logos* (do pensar) que a alma pode pretender acessar à verdade e, por conseguinte, asseverar um conhecimento não duvidoso. Um conhecimento não duvidoso não é um conhecimento dogmático, é um conhecimento que afirma e pergunta, alternando essas instâncias, tendo como fundo o horizonte da inquirição sobre o mundo e o ser.

Usando frouxamente uma expressão do filósofo Gaston Bachelard (1996), o corpo pelo viés platônico-socrático seria não muito mais do que um *obstáculo epistemológico* à construção do conhecimento. Por isso, desfralda Sócrates, o filósofo raciocina com maior eficiência "quando isola o mais que pode [a alma] em si mesma, abandonando o corpo à sua sorte, quando rompendo tanto quanto lhe é possível qualquer união, qualquer contato com ele, anseia pelo real" (PLATÃO, 1987b, p. 66). A alma é uma instância humana que, sem dúvida, para a conversa de Sócrates no *Fédon*, tem um estatuto de valor muito maior do que o corpo. Dito com outras palavras, "a alma do filósofo, alçando-se ao mais alto ponto, desdenha o corpo e dele foge, enquanto por outro lado procura isolar-se em si mesma" (PLATÃO, 1987b, p. 66).

Não percebemos, no *Fédon*, alguma complacência de Sócrates ao corpo e ao desejo, e sim, uma austera severidade. "Durante todo o tempo em que tivermos o corpo, e nossa alma estiver misturada com esta coisa má, jamais possuiremos completamente o objeto de nossos

1 Algumas das nossas citações de afirmações socrática foram escritas por Platão na forma de perguntas feitas por Sócrates aos seus discípulos.

desejos!" (PLATÃO, 1987b, p. 67). Aqui, poder-se-ia imaginar que Sócrates cederia a reconhecer um espaço para o desejo participar da construção do pensar. No entanto, nesse momento, o *eros* filosófico concerne apenas ao *logos*. "Ora, esse objeto [do desejo do filósofo] é, como dizíamos, a verdade" (PLATÃO, 1987b, p. 67).

Sócrates lista uma série de mazelas humanas derivadas da servidão da alma ao corpo.

> Vede [...] o que ele [o corpo] nos dá: nada como o corpo e suas concupiscências para provocar o aparecimento de guerras, dissenções, batalhas; com efeito, na posse de bens é que reside a origem de todas as guerras, e, se somos irresistivelmente impelidos a amontoar bens, fazemo-lo por causa do corpo, de quem somos míseros escravos! (PLATÃO, 1987b, p. 68).

A mesma orientação para a pesquisa da verdade é usada no plano moral. Devemos nos afastar o máximo possível da ordem passional, do desejo, do prazer. Tomá-los como fins em si mesmos é um autêntico descurar da alma. É não adotar uma perspectiva prospectiva e teleológica de vida, e ficar encarcerado na contingência. Os impulsos sensíveis e as paixões são expressos, não raro, de forma intempestiva. Algumas vezes parecem desaparecer de forma tão fugaz quanto aparecem. Se a alma, seja pelo motivo que for, aferrar-se a elas, fica patente não só seu encantamento pelo corpo, como o seu encarceramento a ele. Daí se pode projetar uma vida demandada e, por que não usar essa palavra, *comandada* pelo sensível, pelo corpo. O passional se apossa da alma como o seu dono, o seu deus, e ela se aparta não só do conhecimento de si, como do divino.

No plano da conduta humana, não são poucas as atitudes que se regulam pelo imediato, e podem revelar um descuido de si, assim como um descolamento do outro, e até um desinteresse pelo bem comum (pelos amigos, pela família, pela comunidade, pela *polis*). Em uma situação dessas, a pessoa pode se encontrar desinvestida da vida. A sua existência pode se reduzir à compulsão às demandas do imediato.

> [...] quando sentimos com intensidade um prazer, um incômodo, um terror ou um desejo, por maior que seja o mal que possamos sofrer nesse momento, entre todo os que se podem imaginar

> – cair doente, por exemplo, ou arruinar-se por causa de suas paixões – [a alma do filósofo] sabe que não há nenhum desses males que não seja ultrapassado por aquele que é o mal supremo; é deste mal que sofremos e não notamos! [...] É que em toda a alma humana, forçosamente, a intensidade do prazer ou do sofrimento, a propósito disto ou daquilo, se faz acompanhar da crença de que o objeto dessa emoção é tudo o que há de mais real e verdadeiro, embora tal não aconteça. Esse é o efeito de todas as coisas visíveis (Platão, 1987b, p. 88).

Não é demais aqui que a notação é feita por Sócrates, onde o que se deve entender por visível é o campo sensível, pois a alma não se dá a ver como os corpos. Platão, por meio dos diálogos socráticos, mostra a sua convicção de que a alma é uma realidade invisível.

A vida sob o ângulo socrático-platônico é entendida como portadora de uma finalidade que ultrapassa o imediato. Se ficarmos aderidos a um sentido para a vida que responda unicamente ao imediato, ficaremos submetidos a um eterno giro, ao sabor dos ventos dos acontecimentos "favoráveis" ou "desfavoráveis", dependendo de uma régua acerca da "felicidade", a qual se regula pelo que há de mais efêmero e inconstante e, sobretudo, deixaremos a nossa vida a cargo do que não depende das nossas atitudes, e sim, da boa ou da má sorte.

O cuidado da alma é um processo catártico. Catarse vem do grego *kátharsis*, que significa cura e purificação. Toda cura, seja ela estimada como de ordem medicinal, intelectual, moral, espiritual, ou todas juntas, envolve uma purificação, em termos platônico-socráticos, uma depuração entre o que adoece e o que salva, entre vícios e virtudes, entre verdade e prestidigitação. A propósito, aparece no *Fédon*: "Talvez a verdade nada mais seja do que uma certa purificação de todas essas paixões e seja a temperança, a justiça, a coragem; e o próprio pensamento outra coisa não seja do que um meio de purificação" (Platão, 1987b, p. 88).

O sentido grego de *exercício*

Eis, em linhas gerais, um breve panorama acerca da concepção de Sócrates-Platão a respeito da morte, da vida, do que pavimenta uma estrada para amigar-se da sabedoria. Em termos estritamente socrático-platônicos, pode-se concluir que a vida do filósofo é um exercício para morrer, se entendermos o que significa a distinção fundamental metafísica entre a alma e o corpo.

O exercício é tomado no cotidiano, sobretudo, como uma atividade corporal. Para o grego, o exercício tem uma importância destacada. O exercício é a práxis. A prática não é uma atividade meramente física. O exercício é um esforço, uma obra (uma construção), uma atividade que deve ser contínua, sistemática e disciplinada. Ler Aristóteles (2001) nos convida a admitir que ninguém é virtuoso de saída, ninguém é herdeiro privilegiado de alguma virtude. Importa ressaltar que, quando nos esforçamos para desenvolver alguma virtude, o meio para isso é o seu exercício constante. Donde a ética não pode ser apenas uma aquisição intelectual do espírito, e sim, produzir-se a partir de uma amarração estreita entre a prática e a busca de sabedoria derivada dela. Sem a prática, a ética não passa de um simples e ineficaz manual procedimental.

Sócrates ressalta o morrer do filósofo como um exercício. "Assim, pois, Símias, em verdade estão se exercitando para morrer todos aqueles que, no bom sentido da palavra, se dedicam à filosofia" (PLATÃO, 1987b, p. 69). Essa morte, na verdade, é a própria vida da filosofia: implica um esforço contínuo de operar a catarse. Em sentido, talvez já um tanto platônico, a catarse passa pelo exercício de não se deixar levar ao sabor do senhorio das sensações, das paixões e dos prazeres, não deixar que eles tutelem as nossas ações e o nosso pensar. Assim, pelo menos, a grosso modo, ninguém deve responsabilizar o seu corpo pelo mal que pratica, e sim, a sua alma. Para Sócrates, a catarse parece estar ligada intimamente ao cuidado com a alma, como ressaltamos supra, e como assinala Jaeger.

> Abundam extraordinariamente nos socráticos as passagens em que se fala do cuidado da alma ou da preocupação com a alma, como a missão suprema do Homem. Deparamos aqui com a medula da própria consciência que Sócrates tinha da sua tarefa e da sua missão: uma missão educacional, que interpreta a si própria como "serviço de Deus". Este caráter religioso da sua missão baseia-se no fato de ser precisamente do "cuidado da

alma" que se trata, pois, a alma é para ele o que há de divino no Homem (Jaeger, 2003, p. 528).

Reconsiderando a perspectiva socrática a respeito da relação entre a alma e o corpo

No *Fédon*, observa-se, sem dificuldade, uma insistência na catarse em termos de separação da alma do corpo. A alma deve ficar o mais possível afastada do corpo, que lhe confere toda sorte de obstáculos à edificação do conhecimento, ao assentamento de um regramento moral e à condução da vida diária nas menores demandas como ter disciplina e se concentrar.

Esse é um ponto que foi severamente escrutinado por Nietzsche, em suas obras, sob as mais variadas análises, entre as quais o conceito de *ideal* ascético, uma das mais conhecidas manifestações do *niilismo*: trata-se de rejeitar a expressão da vida em sua totalidade, o prazer e a dor, o trágico, o desejo, a paixão, a natureza, o corpo em nome de valores metafísicos pretensamente superiores. Certa vez, estudando Nietzsche, escrevemos

> De fato, em toda a parte e sem dificuldade, observamos que uma bruma de niilismo parece varrer a Terra como uma negatividade que se volta em círculos contra o corpo, a natureza, a vida e o mundo, apostando, ora numa metafísica ascética, ora num antropocentrismo gnosiológico e moral, sem afinar-se com as forças que clamam pelo desenvolvimento de cada pulsão em seu vigor essencial (Veríssimo, 2018, p. 102).

Sem querer desproblematizar a questão, devemos, por outro lado, levar em conta algumas considerações. A primeira delas é a identificação das ideias genuinamente socráticas nos textos de Platão. É um desafio hercúleo, tarefa quase impossível (Reale, 1993, p. 249-250) fazer uma clara distinção entre o que é originalmente de um e de outro.

Quem estuda Filosofia Antiga aprende que não há nada escrito pelo próprio Sócrates. Acessamos o seu pensamento por testemunhos, renomados discípulos como Xenofonte e Platão ou pelas ácidas avaliações de Aristófanes. O *Fédon* é um texto escrito por Platão, um Platão maduro, já tendo escrito várias obras. Aparece no texto a conhecida tese da reminiscência. A alma é imortal e encarna inúmeras vezes. Antes de reencarnar num novo corpo, ela contempla as Ideias Eternas, ou seja, os arquétipos (modelos, protótipos) de cada ente empírico.

> A reminiscência significa uma diferença entre os [corpos] sensíveis e a essência; por ocasião das sensações, a lembrança da essência torna manifestas a deficiência do sensível, a anterioridade das essências e a preexistência da alma, potência do pensar puro. Mas a independência com relação ao sentir implica a preexistência, não a subserviência da alma (DIXSAUT, 1992, p. 264).

Ao acompanharmos a grande fissura que Platão-Sócrates parecem abrir entre o corpo e a alma quanto à consideração dos valores, somos levados a concluir que valores tradicionais ligados aos prazeres, ao corpo, à honra são rejeitados. Uma expressão popular desses valores é estampada por uma famosa composição de tonalidade dionisíaca, que canta:

> O bem supremo do mortal é a saúde;
> O segundo, a formosura do corpo;
> *O terceiro, uma fortuna adquirida sem mácula;*
> *O quarto, desfrutar entre amigos o esplendor da juventude*
> (JAEGER, 2003, p. 529).

Na constelação dos valores, Sócrates confere à alma uma posição destacada. No plano mais elevado coloca "os bens da alma, em segundo lugar os bens do corpo, e no grau inferior os bens materiais, como a riqueza e o poder" (JAEGER, 2003, p. 528). Visto isso, há que notar que Sócrates não rejeitou de todo os valores tradicionais. Para Reale, Platão foi mais longe em estabelecer uma cisão abissal entre a alma e o corpo e em posicionar o corpo como um entrave para a catarse da alma. "Ao invés, de maneira subordinada e sob o controle e o domínio da alma, Sócrates pôde ainda conceder certo apreço aos valores tradicionais, à medida que ele não entendeu o corpo como antítese da alma" (REALE, 1993, p. 269).

Jaeger converge com Reale, e detalha essa explicitação. Convém acompanharmos, precisamente, a sua argumentação referida a Sócrates.

> Antes de mais nada, este cuidado da alma não se traduz de modo nenhum em descuido do corpo. [...] A sua descoberta da alma não significa a separação dela e do corpo, como tantas vezes se afirma em desabono da verdade, mas antes o domínio da primeira sobre o segundo. *Mens sana in corpore sano* [Mente sã num corpo são] é uma frase que corresponde a um autêntico sentido socrático. Sócrates não desleixava o seu próprio corpo nem elogiava os que o faziam (JAEGER, 2003, p. 537-538).

Em *O Banquete*, texto de Platão (1987b) contemporâneo ao *Fédon*, Sócrates surge todo arrumado e perfumado para a confraternização com os amigos, que vão discutir a natureza do amor, a sua origem mais própria. Se, no início do encontro, uma flautista é expulsa do lugar, no final do texto ela retorna. Também no final do texto, Alcibíades, bêbado, derrete-se em declarações exaltadamente apaixonadas por Sócrates. Dioniso não é tão facilmente dispensado dos banquetes da filosofia.

Referências míticas do orfismo

O *Fédon* é um texto marcado não apenas pela filosofia, mas por uma atmosfera mítico-religiosa. Ele apresenta uma inspiração nos chamados Mistérios Órficos. Nessa religião, a ligação entre o ser humano e o divino se dá como uma catarse permanente. A origem desse processo reside na mitologia de Hesíodo (séc. VIII-VII a. C.).

Podemos começar a narrativa mítica com uma das aventuras amorosas de Zeus, o supremo governante do Olimpo, pai dos deuses e dos homens, aquele que zela pela ordem cósmica. Zeus visitava amorosamente Perséfone, a rainha do mundo dos mortos. Temendo os ciúmes da esposa Hera, Zeus trata de esconder o filho e o põe sob o cuidado do deus Apolo e dos curetes (seres divinos que em certa ocasião "executaram diante de Zeus-menino, em Creta, uma dança guerreira". BRANDÃO, 1991, p. 255). No entanto, Hera descobriu o seu paradeiro e enviou os terríveis Titãs, monstros primitivos, as forças mais brutais da Terra, do início da geração do mundo (vencidos por Zeus numa batalha épica entre os titãs e os deuses olímpicos) para irem até Zagreu com a missão de destruí-lo.

Os Titãs encontram a criança e a atraíram com brinquedos encantatórios, entre eles, um objeto muito perigoso no mundo mítico, um espelho. A criança é capturada e despedaçada. A seguir, cozinhada e devorada. Zeus percebe o funesto acontecido e fulmina os Titãs com os seus raios.

Chegamos ao ponto em que o mito, como relato de origem, aponta para a gênese do ser humano. Das cinzas dos Titãs nasceram os seres humanos.

Para os órficos, o ser humano é portador de uma parte titânica e, portanto, violenta, descomedida, tirânica, destruidora, impiedosa. Por outro lado, o ser humano tem uma parte divina e boa, pois os Titãs haviam comido Zagreu.

Zagreu, após algumas peripécias e metamorfoses, irá se revelar como o deus Dioniso, ou Baco, que será associado, como muitos sabem, ao êxtase, ao vinho, à alegria, ao gozo. Por outro lado, Dioniso é o deus ligado ao trágico. O seu simbolismo abarca não só o prazer, como a dor. Dioniso é, também, o deus do teatro. Lembremos que o símbolo do teatro consiste em duas máscaras, uma sorrindo, a outra chorando. Trágico etimologicamente deriva do grego *tragos*, bode, o animal consagrado a Dioniso.[2]

Apesar da presença do deus do êxtase no mito órfico (os cultos de cunho dionisíaco se caracterizavam pelo êxtase, pelo vinho e pela ruptura dos interditos sociais), as celebrações órficas orientavam os adeptos a uma vida austera em que se perseguia a salvação e a purificação da alma.

Cuidemos de explicar o termo orfismo. Trata-se de uma escola de poetas místicos dos séculos VI-V a. C., cujo patrono é o herói Orfeu, poeta e músico excepcional, filho da musa Calíope, inspiradora da poesia, com o rei Eagro, da Trácia. Encantava a todos, era irresistível. Quando passava cantando deslumbrava e acalmava as pessoas e os animais, mesmo as feras o seguiam candidamente; até Sísifo, por ocasião do *tour* de Orfeu pelo reino dos mortos, por esses breves

2 Com uma longa estória de demonização do prazer e do corpo levada a cabo nas culturas com influência platônica, incluindo a cultura cristã, o animal de Dioniso foi associado ao próprio Satanás, opositor de Deus.

instantes, deu uma pausa na paga do castigo imposto por Zeus que o condenou a levar um bloco de pedra até o alto de um monte, de onde ela caia e ele a levava novamente para o cimo do monte, num ciclo de penitência repetitivo.

Orfeu se apaixonou perdidamente por uma moça chamada Eurídice e casou-se com ela. Segundo a versão do poeta latino Públio Vergílio Marão, um dia, Eurídice é perseguida pelos impulsos libidinosos de um criador de abelhas. Na fuga, ela pisa numa serpente venenosa que a pica mortalmente. E lá vai a jovem para o reino dos mortos, o Hades.

Orfeu fica inconsolável. Sua tristeza, seu desconsolo varre o seu coração de forma devastadora. Ele resolve, então, ousadamente ir até a morada dos mortos e pedir a seus regentes, o casal Hades (ou Plutão) e Perséfone para resgatar a alma de Eurídice de volta, vale dizer, para ela voltar à vida.

Os deuses ficam tão encantados com Orfeu e com a sua arte que cedem. Mas não sem fazer um imprescindível aviso. Ao levar a sua amada, enquanto estiver trilhando o caminho até o mundo dos vivos novamente, que o herói não olhe para ela, que ela o vá seguindo, e *que ele não olhe para trás*.

Quando está quase chegando ao reino da vida novamente, à superfície da Terra, Orfeu é assaltado por dúvidas. E se não for mesmo Eurídice, e se ele tiver sido enganado? Então, Orfeu vira-se para trás, e olha para ela. Nesse momento, o corpo dela se desfaz e a sua psique (alma) retorna novamente ao Hades, desta feita, inexoravelmente, para habitar no reino dos mortos.

Orfeu cai numa tristeza ainda maior. Para com a música, afasta-se da poesia. Nada lhe dá ânimo de viver, não há sentido em viver sem a sua amada. Uma solidão sem solução. Segundo uma versão do mito, as mulheres do local onde ele vivia, loucas de desejo por ele, enfeitiçadas por Afrodite, agarraram-no, puxaram-no violenta e dionisiacamente, até que ele é despedaçado. Em outra variante do mito, ele é morto pelas mulheres, já que as recusa após o fracasso da sua empreitada.

Sua cabeça é jogada no rio, e ainda gritava: 'Eurídice!", "Eurídice!". Algum tempo depois ela é encontrada, recolhida e transformada em oráculo. Orfeu é considerado pelos adeptos o fundador do orfismo.

O mito de Orfeu é um mito de morte. Por que retirar a filosofia do mito? Por que seccionar o mito do logos (pensamento), relegando o primeiro ao terreno da crença e da superstição e o pensamento somente ao campo da filosofia e da ciência? Falamos isso porque o mito de Orfeu nos provoca a pensar. Somos instigados, a um só tempo, a sentir o problema da morte e a pensar a morte. Mesmo no silêncio das palavras, podemos estar pensando. O mito de Orfeu traduz muito bem o que Heidegger (2012) alude como a angústia da finitude humana. Kierkegaard (1979), por sua vez, trabalha a relação que o eu estabelece consigo mesmo e com o finito e o infinito. O desespero humano é não conseguir realizar essa síntese entre o finito e o infinito. O desespero humano é o desespero de Orfeu, que não realiza o salto da fé (relação com o infinito), e desconfia no minuto final.

A vida e a morte no orfismo

O orfismo é uma religião que envolve uma alternância entre a vida e a morte através das encarnações da alma num determinado corpo (transmigração da alma), que pode ser humano, mas também, pode se efetuar no corpo de um animal, para aquelas almas que viveram uma vida extremamente desregrada, incontinente e bestial; é admissível assumir uma nova vida até mesmo um corpo vegetal.

O destino da alma imediato após a sua morte não é o que mais nos importa considerar no orfismo. Há uma descrição a esse respeito, inclusive na parte final do *Fédon*. Importa-nos considerar o aspecto catártico do orfismo. Qual a lógica que justifica, segundo o orfismo, a imagem da transmigração da alma? A alternância entre vida e morte se dá sob um cenário de purificação. O sentido primeiro e último de cada existência e da alma, ao longo de toda a sua aventura, seja nesse mundo, seja no que chamamos transcendência, é purificar-se. E se purificar visa a uma meta: unificar-se ao divino, à conjunção da alma com o divino, à depuração da parte divina de tal forma a purificar a nódoa da herança titânica. Não há pecado original, mas há a herança titânica da qual todos têm o dever de se purificar.

Na verdade, quando a tradição órfica bate às portas da filosofia, dá para notar que não se trata, pura e simplesmente, de purgar o mal, mas de buscar o bem, de praticar o bem. E a filosofia de Sócrates-Platão-Aristóteles entende a busca do bem como a meta suprema de uma existência. É a *eudaimonia*, traduzido em português como "busca da felicidade". Felicidade, nesse ponto, não pode ser ingenuamente confundida com estar alegre, ver-se livre de problemas e de preocupações, princípio de prazer ou algo do gênero. Felicidade não é uma pulsão. Felicidade é uma atitude, uma escolha de vida, uma ética não contingente, um exercício contínuo de praticar o que é estimado como virtude, confunde-se, no horizonte grego, com o próprio sentido da vida.

E, por falar em vida, o que significa morte no mundo grego antigo desde o mito até, pelo menos, a metafísica platônica? Morte é o esquecimento. Na mitologia homérica, as almas, após a morte, não desaparecem. Elas vão para o Hades. E, quando isso acontece, ficam vagando, sem entendimento nem desejo. Brandão descreve o destino derradeiro de alguém após a morte: "no Hades, a psiqué, o *eídolon* é uma sombra, uma imagem pálida e inconsistente, abúlica, destituída de entendimento, sem prêmio nem castigo. E com o corpo perdem-se o *thymós* [apetite] e o *phrén* [entendimento]" (Brandão, 1986, p. 146). A escatologia (o que concerne aos fins últimos da alma) homérica era adotada pela religião oficial da Atenas contemporânea a Sócrates. Brandão resume bem o que aguardava uma pessoa quando morresse: "Somos pó e sombra! *Pó e sombra*, nada além da triste escatologia homérica, que a religião estatal, opressora e despótica teimava em manter [...]" (Brandão, 1987a, p. 151). Isso significava: na morte, as pessoas estavam condenadas a um sono eterno no esquecimento. Quem se lembra delas são os vivos. Por isso, o que eterniza as façanhas heroicas é a sua celebração pelas gerações ao longo do tempo. É dessa forma que o herói homérico acredita superar a morte de seu corpo físico e a contingência de uma existência.

O orfismo distingue-se da tradicional religião homérica, aquela adotada pela cidade de Atenas, cujo tribunal acusou Sócrates de negligenciar as devidas honras aos deuses e de instigar os jovens a seguir o mesmo caminho. Em Homero, o que se destaca não é, exatamente, a culpa; o que se nota é a punição exemplar para todo aquele que comete a *hybris*, ou seja, que perde a sua medida e quer se equiparar aos deuses, rebela-se, não acata os seus ditames. No orfismo, temos uma outra proposta: "Sua realização genial foi situar o indivíduo e sua relação com a culpa e com a reparação da mesma no próprio âmago da religião" (Brandão, 1987a, p. 155).

O orfismo distancia-se da tradição homérica, que é a institucionalização, via imaginação mítica, da sedimentação de uma hierarquia em que os humanos devem permanecer sob a tutela, e, sobretudo sob a vontade arbitrária dos deuses. O poder exercido pelos deuses sobre os humanos e heróis, em muitas ocasiões, determina o seu agir. Há uma palavra que define isso: *ate*, a cegueira da deliberação livre e da consciência do herói por um deus. Imaginemos a passagem da *Ilíada* em que o rei Agamêmnon toma para si a namorada de Aquiles. Não fui eu, declara ele, a causa de um tal ato, mas sim Zeus. Agamêmnon admite que foi cegado pela *ate* insuflada por Zeus, que Zeus levou para longe o seu discernimento. Tal passagem dá a entender "que a *ate* não possuía originalmente nenhuma conexão com a ideia de culpa" (Dodds, 2002, p. 14).

No orfismo, a alma de uma pessoa presta contas, após a sua morte, dos seus atos em vida. A morte, na verdade, não passa de uma passagem para outra condição de existência da alma, em que ela vai para um lugar transcendente ao mundo visível dos mortais. Como definiu Sócrates supra, a morte não é a supressão da existência de alguém, mas a separação da alma do corpo. Da mesma forma, a vida consiste no retorno da alma para encarnar num corpo. Esse processo é conhecido como *metempsicose*. Vida e morte se entrelaçam de tal maneira que, de acordo com como uma alma viveu a sua vida, com as atitudes que tomou em vida, serão definidas as condições de sua passagem pela transcendência, pelo mundo pós-vida. Dessa forma, a alma terá que se submeter a um processo purificatório na existência desencarnada mais ou menos rigoroso. Seguindo a mesma lógica, só que em sentido inverso, de acordo com o que conseguiu aprender no seu estágio pela transcendência, ela irá ter uma vida com mais ou menos desafios e dificuldades para a sua catarse ao reencontrar um corpo para encarnar.

Antes de voltar a encarnar no mundo dos vivos, a alma precisa beber das águas do rio *Lethe*, o rio do esquecimento. E, dessa forma, ela terá que recomeçar uma aprendizagem e demonstrar, ao longo da vida encarnada, sua disposição para assentar numa senda, onde o aperfeiçoamento moral seja a pauta prioritária.

Aqui, ressaltamos uma alternância entre os sentidos de morte e vida. Tudo se decide durante a vida em Homero, portanto, nada deve ser protelado, todas as possibilidades devem convergir para um e mesmo ponto: o imediato. Por isso, tantas imagens da *hybris*, da perda da medida, pelos heróis e pelos homens e mulheres. A raiva, o prazer, o desejo, a paixão, nada deve esperar por muito tempo. Se há uma calmaria e as naves dos aqueus não podem singrar em direção a Troia para guerrear e vingar a afronta pelo rapto de Helena pelo troiano Páris, se isso foi uma imposição da deusa Ártemis como punição ao comandante supremo dos exércitos gregos, que Ifigênia, a própria filha do rei Agamêmnon, com o seu consentimento por sinal, seja sacrificada. Se o ódio e o desejo de vingança imperam no coração de sua esposa Clitemnestra, a partir de então, que o marido seja assassinado, como de fato foi, e a filha escravizada no próprio palácio pela mãe e pelo homem que é o objeto da sua nova paixão. A dimensão do futuro pouco ou nada vale.

Em contraste, no orfismo, encarnar significava que a alma não estava suficientemente purificada para acessar os Campos Elísios, a escala excelsa para a alma habitar. Por isso, reescrevemos Brandão: "Fundamentando-se numa singular antropologia, numa inovadora teogonia e em novíssima escatologia, o Orfismo aprendeu a reservar as lágrimas para os que nasciam e o sorriso para os que morriam..." (Brandão, 1987a, p. 151). O corpo é entendido como via imanente para alma se aperfeiçoar em sua catarse na escola da vida encarnada. É uma limitação que a alma tem que se submeter visando, em última análise, a um caminho para a sua catarse e a sua afinação com o plano divino, a sua plena realização. Dessa estrutura, deriva a imagem do corpo como cárcere da alma.

> Assim, em punição de um crime primordial, a alma é encerrada no corpo tal como no túmulo. A existência, aqui nesse mundo, assemelha-se antes à morte e a morte *pode* se constituir no começo de uma verdadeira vida. Esta verdadeira vida, que é a *libertação final da alma* do cárcere do corpo, quer dizer, a posse do "paraíso" (Brandão, 1987a, p. 159).

É preciso acrescentar que, dificilmente, consegue-se operar a completa catarse numa única existência.

Fechando o círculo

Como o mítico movimento do retorno, voltemos ao nosso ponto de partida à filosofia, mais especificamente, a Sócrates.

A narrativa órfica lembra algo aos nossos leitores? Não parece, ao menos em parte, tornar um pouco menos surpreendentes algumas posições de Sócrates sobre o filósofo e a morte? Sócrates enfatiza o cuidado com a alma como eixo central de toda e qualquer existência. Uma vida não tem na morte o seu limite, mas a medida de uma existência é contabilizada pelo cuidado com a alma.

> Foi o apelo de Sócrates "ao cuidado da alma" que realmente levou o espírito grego a romper caminho em direção à nova forma de vida. Se o conceito da vida, do *bios* (que designa a existência humana, não como um simples processo temporal, mas como uma unidade plástica cheia de sentido, como uma forma consciente de vida) ocupa doravante uma posição de tão grande relevo na filosofia e na ética, é à vida real do próprio Sócrates que, numa parte muito considerável, isso se deve. A sua vida foi uma antecipação do novo *bios*, baseado integralmente no *valor interior* do Homem (Jaeger, 2003, p. 537).

Isso implica que a coesão entre o nosso agir e o nosso pensar não deve ser presa de móveis estranhos à alma. Nenhuma inclinação natural, nenhuma norma adotada irrefletidamente deve ser tomada como desculpa para justificar seja qual for a intenção e o ato praticado. A ética socrática se legitima incondicionalmente no encargo que cabe a toda e qualquer alma quanto a se comprometer ou se descuidar da busca da *eudamonia*, em outras palavras, de se orientar para e pela intuição e exercício (práxis) do bem, do que agrega cada um em torno da construção do habitar conjugado que possa ser justo e bom não só para si, mas, para a comunidade.

Deixemos as palavras finais a cargo de Giovanni Reale.

> Os valores morais não são criados e imposto pela divindade, mas são *valores supremos*, porque são os valores do espírito e, *assim sendo, são reconhecidos também pela divindade*. [...] em suma, os valores morais não são tais *porque queridos* por Deus, mas pela sua intrínseca, objetiva perfeição, recebem de Deus a máxima consideração. O que significa [...] que Sócrates, em certo sentido, reconhece aos valores morais importância final para a realidade cósmica (Reale, 1993, p. 302).

Referências

ARISTÓTELES. *Ética a Nicômacos*. Tradução e notas: Mário de Gama Kury. 4. ed. Brasília: Editora Universidade de Brasília, 2001.

BACHELARD, Gaston. *A formação do espírito científico*. Contribuição para uma psicanálise do conhecimento. Tradução: Estela dos S. Abreu. Rio de Janeiro: Contraponto, 1996.

BRANDÃO, Junito de Souza. *Mitologia Grega Vol. I*. Petrópolis: Vozes, 1986.

BRANDÃO, Junito de Souza. *Mitologia Grega Vol. II*. Petrópolis: Vozes, 1987a.

BRANDÃO, Junito de Souza. *Mitologia Grega Vol. III*. Petrópolis: Vozes, 1987b.

BRANDÃO, Junito de Souza. *Dicionário Mítico-Etimológico da Mitologia Grega*. Petrópolis: Vozes, 1991.

DIXSAUT, M. Phédon ou Sur l'âme. *In*: ENCYCLOPÉDIE PHILOSOPHIQUE UNIVERSELLE. *III Les Ouvres philosophiques*. Vol. dirigé par Jean-François Mattéi. Paris: Presses Universitaires de France, 1992.

DODDS, E. R. *Os gregos e o irracional*. Tradução: Paulo Domenech Oneto. São Paulo: Scuta, 2002.

FOUCAULT, Michel. *A Hermenêutica do Sujeito*. Tradução: Márcio Alves da Fonseca e Salma Tannus Muchail. São Paulo: Martins Fontes, 2004.

GIEBEL, Marion. *O oráculo de Delfos*. Tradução: Evaristo Pereira Goulart. São Paulo: Odysseus, 2013.

HEIDEGGER, Martin. *Ser e Tempo*. Tradução rev. de Márcia Sá Cavalcante Schuback. 6. ed. Petrópolis: Vozes; Bragança Paulista: Editora Universitária São Francisco, 2012.

JAEGER, Werner. *A Formação do Homem Grego*. Tradução: Artur M. Parreira. São Paulo: Martins Fontes, 2003.

KIERKEGAARD, Søren Aabye. *O desespero humano*. Tradução: Adolfo Casais Monteiro. São Paulo: Abril Cultural, 1979.

KIERKEGAARD, S. A. *O conceito de Ironia*. Constantemente referido a Sócrates. Apresentação e tradução de Álvaro Luiz Montenegro Valls. Petrópolis: Vozes, 1991.

MOSSÉ, Claude. *Dicionário da Civilização Grega*. Tradução: Carlos Ramalhete. Rio de Janeiro: Jorge Zahar, 2004.

PESSANHA, José Américo Motta. Sócrates: vida e obra. *In*: PLATÃO. *Defesa de Sócrates/Platão. Ditos e feitos memoráveis de Sócrates; Apologia de Sócrates/Xenofonte. As nuvens/Aristófanes*. Tradução: Jaime Bruna, Libero R. de Andrade, Gilda M. R. Strazynski. 4. ed. São Paulo: Nova Cultural, 1987 (Os Pensadores, vol. Sócrates).

PLATÃO. *Defesa de Sócrates*. Tradução e notas: Jaime Bruna. 4. ed. São Paulo: Nova Cultural, 1987a.

PLATÃO. *Diálogos*. O Banquete – Fédon – Sofista – Político. Tradução e notas: Jorge Paleikat e João Cruz Costa. São Paulo: Nova Cultural, 1987b.

REALE, Giovanni. *História da Filosofia Antiga Vol. I*. Tradução: Marcelo Perine. São Paulo: Loyola, 1993.

STONE, I. F. *O julgamento de Sócrates*. Tradução: Paulo Henriques Britto. São Paulo: Companhia das Letras, 1988.

VERÍSSIMO, Luiz José. Niilismo, superação e criação. Um estudo envolvendo Nietzsche e Jung. *In*: MONTEIRO, Dulcinéa da Mata R. *Assim falaram Nietzsche e Jung*. Curitiba: Juruá, 2018.

CAPÍTULO 3

A resiliência como vínculo com a vida na prevenção do suicídio

Sabrina Andrade Rocha

Existem alguns fatores que podem auxiliar indivíduos a fortalecer seu vínculo com a vida e dessa forma prevenir o suicídio, entre eles destacaremos aqui a resiliência e seus vários conceitos. Mas, antes, é importante realizar algumas elucidações sobre essas questões tão fundamentais e unidas pelo fio da vida.

Uma questão que lida com a finitude (ou desejo de finitude) da vida, sem dúvida, merece toda a atenção e cuidado. O suicídio, presente possivelmente desde os primórdios da civilização, envolve uma série de crenças religiosas e culturais e torna-se cada vez mais uma questão de saúde pública.

O suicídio é um fato observado desde os tempos antigos e mantêm-se até a contemporaneidade. A cada 40 segundos, uma pessoa prática o suicídio no mundo. O Brasil encontra-se na oitava posição em quantidade de suicídios. No ano de 2012, foram contabilizadas 11.821 mortes. O país que mais tem número de mortos por suicídio no mundo é a Índia (258 mil óbitos), em seguida vem a China (120,7 mil), os Estados Unidos (43 mil), a Rússia (31 mil), o Japão (29 mil), a Coreia do Sul (17 mil) e o Paquistão (13 mil) (Organización Mundial de la Salud, 2014 apud Silva, 2015).

Sendo assim, o suicídio é um fenômeno que precisa ser percebido com toda a sua multiplicidade e em seu contexto sócio-histórico. Para tanto, ele não deve ser considerado apenas na perspectiva biológica, psicológica e/ou psiquiátrica (São Pedro, 2017).

Já a palavra resiliência, bastante difundida atualmente, é contemporânea e contém suas primícias na área das ciências exatas, sendo adotada posteriormente pelas ciências humanas e biológicas. Na sociedade contemporânea tornou-se não só uma característica desejável como indispensável para o bom desenvolvimento de um indivíduo ou de uma comunidade. Essa palavra, resiliência, nasceu na Engenharia e Física, tendo como precursor Thomas Young. Para essas ciências exatas, a resiliência é a habilidade de determinada matéria-prima de suportar energia de deformidade sem sofrer alteração de maneira definitiva (Taboada, 2006).

De forma geral, um fato vem sendo observado pela ciência: como indivíduos, mesmo em um contexto de adversidade e perturbação, podem desenvolver-se de maneira favorável e equilibrar-se com as perspectivas sociais? Diante desse acontecimento, nós descobrimos um novo constructo em elaboração: a resiliência. Nas ciências humanas, podemos estabelecer a princípio resiliência como a habilidade que alguns indivíduos têm de superar as adversidades da vida (Taboada, 2006).

Será que essa característica psíquica pode auxiliar na prevenção de uma das situações mais delicadas da existência humana, o suicídio?

Para conseguir responder a essa questão com certa propriedade, é importante entender tanto esse constructo psicológico, a resiliência, quanto o complexo fenômeno do suicídio e todas as suas implicações.

Pinheiro (2004) aponta a origem etimológica da palavra resiliência, do latim *resiliens* que quer dizer saltar para trás, recuar, voltar ou ainda encolher-se ou romper. Já pela origem inglesa, alude ao conceito de rápida recuperação e elasticidade. Ele formula ainda que a resiliência está implicada em pensamentos relativos à expectativa de sucesso e de ajustamento às normas sociais.

Os trabalhos científicos que abordam resiliência podem ser algumas vezes voltados para seu conceito e outras para a sua prática. Os precursores do termo resiliência na Psicologia são os termos invencibilidade ou invulnerabilidade, ainda bastante referidos na literatura (Yunes, 2003).

Apresentando como pressuposto uma caracterização comum (a resiliência como a habilidade do sujeito em refazer-se diante de enfrentar positivamente contratempos), as definições que discorrem sobre a resiliência podem ser distintos (Taboada, 2006).

Subsistem três linhas variadas para estudar o nascedouro do termo resiliência: o médico, o físico e o psicológico. Na perspectiva da medicina, a resiliência é a habilidade de um sujeito de proteger-se de uma infecção e/ou doença e fazer uma interposição com a ajuda de algum medicamento ou por si mesmo. Na esfera física, a resiliência é a capacidade de persistência/perseverança ou constância de determinado material à pressão, ao choque e à tensão. Essa capacidade lhe proporciona voltar ao seu estado inaugural apesar de ter sido forçado. No aspecto psicológico, que é o mais interessante para esse estudo, a resiliência é a capacidade de uma pessoa ou grupo de resistir a ambientes adversos sem perder o equilíbrio inicial, quer dizer, a habilidade de resignar-se e/ou adaptar-se de maneira contínua (Tavares, 2001 apud Pinheiro, 2004).

A questão é que o conceito de resiliência está sendo crescentemente mais usado e em variados cenários e grupos, sendo classificado como um termo fundamentalmente relevante. A Psicologia também vem se apropriando de maneira crescente do conceito de resiliência, visando a sua importância para um bom desenvolvimento do sujeito e do coletivo.

É notório que a Psicologia na atualidade procura além de verificar e investigar questões psicopatológicas associadas aos indivíduos, investigar ainda demandas que circundam o desenvolvimento biopsicossocial saudável do sujeito, buscando, dessa forma, compreender o que rodeia certas funções adaptativas.

Segundo Yunes (2003), o estudo do conceito de resiliência na Psicologia é contemporâneo. Ele aparece nas pesquisas há pelo menos 30 anos, mesmo assim, só nos últimos 5 anos começou a ser debatido em congressos internacionais. As pesquisas iniciais eram fundamentalmente sobre a resiliência observada no comportamento infantil.

Já no Brasil, de acordo com Agnst (2009), as pesquisas inaugurais sobre a resiliência ocorreram entre 1996 e 1998. Esses estudos iniciais eram referentes a crianças em exposição a contextos perigosos, perfis de executivos, aspectos de proteção e fragilidade psicossocial. Posteriormente, essas pesquisas passaram a englobar vários campos, sendo: operários de fábricas de indústrias (montadoras de veículos e autopeças), transtorno do déficit de atenção/ hiperatividade, professores e até mesmo espiritualidade.

Ainda de acordo com Agnst (2009), dentro dos primeiros pesquisadores que versaram sobre o constructo de resiliência, distingue-se Frederic Flach. Em 1966, Flach declarou que para que um indivíduo seja resiliente, ele necessita reconhecer o infortúnio o qual está passando e visualizar que, ao conseguir suportá-lo por determinado tempo, perceberá seu motivo e terá a capacidade de solucionar esse problema positivamente.

Nas bibliografias identificam-se dois posicionamentos. O primeiro acredita na resiliência como um aspecto inato de personalidade. Essa ideia foi elaborada por meio de estudos de Block & Block (1980, 1996), nos quais eles nomeiam ego-resiliência, um grupo de particularidades que transmite a força do caráter e a autonomia, como também a adaptação da ação em resultado a diferentes contextos. Concebem que há um traço construtivo em cada indivíduo que preexiste, anterior à exposição à (sic) adversidades e que possuem uma função importante na percepção da personalidade resiliente (Perez, 2017).

Percebe-se que a resiliência como conceito psicológico pode ser considerada, então, um fator de personalidade inato ou ainda um grupo de atributos que refletem a força do sujeito frente a uma situação específica, ou ainda, na forma de viver de modo geral. Mas existem ainda outras formas de ver a resiliência na Psicologia.

O que seria, então, a resiliência? Uma habilidade intrínseca da personalidade humana, inata, formada pela nossa genética? Ou então algo constituído socialmente, sendo importante o contexto para que ela seja adquirida ou aprimorada?

Dessa forma, é importante salientar que a resiliência dentro da Psicologia pode ter conceitos diversos. Certos autores consentem que a resiliência seja um atributo de personalidade inato do sujeito, já, entre outros autores, ela é uma habilidade que pode ser desenvolvida de modo situacional.

Podemos articular que uma habilidade psicológica que pode ser estabelecida como fundamental em um indivíduo na atualidade é a resiliência. Essa sociedade tão ágil e recheada de mudanças, intitulada por Bauman (2001) como modernidade líquida, requer também lepidez e ainda reivindica da pessoa uma capacidade de superação e adaptação.

Indivíduos resilientes demonstram algumas habilidades básicas como: disciplina, tolerância ao sofrimento, capacidade de dar e receber em relações interpessoais, receptividade, autoestima favorável, entre outras (Barreira & Nakamura, 2006 apud Angst, 2009).

Os indivíduos que possuem resiliência também têm como habilidade reconhecer o seu infortúnio, validar seu sentido e sobrelevar isso até conseguir organizar essas questões positivamente (Flac, 1991).

Podemos dizer, ainda, que a resiliência é uma combinação entre ambiente, corpo e mente. Isto é, a interação concomitante entre os aspectos psicológico-social-fisiológico. Quanto os elementos genéticos e psicológicos, certos artigos corroboraram sobre a ligação entre a prática de resiliência e a inteligência, e principalmente um nível mais alto de inteligência em indivíduos resilientes (Gjerd, Block & Block, 1986; Moffitt, & Stouthamer-Loebers, 1993; Taylor, 1994 apud Perez, 2017).

Quanto a aspectos fisiológicos, é possível dizer que nenhum adoecimento é similar para todos os sujeitos, sendo que este pode ocasionar um comportamento diversificado em cada um (Angst, 2009).

O recurso de resiliência abarca não apenas o indivíduo, mas também seu contexto, sendo: nas organizações, no trabalho, no vínculo familiar e do casal e ainda nas escolas. De maneira geral é possível versar sobre resiliência em inúmeros contextos (Richardson, 2002 apud Perez, 2017).

Sendo assim, pode-se descrever a pessoa resiliente de forma simples como quem tem a capacidade de manter-se em equilíbrio ou conservar seu bem-estar mesmo passando por ocasiões de tribulações ou até mesmo tragédia. Ou ainda, aquele que consegue conservar-se o mais saudável possível em um contexto adverso.

Após algumas elucidações sobre a resiliência, adentramos agora ao delicado terreno da questão do suicídio. Observamos apontamentos de alguns autores sobre essa temática.

É fundamentalmente com Agostinho de Hipona (séc. V), conhecido também por Santo Agostinho, que a morte por suicídio obtém uma simbologia pecaminosa. Depois, ainda na Idade Média, passou a ser vista como um crime, pois feria os interesses da Coroa: indivíduos que se suicidavam tinham suas riquezas requeridas pela Coroa, em vez de serem direcionadas para a família, e os corpos dos indivíduos ainda eram castigados. No final da Idade Média, com a cisão entre a Igreja e a Coroa, a força médica ocupa um papel beneficiado no comando da sociedade, de modo que os médicos que fazem a definição da depreciação do suicídio, movendo esse fato de pecado a uma psicopatologia e denominando-a como loucura (Netto, 2007).

Envolto de tabus, o suicídio é visto, desde as primeiras observações sobre o tema, como algo condenável, principalmente pela perspectiva religiosa.

A atitude suicida é descrita por ser o ferimento causado independentemente de sua gravidade, entendendo também a tentativa de suicídio. O comportamento suicida é categorizado em três etapas: a ideação suicida, a tentativa de suicídio e o fato em si consumado (São Pedro, 2017).

Mesmo com poucos estudos a respeito, alguns autores apontam entre essas três categorias a ideação suicida como sendo o ponto inicial desse fato e o suicídio em si (ou tentativas) como a escala de maior gravidade (Turecki, 1999).

O suicídio é algo complexo que possivelmente é definido pela influência de vários fatores, dentre os quais formação biológica do sujeito, seu histórico pessoal, fatos e circunstâncias, bem como o seu contexto. Muitos estudos que usam a teoria de reconstrução diagnóstica indicam que um fator de risco pode ser um transtorno psiquiátrico. Ao mesmo tempo em que o comportamento suicida é muito usual em pacientes com transtornos psiquiátricos, os quadros em que mais ocorrem vítimas de suicídio são a dependência de álcool e/ou outras substâncias psicoativas e portadores de transtorno depressivo maior (Turecki, 1999).

Desse modo, observamos, portanto, que para entender além do ato em si do suicídio, é preciso também buscar a compreensão de todos os contextos que envolvem esse fenômeno e o indivíduo.

Ao observarmos de forma primária, o suicídio pode parecer algo absurdo, sem racionalidade e com nenhuma coerência. Entretanto, ele é um fato presente dentro da existência humana e precisa de uma maior investigação, que entenda tudo que essa questão simboliza e resulta, tanto para o indivíduo que pratica quanto para as pessoas envolvidas em seu contexto que podem ser abaladas (Rocha, 2012).

A ausência de um chamado "sentido na vida" é capaz de ser um significativo elemento para que o indivíduo tome a decisão de se matar (Rocha, 2012).

Ao decorrer do encadeamento da existência, o indivíduo experimenta a vida de forma variada. Alguns desses experimentos possibilitam a autorrealização, respaldada no equilíbrio e no contentamento. No entanto, em algumas situações, faltam-lhe circunstancias favoráveis para possibilitar o progresso e a evolução das suas habilidades. A falta dessas circunstâncias pode ocasionar o extravio do sentido da vida, levando consequentemente a um vazio existencial, o que é capaz de fazer com que o sujeito se desespere (Silva, 2016).

De acordo com Angerami (2017), a coletividade atual manifesta características que contribuem para que o sujeito vivencie o desespero existencial. O triste contexto das grandes cidades, a angústia, o tédio existencial, a solidão e outros tipos de amarguras da vida humana uma grande quantidade de sujeitos.

Por esse motivo, em vários casos, o sujeito compreende o suicídio como uma perspectiva para a sua existência.

A solidão, que para muitas pessoas aflige a alma, é um fato intrínseco da existência humana, sendo que é um fragmento da vida. Mesmo assim, em algumas ocasiões é mais profunda e o sujeito não consegue suportá-la. Para Angerami (2017): "É como se a grande maioria das pessoas não aguentasse a condição de ser só".

Segundo Rocha (2012), a tentativa suicida é definida por uma vivência de extinção existencial. Ao buscar entender esse fato, é necessário considerar fatores socioeconômicos e culturais que subsistem ao redor do mesmo, sendo que assim ele pode ser visualizado de maneira integral, buscando entender a experiência no mundo.

Frankl (1991), ao indagar sobre o sentido da vida, discorre que esse sentido muda de pessoa para pessoa, e de um tempo para outro. O que significa que cada pessoa tem o seu próprio sentido de vida e em cada fase da sua vivência.

Para que o indivíduo consiga ter um pacto com a vida, é necessário que, primeiramente, ele consiga localizar o sentido de sua vida. O significado da vida é capaz de ultrapassar limites inalcançáveis para a razão humana. Desse modo, faz-se necessário que o sujeito tenha em vista suas perspectivas de vida, a fim de que consiga fazer uma significação de acordo com os seus objetivos. Não possuindo claro o seu propósito de vida ele percebe-se dentro de um vazio existencial que pode causar prejuízos à saúde (Angerami, 2017).

Após a busca por aprofundarmo-nos um pouco mais em compreensões sobre o fenômeno do suicídio e realizar algumas elucidações sobre o conceito psicológico de resiliência, nós nos perguntamos como esses temas podem interagir em um contexto vivencial.

A reação dos indivíduos diante das adversidades pode variar de acordo com aspectos de suas personalidades. Existem algumas prováveis condições que podem reduzir o risco de uma pessoa tentar suicídio quando exposto a um aspecto potencial de gatilho. Esses aspectos protecionistas podem incorporar certos constructos da personalidade, apoio social, ser casado, filiação religiosa, fatores biológicos e estar empregado (Charney, 2004; Derviv, Oquendo, Grunebaum et al., 2004; Malone, Oquendo, Haas et al., 2000 apud Roy et al., 2007).

Pode ser um desses aspectos de proteção, a resiliência, estando dentro desses constructos de personalidade. Esse constructo foi delimitado como a habilidade de uma boa adaptação à mudanças, habilidade de lidar com o estresse e as emoções, aptidão para recuperar-se de eventos positivos e/ou negativos e capacidade de manter-se estável e desenvolver-se quando confrontado com contratempos (Connor, 2006; Olssone, Bond, Burns et al., 2003 apud Roy et al., 2007).

A resiliência é vista ainda como uma dimensão fundamental protetiva em oposição ao surgimento e desenvolvimento de um transtorno mental frente a algum infortúnio (Rutter, 1985 apud Roy et al., 2007).

Surpreendentemente, a resiliência ainda foi pouco estudada correlacionando-a diretamente ao suicídio. Mesmo assim, a elaboração de uma escala que avalia a resiliência por Connor e Davidson (2003) simbolizou o começo do preenchimento desse déficit. Foi estabelecida, então, uma hipótese de que pacientes que tiveram uma tentativa de suicídio seriam menos resilientes dos que tentaram (Roy et al., 2007).

A averiguação de aspectos de proteção contra o suicídio é um tema delicado. Na atualidade, tem aumentado a atenção sobre o conceito de "resiliência à suicidalidade", que pode ser visto como um conceito psicológico, como habilidade entendida do sujeito de ultrapassar obstáculos, como também um grupo de concepções positivas ou composto de relações pessoais, familiares, instrumentos sociais que podem resguardar o sujeito de suicídio quando existem aspectos estressores e de risco (Rosseti et al., 2017).

Trabalhos precedentes versaram sobre as ligações entre sensibilidade interpessoal, resiliência e humilhação em pessoas deprimidas, e relataram ainda o papel da resiliência, mesmo assim esses aspectos não foram estudados de maneira prévia em indivíduos com ideação suicida (Rosseti et al., 2017).

Existem trinta e três itens que medem seis variáveis de resiliência e produzem uma pontuação integral utilizada, segundo a Escala de Resiliência para Adultos (RSA). Essas seis variáveis são: 1) percepção do eu, 2) percepção do futuro, 3) social competência, 4) estilo estruturado, 5) coesão familiar e 6) recursos sociais. Desses aspectos, há quatro que avaliam a resiliência de maneira individual: percepção do futuro, estilo estruturado, percepção, autopercepção e competência social. O fator coesão avalia os recursos de resiliência baseados no grupo familiar, enquanto o elemento recursos sociais avalia os recursos proporcionados pelas redes sociais do indivíduo (Rosseti et al., 2017).

De acordo com Fredrickson (2009) apud Quiceno (2013), alguns estudos apontam que quanto mais emoções positivas se experimenta mais aumentam os níveis de resiliência do indivíduo. Dessa forma, Cohn, Fredrickson, Brown, Mikels e Conway (2009) apud Quiceno (2013) demonstraram em suas pesquisas que a resiliência é resultado da ligação entre satisfação com a vida e emoções positivas, o que pode sugerir que pessoas felizes se tornam mais realizadas não só porque sentem-se bem, mas também porque manifestam meios para viver bem. A felicidade é ainda composta de um grupo de componentes como estratégias de enfrentamento, emoções positivas e satisfação com a vida que antecipam decorrências positivas em variados contextos de vida.

Pontos saudáveis, como felicidade, resiliência, e fatores patogênicos, como ideação suicida influenciam a qualidade de vida das crianças (IVC) referente à compreensão do bem-estar físico, psicológico e social da criança e do adolescente incluído em um contexto cultural próprio de acordo com o seu progresso evolucional e suas idiossincrasias (Quiceno, 2013).

No estudo de Quiceno (2013), ele percebeu que a perspectiva de sentido positiva para o futuro da resiliência teve pontuações elevadas e também o elemento felicidade. Relacionada à escala de ideação suicida são apreciados níveis baixos. Nesse estudo relacionado à qualidade de vida das crianças, observou-se níveis médio-alto na dimensão do bem-estar psicológico; níveis médios nas dimensões de autonomia, relação entre pais / vida familiar, autopercepção, ambiente escolar, bem-estar físico e apoio social / de pares; e médio-baixo nas dimensões aceitação social (*bullying*), estado de espírito e recursos econômicos.

Uma frase que pode nos permitir definir a resiliência, segundo Gómez (2005) apud Ugalde (2018) seria: "um termo que serve para definir a capacidade de superar adversidades, obtendo benefícios pessoais que se traduzem em habilidades positivas extraordinárias de autoaperfeiçoamento e crescimento pessoal" (p. 49).

Sendo assim, indivíduos resilientes frente a eventos difíceis conseguem desenvolver recursos iminentes e inesperados (UGALDE, 2018). A forma como o sujeito enfrenta tais pressões e estressores no decorrer do curso de sua vida vai determinar sua capacidade de recuperação e adaptação e, então, a sua resiliência.

Esses recursos psicológicos da personalidade são influenciados por inúmeros fatores, sendo eles: ambiente familiar, histórico genético e/ou um contexto favorável ou não para a autorrealização. Essas questões desde a infância, como foi mencionado em algumas pesquisas, podem auxiliar a pessoa a ter uma menor predisposição à ideação suicida.

Segundo revisão de Dillon et. al. (2007) apud Castilho (2009), um grupo de fatores pessoais e de contexto está fundamentalmente relacionado ao desenvolvimento da resiliência. Quando o indivíduo tem um cenário adequado para o seu desenvolvimento desde a infância, ele tende a ter a resiliência como parte de sua personalidade.

Dessa forma, a resiliência pode sim se tornar um caminho de prevenção para o suicídio, pois faz com que as situações inesperadas e até mesmo vistas como trágicas sejam enfrentadas de uma maneira menos dolorosa e fatalista por aquela pessoa. E ainda podemos considerar a resiliência um vínculo com a vida, porque ela auxilia na manutenção da felicidade mesmo após contextos extremamente difíceis.

Referências

ANGERAMI, Valdemar Augusto. *Suicídio, Uma Alternativa à vida*. Fragmentos da Psicoterapia Existencial. Belo Horizonte: Artesã Editora, 2017.

ANGERAMI, Valdemar Augusto. *Psicoterapia Existencial. Noções Básicas*. Belo Horizonte: Artesã Editora, 2017.

ANGST, Rosana. Psicologia e resiliência: uma revisão de literatura. *Psicologia Argumento*, 27(58), 253-260. (2009). Disponível em: https://periodicos.pucpr.br/index.php/psicologiaargumento/article/viewFile/20225/19509. Acesso em: 15 mar. 2020.

BARREIRA, Diná Dornelles; NAKAMURA, Antonieta Pepe. Resiliência e a autoeficácia percebida: articulação entre conceitos. *Aletheia*, Canoas, n. 23, p. 75-80, jun. 2006. Disponível em: http://pepsic.bvsalud.org/scielo.php?script=sci_arttext&pid=S141303942006000200008&lng=pt&nrm=iso. Acesso em: 15 mar. 2020.

BAUMAN, Zygmunt. *Modernidade Líquida*. Rio de janeiro: Jorge Zahar, 2001.

CASTILLO, José A. García del; DIAS, Paulo C. Autorregularão, resiliência e consumo de substâncias na adolescência: contributos da adaptação do questionário reduzido de autorregularão. *Psic., Saúde & Doenças*, Lisboa, v. 10, n. 2, p. 205-216, 2009. Disponível em: http://www.scielo.mec.pt/scielo.php?script=sci_arttext&pid=S1645-00862009000200005&lng=pt&nrm=iso. Acesso em: 21 ago. 2020.

FLACH, Frederic. *Resiliência*: a arte de ser flexível. São Paulo: Saraiva, 1991.

GARCIA ORMAZA, Jon. Educando en prevención. Hablemos del suicidio. *Rev. Cien. Soc.*, Montevideo, v. 33, n. 46, p. 67-77, jun. 2020. Disponível em: http://www.scielo.edu.uy/scielo.php?script=sci_arttext&pid=S0797-55382020000100067&lng=es&nrm=iso. Acesso em: 24 jun. 2020.

NETTO, Nilson Berenchtein. *Suicídio*: uma análise psicossocial a partir do materialismo histórico dialético. Dissertação [Mestrado] em Psicologia Social, Programa de Estudos Pós-Graduados em Psicologia Social. São Paulo: PUC/SP, 2007.

PEREZ, Javier Fiz. Resiliência e sua Importância no Desenvolvimento Integral da Pessoa. *Revista Ciências Humanas*, Taubaté/SP – Brasil, v. 10, n 1, edição 18, p. 12 – 25, junho 2017. Disponível em: http://www.rchunitau.com.br. Acesso em: 16 mar. 2020.

PINHEIRO, Débora Patrícia Nemer. A resiliência em discussão. *Psicol. estud.*, Maringá, v. 9, n. 1, p. 67-75, abr. 2004. Disponível em: http://www.scielo.br/scielo.php?script=sci_arttext&pid=S1413737220040001000098&lng=en&nrm=iso. Acesso em: 16 mar. 2020.

QUICENO, Japcy Margarita; VINACCIA, Stefano. Calidad de vida, factores salutogénicos e ideación suicida en adolescentes. *Ter Psicol*, Santiago, v. 31, n. 2, p. 263-271, jul. 2013. Disponible em: https://scielo.conicyt.cl/scielo.php?script=sci_arttext&pid=S0718=48082013000200012-&lng=es&nrm-iso. Acesso em: 4 ago. 2020.

ROCHA, Marcio Arthoni Souto da; BORIS, Georges Daniel Janja Bloc; MOREIRA, Virginia. A experiência suicida numa perspectiva humanista-fenomenológica. *Rev. abordagem gestalt.*, Goiânia, v. 18, n. 1, p. 69-78, jun. 2012. Disponível em: http://pepsic.bvsalud.org/scielo.php?script=sci_arttext&pid=S1809686720120001000010&lng=pt&nrm=iso. Acesso em: 9 mar. 2020.

RODRÍGUEZ, Myriam; FERNÁNDEZ, Martha L.; PÉREZ, Mirna Luz; NORIEGA, Reinaldo. Espiritualidad variable asociada a la resiliência. *Cuadernos Hispanoamericanos de Psicología*, Vol. 11, N. 2, 24-49. 2011. Disponível em: http://m.uelbosque.edu.co/sites/default/files/publicaciones/revistas/cuadernos_hipanoamericanos_psicologia/volumen11_numero2/articulo_2.pdf. Acesso em: 13 abr. 2020.

ROSSETTI, Maria C. et al. Different roles of resilience in depressive patients with history of suicide attempt and no history of suicide attempt. *Rev. Bras. Psiquiatr.*, São Paulo, v. 39, n. 3, p. 216-219, set. 2017. Disponível em: http://www.scielo.br/scielo.php?script=sci_arttext&pid=S1516-44462017000300005&lng=en&nrm=iso. Acesso em: 24 jun. 2020.

ROY, Alec; SARCHIAPONE, Marco; CARLI, Vladimir. Low Resilience in Suicide Attempters. *Journal Archives of Suicide Research*. v. 11, n.3, p. 265-269, 2007. Disponível em: https://www.tandfonline.com/doi/citedby/10.1080/13811110701403916scroll=top&needAccess=true. Acesso em: 10 jul. 2020.

SÃO PEDRO, Jullyanne R. *O suicídio enquanto um fenômeno sócio-histórico: possíveis atuações e desafios da Psicologia. In*: II Congresso Brasileiro de Ciências da Saúde, 2017, Campina Grande. II Congresso Brasileiro de Ciências da Saúde. Campina Grande: Realize, 2017. v. 1. Disponível em: http://www.editorarealize.com.br/revistas/conbracis/trabalhos/TRABALHO_EV071_MD1_A5_ID1568_30042017192612.pdf. Acesso em: 8 maio 2020.

SILVA, Karina; ALVES, Mariany; COUTO, Daniela. Suicídio: Uma escolha existencial frente ao desespero humano. Pretextos – *Revista de graduação em Psicologia da PUC Minas*. v. 02, n. 01, 2016. Disponível em: http://periodicos.pucminas.br/index.php/pretextos/article/view/13618. Acesso em: 10 mar. 2020. Acesso em: 15 maio 2020.

TABOADA, Nina G.; LEGAL, Eduardo J.; MACHADO, Nivaldo. Resiliência: em busca de um conceito. *Rev. bras. crescimento desenvolv. hum.*, São Paulo, v. 16, n. 3, p. 104-113, dez. 2006. Disponível em: http://pepsic.bvsalud.org/scielo.php?script=sci_arttext&pid=S010412822006000300012&lng=pt&nrm=iso. Acesso em: 5 mar. 2020.

TURECKI, Gustavo. O suicídio e sua relação com o comportamento impulsivo-agressivo. **Rev.** *Bras. Psiquiatr.*, São Paulo, v. 21, supl. 2, p. 18-22, Oct. 1999. Disponível em: http://www.scielo.br/scielo.php?script=sci_arttext&pid=S151644461999000600006&lng=en&nrm=iso. Acesso em: 9 maio 2020.

UGALDE, Adrián Calvo. Gesto suicida y resiliencia en un grupo de jóvenes gays y lesbianas de Costa Rica. *Pensamiento Actual* (Junio 2018-Noviembre 2018), vol. 18, n. 30 (2018). Disponível em: https://revistas.ucr.ac.cr/index.php/pensamiento-actual/article/view/33804. Acesso em: 4 ago. 2020.

YUNES, Maria Ângela Mattar. Psicologia positiva e resiliência: o foco no indivíduo e na família. *Psicol. estud.*, Maringá, v. 8, n. spe, p. 75-84, 2003. Disponível em: http://www.scielo.br/scielo.php?script=sci_arttext&pid=S141373722003000300010&lng=en&nrm=iso. Acesso em: 13 mar. 2020.

POESIA

Ah, a vida...

Isabella Leão

Ah, a vida... tão rica em seus detalhes...
Na brisa que acaricia a pele...
E adentra sem pedir licença...
Para tocar nesse seu simples estar...
A cada carícia provoca mais a vida, mais beleza.
Com ela os mais diferentes perfumes vindos da natureza...
Um combinado intenso e marcante.
Riqueza única de cada tempo, de cada instante.
Nesse pouco e presente momento a vida...
Se destaca em sua essência...
Tornando demais detalhes tão pequenos...
Mas necessários para alcançarmos a sua fragrância...
Ah, a vida...

CAPÍTULO 4

Arte – Potência Criativa: transicionalidade entre o sofrimento e a sustentação da realidade em crianças e adolescentes

Andrea Regina Soares Poppe

> *Renda-se, como eu me rendi. Mergulhe no que você não conhece como eu mergulhei. Não se preocupe em entender, viver ultrapassa qualquer entendimento.*
>
> CLARICE LISPECTOR

Desafios que o tema do livro propõe

Em março de 2020, logo após ter terminado um capítulo para o livro *Suicídio e Cinema*, recebi outro convite do professor Dr. Valdemar Augusto Angerami para me juntar, novamente, com autores renomados e atuantes incansáveis no cuidado do sofrimento humano.

Desta vez, o desafio seria o de pensar o tema *Suicídio e Vida* – objeto maior deste livro. Confesso que eu senti um frisson maravilhoso, daqueles que energizam a gente despertando um enorme desejo de pensar e ter a oportunidade de estar, novamente, ao lado de grandes pensadores.

No entanto, após o sentimento de felicidade que o reconhecimento trouxe, fui invadida por um profundo ataque de impotência, principalmente por aceitar a tarefa de fazer a "escuta" em tempos tão difíceis, em que falamos de invasões reais, aniquilamentos e uma certa imagem desértica que remetia à desesperança que nos assolava naquele momento.

Pensar a VIDA, formas de bem-viver, de se fazer VIVO diante de tanta aniquilação, externas e internas, parecia se tornar uma missão quase impossível e que iria demandar muito investimento psíquico e criatividade, além de um profundo mergulho, ainda que breve, nesse mar. Então, como é de costume e singular da relação que estabeleço com aquilo que me mobiliza, iniciei o tal processo de procrastinação, como uma ferramenta defensiva para dar conta do meu "próprio" sentimento de impotência, mas que também acaba funcionando como uma âncora que sustenta o barco em um mar revolto... ajuda a planejar melhor o norte que se quer dar para a viagem e a ganhar fôlego e energia para navegar.

Além de me considerar uma aprendiz na maravilhosa "ARTE da Escrita", também não sou uma estudiosa do tema, pois, assim como para muitos, pensar e falar sobre SUICÍDIO é algo que assusta e, muitas vezes, coloca-nos na zona da paralisia. Então, aprendi que a melhor forma de poder transmitir, ainda que minimamente, o que se pensa e como pensamos, nosso foco tem de estar direcionado para aquilo que é mais familiar e um tanto mais confortável, pois alivia o peso da responsabilidade e do desafio aceitos.

Acredito que, somente dessa forma, o ato de escrever – muitas vezes tão penoso para quem não está ainda ambientado – já em si, produz VIDA ... percebo que em muitos momentos a escrita vai tomando um caminhar próprio capaz de transgredir o pensamento.

Preâmbulo feito, gostaria então de apresentar ao leitor como pretendo organizar o tema escolhido: *Arte – Potência Criativa: transicionalidade entre o sofrimento e a sustentação da realidade para crianças e adolescentes.*

Bem, como já dito anteriormente, não sou estudiosa do tema, mas pretendo desenvolver o "meu" pensamento fazendo, também, um ancorar na teoria psicanalítica, sob o olhar principal, de Donald Woods Winnicott (1896-1971), pediatra e psicanalista inglês, influente no campo das teorias das relações objetais e do desenvolvimento psicológico e que, apesar de não se deter especificamente, em sua teoria, sobre o tema SUICÍDIO, as características dos casos atendidos por ele levaram-no a manter constante atenção sobre o assunto com diversas citações a respeito e que podem ser encontradas em grande número de seus trabalhos.

Isso posto, pretendo desenvolver este capítulo em subdivisão de quatro tópicos que almejam se entrelaçar para que se justifique o objeto maior de nossa exposição, sendo eles **1. De que lugar falo e penso; 2. Contextualização: tempos atuais e Suicídio; 3. Da Infância e Adolescência aos fatores de risco, e 4. O lugar da Arte enquanto transicionalidade e produção de potência de VIDA.**

1. De que lugar falo e penso

Psicóloga, formada em 1992, pela Universidade Católica de Santos, trabalhadora, desde então, no SUS – Sistema Único de Saúde, primeiro como residente no Hospital Guilherme Álvaro, hospital regional que atende a Baixada Santista e, posteriormente, como funcionária pública, também na mesma cidade, atuando nas áreas de assistência, saúde mental com adultos, crianças e adolescentes, e saúde da família, totalizando 28 anos de experiência.

Esse é meu lugar de fala e que acredito me autorizar, minimamente, a pensar o proposto com base em uma vasta experiência, transitando por contextos diversificados por meio da escuta da multiplicidade do sofrimento humano e do VIVER.

Em minha jornada profissional já estive por diversas vezes diante de situações limites em que o sofrimento gritante e urgente denunciava a aridez e o vazio sentido por muitos adultos e jovens, e isso me ensinou que não quantificamos sofrimento, bem como não se pode banalizar e nem descuidar da dor real de quem sofre... pois, tal sentimento pode incorrer no desejo de pôr fim à própria vida, podendo de fato levar a um trágico desfecho, gerando mais sofrimento para os familiares, amigos e até profissionais que acompanham, muitas vezes, "perto demais".

Por muitos anos, experimentei o peso do silêncio e do tabu sobre o Suicídio.

O assunto por muito tempo foi renegado ao silêncio por temor de que, ao se falar, pudéssemos estar incitando ao ato, principalmente para os mais jovens. Então, nós profissionais, tentávamos nos aproximar do contexto que leva ao ato de maneira cuidadosa, buscando na maioria das vezes olhar com a possibilidade de incitar o seu oposto, ou seja, trabalhar como contraponto de temas que levem à Inspiração para que se pudesse trabalhar com a superação ao sentimento de "dor". E hoje, pensando sobre tudo isso, vejo o perigo dos extremos.

Em minha travessia, também descobri que a necessidade de dar destino a uma dor urgente, a uma urgência psíquica, como chamamos, também nos leva a uma necessidade de criar um caminho de atravessamento, pois, quando a pessoa não vê forma de diminuir seu sofrimento e ele se torna insuportável, parece enxergar no ato suicida a única saída, e ter uma rede de suporte nesse momento derradeiro é de fundamental importância.

Os pontos expostos me fizeram ter interesse e desejo de começar a estudar o tema da arte, mais especificamente o da oficina de criatividade/arteterapia como possibilidade de suporte e ampliação do campo do real, como forma de poder levar o ser humano a uma condição de aumento do campo da consciência e criação de possibilidades, em que possa aprender a lidar com as angústias do próprio viver.

2. Contextualização: tempos atuais e suicídio

Desde mais precisamente, em meados de março de 2020, o mundo foi acometido pela pandemia do novo CORONAVÍRUS – COVID 19.

Sabemos que o vírus visitou primeiro um pequeno vilarejo chinês, onde de lá teria ganho amplitude nunca vista. Essa realidade nos obrigou a mudar radicalmente nossos hábitos, comportamentos e nos colocou em uma circunstância de isolamento social. Mas afinal, o que essa realidade significa em termos absolutos para a nossa saúde mental?

Ousemos sair do âmbito individual e mergulhemos no âmbito coletivo, uma vez que essa pandemia, quase um ano após os primeiros casos divulgados na China, coloca-nos diante de números alarmantes.

Segundo a Universidade Johns Hopkins (EUA), mais precisamente no dia de hoje, 30 de janeiro de 2021, foram registrados no Brasil 9 176 975 casos de infecção por Covid-19, com 223 945 óbitos. Quase duas vezes e meia os números que tínhamos em agosto de 2020, isso desconsiderando as subnotificações.

Todo esse cenário parece um verdadeiro palco de surrealidade, um verdadeiro pesadelo que nunca imaginávamos nos atormentar... Nossa realidade estava, até então, totalmente imersa numa visão futurista em que projetávamos, quem sabe, a condição ideal para o controle, pois de uma época marcada altamente pela tecnologia, é o que esperávamos. E esse acaba sendo o marco: "a pandemia do coronavírus", que nos faz correr para tentar controlar um carro desgovernado ou um avião camicase, na tentativa de nos livrarmos dos infortúnios de mais mortes, de experimentarmos a condição de desamparo diariamente, tendo que lidar com lutos não vivenciados, afastamento de amigos, amores e momentos de prazer e alegrias.

Ao contrário, a pandemia veio nos colocar em contato direto com as nossas sombras e nossas dores. Hoje temos um número ainda não mensurado, mas significativo para um período tão curto, como aponta o sindicato de farmacêuticos, com pessoas fazendo uso de psicotrópicos, ansiolíticos e antidepressivos por estarem acometidas de transtornos mentais e emocionais, como depressão, ansiedade, transtorno de pânico, pois "Em uma pandemia, o medo aumenta os níveis de ansiedade e estresse em indivíduos saudáveis e intensifica os sintomas daqueles com transtornos psiquiátricos pré-existentes".

Durante as epidemias, o número de pessoas cuja saúde mental é afetada tende a ser maior que o número de pessoas acometidas pela infecção", aponta um grupo do Centro de Pesquisa em Álcool e Drogas e do Programa de Pós-graduação em Psiquiatria da Universidade Federal do Rio Grande do Sul.

Alguns profissionais pesquisadores do Hospital das Clínicas de Porto Alegre, liderados pelo psicólogo Felipe Ornell, apontam que "Tragédias anteriores mostraram que as implicações na saúde mental podem durar mais tempo e ter maior prevalência do que a própria epidemia, e que os impactos psicossociais e econômicos podem ser incalculáveis se considerarmos sua ressonância em diferentes contextos".

No entanto, além dos problemas apontados, é necessário olharmos para o aumento da violência doméstica e do feminicídio, pois dados da ONU demonstram que houve um aumento nas denúncias formais de abuso desde que a pandemia começou.

O aumento do consumo de álcool durante o período de isolamento social provocado pela pandemia do novo coronavírus é preocupante, alertou a Associação Brasileira de Estudos do Álcool e Outras Drogas (ABEAD).

A condição de afrouxamento das regras de isolamento permite que vejamos, hoje, bares cheios, em plena pandemia, com pessoas sedentas pela convivência social, busca pelo prazer, ainda que em um movimento de negação dos efeitos nocivos do vírus, muito alimentados por posturas contraditórias das autoridades. Pesquisadores apontam expectativas de que esse cenário pode durar até 2022, e que a vacina, ainda em escassez para um país tão imenso e diverso, fará com que os continentes alternem períodos de abertura e de isolamento durante períodos.

E o que todo esse contexto tem a ver com a tentativa e ou a efetivação do ato suicida? Bem, parece óbvio, mas mesmo sobre o óbvio precisamos nos debruçar para compreendê-lo.

Estudos apontam que houve um aumento de 35% nos casos de depressão e de aproximadamente 20% nos episódios depressivos apresentados por jovens. Nota-se que a depressão, assim como outras formas de sofrimento que acometem a saúde mental, é fator de risco importante em termos populacionais. E toda essa mudança abrupta da realidade acabou atingindo em cheio os mais sensíveis e as pessoas com menor condição de sustentação egoica – ou seja, condição de suportar todo esse exterior, essa realidade que também simbolizada por um vírus, INVADE – "chega sem bater à porta ou pedir licença".

Fomos mergulhados numa imensa onda de dor e sofrimento, com perdas repentinas, sem tempo e com espaço psíquico comprimido para a elaboração do luto... Muitos jovens perderam seus pais, amigos e cuidadores que sustentavam a sua rede de sanidade, a sua possibilidade de sonhar e planejar o futuro. E para aqueles que já padeciam com algumas limitações nessas capacidades, parece que a história piorou. Em que pese a condição para o desenvolvimento da resiliência, diante de tanta destruição e desumanidade, muitas vezes nos perguntamos onde encontrá-la.

Sabemos da importância do ritual do luto, como inclusive formas de cuidado. No psiquismo, a perda não se dá de maneira automática, ela precisa de um caminho e sua conclusão incompleta poderá trazer severos prejuízos.

O suicídio é a segunda causa de morte entre jovens de 15 a 29 anos no mundo. Envolve, além de fatores de risco distais, cognitivos e emocionais, também fatores proximais e gatilhos desencadeantes, como a pandemia e as consequências dela.

Por tais razões, se antes já era para nós, profissionais de saúde, fonte de máxima atenção alguns sintomas apresentados pelos jovens destoantes do contexto, hoje mais do que nunca, faz-se imperativo a percepção desses. Pais, educadores e profissionais precisam estar atentos aos sinais emocionais como tristeza, irritabilidade, perda de interesse pelas atividades – ou seja, certo desinvestimento na vida real. Sintomas cognitivos e volitivos, como alteração de sono, apetite, sensação de cansaço, falta de propósito, visão negativa de si, pensamentos suicidas e angústia são igualmente preocupantes e requer investimento.

Nesse sentido, Roosevelt Cassorla nos chama atenção para a necessidade de escapar de um sofrimento insustentável, angústia que não se dá conta e que unida à impulsividade e tendência autodepreciativa pode levar ao cometimento do ato.

Para cada gota de desinvestimento mais investimento devemos fazer, de fato, servindo como base de sustentação para os que sofrem.

Isso foi o que aprendi com tantos anos de prática e contato intenso com a realidade imperativa da Escuta, enquanto ferramenta de acolhida e intervenção.

3. Da Infância e Adolescência aos fatores de risco

Não gostaria de tornar a sua leitura, caro leitor, enfadonha, no entanto, é preciso apresentar alguns aspectos teóricos para amarrar, mais adiante, nosso pressuposto com relação à Arte, enquanto potência criativa capaz de aplacar o sofrimento humano.

Donald Winnicott nos remete à compreensão dos estágios mais primitivos do desenvolvimento emocional do ser humano. Em sua prática como pediatra e psicanalista, ele constatou que boa parte dos problemas emocionais parecia encontrar sua origem nas etapas precoces do desenvolvimento. Os seus estudos se concentraram na relação mãe-bebê: para ele as bases da saúde mental de qualquer indivíduo são amoldadas na primeira infância pela mãe, através do meio ambiente fornecido por ela (1948). O ambiente tem uma influência decisiva na determinação do psiquismo precoce na obra Winnicottiana.

Winnicott (1999), ainda, aponta que é necessário que as condições ambientais sejam adequadas. Assim, no início de seu desenvolvimento, o ego fraco do bebê amparado pelo ego materno fortalece-se, uma vez que a mãe passa a sustentar esse bebê, satisfazendo a sua dependência absoluta (Valler, 1990). Nesta perspectiva, o bebê, no início, não estabeleceu uma distensão entre aquilo que constitui o EU e o não-EU, pois está fusionado com sua mãe, pois já, a partir do nascimento, afirma Winnicott, o ser-humano não lida diretamente com a realidade externa.

Ele cria um espaço intermediário, ou seja, estabelece uma ponte entre a realidade psíquica (interna) e a realidade compartilhada (externa). Portanto, desde o nascimento, o ser-humano está envolvido com o problema da relação entre aquilo que é objetivamente percebido e aquilo que é subjetivamente concebido (Winnicott, 1975 apud Saraiva, 1999).

Já nos primeiros anos de vida do bebê, o ambiente suficientemente bom – ou "a maternagem suficientemente boa" tem três funções, chamadas por ele de *Holding* (sustentação), *Handling* (manejo) e a *Apresentação dos objetos* (realização) (Winnicott, 1975; Valler, 1990; Coutinho, 1997)

O *Holding* se caracteriza pela maneira como o bebê é sustentado no colo por sua mãe e é, ao mesmo tempo, uma experiência física e uma vivência simbólica, que significa a firmeza com que é amado e desejado como filho. A sustentação confiável tem que ser característica do ambiente para que a linha não se rompa. Quando as coisas não vão bem, o bebê percebe os resultados dessas falhas do cuidado materno. O resultado de cada falha ambiental resulta no enfraquecimento do ego (Winnicott, 1960).

Handling é a maneira como o bebê é tratado, manipulado. Winnicott nos alertou que as vezes podem surgir problemas psicológicos devido à falta de contato com o corpo, podendo originar distorções do ego.

Na apresentação dos objetos, "a mãe começa a mostrar-se substituível e a propiciar ao seu bebê o encontro e a criação de novos objetos que serão mais adequados ao seu atual estado de desenvolvimento (Coutinho, 1997). Esta fase também é chamada de Realização por tornar real o impulso criativo da criança, e inclui não só o início das relações interpessoais, mas também a introdução de todo o mundo da realidade compartilhada para o bebê (Winnicott, 2001).

Essas três funções da "mãe suficientemente boa" – ou ambiente suficientemente bom – facilitam o desdobramento do processo de maturação, que abrange três tarefas principais: a Integração – propiciada pelo *Holding* –, a Personalização – propiciada pelo *Handling* –, e a Relação Objetal – propiciada pela apresentação dos objetos (Winnicott, 1991).

A integração é a principal, pois é a partir dela que o ego consegue diferenciar o que é interno do que é externo a si mesmo. O conceito de integração é utilizado para definir um estágio no processo de desenvolvimento da personalidade, a partir do qual o bebê é capaz de diferenciar o que é ele mesmo ("eu") e o que existe fora dele ("não-EU") (Guimarães, 2001).

Sigmund Freud, psicanalista, denominado "pai da psicanálise", em seu artigo *Três ensaios sobre a teoria da sexualidade* – 1905 –, apontou que a adolescência é como "uma conclusão de um túnel escavado através da montanha, a partir de ambos os lados". Tal descrição simboliza exatamente a entrada em uma nova fase, assim o ser-humano faz o que chamamos de atravessamento, e todo atravessamento necessita de elaboração – não somente daquilo que ficou para trás, mas também das expectativas para lidar com o *"novo desconhecido"*, o estrangeiro. Passagem que pede elaboração pela perda do corpo infantil, a imagem dos pais da infância e a realização do jogo "perto-longe", nem perto o bastante e nem longe demais, mas o suficiente para conseguir sustentar suas identificações.

A adolescência é uma fase que pede a ressignificação de suas experiências subjetivas, por essa razão, é que se torna tão imperativo que esse jovem tenha um espaço para a expressão de seus sentimentos.

Muitas vezes, o adolescente sente-se atropelado por suas vivências subjetivas e pelas cobranças que a realidade lhe impõe.

A passagem de fase também vai pautando valor nas funções e competências que o jovem vai adquirindo ao longo do desenvolvimento e processo de maturação, pois espera-se que vá aprendendo a lidar com as dificuldades nas relações interpessoais, com o que o incomoda, com os sentimentos de mal-estar quando não se sabe identificar e nomear as experiências.

Conseguir caminhar nesse processo e fazer o exercício da experimentação, o qual muitas vezes vai lhe frustrar, é preciso para que tenha desenvolvido a condição de saber suportar e aprender a lidar com o sentimento de vazio, próprio de algumas passagens da fase.

Diante do exposto, precisamos compreender que, dependendo da espessura das falhas ambientais, o jovem não conseguirá lidar de maneira satisfatória com todos esses condicionantes, e uma condição egoica fragilizada faz com que sinta a necessidade de corresponder ao Imperativo da Felicidade e do Sucesso tanto disseminado no mundo moderno, afinal vale-se pelo que se tem, e não pelo que se é – isso acaba gerando sentimento de total inadequação – Afinal, como posso me sentir triste se todos parecem estar felizes? Minha vida é muito "sem graça" diante da vida de fulano...

A tolerância aos desconfortos, aos vazios, às dores e às faltas precisam encontrar um lugar, um espaço para serem toleradas e processadas, a fim de descobrir uma saída, e não simplesmente fazer com que desapareçam, a tão famosa capacidade de tolerar.

A angústia sentida pelo adolescente, muitas vezes não tolerada, precisa desaparecer, então, na era tecnológica e fugaz do mundo virtual, cria-se uma falsa ideia de controle, pois com apenas um toque pode-se deletar algo ou alguém cujo contato não foi muito bem suportado. Há uma intolerância radical ao que precisa ser construído – não há tempo (?), ao que falta, as relações carecem de elos, e quando minimamente existem, são frágeis. Tal realidade gera ainda mais desamparo, e muitas vezes não se pode ou não se tem adultos "saudáveis" como uma fonte de recurso.

É justamente por algo nos faltar e incomodar é que precisamos buscar. Os jovens parecem estar vivendo a falta como dor e não como desejo, capaz de os mover nos relacionamentos com os outros e a tecer as tramas de uma vida com um certo significado e que possa valer a pena ser vivida.

Deparamo-nos com jovens com uma certa carência na construção de projetos próprios e coletivos que os lancem para um espaço social mais amplo e que possam engajá-los em algo maior, que impacte positivamente outras pessoas, suas vidas, em que se possa pensar um futuro que aponte para a possibilidade de concretizar ao longo do caminhar. É preciso que seja resgatada nesses jovens a noção de processo, do passo a passo. Notamos que quando não existe capacidade egoica para lidar com essa construção, o suicídio se torna uma saída pensável, justamente por não conseguirem lidar com o desamparo e com a dor da angústia.

Os adultos precisam saber legitimar o contato das crianças e dos adolescentes com frustrações, faltas e perdas, que são intrínsecas ao caminhar da vida, pois entrar em contato com a tristeza pode ser um sinal de saúde mental e poderá refletir no desenvolvimento da capacidade de não se deprimir frente a certas experiências árduas.

A depressão poderá advir quando esse processamento das perdas, das dores e dos impactos fica dificultado ou impedido, na impossibilidade de fazer o luto. É uma condição emocional prolongada podendo atingir aspectos da personalidade, apresentando manifestações distintas e que afeta o sujeito de maneira contundente.

No início da vida, o bebê terá de lidar com as perdas e separações, ele irá se ligar à mãe, ou a quem faz a função materna para posteriormente poder se diferenciar, se separar dela, ou de quem faz essa função. O primeiro luto ocorre aí, e a partir das combinações entre presença, traduzidos no cuidado de suas necessidades e de ausências, é que poderá se formar uma representação interna da mãe, como se sua mãe e suas funções continentes, cuidadoras e alertadoras pudesse estar de certa forma dentro dele.

Essa capacidade se torna importante para que o bebê possa paulatinamente ser amparado de dentro para fora, tendo condições de aceitar gradativamente que sua mãe é outra pessoa, fazendo com que invista ele mesmo em outros interesses, impactando positivamente em sua capacidade de lidar com a vida de maneira geral, mas principalmente na elaboração dos lutos que a vida trará como provação e desafio. Na adolescência, há uma reedição do processo de separação vivenciada pelo sujeito nas relações primárias com a mãe.

Assim, as ideias e tentativas de suicídio são uma forma de pedir ajuda, uma espécie de comunicação que precisa ser devidamente decifrada e acolhida. Os sentimentos complexos e ambíguos trazidos pelos jovens, muitas vezes, estão envoltos numa névoa de significações inconscientes, o que exige um ouvinte bastante atento e sensível às particularidades dos psicodinamismos inconscientes.

A questão da comunicação envolvida em aspectos como esses nunca é simples, pois há um enredamento (e mesmo quem sofre não tem clareza, é necessário compreender para além do que está sendo dito) e os significados têm um tempo próprio de desvelamento, e não são dados a priori, gerando sentimento de falha e culpa aos enlutados – Como não pudemos compreender esse pedido de ajuda?

Os comportamentos suicidas (intentos complexos) são muito amplos e podem incluir atos que não estão diretamente associados a suicídios. De maneiras indiretas estão ligados a ele, pois as pessoas podem buscar a morte de maneiras inconscientes, e não a partir de um ato isolado somente, e que poderíamos classificar como consciente, já que as tentativas podem denotar muitos significados, como a busca de uma maneira fantasiada de uma vida melhor na qual almeja sentir-se gostado e abrigado, vingança aos inimigos, repreensões aos pecados, e até a necessidade de reencontrar as pessoas queridas que já "partiram" – além, do já dito, forma de livramento da dor da angústia impensável.

Por fim, há que atentar para a instalação e para os efeitos da melancolia. Em tempos pandêmicos há um crescente número de melancólicos. Na melancolia, a perda é sentida como inelutável, pois o sujeito não consegue fazer o luto do objeto e isso gera consequências. A própria melancolia também se configura como um fator de risco, pois o sujeito não consegue partir rumo a uma superação.

Enquanto humanos, somos investidos de energias libidinais – o que a psicanálise chama de pulsões. As pulsões de vida têm uma tarefa que envolve ligação/ conexão – sua principal função é investir o sujeito em vitalidade, ajudar a crescer, desenvolver, aumentar a capacidade da pessoa para pensar, sentir e viver. Freud aponta que as "pulsões de morte" tendem ao inorgânico, desvitalizando o sujeito, fazendo-o querer retornar a um estado no qual não haja tensões, retorno mítico a um lugar sem as demandas permanentes que a vida nos impõe. (Freud, 1905)

No entanto, D. Winnicott era contrário à ideia de "pulsão de morte", pois, como pediatra, acreditava que nenhum indivíduo orgânico surgia por meio de um estado inorgânico. A tendência à descarga de tensões estaria mais para um estado inicial pacífico, portanto, de harmonia entre mãe e bebê, sendo assim, a agressividade poderia ser explicada a partir da história do sujeito, e não meramente por uma tendencia à destruição.

4. O lugar da Arte enquanto transicionalidade e produção de potência de VIDA

É o perigo de transpô-lo, o perigo de se estar a caminho, o perigo de olhar para trás, o perigo de tremer e parar. O que há de grande no homem, é ser ponte, e não meta: o que pode amar-se, no homem, é ser uma transição e um ocaso.

Friedrich W. Nietzsche, 1989.

(...) quando pronunciamos a palavra vida, deve-se entender que não se trata da vida reconhecida pelo exterior dos fatos, mas dessa espécie de centro frágil e turbulento que as formas não alcançam.

Antonin Artaud, 1999.

A transicionalidade pode ser considerada uma perspectiva, um ponto de partida para a compreensão das relações humanas e de suas produções na teoria Winnicottiana.

Com relação à transicionalidade, essa seria a tentativa de uma aproximação. "de um ponto de vista infantil, não apurado, a um ponto de vista diferente daquele da mãe ou do observador (...)" a transicionalidade buscaria contentar o ponto de vista do próprio bebê.

Bezerra Jr., psicanalista estudioso da teoria Winnicottiana, assinala que Winnicott, quando fala de transicionalidade, refere-se a uma modalidade de experiência situada num *"continuum"* espaço-tempo, visto que sua proposta é refletir acerca da experiência cultural como uma ampliação do brincar.

Winnicott afirma que, do ponto de vista do indivíduo, a tarefa de aceitação da realidade é algo que nunca se completa o espaço potencial. A experimentação em curso no campo da transicionalidade traz em si a potência de tornar sempre mais múltiplos os limites da realidade. Esse é um ponto que mereceria destaque em uma leitura que pretende enfocar a questão da criação e da criatividade em Winnicott: os processos de subjetivação, compreendidos por meio da dinâmica proposta pela transicionalidade, reivindicariam uma estratégia de ativação de um potencial criativo que se contraponha às ideologias de controle e de normatização do indivíduo na cultura.

Gilberto Safra, psicanalista e estudioso da teoria de Winnicott, em seu livro *A poética na clínica contemporânea* (2004), evoca um sentido de comunalidade, que nomeia de *Sobórnost. Sobórnost* e assinala que cada ser humano é a singularização da vida de muitos. Compreender o ser humano como singularização da vida de muitos implica em dizer que cada ser humano é a singularização da vida de seus ancestrais e é o pressentimento daqueles que virão.

Neste sentido, o adoecimento ético do ser humano é a perda da condição de *"Sobórnost"*, pois a compreensão de *Sobórnost* define o lugar do Outro, pois o Outro é representante da humanidade.

Um desejado aprofundamento da discussão acerca da sobreposição de vida e de criação conduziria para uma concepção de saúde baseada na busca pelo que Winnicott nomeou de *"verdadeiro" self.* A noção de *self*, portanto, estaria diretamente implicada aos termos que cercam o viver criativo e que poderiam compor uma arte do viver.

Ele afirma: "(...) somente sendo criativo que o indivíduo descobre o self." (1975:80).

Ainda, segundo a teoria Winnicottiana, o brincar seria essencial como manifestação da criatividade. O termo original a que Winnicott se refere é "to play". Em inglês, trata-se de um verbo com um amplo número de sentidos, que varia desde o brincar propriamente infantil ao jogo a uma performance teatral, musical, à composição fotográfica, ao exercício da jardinagem, enfim (...), é a brincadeira que é universal e que é própria à saúde: o brincar facilita o crescimento e, portanto, a saúde; o brincar conduz aos relacionamentos grupais. O brincar pode ser uma forma de comunicação na psicoterapia; finalmente, a psicanálise foi desenvolvida como forma especializada do brincar, a serviço da comunicação consigo mesmo e com os outros (1975:63).

O brincar ("to play") ao qual Winnicott se refere é literalmente um ato que acompanha o indivíduo desde as primeiras relações da infância até a experiência cultural na fase adulta. Portanto, é o entrelaçamento entre brincar, criatividade e *self*, podemos afirmar, que leva a uma condição de saúde.

Como podemos pensar a arte enquanto potência criativa?

> Guardar uma coisa não é escondê-la ou trancá-la / Em cofre não se guarda coisa alguma. / Em cofre perde-se a coisa de vista. / Guardar uma coisa é olhá-la, fitá-la, mirá-la por / Admirá-la, isto é, iluminá-la ou ser por ela iluminado. (Antônio Cícero, 2006).

O ser humano é um ser que vive em uma situação paradoxal. Portanto, pensar uma forma de linguagem que acolha o paradoxo, que é o homem, faz todo sentido: nesse lugar, podemos encontrar, por exemplo, a poesia, a literatura, a fotografia, a dança. Este tipo de linguagem permite que se diga algo, ao mesmo tempo em que é mantida uma abertura para o que não se diz (Gilberto Safra, 2004).

O ser humano tem a necessidade de que seu gesto criativo possa ser reconhecido, originariamente, como expressão de um ser singular por um Outro, como ação que rompe o estabelecido, ao mesmo tempo, em que traz a esperança da continuidade da vida e dos anseios de todos pelo futuro.

A cultura é preexistente ao nascimento do bebê, mas, por meio de seu gesto, a criança a reposiciona segundo a sua maneira de ser. Esse fenômeno dá a ela a possibilidade de alcançar a singularidade e de encontrar um lugar para as coisas, para os diversos artefatos culturais, que estejam relacionados às suas características. Ela se apropria da linguagem como experiência pessoal (Safra, 2004:80).

Em minha experiência profissional, utilizo recursos de arte/oficina de criatividade como mediadores de um diálogo entre o sujeito com sua essência. Com a experiência pude vivenciar e compreender a importância da comunicação, enquanto uma linguagem de afirmação e ressignificação das experiências vividas. O meu diálogo pessoal sempre se deu a partir da fotografia, costumo me autodenominar "ESCUTADORA DE IMAGENS", justamente porque ao focar no externo, no fora, ressignifico o "meu dentro" – o interno. Esse foi o principal pressuposto de ordem vivencial, e que posteriormente busquei sustentar na teoria winnicottiana, a qual me esforcei para apresentar nesse capítulo, obviamente em caráter breve.

Vale ressaltar que o trabalho com oficinas de criatividade, utilizado na prática tanto com crianças quanto com adolescentes, assim como, com adultos, situa-se na interface entre Arte, Psicologia e Educação, na medida em que faz uso de recursos expressivos comuns ao fazer artístico e, apesar da referência à criatividade, não trata do seu estudo, e sim da possibilidade de transformação das pessoas, dos ambientes e das relações (Cupertino, 2001, 2006). O apoio nesse tipo de recurso deriva de pensarmos, como Kramer (2003:213), que antes de se expressar, o sentimento humano não possui forma, apenas desperta potências de "vir a ser". Quando o indivíduo encontra objetos oferecidos por um meio afetivo propiciador, pode passar por novas experiências, ganhando novas articulações para aquilo que já fazia parte dele.

O campo do trabalho com a arte como mediação é estruturado para que possa ser desencadeante de experiências variadas, com um caráter mais estético que racional, pois como nos ensina Machado (2006), "A arte guarda uma 'magia' em sua possibilidade de expressar uma potência de sensações indeterminadas, incertas, improváveis. Ela faz estremecer o certo, o determinado e o provável e uma outra estética pode ser experimentada, inventada". Dessa forma, é possível desenvolver algumas atitudes, como viver os vários ângulos de uma experiência por meio da variedade e singularidade de cada produção "artística", além da flexibilidade e da abertura pessoal para experimentar diferentes situações, experimentando uma abertura pessoal para a pluralidade.

Ao se permitir abrir espaço para um diálogo com a sua essência, e ao mesmo tempo, se dar conta de que existe um espaço estruturado de sustentação para acolher seus sentimentos e suas angústias, o jovem retoma a sua condição de apropriação de um verdadeiro *self* e libertação de sua potência criativa.

Referências

ANDRADE, A. N. Genealogia das práticas psicológicas em Unidades Básicas de Saúde de Vitória/ES. *Anais do VI Simpósio de Práticas Psicológicas em Instituição.* UFES, Vitória, 2006.

ANDRADE, A. N. Oficinas de Criatividade: deslocamentos e composições. *In*: CUPERTINO, C.M.B. (org.). *Espaços de Criação*: oficinas na prática. São Paulo: Annablume, 2008.

BRANDÃO, L. L. A Casa Subjetiva: Matérias, afetos e espaços domésticos. São Paulo: Ed. Perspectiva, 2002.

CASSORLA, R. M. S. *O que é suicídio* – Coleção Primeiros Passos. São Paulo: Ed. Brasiliense S.A, 1984.

CUPERTINO, C. M. B. Criação e formação. São Paulo: Arte e Ciência, 2001.

CUPERTINO, C. M. B. Oficinas de Criatividade na formação de jovens para a ação comunitária. *Psicologia para América Latina*, www.psicolatina.org, n. 5., 2006.

DIAS, E. O. *A teoria do amadurecimento pessoal de Donald W. Winnicott.* São Paulo: Imago, 2003.

FARIA, F. D. M. *O suicídio na obra de D.W. Winnicott*: elementos para a formação de uma teoria winnicottiana do suicídio. Tese (Doutorado em Psicologia Clínica) – Pontifícia Universidade Católica, São Paulo, 2003.

SAFRA, G. *A poética na clínica contemporânea.* 2. ed. São Paulo: Ideias e Letras, 2004.

WINNICOTT, D. W. *A criança e seu mundo.* Rio de Janeiro: Guanabara Koogans, 2001.

WINNICOTT, D. W. *O brincar e a realidade.* Rio de Janeiro: Imago, 1971.

WINNICOTT, D. W. *Natureza humana.* Ri, 1990.

CAPÍTULO 5

Comportamento suicida e regulação emocional:

a proposta de uma abordagem focada nas emoções

Walter Lisboa

Maísa Carvalho Silva

Giulia Falcão-Lima

André Faro

> *"O suicídio é uma pequena planta, mas não a plante. Se você já a plantou, não a cultive e não a regue porque é uma pequena planta que cresce e se torna um baobá[1], sendo difícil de removê-lo da sua vida."[2]*

O suicídio suscita meditações que percorrem as linhas do tempo e é alvo de tentativas de resposta das mais diferentes áreas do conhecimento. Os filósofos estoicos, no século III a.C., explanavam em suas obras a visão do autoextermínio como uma saída libertária e corajosa para os sofrimentos que maculavam a vida. Embora sempre tenham existido correntes de pensamento contrárias, a lógica desses filósofos sobre esse fenômeno parece assemelhar-se ao modo de pensamento daquelas pessoas que idealizam ou tentam o suicídio, as quais, imersas na

1 Árvore de origem africana, de tronco espesso, que representa força e resistência.

2 Tradução livre do trecho retirado de Faciol i, Amorim, De Almeida e Trindade (2015) only spreading their limbs above ground once they are firmly established. Like the baobab, when suicide or a suicide attempt occurs, suicidal ideations are well cultivated and have often already been repeatedly planted. Consequently, suicide is often difficult to prevent: once the death seed is planted, it is difficult to recreate life. Every year, more than 800,000 people die by suicide worldwide (1.4% of all deaths.

condição de vítima e algoz, não conseguem vislumbrar saídas e razões para continuar vivendo. Assim, enquanto muitos aniquilam o cansaço existencial tirando as próprias vidas, muitos outros continuam regando pensamentos de que essa pode – ou deve ser – a única alternativa.

De acordo com a Organização Mundial da Saúde (OMS), a cada 40 segundos uma pessoa comete suicídio, existindo uma estimativa de pelo menos 20 tentativas para cada óbito (OMS, 2014a). O fenômeno atinge pessoas de todas as idades e ultrapassa 800 mil óbitos todos os anos, tendo representado a 18ª principal causa de morte em 2016. É também a segunda maior causa em jovens entre 15 e 29 anos, perdendo apenas para os acidentes de trânsito (OMS, 2021). No Brasil, estima-se uma média anual de mais de 11 mil óbitos, sendo a terceira causa de morte entre jovens e seguindo os demais padrões mundiais quanto a outros dados sociodemográficos, a exemplo de gênero e meios de acesso letais (Ministério da Saúde, 2019). Ademais, os números, ainda que alarmantes, não representam a dimensão do problema de forma fidedigna, visto a elevada estimativa de subnotificações em todo o mundo (OMS, 2014a).

Essas estatísticas já são suficientes para considerar o suicídio um problema global de saúde pública, mas os números ainda não dão conta da complexidade da questão. O tema suicídio, urgente de mobilizações, teve um aumento de 500% no número de publicações em trinta anos (1989-2018), ocupando a quinta posição em pesquisas relacionadas a questões psiquiátricas (Astraud et al., 2020). Apesar de pesquisarmos cada vez mais sobre o tema, os casos de suicídio seguem aumentando, com efeitos que representam uma tragédia pessoal e coletiva. Segundo a Associação Internacional de Prevenção ao Suicídio (International Association for Suicide Prevention [IASP], 2021), para cada suicídio, aproximadamente 135 pessoas sofrem intenso luto ou são afetadas de uma outra forma.

Este é um tópico que desperta interesse não só de pesquisas acadêmicas, mas também do público em geral, haja vista o impacto social de obras que direta ou indiretamente o tocam, a exemplo da série *13 Reasons Why*[3], que em 2017 chamou bastante atenção para o suicídio

[3] Seriado disponível na plataforma de *streaming* Netflix (https://www.netflix.com/br/title/80117470).

de adolescentes, e *O Mistério de Nhemyrõ*[4], que foi lançada em 2019, abordando o suicídio em comunidades indígenas no Brasil. Trata-se, assim, de um doloroso elemento cotidiano diante do qual milhares de pessoas se deparam por meio do acesso a notícias sobre suicídio, centenas são afetadas pela perda de alguém próximo por suicídio, e inúmeras são aquelas pessoas que idealizam, planejam ou mesmo tentam tirar a própria vida, dia após dia.

O processo pelo qual uma pessoa passa antes do suicídio propriamente dito apresenta um conjunto de causas e diferentes circunstâncias. Dentre os principais fatores de risco, há aspectos genéticos e epigenéticos, adversidades na infância, histórico familiar de tentativas ou de suicídio, traços da personalidade, abuso de álcool ou outras drogas, eventos de vida estressantes, psicopatologias, a exemplo dos transtornos ansiosos e depressivos, experiências de desregulação emocional, entre outros (Franklin et al., 2017; Turecki et al., 2019). Devemos prestar atenção, pois, em cenários eventuais, como crises econômicas e sanitárias, é comum o aumento de diversos estressores responsáveis por respostas psicológicas acentuadas, como ideações e tentativas de suicídio (Chang et al., 2013; Rheenen et al., 2020), mostrando que fatores sociais, culturais, econômicos e políticos também podem interferir nesse problema, juntamente aos fatores individuais e familiares (OMS, 2014b).

A identificação e, se possível, a intervenção em cada um desses fatores, é importante para ampliar as probabilidades de prevenção. Apesar disso, uma metanálise realizada por Franklin et al. (2017) identificou que em 50 anos de pesquisa a capacidade de prever o suicídio não aumentou, visto que estudos raramente combinaram os efeitos de múltiplos fatores de risco. A complementar essa informação, destacam-se os fatores protetivos, muitos de difícil mensuração. Dentre os mais citados na literatura incluem-se o suporte social, acesso reduzido a meios letais, estrutura familiar saudável, autoestima, estilo cognitivo e satisfação com a vida (OMS, 2014a). Em condições de vida difíceis,

[4] Minissérie documental brasileira (https://radios.ebc.com.br/tarde-nacional-amazonia/2017/04/serie-de-documentarios-retrata-suicidio-indigena-no-brasil).

os fatores de risco se sobrepõem aos fatores de proteção. Assim, quando observados os primeiros sinais, é imprescindível a emergência do cuidado, uma vez que esse desenredo pode ser evitado.

Frente ao sofrimento, o desejo de suicídio pode se expandir até eclodir em condutas autodestrutivas. Nesse processo, avaliações existenciais são recorrentes, com o questionamento sobre o sentido de viver, inclusive com justificativas que amparam a lógica de tirar a vida e cessar a dor. Por ser uma pergunta difícil de ser respondida, muitos indivíduos se encontram submersos em um intenso desgaste emocional, necessitando da ajuda de terceiros, incluindo psicólogos. Diante das estatísticas alarmantes e da complexidade temática do suicídio, esses se deparam com o árduo desafio de auxiliar pessoas a resgatarem elementos vitais e a rearranjar o sentido de viver em meio aos impasses existenciais (Mahfoud, 2018).

É nesse contexto de vulnerabilidade que a Psicologia emerge como meio de acolhimento e intervenção para, ao menos, minimizar as chances de consumação do suicídio. A caminhada, contudo, vem acompanhada de muitos obstáculos. Além do desafio de lidar com questões que transcendem a clínica, não podemos deixar de atentar aos conflitos internos do indivíduo e do psicólogo que envolvem o tema do suicídio durante o processo de acompanhamento psicoterapêutico.

A proposta deste capítulo é mostrar como o suicídio pode ser abordado por uma perspectiva que considere a experiência emocional não só como elemento compreensivo, mas também como alvo de intervenções no acompanhamento psicológico de pessoas que apresentem esse tipo de demanda. Para isso, será abordado o desenvolvimento das emoções e das estratégias de regulação e desregulação das emoções em nossas vidas, evidenciando de que maneira a história de vida pode ser um fator de risco ou de proteção diante de desfechos como a ideação suicida, a tentativa de suicídio e o suicídio consumado. Por fim, uma vez assentada a base teórica, apresentaremos uma proposta de raciocínio e estratégias clínicas pautadas na regulação emocional com a pessoa que apresenta ideação ou mesmo a que tentou suicídio. Discorreremos sobre alguns dos princípios técnicos pertinentes ao tema, por meio da prática clínica, sustentada em evidências científicas. Falaremos, então, do acolhimento e do tipo de relação terapêutica que podemos estabelecer com os indivíduos, por meio de uma postura empática e não julgadora, focada na colaboração. Ao fim, espera-se que o leitor compreenda que o cerne dessas estratégias está na experiência de manejo das emoções que o psicoterapeuta vai proporcionar à pessoa durante a psicoterapia, em vez de privilegiar um apanhando específico de técnicas voltadas para minimizar ou anular uma determinada emoção dolorosa.

Por que abordar o suicídio é uma tarefa complexa?

Falar sobre suicídio implica se colocar em uma posição desconfortável e muitas vezes aflitiva, que requer transpor os limites do medo, da vergonha, da culpa, da negação e da preocupação com julgamentos e consequências indesejadas, a exemplo da hospitalização compulsória e da quebra do sigilo. Os indivíduos podem esconder seus pensamentos a respeito do suicídio como forma de se esquivar de determinadas experiências emocionais desagradáveis que envolvem tanto se expor ao psicólogo quanto enfrentar suas próprias mazelas. Além disso, existem crenças relacionadas ao suicídio que também podem constituir um obstáculo, como: não perceber o risco de suicídio como elevado o suficiente para tocar no assunto com o psicólogo, classificar o fenômeno como moralmente incorreto ou temer que o abordar possa trazer problemas para a psicoterapia (Blanchard e Farber, 2020).

Há também um receio do atendimento com profissionais da saúde, visto que constantemente o tratamento social a pessoas que tentaram suicídio envolve reações desfavoráveis e agressivas, permeadas por preconceitos que classificam esse tipo de comportamento como imoral ou deslegitimam o sofrimento alheio (Carmona-Navarro e Pichardo-Martínez, 2012; Storino et al., 2018). Essa mescla de emoções negativas faz com que muitos indivíduos se sintam retraídos diante da ideia de conversar sobre suicídio na psicoterapia, gerando entraves no processo psicoterapêutico ou mesmo impedindo de procurar ajuda.

Para o psicólogo, a suspeita ou confirmação de intenção suicida dá início a uma luta contra o tempo, especialmente quando já houve tentativas prévias. O desafio passa a ser o de diminuir o risco de interrupção do processo pelo fim da vida do paciente. Sob essa tensão, as emoções do profissional nem sempre são deixadas de fora. Muitos psicólogos, principalmente aqueles que não têm familiaridade com esse tipo de demanda, veem-se inundados pelo medo, pela ansiedade ou até pela raiva, que resultam em uma sensação de impotência. Essas respostas emocionais intensas podem alterar a maneira como a severidade da situação é percebida, contribuindo para a desesperança do psicólogo no progresso do indivíduo e diminuindo a probabilidade de intervir e tomar decisões de forma adequada (Bryan e Rudd, 2011).

Conciliar as emoções do indivíduo e as próprias no papel de psicólogo enquanto exerce a função de acolhimento empático, a fim de deixar a pessoa confortável para confessar seus reais sentimentos e intenções é desafiador para os profissionais, mesmo os mais experientes. Há um amedrontamento geral que circunda o assunto do comportamento suicida, mantido pela crença de que trazê-lo à tona pode, de alguma maneira, encorajar pessoas a tomar atitudes contra a própria vida. Por conta disso, mesmo na formação dos profissionais da Psicologia, a despeito do estudo de transtornos mentais e de personalidade, o suicídio como um desfecho possível costuma ser pouco abordado. Assim, o tema pode persistir como um tabu para o psicólogo até mesmo após o primeiro contato com um caso de ideação ou tentativa em sua prática profissional.

A contemplação do suicídio indica, acima de tudo, um ato desesperado para fugir de uma espiral de sofrimento e entorpecimento emocional que não parece ter saída, gerando uma ambivalência entre o querer morrer e o querer viver de modo diferente (Fukumitsu, 2014). Para aquele que pensa no suicídio, a vontade de se ver livre da dor causada pelos seus conflitos é traduzida na vontade de tirar a própria vida. O suicídio consumado é apenas o final de um longo processo de desfalecimento existencial e, em muitos casos (nos quais não ocorre de forma impulsiva), envolve três estágios: ideação, plano e tentativa (Nock, 2010). Quando o risco é identificado precocemente, a escalada desses estágios pode sofrer intervenções que, se bem-sucedidas, são capazes de reduzir a chance do suicídio em si. Para tanto, o psicólogo deve, em tempo hábil, identificar fatores de risco e desenvolver fatores protetivos com prognósticos favoráveis, a fim de ampliar as maneiras de enfrentamento da pessoa ou atenuar ou dar outro significado às motivações para o ato suicida. Esse é também um trabalho de investigação para responder a difíceis questões, desde quais problemas a intenção suicida procura solucionar até de que maneira é possível ajudar uma pessoa em situação limítrofe.

O suicídio é um tópico urgente à formação e à atuação de psicólogos, com o qual grande parte deles, estejam na clínica ou em outros ambientes de trabalho, já se depararam ou vão se deparar ao longo de sua prática profissional. Uma abordagem pouco apropriada no manejo de uma pessoa com ideação suicida ou que já tenha planejado ou tentado o suicídio pode levar a um desfecho não "remanejável", que é o óbito. Nessas situações, além do luto, psicólogos lidam com um sofrimento decorrente do sentimento de choque e culpa, somado à vergonha, à dúvida de sua capacidade profissional e mesmo a sensação de terem sido traídos pelo paciente (Ellis et al., 2018). Isso assinala a importância de instruir-se a respeito do fenômeno em suas dimensões individuais, biológicas e culturais, conhecendo técnicas que contribuam para que a pessoa aprenda ou desenvolva formas alternativas de lidar com as questões que o levaram a cogitar o autoextermínio.

As emoções têm sido amplamente evidenciadas como um dos motivadores principais para a ideação suicida e o ato consumado, uma vez que essas condutas representam para o indivíduo a única forma de alívio para a sua angústia emocional (Bentley et al., 2016; Brierre et al., 2010; Bryan et al., 2013). Por motivos como esse, estratégias com foco no tratamento e validação das emoções vêm se destacando no acompanhamento psicoterapêutico de indivíduos com pensamentos suicidas. Nesses casos, trabalhar com as emoções significa não só entender as razões pelas quais o indivíduo pensou em suicídio, mas entender como ele tem vivido e (se) sentido durante todo esse momento.

A reaproximação da ciência com os estudos das emoções

As ciências da mente desenvolveram-se focando na razão como uma estratégia para garantir que a verdade fosse compreendida longe de opiniões pessoais ou crenças populares, algo muito comum até pouco antes do movimento iluminista. A maioria das tentativas de tratamento dos problemas mentais e emocionais na Idade Média eram baseadas em rituais místicos, mágicos ou religiosos e explicados a partir de violações de tabus ou das obrigações religiosas, acúmulo ou perda de misteriosas substâncias vitais do corpo, bruxaria ou possessões espirituais. Para esses males eram prescritos rituais mágicos ou religiosos, uso de amuletos e talismãs que, como se sabe, não promoviam o alívio esperado para o sofrimento declarado (Mora, 2008).

A reação a essas estratégias equivocadas ganhou força apenas durante o Renascimento. Com o dualismo cartesiano, o corpo voltou a ser estudado no Ocidente, com foco na anatomia e fisiologia, enquanto a mente, imaterial, era um objeto exclusivo das religiões. Apesar das limitações dessa perspectiva ao deixar de lado a mente e focar no aspecto orgânico das atividades corporais, abriu-se caminho para uma nova era de pesquisas baseadas na ciência (Baumel, 2021). Todavia, promoveu-se um tipo específico de conhecimento que não abarcava as emoções, uma vez que a complexidade delas não era tangenciada pela ciência da época. Tal conhecimento se pautava em fenômenos observáveis e na consciência acessível. Nesse contexto, as emoções e os sentimentos pareciam apenas ser uma neblina que encobria a compreensão dos verdadeiros objetos a serem estudados, algo que só mudou com o avanço das neurociências. Desde a década de 1990, os avanços tecnológicos possibilitaram medir a frequência e a intensidade das emoções e descobrir que as partes superiores do córtex cerebral, atreladas ao pensamento lógico, são incapazes de funcionar de maneira independente das respostas viscerais mais primitivas (Gerhardt, 2017).

A dificuldade para entender a emoção parece se dar devido a dois importantes motivos: a complexidade do fenômeno emocional e a dificuldade de acesso direto às emoções. Quanto ao primeiro motivo, é preciso compreender que a emoção diz respeito não somente a um fenômeno, mas a um conjunto orquestrado de atividades específicas do nosso organismo. Além da atividade cerebral em diversas áreas, a emoção envolve órgãos como o coração, pulmões e intestinos, bem como os músculos esqueléticos na realização das referentes expressões faciais e posturas corporais. Esse complexo mecanismo tem um importante papel adaptativo em nossas vidas, ao permitir que tomemos decisões relevantes a cada contexto da vida, capturando a atenção para estímulos e momentos específicos (Damasio & Damasio, 2018).

Tal função adaptativa é tão marcante que muitos pesquisadores se referem a ela como um estado funcional essencial à interação com o ambiente. Esse estado, no entanto, não corresponde à experiência emocional que temos acesso ordinariamente. Tem-se aqui a segunda dificuldade relacionada ao estudo das emoções. Por exemplo, quando estamos diante de uma situação de perigo, o sentimento de medo de que temos consciência é a experiência subjetiva do conjunto de reações que acontecem envolvendo hormônios, órgãos e músculos e nos preparam para ocorrer. Tudo acontece ao mesmo tempo e às vezes não nos damos conta dos fenômenos que ocorrem quando estamos em um dado estado emocional. Da mesma forma, as evidências que dispomos para constatar a presença da emoção não são 'a emoção em si'. Assim, sentimentos e expressões faciais nos dão pistas das emoções vividas, mas não dão conta de toda a complexidade do fenômeno emocional (Adolph & Anderson, 2018).

Apesar da função adaptativa, algumas vezes as emoções podem ser desfavoráveis ao ajustamento psicológico. Nos referidos casos, podemos sentir emoções inadequadas para certos contextos ou mesmo sentir a emoção adequada em intensidades disfuncionais. Esse descompasso pode ocorrer, pois, uma vez diante de um estímulo ou situação que desencadeia a resposta emocional, a emoção nos atinge nos primeiros milésimos de segundos, impactando sobre o que fazemos, dizemos e pensamos. Esse funcionamento rápido, além das eficientes respostas adaptativas, explica também porque o pensamento racional nem sempre impede uma resposta irracional a uma situação de medo.

A explicação para esse funcionamento eventualmente disfuncional é que a resposta emocional, além de um substrato biológico, tem um importante componente psicológico, ligado aos aprendizados da nossa vida. Desde a infância, aprendemos a lidar com diversas experiências e vamos respondendo emocionalmente a elas. Muitas dessas respostas automáticas começam a ser aprendidas desde bem cedo e é comum que continuemos a responder a situações do presente de maneira similar às respostas da infância, ainda que não sejam mais situações relevantes como foram outrora.

Na vida adulta, podemos nos ver enfurecidos ou amedrontados de maneira que hoje consideramos inapropriada. Isso acontece porque o que aprendemos cedo na vida pode ter maior potência e, consequentemente, maior resistência à mudança do que aquilo que aprendemos mais tarde. Portanto, é importante que o psicólogo compreenda como se desenvolve a regulação das emoções e como lidar com ela no contexto clínico, principalmente em casos desafiadores, como os que envolvem risco iminente de suicídio.

Regulação e desregulação emocional como importantes construtos clínicos

Diante de desafios como o risco de suicídio, é importante que o psicólogo interaja com cuidado, seguro das suas intervenções. Nesse sentido, destacamos a importância de o clínico estar atento às pesquisas sobre as formas mais adequadas de se abordar os pacientes. Existe certa resistência por parte de muitos profissionais em função de versões caricaturescas de que a prática baseada em evidências científicas promove um contato rígido e impessoal, tal qual um livro de receitas, o que substituiria a compreensão e o manejo clínicos por procedimentos mecânicos. No entanto, é importante ter clareza de que as evidências científicas não substituem o julgamento do psicólogo sobre o que é mais adequado no contexto clínico, mas fornecem importantes recursos para as tomadas de decisão. Esses recursos devem ser integrados de maneira crítica considerando a cultura, características, preferências e histórias de vida de cada paciente. É uma forma de pensar sua prática incluindo o embasamento em pesquisas e não somente na opinião pessoal do profissional (Cook et al., 2017). Em suma, é a segurança e eficácia do trabalho com as emoções, pautado em evidências, que faz com que essa abordagem clínica ganhe cada vez mais relevância e atenção de pesquisas.

Assim como ocorreu no campo das neurociências, por muito tempo as emoções ficaram de fora dos estudos científicos da Psicologia Clínica. Elas eram mencionadas como elementos importantes, mas, muitas vezes, como um efeito secundário de outros fenômenos psicológicos. Por conta das preocupações com a cientificidade da área, o foco era priorizar fenômenos mais facilmente compreendidos e sistematizados, além da presumida relação de causa e efeito em que emoções seriam consequências de pensamentos. Assim, trabalhava-se com pensamentos e comportamentos e, por conseguinte, as emoções se modificariam. Portanto, se um paciente estava ansioso, poderíamos discutir as razões para isso, investigar gatilhos e eventuais pensamentos disfuncionais, diminuindo o medo. Apesar da eficácia comprovada em estudos dessas intervenções cognitivo-comportamentais, em alguns casos como os dos transtornos depressivos, a eficácia não se explicava simplesmente pela mudança cognitiva, o que abriu um leque de investigações clínicas para intervenções baseadas não somente na mudança de pensamento ou comportamento, mas incluindo também o trabalho com emoções e ideias como aceitação, atenção plena e foco no presente (Hayes, 2016). No caso do trabalho com pacientes com ideação suicida, isso significa que, além de compreender como o indivíduo pensa, age e, principalmente, sente-se com relação ao suicídio, devem ser incluídas as emoções subjacentes ao processo que o leva a querer tirar a própria vida.

Os estudos que relacionam regulação emocional a comportamentos concernentes ao suicídio têm assumido cada vez mais relevância no cenário científico. A (des)regulação emocional vem se revelando como um construto transdiagnóstico importante para a saúde mental devido a sua influência em uma variedade de sintomatologias, inclusive às relacionadas ao suicídio. Há evidências consideráveis sobre o papel do uso insuficiente de estratégias efetivas e uso excessivo de estratégias desadaptativas na regulação de afetos para o desenvolvimento, curso e severidade de transtornos mentais (Neacsiu et al., 2018).

O maior uso de estratégias desadaptativas está relacionado com a presença de mais sintomas ansiosos e depressivos, que são conhecidos fatores de risco para doenças mentais e suicídio. A relação inversa também é verdadeira: adotar mais e melhores estratégias adaptativas de regulação emocional está ligado à menor presença dos mesmos sintomas (Schäfer et al., 2017). A impulsividade, outro fator de risco para o desfecho de suicídio, também está associada ao construto. Em indivíduos com diagnóstico de transtorno de déficit de atenção e hiperatividade, por exemplo, são encontrados problemas de regulação emocional e alta impulsividade emocional (Faraone et al., 2018). Além disso, indicadores de desregulação emocional como falta de controle emocional, falta de claridade emocional, falta de consciência emocional, dificuldades em manter comportamentos orientados para objetivos e não aceitação de respostas emocionais podem predizer o uso abusivo de drogas e álcool e outros vícios (Estévez et al., 2017).

Determinadas dimensões da regulação emocional demonstram estar mais particularmente vinculadas com o comportamento suicida. A capacidade de tolerar e regular afetos negativos pode tornar um indivíduo mais ou menos vulnerável ao fenômeno do suicídio e mesmo na fase da infância está associada com histórico de comportamento suicida (Grattan et al., 2020). Fazer menos uso de estratégias efetivas de regulação emocional pode estar associado a pensamentos suicidas mais frequentes por conta do sentimento de desamparo. Da mesma maneira, a maior dificuldade em aceitar as próprias respostas às emoções negativas pode estar relacionado com histórico de tentativa de suicídio, quando se compara a pessoas sem essa característica (Rajappa et al., 2012). Há também evidências de que problemas em ter claridade a respeito de suas próprias emoções podem levar à maior ideação suicida e de que limitações na regulação dos afetos negativos são comuns em pessoas que já tentaram pôr fim à vida (Neacsiu et al., 2018). Essas descobertas fornecem pistas valiosas para identificação de focos de intervenção sobre os mecanismos de regulação emocional quando se pretende diminuir o risco de suicídio.

Desde o início dos anos 2000, o escopo de pesquisas sobre intervenções em regulação emocional tem crescido de modo sustentado com base em evidências da sua eficácia nos mais variados contextos. Em pesquisas com pacientes com quadros de ansiedade generalizada, foram observados indícios de alterações funcionais em regiões do cérebro associadas ao manjo das emoções após a realização de um treino de habilidades emocionais, principalmente as associadas a se colocar a uma distância saudável das preocupações e conteúdos mentais (Fresco et al., 2017). Também têm sido observadas melhoras importantes em sintomatologia depressiva, principalmente por parte de maior autocompaixão. Isto é, a partir do desenvolvimento de habilidades emocionais, os indivíduos passaram a ter uma visão menos julgadora de si, reconhecendo e aceitando certas imperfeições, falhas e dores emocionais como parte da experiência humana e passando a apresentar menos sintomas depressivos (Diedrich et al., 2017).

As intervenções em regulação emocional também têm aplicação em diversas faixas etárias. Em um estudo com crianças autistas, foram observadas melhoras de habilidades emocionais e sociais, além de comportamentos mais adaptativos que se mantiveram nas sessões de *follow-up* (Weiss et al., 2018). Com adolescentes – importante grupo com altos índices de autolesão e suicídio –, tais intervenções de regulação emocional têm sido utilizadas para a redução de comportamentos de riscos (Houck et al., 2016; Silva-Santos e Faro, 2019) e melhor capacidade de resposta aos estressores e exigências típicas da adolescência (Modecki et al., 2017). Em idosos, foi observada relação significativa entre as estratégias de regulação emocional e a intensidade da dor (Paquet et al., 2005). Também têm sido relatadas experiências com reconhecida eficácia em escolas (Modecki et al., 2017) e prisões (Malouf et al., 2017), além de melhora na tomada de decisões e controle de impulsos no contexto esportivo (Josefsson et al., 2019).

Aplicação clínica da regulação emocional

A aplicação clínica da regulação emocional parte do princípio de que nossa relação com as emoções é aprendida ao longo da nossa experiência de vida, nos mais diversos contextos, a partir dos subsequentes significados de eventos, conexão com outras pessoas e motivação para a mudança (Leahy, Tirch, & Napolitano, 2013; Miguel, 2015). Na dinâmica emocional, é importante demarcar as diferenças entre emoção e humor: a primeira, é provocada por estímulos e eventos específicos (internos e externos), de caráter momentâneo (durando segundos ou minutos) e motiva a ação ou a inação; já o segundo, é influenciado mais amplamente por ambientes internos e externos, tem maior duração (horas, dias ou semanas) e possui vieses tanto cognitivos quanto comportamentais (Beuchaine & Cicchetti, 2019). Todavia, ambos são influenciados um pelo outro e assumem papéis importantes na regulação ou desregulação emocional que impactam significativamente na presença ou ausência de psicopatologia e/ou processos disfuncionais.

A regulação emocional é entendida como um processo de controle, monitoramento, avaliação e modificação de reações emocionais, incluindo estratégias de enfrentamento (adaptativas ou disfuncionais) que busquem confrontar emoções indesejadas (Compas et al., 2017). Em oposição, a desregulação emocional é conceituada como a incapacidade ou inabilidade de lidar, alterar ou regular gatilhos ou experiências emocionais (Messman-Moore e Bhuptani, 2017). Se temos boa regulação emocional, conseguimos resolver problemas mais adequadamente, manter uma distância mais saudável das emoções negativas e reavaliar positivamente algumas adversidades. Já a desregulação emocional se expressa em comportamentos mais provavelmente desfavoráveis à adaptação às adversidades, a exemplo de supressão emocional e ruminação excessivas, que são estratégias usualmente ineficazes para lidar com as emoções e levam a pessoa a mais sofrimento (Leahy et al., 2013). De qualquer forma, o fato de alguém desenvolver estratégias de regulação emocional disfuncionais que geram mais sofrimento diante das adversidades parece contraditório, mas é importante compreender que, na maioria das vezes, essas estratégias podem ter sido a única forma com que foi possível lidar com situações em determinados ambientes e histórias de vida.

Segundo a Teoria Biossocial da Desregulação Emocional, proposta por Marsha Linehan (Koerner, 2020), a desregulação emocional torna-se ainda mais problemática quando se caracteriza como generalizada; ou seja, quando existe uma ampla inabilidade do indivíduo ao lidar com suas emoções em diferentes contextos e problemas. Essa teoria propõe que a desregulação emocional generalizada é originada da combinação de uma vulnerabilidade biológica e de um ambiente social invalidante. A vulnerabilidade biológica é composta por três características: alta sensibilidade, alta reatividade e excitação cognitiva de longa duração, as quais dificultam o manejo das emoções que são variáveis e imprevisíveis. Por sua vez, a vivência em um ambiente social invalidante ou pouco validante, no qual as respostas emocionais são tidas como incorretas, inapropriadas ou desprovidas de sentido pelos cuidadores (pais e outros familiares), pode potencializar a vulnerabilidade biológica. Um exemplo desses ambientes são lares em que crianças choram ou expressam seu desconforto e têm de lidar com o desprezo de pais e irmãos (invalidação). Aos poucos, a criança aprende a não expressar suas emoções ou expressá-las de maneira inadequada. Com isso, desenvolve padrões de supressão e distorção emocional, gerando sofrimento psicológico ao tentar expressar-se emocionalmente.

A desregulação emocional está associada a dificuldades nos relacionamentos interpessoais, psicopatologias e baixa qualidade de vida, aumentando a vulnerabilidade do indivíduo a comportamentos desadaptativos (Koerner, 2020; Thompson, 2019). Suas consequências são percebidas tanto no desenvolvimento de psicopatologias, como transtornos depressivos, ansiosos e comportamentos adictos, bem como em situações corriqueiras, como na dificuldade em comunicar, identificar e gerenciar as emoções no dia a dia, além da interpretação inadequada das emoções de terceiros. Esse padrão problemático de enfrentamento pode reduzir temporariamente as emoções dificultosas e aparentar a amenização de situações conflituosas, mas, em sequência, pode levar o indivíduo a adentrar em experiências ainda mais estressantes e novos comportamentos problemáticos (Leahy et al., 2013). Por exemplo, ao suprimirmos com frequência a raiva para evitarmos discussões importantes com pessoas próximas, futuramente podemos expressar esse sentimento suprimido de forma inadequada, gerando consequências relacionais indesejáveis. Logo, os processos regulatórios são relevantes não só em relação às disfunções psicológicas, mas também em relacionamentos interpessoais e em outras dinâmicas do cotidiano social.

A desregulação emocional, portanto, deriva de um histórico de invalidação generalizada, que deixa as pessoas muito sensíveis à invalidação dos outros e aos comportamentos de outras pessoas, que mesmo válidos, podem ser interpretados como invalidantes. A pessoa passa a apresentar uma sensibilidade anormal, de forma que um pequeno gatilho leva à dor emocional, tal qual tocar em uma queimadura. Dessa forma, para pacientes com ideação suicida decorrente de um processo de intensa desregulação emocional, entrar em contato com os seus medos e as suas angústias é tão doloroso e difícil, que tirar a vida parece-lhe ser o único caminho. Por conseguinte, igualmente difícil e desafiador também será o processo terapêutico para ele e seu psicólogo, que precisará gentilmente tocar em feridas e dificuldades para que desenvolva um eficiente trabalho terapêutico.

Estratégias clínicas em pacientes com desregulação emocional

Pessoas com feridas emocionais profundas e que enfrentam uma espiral de conflitos internos intensos, a ponto de contemplarem o suicídio, requerem especial cuidado do psicólogo. Essas pessoas costumam apresentar dificuldades no que se refere a sentimentos de controle, confiança, vergonha e culpa, que podem levar à postura do profissional da Psicologia a ser interpretada como aversiva se não houver cautela no acolhimento; especialmente nas primeiras sessões, que são decisivas para a continuidade do tratamento.

Por conta dessas dificuldades, a abordagem adequada a um indivíduo com cognições suicidas ou com histórico de tentativas de pôr fim à própria vida requer mudanças significativas de postura e ruptura de protocolos tradicionais de atendimento, exigindo do psicólogo uma sensibilidade maior para que consiga otimizar as chances de melhora do paciente, diminuindo o risco de um desfecho trágico. Há uma tendência, entretanto, de que o trabalho psicoterapêutico em pacientes com comportamento suicida se desenrole em uma dinâmica relacional combativa, na qual indivíduo e psicólogo parecem compor polos opostos da terapia. Frequentemente, há uma reação de culpabilização e aversão à pessoa que enfrenta tais questões. Muitas vezes, o psicólogo pode ser impelido a assumir um papel de advogado do direito de viver sem ouvir e acolher adequadamente o paciente (Jobes, 2016).

Dessa forma, é que se enfatiza uma nova postura, incluindo o trabalho com as emoções. Isso não significa abandonar práticas tradicionais baseadas em evidências, mas adequá-las a uma postura mais compassiva. Continuam vigentes algumas das preocupações com pacientes com risco de suicídio, como identificação de fatores de risco e estabelecimento de compromissos com a psicoterapia na fase inicial do processo. Pacientes com descontrole emocional grave exigem atenção especial aos comportamentos ameaçadores à vida e condutas autolesivas, sendo importante realizar intervenções que possam diminui-los ou que promovam alternativas ao paciente para lidar com sua angústia sem usar tais comportamentos (Koerner, 2020).

Aliado aos cuidados básicos, recomenda-se evitar abordagens mais diretivas que relegam o paciente ao papel de confirmar as suspeitas do profissional e receber de forma passiva o tratamento a ele designado, ressaltando a importância de manter uma postura mais empática e engajada com o paciente e o processo psicoterapêutico. A atitude clínica precisa ser flexível e colaborativa, procurando realmente acolher a pessoa em toda a sua dinâmica emocional, respeitando limites e reservas e, principalmente, deixando claro que ambos têm um objetivo em comum: encontrar outras maneiras de lidar com o sofrimento (Jobes, 2016).

Pessoas com queixas relacionadas a comportamentos suicidas, embora vislumbrem a possibilidade de tirar a própria vida, ainda têm o desejo de viver, uma vez que procuram ajuda profissional. Assim, o psicólogo deve encontrar modos alternativos para enfrentar esse desafio de forma a ampliar as possibilidades de prognóstico do indivíduo. Muitos dos pacientes que chegam ao consultório com ideação suicida passaram por várias crises e lidam com problemas interconectados, de maneira que as soluções terapêuticas não são simples. Muitas vezes, apresentam-se desesperançosos, aprendendo a lidar passivamente com seus problemas, e precisamos ajudá-los a se motivar a aprender como enfrentar seus problemas de outras formas mais saudáveis nos mais variados contextos (Koerner, 2020).

As novas demandas apresentadas para o psicólogo a partir do contato com uma pessoa que considera tirar a própria vida pode, como já apontado no capítulo, produzir um misto de emoções negativas no profissional que se sente pouco preparado para lidar com esse desafio. Ademais, há uma dificuldade de acessar e pôr em prática planos de tratamentos eficientes, pois mesmo quando são fundamentados cientificamente e empiricamente testados, não existe uma fórmula única de intervenção que seja capaz de abarcar todos os contextos do paciente e do ambiente em que é realizado o atendimento (Jobes, 2016). Em casos mais graves, com transtornos mistos ou envolvendo transtornos de personalidade, é comum também que o próprio psicólogo se desgaste, de maneira que, se necessário, ele deve saber recorrer a ajuda profissional para supervisão ou atendimento psicológico (Koerner, 2020).

Acolhimento clínico: o psicólogo como um aliado

Grande parte do comportamento suicida está relacionado às adversidades em criar e manter relações interpessoais, podendo ser parcialmente explicado pela presença ou ausência de componentes relacionais chave. Em virtude disso, a qualidade do relacionamento entre cliente e profissional é tido como um preditor para o sucesso ou fracasso do tratamento em pessoas com tendências relacionadas ao suicídio, principalmente na fase inicial da psicoterapia (Michel & Jobes, 2010). A criação de uma forte aliança terapêutica entre as duas partes do processo depende de elementos que o psicólogo pode promover.

O primeiro elemento fundamental é a criação de um espaço terapêutico que permite a pessoa se sentir segura para tratar de suas angústias com o profissional, mesmo as que possam gerar desconforto, como o suicídio. O mais adequado é assumir uma postura empática e não combativa. Isso permitirá ao indivíduo perceber que é seguro se mostrar vulnerável e explorar a si mesmo, suas questões e relações interpessoais, bem como possibilitará o trabalho conjunto na psicoterapia da maneira como o indivíduo constrói relações, inclusive a relação psicoterapêutica, e comportamentos subsequentes (Michel & Jobes, 2010).

A confiança e o trabalho em conjunto com o paciente necessitam da honestidade e da franqueza do profissional quanto aos reais riscos apresentados pelo paciente e de que o profissional mantenha uma escuta alerta e forneça observações empáticas que validem as falas do paciente. Para promover o engajamento na psicoterapia, o psicólogo pode incentivar determinados comportamentos do indivíduo, como encorajar que ele faça questionamentos, dar atenção a informações importantes e reconhecer o compromisso com o tratamento (Michel e Jobes, 2010). Chamamos a atenção também para o valor de reconhecer as expectativas da pessoa sobre a terapia desde o início. Vale investigar como a pessoa avalia a relação com o psicólogo e estimular *feedbacks* sobre o que está ou não está funcionando, a fim de melhorar a experiência.

Apesar de todos os esforços, a confiança raramente é estabelecida na primeira sessão do tratamento. Esse deve ser um processo contínuo e colaborativo, no qual o psicólogo é um aliado que interage para facilitar as mudanças necessárias para superação de desafios. Com o intuito de manter a pessoa motivada com a terapia, o psicólogo deve ainda instaurar esperança, focando no que é possível ser feito para destacar os pontos fortes da pessoa, ao mesmo tempo em que reconhece quais dificuldades devem ser superadas (Tsai et al., 2009). Assim, o tema do comportamento suicida precisa ser um objeto de conversa, suas causas não devem ser presumidas e seu risco jamais deve ser negado ou diminuído. Ao tocar nesse delicado assunto, é preciso acolher os motivos por trás da intenção para o suicídio de forma empática e sem julgamentos. Isso não significa endossá-lo, mas mostrar que compreendemos o fenômeno por meio da perspectiva única da pessoa, o que fortalece a conexão e favorece a identificação de alternativas para lidar com o sofrimento.

Validação emocional

A demonstração dessa compreensão empática é o que chamamos aqui de validação, sendo esse um ponto estratégico no trabalho com as emoções. Por meio da empatia, conseguimos entender o mundo pela perspectiva da pessoa, mas ao validar estamos comunicando ativamente que a visão dela faz sentido. É uma forma de mostrar que a emoção, o pensamento ou ação do indivíduo é compreensível (Koerner, 2020). Muitas vezes, os pacientes que pensam em suicídio vão ter vergonha de expressar os seus motivos como se fossem errados, uma vez que já foram invalidados outras vezes. Certa vez, um jovem adulto, após algumas sessões de psicoterapia, comentou que sabia que não deveria estar pensando em suicídio após acabar o namoro, pois havia passado em um concorrido concurso público e tinha uma carreira de sucesso pela frente. Essa narrativa foi a forma que seus amigos e familiares encontraram para incentivá-lo a seguir em frente e desistir do suicídio, mas, para ele, era como se não o entendessem. Ele falou do seu namoro iniciado na adolescência e da tristeza vivida com o fim: "*Eu sei que não deveria estar pensando essas coisas! Eu sei! Mas está difícil! Eu só queria tirar essa dor que eu não aguento mais*". Uma forma que o psicólogo encontrou para validar foi comentar:

> Estou vendo que você passou em um concurso depois de muito esforço, que conseguiu uma vaga que muita gente sonhava alcançar e que estaria muito feliz no seu lugar. Mas depois de tudo que você me contou sobre o seu namoro, vejo que o fim dessa relação trouxe uma dor muito grande por tudo que vocês viviam e pelos planos que tinham. Deve ser difícil lidar com tudo isso em um momento que todos esperam que você esteja muito feliz.

É importante observar que, nessa fala do psicólogo, há um esforço de considerar o ponto de vista dos amigos e familiares que, sem perceber, invalidam as razões pelas quais a tristeza do paciente ocorre. Ao mesmo tempo, o psicólogo mostra uma consideração pelo ponto de vista do próprio paciente que, além da dor, sente sua tristeza não ser legitimada pelo meio. Nessa fala, há um aspecto clínico importante para a criação da aliança terapêutica que é a consideração pelo ponto de vista do paciente e a maneira como ele se sente (validação emocional), mas, pedagogicamente, ainda que não seja o foco dessa intervenção, é importante mostrar que nem sempre as pessoas entendem tudo que se passa conosco.

Com relação ao fortalecimento da aliança, é importante destacar que sentir que está sendo validado, que alguém o entende e se preocupa com você, é parte importante não só da terapia, mas da vida em geral (Leahy et al., 2013). Além da preocupação com a aliança terapêutica por trás da validação, existe o cuidado em não invalidar a experiência subjetiva da pessoa. Aquele processo descrito anteriormente sobre a rapidez da resposta emocional ocorre também diante de uma invalidação, que tende a ser mais intensa em quem já teve uma história de vida com circunstâncias invalidantes. É comum a sensação de estar fora de controle e a pessoa pode tentar atenuar, postergar ou mascarar a emoção, mudando o foco (Koerner, 2020).

O processo é tão rápido que, durante a terapia, nós, psicólogos, podemos não perceber o gatilho da transição, em situações como eventuais invalidações involuntárias. Um exemplo seria se o psicólogo investigasse as motivações para o suicídio perguntando: "*Por que você pensa em suicídio tendo passado em um concurso tão importante?*". Para muitas pessoas, isso poderia passar despercebido, mas para quem está desregulado emocionalmente, poderia ser interpretado como a comunicação de que o concurso seria motivo para não pensar em suicídio, invalidando ou diminuindo todas as outras razões, o que poderia levar o indivíduo a reagir com tristeza, raiva ou mudar o assunto.

A validação, por outro lado, além de reduzir o estímulo emocional, estabiliza o indivíduo e suscita emoções mais adaptativas. O psicólogo demonstra uma apreciação mais integral da perspectiva do indivíduo, o que deixa este mais receptivo a abordar outros assuntos difíceis ou mesmo a intervenções de mudanças. Assim, é importante aprimorar estratégias de validação, principalmente diante de pacientes desregulados. É preciso, entretanto, que a validação seja genuína, ou seja, que o psicólogo somente valide o que é válido. Em determinadas situações, haverá respostas válidas e inválidas, e cabe ao psicólogo ouvir atentamente e procurar identificar o que existe de válido. Em uma resposta agressiva, por exemplo, não se deve validar a agressão, mas ela pode esconder um sentimento de medo ou vulnerabilidade. Uma paciente relatava que teve uma infância de cobrança dos pais rígidos e que, muitas vezes, perdia o controle quando se sentia cobrada no trabalho ou em casa. Em certa ocasião, ela descreveu uma briga com o marido com base em um questionamento sobre um atraso dela, em que ela passou a ofendê-lo, gritando. O psicólogo interviu:

Psicólogo: *Pela maneira que você reagiu, eu vejo que você ficou bem irritada com a forma como tudo aconteceu....*

Paciente: *Verdade. Foi horrível! Eu tentei me controlar, mas acabei gritando e falando um monte de coisas. É uma coisa que toma conta de mim.*

Psicólogo: *Eu imagino... Quando a gente passa por algumas coisas difíceis na vida, a gente perde a paciência mais fácil em certas ocasiões que nos fazem lembrar dessas coisas difíceis* [validando a experiência emocional], *mas fico pensando no seu marido que ouviu tudo isso. Pelo que você fala, ele ficou bem chateado com sua reação.*

Paciente: *Ficou muito mesmo...*

Psicólogo: *Acho que a gente precisa entender melhor o que te faz estourar nesses momentos, mas penso que a gente pode também pensar em estratégias para lidar com esses sentimentos quando eles aparecem para te ajudar a não gritar de novo, quando isso acontecer. O que acha?* [perguntando colaborativamente]

Paciente: *Seria ótimo. É uma coisa que toma conta de mim. Eu não queria gritar com as pessoas, como grito.*

Apesar de a noção de acolhimento incondicional ao paciente ser importante, conforme a terapia avança e o paciente apresentar menos ideações e, principalmente, quando houver uma aliança terapêutica fortalecida, será necessário invalidar algumas reações, pensamentos, comportamentos e emoções para que mudanças ocorram. Nesse caso específico, validou-se o sentimento de raiva, mas não a reação agressiva. Assim, respostas emocionais desproporcionais, incompatíveis em determinados contextos ou baseadas em interpretações equivocadas, não devem ser validadas. Quando houver clima terapêutico adequado, reações desproporcionais devem ser invalidadas, sem perder o foco na realidade de cada paciente e das metas do tratamento. Cabe ao psicólogo, portanto, assumir que existe algo válido na experiência emocional de cada paciente e procurar em cada relato o que há de válido. Com entrevistas e acolhimento adequado, vamos conhecer nosso paciente e conseguir ser precisos na validação. Quanto às invalidações, é preciso ser descritivo e não julgador (Koerner, 2020). No exemplo acima, o psicólogo não falou que era errado gritar. Validou a emoção de raiva e convidou a paciente a observar o mesmo episódio pelo olhar de outra pessoa.

Sobre a validação, foram dados exemplos verbais, mas é importante que ela ocorra também em nível não verbal, demostrando uma consideração pelo conteúdo trazido por meio da postura corporal, pelo tom de voz e olhar. Além disso, em alguns momentos, a validação vem acompanhada de reflexões sobre como reagimos ou o que sentimos em determinados contextos. Ajudar os pacientes a identificar o que não funciona e o que está por trás dessas respostas, ajuda a evitar eventos negativos autoinduzidos, além de melhorar na colaboração terapêutica (Leahy et al., 2013). Por isso, é crucial que o psicólogo atente à educação emocional e aos mitos e às crenças que cada um tem sobre as emoções como "em casamento feliz não existem atritos" ou "existem coisas mais importantes para ficar triste do que o fim de um namoro".

Educação emocional e tolerância às emoções desagradáveis

Assim como tivemos que aprender a andar e a falar, não nascemos com a habilidade de identificar e avaliar nossas emoções, tampouco de conhecer as suas funções e saber regulá-las, apesar de senti-las a todo momento. Como já dito, nossa socialização e o nosso desenvolvimento contribuem para a forma como lidaremos e vivenciaremos os nossos sentimentos. A partir daí, é como se cada um de nós tivéssemos uma filosofia particular sobre nossas próprias emoções. Em circunstâncias disfuncionais e contextos invalidantes, as pessoas adquirem crenças errôneas sobre as emoções e aprendem que elas podem não ter importância ou que não devem ser expressas, tornando-se propensas à desregulação emocional. Nessa lógica, o que pensamos sobre as emoções e como as avaliamos delineará o nosso relacionamento com nossas próprias emoções, assim como as ações por elas influenciadas.

Pensemos em uma situação corriqueira: ficamos tristes ao receber uma crítica do nosso chefe de trabalho por uma atividade realizada incorretamente. Podemos pensar "ficar triste é errado" e suprimir a tristeza ou "fiquei triste, mas passará", minimizando seus efeitos. Em ambas as situações, houve o reconhecimento e a avaliação de uma emoção, seguida do emprego de uma estratégia para tentar lidar com ela, em que a primeira contém um funcionamento *problemático* e a segunda uma experiência emocional mais saudável. Assim, as formas que avaliamos ou interpretamos as nossas emoções estão intimamente ligadas às crenças e às regras que desenvolvemos sobre elas ao longo da nossa vida, bem como mitos emocionais.

Definidos como crenças equivocadas sobre as emoções, os mitos emocionais contribuem para a manutenção do padrão de desregulação emocional e para a dificuldade de reconhecer algumas emoções. É muito comum que algumas emoções sejam classificadas prontamente como negativas (tristeza, raiva, preocupação, ansiedade, etc.), dificultando a compreensão da importância que essas emoções têm em nossas vidas, promovendo reações de fuga de determinadas situações. Ao assumirmos a ideia de que existem emoções erradas, inadequadas, intermináveis ou incontroláveis ("não devo ficar triste", "sentir raiva é errado, pois é um sentimento ruim", "é impossível controlar a minha ansiedade"), sentiremos dificuldade de pensar o que fazer quando as sentirmos ou simplesmente poderemos evitar senti-las a todo custo, desenvolvendo estratégias disfuncionais de regulação emocional (Leahy et al., 2013).

Para auxiliar os pacientes a desafiarem os mitos emocionais, o psicólogo precisará realizar um trabalho psicoeducativo sobre emoções, tanto a partir da experiência emocional proporcionada pela terapia, como ensinando ao paciente sobre o funcionamento das emoções, seu papel em nossas vidas, podendo fazer paralelos com a história evolutiva. Deve ajudar o paciente a reconhecê-las e avaliá-las em diferentes contextos.

Manejo de afetos positivos e negativos e o clima terapêutico

Pensar de forma negativa ou pouco positiva parece ser, de fato, mais fácil. Isso é explicado porque, no decorrer da trajetória evolutiva, o nosso cérebro orientou-se às experiências negativas para sobrevivermos, buscando evidências sobre o que está errado ou o que pode ser melhorado, vivendo em uma espécie de modo controle (Rashid e Seligman, 2019). Seguindo essa tendência, as psicoterapias tradicionais normalmente estão voltadas a atenuar os dissabores vivenciais dos pacientes e reduzir afetos negativos para promover o bem-estar, focando nos gatilhos e na prevenção. Em contrapartida, considerando os diferentes contextos que surgem no *setting* terapêutico, a maioria dos pacientes, incluindo aqueles com ideações suicidas, compartilham um objetivo comum: serem felizes. Esse fim, contudo, é difícil de ser atingido em um modelo psicoterapêutico que centraliza os déficits e as emoções negativas dos indivíduos em vez das habilidades de crescimento e das emoções positivas. Afinal, reduzir as emoções negativas não faz com que, automaticamente, surjam emoções positivas (Bannink, 2019).

Ao ensinar os pacientes uma teoria sobre as emoções e como manejá-las, é importante que o psicoterapeuta compreenda que sentimentos tidos como negativos, como os depressivos, a raiva e a ansiedade, não serão eliminados definitivamente, devido aos limites da psicoterapia e à natureza das emoções. Todavia, apesar de as emoções positivas serem transitórias em comparação com as negativas, sentimentos positivos tornam os processos cognitivos mais flexíveis, criativos e eficientes, construindo um estado de resiliência em relação aos efeitos dos sentimentos negativos. Efeitos benéficos na saúde, nos relacionamentos interpessoais e na longevidade também estão associados às emoções positivas (Rashid e Seligman, 2019). Logo, embora sejam complexas e demandem um esforço maior tanto do psicólogo quanto do paciente, existem efeitos claros e benéficos em se levar uma vida mais positiva e esperançosa. Dessa forma, propiciar ao paciente o fortalecimento de emoções positivas e de pontos fortes que o auxiliem a construir uma vida significativa e de propósito precisa ser um objetivo claro na relação terapêutica.

Será necessário também auxiliar pacientes a tolerarem emoções desagradáveis como a tristeza ou o medo, o que pode ser feito, por exemplo, por meio de exercícios de atenção plena (*mindfulness*), os quais auxiliam no desenvolvimento de uma postura de não julgamento e menos culpa. Reconhece-se a existência de emoções desagradáveis, compreendendo que nem sempre é preciso tentar controlá-las ou suprimi-las, mas apenas deixá-las seguir o seu fluxo natural e temporário. Evidências científicas têm mostrado a contribuição de exercícios de atenção plena para um estado de abertura às emoções e uma redução de comportamentos reativos (Leahy et al., 2013).

Recomendações e reflexões finais

O objetivo final da psicoterapia baseada no manejo das emoções não é simplesmente curar um transtorno, apesar de, notadamente, isso promover bem-estar. Mais do que isso, é auxiliar o paciente a trilhar seu caminho em nome do que acredita, com equilíbrio, buscando experiências que promovam afetos positivos e, sobretudo, aceitando os inevitáveis afetos negativos; um reflexo do desenrolar da vida.

No caso do processo psicoterapêutico junto a pessoas com comportamento suicida, é preciso ir além da importante busca de gatilhos e prevenção do suicídio. Após o acolhimento inicial, a identificação de fatores de risco e de proteção, o psicólogo deve propiciar um ambiente que permita ao paciente olhar para a sua vida com apreço e interesse, e não somente fazer da psicoterapia um meio de evitar o suicídio. Para atingir esse fim, inúmeros meios são possíveis, especialmente aqueles em que a aceitação incondicional e a objetividade no trabalho em busca do bem-estar psicológico se conformam como caminho viável.

Em analogia ao cultivo de plantas, limpar o solo apenas não basta. É necessário fertilizá-lo e trabalhá-lo para estimular o crescimento do nosso próprio jardim. Retomando o início deste capítulo, se o suicídio é como um baobá que não deve ser cultivado, além de evitar regá-lo, podemos "cultivar flores", fomentando esperança e afetos positivos no paciente. O psicoterapeuta, já havia falado Seligman (2012), necessita ir além dos moldes tradicionais comumente propostos pelas abordagens psicológicas, assemelhando-se a um jardineiro para os seus pacientes. Na sua visão, o trabalho do psicólogo é como o de um jardineiro de rosas. Deve-se levar um tempo limpando as ervas daninhas, que atrapalharão o crescimento das rosas, mas eliminá-las não é suficiente para que as rosas se desenvolvam. É preciso preparar o solo, plantar uma boa rosa, regá-la e provê-la com bons nutrientes para que o jardim possa florescer.

Assim, ao proporcionar intervenções que desenvolvam um solo existencial fértil e que seja capaz de funcionar bem, mesmo em condições adversas, o psicólogo cria condições para que o paciente aprenda a lidar com os percalços da vida, explorando o seu potencial de crescimento. É, por fim, a busca pela amplificação de sua capacidade de adaptação, na expectativa de um ajustamento psicológico mais saudável frente às inerentes – sejam elas comuns ou incomuns, públicas ou privadas – adversidades da vida.

Referências

ADOLPHS, R.; ANDERSON, D. J. *The neuroscience of emotion*: A new synthesis. Princeton University Press, 2018.

ASTRAUD, L. P.; BRIDGE, J. A.; JOLLANT, F. Thirty years of publications in suicidology: A bibliometric analysis. *Archives of Suicide Research*, 24, 1-14, 2020. https://doi.org/10.1080/13811118.2020.1746944

BANNINK, F. *A prática da terapia cognitivo-comportamental positiva*. Hogrefe, 2019.

BAUMEL, S. W. A neurociência e as contribuições para a psicologia positiva. *In*: M. Rodrigues e D. da S. Pereira (Eds.). *Psicologia positiva – Dos conceitos à aplicação* (pp. 122-135). Sinopsys, 2021.

BENTLEY, K. H.; FRANKLIN, J. C.; RIBEIRO, J. D.; KLEIMAN, E. M.; FOX, K. R.; NOCK, M. K. Anxiety and its disorders as risk factors for suicidal thoughts and behaviors: A meta-analytic review. *Clinical Psychology Review*, *43*, 30-46, 2016. https://doi.org/10.1016/j.cpr.2015.11.008

BEAUCHAINE, T. P.; CICCHETTI, D. Emotion dysregulation and emerging psychopathology: A transdiagnostic, transdisciplinary perspective. *Development and psychopathology*, *31*(3), 799-804, 2019. https://doi.org/10.1017/S0954579419000671

BLANCHARD, M.; FARBER, B. A. (2020). "It is never okay to talk about suicide": Patients' reasons for concealing suicidal ideation in psychotherapy. *Psychotherapy Research*, *30*, 124-136, 2020. https://doi.org/10.1080/10503307.2018.1543977

BRIERE, J.; HODGES, M.; GODBOUT, N. Traumatic stress, affect dysregulation, and dysfunctional avoidance: A structural equation model. *Journal of Traumatic Stress*, *23*(6), 767-774, 2010. https://doi.org/10.1002/jts.20578

BRYAN, C. J.; RUDD, D. *Managing Suicide Risk in Primary care*. Springer, 2011.

BRYAN, C. J.; RUDD, M. D.; WERTENBERGER, E. Reasons for suicide attempts in a clinical sample of active duty soldiers. *Journal of Affective Disorders*, *144*(1-2), 148-152, 2013. https://doi.org/10.1016/j.jad.2012.06.030

CARMONA-NAVARRO, M. C.; PICHARDO-MARTÍNEZ, M. C. Attitudes of nursing professionals towards suicidal behavior: Influence of emotional intelligence. *Revista Latino-Americana de Enfermagem*, *20*(6), 1161-1168, 2012. https://doi.org/10.1590/S0104-11692012000600019

CHANG, S. S.; STUCKLER, D.; YIP, P.; GUNNELL, D. Impact of 2008 global economic crisis on suicide: Time trend study in 54 countries. *BMJ*, *347*, 39-52, 2013. https://doi.org/10.1136/bmj.f5239

COMPAS, B. E.; JASER, S. S.; BETTIS, A. H.; WATSON, K. H.; GRUHN, M. A.; DUNBAR, J. P.; WILLIAMS, E.; THIGPEN, J. C. Coping, emotion regulation, and psychopathology in childhood and adolescence: A meta-analysis and narrative review. *Psychological bulletin, 143*(9), 939, 2017. https://doi.org/10.1037/bul0000110

COOK, S. C.; SCHWARTZ, A. C.; KASLOW, N. J. Evidence-based psychotherapy: Advantages and challenges. *Neurotherapeutics, 14*, 537-545, 2017. https://doi.org/10.1007/s13311-017-0549-4

DAMASIO, A.; DAMASIO, H. Emotions and feelings: William James then and now. In: A. S. Fox; R. C. Lapate; A. J. Shackman; R. J. Davidson (Eds.). *The nature of emotion: Fundamental questions* (pp. 38-43). Oxford University Press, 2018.

DIEDRICH, A.; BURGER, J.; KIRCHNER, M.; BERKING, M. Adaptive emotion regulation mediates the relationship between self-compassion and depression in individuals with unipolar depression. *Psychology and Psychotherapy: Theory, Research and Practice, 90*(3), 247-263, 2017. https://doi.org/10.1111/papt.12107

ELLIS, T. E.; SCHWARTZ, J. A. J.; RUFINO, K. A. Negative reactions of therapists working with suicidal patients: A CBT/Mindfulness Perspective on "Countertransference." International *Journal of Cognitive Therapy, 11*, 80-99, 2018. https://doi.org/10.1007/s41811-018-0005-1

ESTÉVEZ, A.; JÁUREGUI, P.; SÁNCHEZ-MARCOS, I.; LÓPEZ-GONZÁLEZ, H.; GRIFFITHS, M. D. (2017). Attachment and emotion regulation in substance addictions and behavioral addictions. *Journal of Behavioral Addictions, 6*(4), 534-544, 2017. https://doi.org/10.1556/2006.6.2017.086

FACIOLI, A. M.; AMORIM, F. F.; DE ALMEIDA, K. J. Q.; TRINDADE, E. M. V. Suicide is a baobab tree: A narrative medicine case study. *The Permanente Journal, 19*(3), 90-94, 2015. https://doi.org/10.7812/TPP/14-201

FARAONE, S. V.; ROSTAIN, A. L.; BLADER, J.; BUSCH, B.; CHILDRESS, A. C.; CONNOR, D. F.; NEWCORN, J. H. Practitioner review: Emotional dysregulation in attention-deficit/hyperactivity disorder – implications for clinical recognition and intervention. *Journal of Child Psychology and Psychiatry, 60*(2), 133-150, 2018. https://doi.org/10.1111/jcpp.12899

FRANKLIN, J. C., RIBEIRO, J. D., FOX, K. R., BENTLEY, K. H., KLEIMAN, E. M., HUANG, X., MUSACCHIO, K.M., JAROSZE-

WSKI, A.C., CHANG, B.P., & NOCK, M. K. Risk factors for suicidal thoughts and behaviors: A meta-analysis of 50 years of research. *Psychological Bulletin, 143*(2), 187-232, 2017. https://doi.org/10.1037/bul0000084

FRESCO, D. M.; ROY, A. K.; ADELSBERG, S.; SEELEY, S.; GARCÍA-LESY, E.; LISTON, C.; MENNIN, D. S. Distinct functional connectivities predict clinical response with emotion regulation therapy. *Frontiers in Human Neuroscience, 11*, 1-13, 2017. https://doi.org/10.3389/fnhum.2017.00086

FUKUMITSU, K. O.; SCAVACINI, K. Suicídio e manejo psicoterapêutico em situações de crise: Uma abordagem gestáltica. *Revista da Abordagem Gestáltica, 19*(2), 198-204, 2013. http://pepsic.bvsalud.org/pdf/rag/v19n2/v19n2a07.pdf

FUKUMITSU, K. O. O psicoterapeuta diante do comportamento suicida. *Psicologia USP, 25*(3), 270-275, 2014. https://doi.org/10.1590/0103-6564D20140001

GERHARDT, S. *Por que o amor é importante*. Artmed, 2017.

GRATTAN, R. E.; TRYON, V. L.; CARTER, C. S.; NIENDAM, T. A. Suicide behavior is associated with childhood emotion dysregulation but not trait impulsivity in first episode psychosis. *Psychiatry Research, 294, 113517,* 2020. https://doi.org/10.1016/j.psychres.2020.113517

HAYES, S. C. Acceptance and commitment therapy, relational frame theory, and the third wave of behavioral and cognitive therapies – Republished article. *Behavior* Therapy, *35*(4), 639-665, 2016. https://doi.org/10.1016/j.beth.2016.11.006

HOUCK, C. D.; HADLEY, W.; BARKER, D.; BROWN, L. K.; HANCOCK, E.; ALMY, B. An emotion regulation intervention to reduce risk behaviors among at-risk early adolescents. *Prevention Science*, 17, 71-82, 2016. https://doi.org/10.1007/s11121-015-0597-0

INTERNATIONAL ASSOCIATION FOR SUICIDE PREVENTION. *World Suicide Prevention Day,* 2021. https://www.iasp.info/wspd2019/

JOBES, D. A. *Managing Suicidal Risk*. The Guilford Press, 2016.

JOSEFSSON, T.; IVARSSON, A.; GUSTAFSSON, H.; STENLING, A.; LINDWALL, M.; TORNBERG, R.; BÖRÖY, J. Effects of mindfulness-acceptance-commitment (MAC) on sport-specific dispositional mindfulness, emotion regulation, and self-rated athletic performance in a multiple-sport population: An RCT study. *Mindfulness, 10*(8), 1518-1529, 2019. https://doi.org/10.1007/s12671-019-01098-7

KOERNER, K. *Aplicando a terapia comportamental dialética – Um guia prático.* Sinopsys, 2020.

LEAHY, R. L.; TIRCH, D.; NAPOLITANO, L. A. *Regulação emocional em psicoterapia – Um uia para o terapeuta cognitivo-comportamental.* Artmed, 2013.

MAHFOUD, M. Suicídio versus encontro interpessoal: Luzes e sombras no processo psicoterápico. *In*: V. A. Angerami (Ed.). *Suicídio e suas interfaces: O ardiloso emaranhado da autodestruição* (pp. 391-403). Artesã, 2018.

MALOUF, E. T.; YOUMAN, K.; STUEWIG, J.; WITT, E. A.; TANGNEY, J. P. A pilot RCT of a values-based mindfulness group intervention with jail inmates: Evidence for reduction in post-release risk behavior. *Mindfulness, 8*(3), 603-614, 2017. https://doi.org/10.1007/s12671-016-0636-3

MESSMAN-MOORE, T. L.; BHUPTANI, P. H. A review of the long-term impact of child maltreatment on posttraumatic stress disorder and its comorbidities: An emotion dysregulation perspective. *Clinical psychology: Science and practice, 24*(2), 154-169, 2017. https://doi.org/10.1111/cpsp.12193

MIGUEL, F. K. Psicologia das emoções: Uma proposta integrativa para compreender a expressão emocional. *Psico-USF, 20*, 153-162, 2015. https://doi.org/10.1590/1413-82712015200114

MINISTÉRIO DA SAÚDE. *Boletim epidemiológico*: Suicídio, 2019. https://portalarquivos2.saude.gov.br/images/pdf/2019/setembro/13/BE-suic--dio-24-final.pdf

MODECKI, K. L.; ZIMMER-GEMBECK, M. J.; GUERRA, N. Emotion regulation, coping, and decision making: Three linked skills for preventing externalizing problems in adolescence. *Child Development, 88*(2), 417-426, 2017. https://doi.org/10.1111/cdev.12734

MORA, G. Mental disturbances, unusual mental states, and their interpretation ages, during the Middle Ages. *In*: E. R. Wallace; J. Gach (Eds.). *History of Psychiatry and Medical Psychology* (pp. 199–226). Springer, 2008.

NEACSIU, A. D.; Fang, C. M.; RODRIGUEZ, M.; ROSENTHAL, M. Z. Suicidal behavior and problems with emotion regulation. *Suicide and Life-Threatening Behavior, 48*, 52-74, 2018. https://doi.org/10.1111/sltb.12335

NOCK, M. K. Self-injury. *Annual Review of Clinical Psychology, 6*, 339-363, 2010. https://doi.org/10.1146/annurev.clinpsy.121208.131258

ORGANIZAÇÃO MUNDIAL DA SAÚDE. *Country reports and charts* available, 2014b. https://www.who.int/docs/default-source/gho-documents/world-health-statistic-reports/world-health-statistics-2014.pdf

ORGANIZAÇÃO MUNDIAL DA SAÚDE. *Preventing suicide*: A global imperative, 2014a. https://apps.who.int/iris/bitstream/handle/10665/131056/9789241564779_eng.pdf;jsessionid=ACBD0CD6D7ECD407CA96E2915A7F95E6?sequence=1

ORGANIZAÇÃO MUNDIAL DA SAÚDE. *Suicide prevention*, 2021. https://www.who.int/health-topics/suicide#tab=tab_1

PAQUET, C.; KERGOAT, M.-J.; DUBÉ, L. The role of everyday emotion regulation on pain in hospitalized elderly: Insights from a prospective within-day assessment. *Pain*, *115*(3), 355-363, 2005. https://doi.org/10.1016/j.pain.2005.03.024

RAJAPPA, K.; GALLAGHER, M.; MIRANDA, R. Emotion dysregulation and vulnerability to suicidal ideation and attempts. *Cognitive Therapy and Research*, *36*(6), 833-839, 2012. https://doi.org/10.1007/s10608-011-9419-2

RASHID, T.; SELIGMAN, M. *Psicoterapia positiva: Manual do terapeuta.* Artmed, 2019.

RHEENEN, T. E. van; MEYER, D.; NEILL, E.; PHILLIPOU, A.; TAN, E. J.; TOH, W. L.; ROSSELL, S. L. Mental health status of individuals with a mood-disorder during the COVID-19 pandemic in Australia: Initial results from the COLLATE project. *Journal of Affective Disorders*, *275*, 69-77, 2020. https://doi.org/10.1016/j.jad.2020.06.037

SCHÄFER, J. Ö.; NAUMANN, E.; HOLMES, E. A.; TUSCHEN-CAFFIER, B.; SAMSON, A. C. Emotion regulation strategies in depressive and anxiety symptoms in youth: A meta-analytic review. *Journal of Youth and Adolescence*, *46*(2), 261-276, 2017. https://doi.org/10.1007/s10964-016-0585-0

SELIGMAN, M. E. P. *Florescer*: Uma nova e visionária interpretação da felicidade e do bem-estar. Objetiva, 2012.

SILVA-SANTOS, L.; FARO, A. Condutas autolesivas e suicídio: O que há de comum, além da dor?. *In*: V. A. Angerami (Ed.). *Suicídio e suas interfaces*: O ardiloso emaranhado da autodestruição (pp. 391-403). Artesã, 2018.

STORINO, B. D.; CAMPOS, C. F.; CHICATA, L. C. de O.; CAMPOS, M. de A.; MATOS, M. S. da C.; NUNES, R. M. C. M.; VIDAL, C. E. L. Atitudes de profissionais da saúde em relação ao comportamento suicida. *Cadernos de Saúde Coletiva*, *26*(4), 369-377, 2018. https://doi.org/10.1590/1414-462x201800040191

THOMPSON, R. A. Emotion dysregulation: A theme in search of definition. *Development and psychopathology, 31*(3), 805-815, 2019. https://doi.org/10.1017/S0954579419000282

TURECKI, G.; BRENT, D. A.; GUNNELL, D.; O'CONNOR, R. C.; OQUENDO, M. A.; PIRKIS, J.; STANLEY, B. H. Suicide and suicide risk. *Nature Reviews Disease Primers, 5*, 74, 2019. https://doi.org/10.1038/s41572-019-0121-0

WEISS, J. A.; THOMSON, K.; BURNHAM Riosa, P.; ALBAUM, C.; CHAN, V.; MAUGHAN, A.; TABLON, P.; BLACK, K. A randomized waitlist-controlled trial of cognitive behavior therapy to improve emotion regulation in children with autism. *Journal of Child Psychology and Psychiatry and Allied Disciplines, 59*(11), 1180-1191, 2018. https://doi.org/10.1111/jcpp.12915

CAPÍTULO 6

Entre o viver e o morrer: ambiguidades da existência na obra *Por lugares incríveis*

Glaucia Torres

Thaís Fernanda de Oliveira Martins

Sylvia Mara Pires de Freitas

> *A morte era um desafio. A morte era uma tentativa de comunicar; as pessoas sentindo a impossibilidade de alcançar o centro que, misticamente, se esquivava; a proximidade apartava; o arrebatamento se esvaía; a gente ficava só. Havia um abraço na morte.*
>
> VIRGINIA WOOLF

Introdução

Abordar fenômenos que se fazem presentes na época vivida por cada autor não é uma exclusividade da literatura atual. Tampouco é raro viajar pelos anos e buscar retratar fatos que apenas puderam ser conhecidos por meio de outras retratações, artísticas ou não. Enquanto instrumento cultural e artístico, a literatura tem potencial para abordar temáticas cotidianas e, quando apresentada a alguém, ela contribui para que ocorra um desenvolvimento do pensamento dessa pessoa. Por se tratar de um dispositivo de comunicação, que serve para contar histórias reais ou fantasiosas por meio de diferentes gêneros, podemos afirmar que a literatura em si é social. Sendo assim, ela possibilita que as pessoas, que dela se apropriam, estabeleçam uma nova ordem de relação com o real.

Conforme nos aponta Monica Velloso (1988), podemos tecer uma comparação entre a literatura e a fotografia. Em momentos de anseios para registrar e representar a realidade do mundo ao nosso redor, a fotografia era requisitada, isso porque a técnica fora considerada quase que como um sinônimo de realidade, devido à visibilidade e a exatidão que seus resultados apresentavam. Semelhante à fotografia, ao longo da história a literatura também conquistou o seu espaço enquanto portadora e refletora da realidade, apresentando em seu conteúdo um desvelamento da ordem social na qual se insere.

Por se tratar de um produto advindo de convicções, crenças, códigos e costumes sociais, pode-se considerar a literatura como um fenômeno social. As obras literárias buscam retratar a realidade que a cerca, ora na íntegra, ora reformulando-a ou negando-a por completo. Ademais, muitas vezes, buscou-se pela literatura apontar situações da realidade que não foram reconhecidas pela sociedade. Isso acontece, pois, ao contrário da fotografia, a literatura encontra liberdade para registrar a realidade de maneiras diferentes ou distorcidas, mas, ainda assim, consegue representar as influências sofridas pelo meio (Velloso, 1988).

Dentre os possíveis fenômenos a serem retratados pela literatura, o suicídio se faz presente há tempos. Algumas vezes, protagonizando a trama e, em outras, com menor espaço, mas com significativos desdobramentos. Quando não abordado especificamente o ato suicida, pode-se encontrar, também, outras faces desse comportamento, como o pensamento de morte ou a ideação suicida.

Logo na Bíblia, considerada uma das literaturas mais lida em todo o mundo, encontramos personagens que vivenciam, de uma forma ou de outra, pensamentos suicidas. Vejamos alguns exemplos descritos na Bíblia (2012). No livro de Números, 11.14-15, Moisés, desgostoso com Javé por julgar que estava carregando o peso da responsabilidade pelo destino de seu povo, exclama: "Já não posso suportar sozinho o peso de todo este povo: é grande demais para mim. Se queres continuar a me tratar assim, peço que me tires a vida! Se, pelo contrário, ganhei teu favor, então que eu não veja mais minha desgraça" (p. 163). Outra passagem semelhante pode ser vista em 1 Reis, 19.4. Enquanto Elias fugia para se salvar, "Depois, adentrou o deserto e caminhou o dia todo. Sentou-se, finalmente, debaixo de um junípero e pediu para si a morte, dizendo: 'Agora basta, Senhor! Tira a minha vida, pois não sou melhor que meus pais'" (p. 392). Considerando especificamente o suicídio concretizado, peguemos o livro de Mateus, 27.5, onde, após sentir profundo remorso por trair e entregar o filho de Deus à morte, Judas se suicida. Mateus relata que "[...] ele (Judas) jogou as moedas no Santuário, saiu e foi se enforcar" (p. 1238).

Muitas outras obras nos apresentam a temática do suicídio. Sófocles, em 427 a. C., retrata, ao fim de sua obra Édipo Rei, o suicídio da rainha Jocasta. Como se esquecer de Shakespeare e de, talvez, um dos suicídios mais conhecidos da literatura ao fim de sua obra *Romeu e Julieta,* de 1597? Em 1774, foi a vez de Johann Wolfgang von Goethe apresentar *Os Sofrimentos do Jovem Werther*, romance que abordou as vivências do jovem Werther diante de seu amor por Charlotte, uma jovem prometida a outro homem. Werther, portanto, escolheu pelo suicídio frente a impossibilidade de consumar seu amor pela jovem. Flaubert, em 1856, apresenta-nos em *Madame Bovary*, o suicídio da protagonista Emma que, decepcionada com seu casamento e consigo mesma, devido aos adultérios que cometeu e com a situação que vivenciava na época, envenena-se e morre. Em uma linha próxima a de Flaubert, Tolstói constrói seu romance *Anna Kariênina*, publicado em 1877. Neste, logo no início da história, o suicídio se faz presente no pensamento de Anna diante de sua relação com seu amante Vronsky. Prossegue no decorrer das páginas até o momento em que Anna, desejando pôr fim ao tormento que vivia, suicida-se ao se jogar na linha do trem.

Ao longo dos anos, muitos outros nomes abordaram a referida temática em seu enredo, como: Dostoievski (1821-1881), Virginia Woolf (1882-1941), Milan Kundera (1929-), Sylvia Plath (1932-1963) e outros autores clássicos conhecidos. Nas últimas décadas, o público recebeu grandes *best-sellers* como: *As vantagens de ser invisível* (1999), de Stephen Chbosky; *Os treze porquês* (2007), de Jay Asher; *Carta de amor aos mortos* (2014), de Ava Dellaira; e a obra sobre a qual versa este capítulo: *Por lugares incríveis* (2015), de Jennifer Niven.

No decorrer deste estudo, objetivamos apresentar uma análise existencial, da obra *Por lugares incríveis,* escrita pela norte-americana

Jennifer Niven e publicada no Brasil pela Editora Seguinte, no ano de 2015. No enredo, a autora nos apresenta a vida de dois adolescentes que se encontram em um momento conturbado e desenvolvem uma relação. De forma sensível, temáticas como *bullying*, violência, luto, sofrimento são abordadas e ganham espaço para se apresentarem tal qual se apresentam no dia a dia de tantas vidas reais. Sabe-se lá se é a vida que imita a arte ou se é a arte que imita a vida, mas o que podemos dizer é que a escrita de Niven, cautelosamente, ilustrou um fenômeno tão presente em nossos dias: o suicídio.

Por que a escolha de *Por lugares incríveis*

Pensar a literatura é pensar em uma fonte de histórias ricas em temáticas diferenciadas que, de forma direta ou indireta, relacionam-se com os indivíduos que se contatam com ela. Ao olharmos para todo o arsenal literário do qual dispomos atualmente, percebemos facilmente o grande aparato de obras que abordam em seu enredo temáticas e fenômenos presentes em nossos dias. Fenômenos, esses, de grande relevância social. Por meio da arte literária, que busca tratar de diferentes temáticas, encontramos espaço para nos aproximarmos de fenômenos que antes eram distantes ou, até mesmo, pouco compreendidos; ao passo em que é possível ampliarmos nossos pontos de vista e levantarmos reflexões críticas sobre diferentes tramas.

Para o desenvolvimento deste estudo, o fenômeno suicídio e a obra *Por lugares incríveis,* de Jennifer Niven, foram elegidos enquanto objetos de análise. Ao falarmos de suicídio, podemos pensar na pessoa que cometeu tal ato e em todas as questões que a levaram a escolher pelo mesmo. E, ainda, podemos pensar em todas as pessoas que ficaram e que foram, de uma forma ou de outra, afetadas pelo suicídio de alguém.

Os fatores que levam ao suicídio nem sempre são explícitos ou cobertos por obviedades. Em alguns casos, a busca por explicação não encontra respostas, deixando naqueles que ficam uma agoniante incerteza do que se passou. Diante disto, opta-se por tal análise, considerando a importante contribuição de desvelar, por meio uma literatura ficcional e de aportes filosóficos existenciais, a medida do alcançável, o fenômeno do suicídio que, embora tão presente em nosso meio, muitas vezes, é visto apenas como uma incógnita ou um tabu. Consideramos, também, que a obra elegida conseguiu abordar diferentes nuances do fenômeno, levantando reflexões críticas e aprofundadas, com uma escrita leve e intimista, o que favorece a maior abrangência de uma discussão não só científica, mas, ainda, popular.

Assim sendo, consideramos que o presente estudo tem relevância social e teórica, pois poderá colaborar com trabalhos que busquem tratar da literatura, enquanto contribuinte de saberes, para se pensar o fenômeno do suicídio e que se faz presente em nossa sociedade. E, ainda, poderá fundamentar discussões que pretendam convidar a literatura para que se reflita sobre demais fenômenos que reclamem um olhar mais crítico e cuidadoso.

O Livro e os Contextos Limítrofes

Lançado em 2015, pela escritora estadunidense Jennifer Niven, filha da também escritora Penelope Niven, em parceria com a agente Kerry Sparks e participação de colaboradores como a Editora Alisson Wortche, dentre outros, *Por lugares incríveis* foi muito além de mais uma obra ficcional. Nascida no dia 14 de março de 1968, Niven declara em sua página pessoal do *Facebook* que foi criada em Indiana/EUA e, após terminar o ensino na *Richmond High School*, apostou na formação em Literatura Inglesa pela *Drew University* (Madison, Nova Jersey/EUA), além de realizar um estudo para roteirista na *American Film Institute Conservatory* (Los Angeles, Califórnia/EUA) (Niven, [s.d]).

Atualmente, com 52 anos, Jennifer Niven mora em Los Angeles, junto ao marido, e tem um campo literário de dezessete obras publicadas que abordam temáticas das mais diversas, como: romances adultos, recordações sobre vivências no ensino médio, gordofobia, suicídio, entre outras. Ao participar de uma entrevista em uma das edições da Bienal de São Paulo, em 2016, pela plataforma Youtube, a autora destacou que, com exceção de uma Biblioteca Móvel, todos os lugares citados na narrativa de *Por Lugares Incríveis*, que se passa em Indiana, realmente existem, desde o monte Hoosier até a igreja Emmanuel Baptist (Reis, 2016).

Por meio de sua obra, Niven consegue nos apresentar questões reais que se entrelaçam com a sua própria vivência. Dentre elas, o suicídio de um de seus familiares, com o qual aprendeu, na prática, a dificuldade em discutir a temática até mesmo entre os afetados pela perda; além de um relato em que traz o suicídio cometido por um jovem que ela amava em sua juventude, o que a deixou bastante abalada. Assim como seu personagem, Theodore Finch, a autora menciona que esse rapaz, pelo qual se apaixonara, aparentava ser bastante otimista, contudo, batalhava dia após dia para permanecer vivo. Em seus agradecimentos finais, Niven surpreende seus leitores ao apresentar uma parte da canção que tal jovem a deixou antes de morrer, que diz: "E em duas semanas, voaremos outra vez, quem sabe a um restaurante chinês. Você me faz feliz, você me faz sorrir" (Niven, 2015, p. 215).

Jennifer carrega consigo um costume que era praticado por sua mãe e que adotou desde a publicação de *Por lugares incríveis*. Em uma de suas entrevistas, a autora cita que pede para que seus leitores assinem seu livro em cada lugar por onde ela passa, como uma forma divertida de contrariar a lógica dos autógrafos leitor/escritor. Em uma oportunidade, Niven pôde expressar que a melhor parte do projeto, como um todo, são seus leitores revelando o quanto as palavras contidas em sua obra mudaram suas vidas (Reis, 2016).

A obra *Por lugares incríveis* trata de um romance que percorre caminhos entrelaçados como: *bullying*, violência, relações familiares conturbadas, o sofrimento de pessoas que não encontram espaço para se expressar acerca de temáticas veladas pela sociedade e, principalmente, o suicídio. Ademais, a obra consegue ilustrar situações cotidianas de pessoas que, muitas vezes, sofrem em silêncio com as mesmas adversidades.

Em seu enredo, encontramos Theodore Finch, um jovem de dezessete anos que, como em outros romances adolescentes, poderia ser popular, jogador do time de basquete, com uma vida "normal" e badalada, porém, essa não é vida que encontramos na narrativa de Finch. A obra nos coloca frente a questões sociais adversas, como o fato de Finch enfrentar diariamente o *bullying* no colégio onde estuda, sendo denominado pelos demais estudantes como "aberração" e de vivenciar uma relação conturbada com seus familiares, principalmente com seu pai, um homem agressivo que saiu de casa para formar uma nova família. Os dias de Finch são difíceis e, no decorrer da narrativa, percebemos como o personagem trava uma constante batalha consigo, devido ao Transtorno Afetivo Bipolar (TAB) que parece enfrentar. Logo nas primeiras páginas, fica evidente o quanto seu contexto lhe é negativo e desafiador, fazendo-o se questionar constantemente: "Será que hoje é um bom dia para morrer? [...]. Hoje é o dia? E, se não hoje, quando?" (Niven, 2015, p.7).

Inserida em um contexto um tanto diferente ao de Finch, encontramos a personagem Violet Markel. Por meio dela, questões relacionadas ao luto nos são apresentadas. Violet, uma escritora em potencial, costumava produzir conteúdo para um *blog* que criou e mantinha junto à sua irmã, Eleanor, pela qual tinha um forte laço de cumplicidade. Em certo momento, um acidente de carro envolvendo as duas irmãs tira a vida de Eleanor de forma abrupta, deixando Violet como uma "sobrevivente" – adjetivo, este, que lhe provoca repulsa. Após o ocorrido, Violet atravessa diversas mudanças em sua vida, entre elas, o medo que desenvolve em andar de carro, o bloqueio de sua escrita e a perda da alegria pelo qual era conhecida.

Enfrentando seu luto, Violet busca formas para se sentir mais próxima de sua irmã, ao mesmo tempo em que evita conversar sobre o ocorrido até mesmo com seus pais. Aprender a viver com a morte de Eleanor lhe rendeu momentos difíceis, permeados pela saudade, tristeza, culpa e pela solidão que experienciou. Por parte de muitos amigos e familiares, Violet era cada vez mais cobrada a superar e a continuar seguindo a sua vida como fazia antes de Eleanor partir, o que a deixava ainda mais conturbada.

Em meio a uma crise vivenciada pelos protagonistas, em que o pensamento sobre o suicídio se apresentava como uma possibilidade mais próxima e real, Violet e Finch se encontram. Finch acabara de subir no alto da torre do sino do colégio, em busca de uma proximidade com a morte. Lá, o personagem passa a refletir sobre as formas e as consequências de se cometer suicídio naquele momento, quando inesperadamente avista Violet, que subira no parapeito da torre do sino – uma área de risco. Ao vê-la, Finch percebe Violet perdida em seus próprios pensamentos, dando a entender que refletia sobre pular ou não. Diante disso, Finch deixa de lado, ainda que momentaneamente, os motivos que o levaram até ali, para conversar com Violet e convencê-la a não se jogar.

Após ajudá-la a sair do parapeito sem se ferir, Finch passa a se preocupar constantemente com Violet. Tal preocupação, assim como o sentimento de afeição que passou a desenvolver pela jovem, levou Finch a convencê-la a se tornar sua parceira em um trabalho da disciplina de Geografia. O trabalho em questão objetivava proporcionar a cada dupla de alunos o percurso e conhecimento de, ao menos, três lugares turísticos de Indiana. Por meio dos passeios, gradualmente, os protagonistas se aproximam e passam a desenvolver um vínculo cada vez mais forte, caminhando de uma amizade a um relacionamento amoroso.

Em 2016, a obra começou a ser adaptada para o mundo cinematográfico, resultado dos esforços conjuntos da roteirista Liz Hannah com a escritora e roteirista Jennifer Niven, sob direção de Brett Halley. A estreia do filme, de 1 hora e 48 minutos, aconteceu em fevereiro de 2020, tendo como produtoras as empresas *Mazur/Kaplan Company* e *Echo Lake Entertainment*, e como distribuidora brasileira a plataforma de *streaming* Netflix (Netflix, 2020).

Conhecendo os protagonistas

A seguir, acompanharemos a história dos protagonistas da obra, a fim de compreendermos como ambos confrontaram os contextos sociomateriais em que se inseriam.

Finch: o epílogo após o renascimento

> [...] eu sou a aberração. Eu sou o aloprado. Eu sou o problemático. Eu me meto em brigas. Eu decepciono as pessoas. O que quer que faça, não deixe Finch bravo. Ah, lá vai ele de novo, em uma daquelas fases. Finch mal-humorado. Finch irritado. Finch imprevisível. Finch louco. Mas não sou um conjunto de sintomas. (Niven, 2015, p. 172).

Esta é a resposta que Finch dá à Violet quando ela, no aniversário dele, tenta auxiliá-lo ao questioná-lo indiretamente sobre o suicídio. Por meio de suas falas, ela expressa que Finch precisa de ajuda. Esta epígrafe representa um dos pontos cruciais do livro. Vejamos os fatores que levaram Finch a se expressar de tal forma, carregado de emoções contraditórias.

O personagem Theodore Finch, com pouco menos de dezoito anos, desde muito jovem, tem sua vida inundada pelo caos. De início, Finch pode até parecer só mais um jovem da cidade de Indiana, afinal, ele tem gostos divertidos, como tocar guitarra ou extravasar seus sentimentos em corridas rotineiras. Ele apresenta, também, uma percepção crítica e sensível em relação à leitura e à escrita, como se cada poema o tocasse, além de ter um grande interesse em aprender coisas novas. Contudo, sua vida foi construída em meio a situações difíceis de serem enfrentadas.

A sua família é composta, a princípio, por seu pai, mãe e duas irmãs, sendo Finch o filho do meio. Os pais apresentam relações muito conflituosas desde a sua infância, o que contribuiu para que o vínculo familiar se prejudicasse e que houvesse um distanciamento entre os membros da família. Seu pai, um ex-jogador de hóquei, sempre foi muito agressivo e, como relata Finch ao longo da história, os episódios de violência física que sofreu junto de sua mãe marcaram sua infância.

Após muitas idas e vindas, os pais do jovem se separam. Finch e suas irmãs ficam com a mãe, mas o divórcio os deixa em situação de instabilidade financeira. Por sua vez, o pai segue a vida e novamente se casa, tendo um filho, Josh, com a nova esposa. Finch desconfia que essa criança fora gerada antes do divórcio de seus pais. Josh, ainda aos sete anos, apresenta traços físicos muito semelhantes aos de Finch, o que fez com que Finch o concebesse como uma versão melhorada de si. Mesmo morando com a mãe, Finch e suas irmãs são obrigados, tanto pela mãe, quanto judicialmente, a visitarem seu pai e, por consequência, sua nova família, aos domingos.

Na época em que ocorreu o divórcio, sua mãe acabara de tirar licença do seu serviço como corretora de imóveis, mas, por necessitar sustentar a família, conseguiu um segundo emprego, de meio expediente, em uma livraria. A tripla jornada de trabalho a sobrecarregou e, por conseguinte, Finch se lamentava pelo cansaço de sua mãe. Com a ausência da mãe, muitas responsabilidades recaiam sobre sua irmã mais velha, Kate, e uma delas era mediar os problemas que Finch tinha no colégio.

Em uma dessas situações, sua irmã o livra de castigos ao não contar para sua mãe sobre os avisos da diretora do colégio sobre determinadas atitudes de Finch. Com relação a sua irmã mais nova, Decca, de oito anos, observa-se que a mesma odeia situações tristes. Em um dos breves momentos em que a menina é mencionada na obra, esta aparece recortando, de revistas e livros, todas as palavras consideradas por ela como "ruins", como uma forma de livrar-se de tudo que é infeliz. Finch, deparando-se com a cena e, sentindo o incômodo e infelicidade de sua irmã com toda a situação familiar entre divórcio e o pai hostil, a auxilia na atividade de recortes. Ele a entendia e, principalmente, compreendia o anseio de sua irmã por se livrar das coisas tristes, mesmo que por meio de palavras impressas que existiam na casa.

Finch vive em um sobrado colonial, cujo interior da sala é recoberto por fotografias que ilustram, ao longo dos anos, os diferentes estilos do jovem. Em seu quarto, as cores vermelho e preto predominam e, em uma das paredes, encontra-se um amontoado de papéis e notas autoadesivas, contendo frases, pensamentos, ou qualquer outra coisa que Finch julgasse interessante. Segundo ele, essa foi uma maneira que encontrou para se organizar psicológica e emocionalmente.

No colégio, as relações de Finch não são melhores do que as familiares; tinha um longo histórico como vítima de *bullying*, comumente realizado pelos estudantes considerados populares. O jovem era denominado, entre seus pares, como "aberração" e "esquisito". Finch tentava se enquadrar às normas sociais de seus grupos de convívio no colégio, mesmo que essas conflitassem com as opiniões dos adultos. No entanto, dificilmente conseguia manter o resultado de seu esforço e acabava por agir espontaneamente, como sumindo durante dias ou semanas e retornando como se nada houvesse acontecido.

Na escola, apenas dois amigos muito próximos de Finch mostram-se acostumados com seus rompantes. Ademais, os professores do colégio parecem não se incomodar com o *bullying*. Contrariamente, o estigma produzido sobre ele é o fundamento para que os professores o culpabilizem por suas ações, mesmo que essas sejam orientadas para proteger seus amigos. Em certo trecho da narrativa, por exemplo, Finch deixa cair, propositalmente, todos os seus materiais para que uma colega não fosse hostilizada pelos demais estudantes, porém, o professor que assistia à cena, apenas o repreende e o culpabiliza por seu ato. Ainda assim, entre os professores, há uma exceção um tanto controversa: o orientador escolar. Semanalmente, Finch o encontra em sua sala e, ao longo das consultas, consegue perceber a forma com que o professor se preocupa com o rapaz, ainda que esse apresente trejeitos mais ríspidos e diretos na abordagem e no acolhimento que realiza.

As violências psicológicas experienciadas por Finch, tanto em seu âmbito familiar, quanto em seu âmbito escolar, deixaram-lhe certas sequelas. Ele menciona: "Inútil. Burro Essas foram as palavras que cresci ouvindo. São palavras das quais tento fugir, porque, se deixá-las entrar, elas podem ficar e crescer e me preencher até que a única coisa restante dentro de mim seja inútil burro" (Niven, 2015, p. 39). Ao interiorizar o olhar dos outros sobre si, Finch parece vivenciar a contradição de ser "um inútil burro" e o de não querer sê-lo. Por diversas vezes, ele assume diferentes personagens e passa a agir conforme os moldes de cada um deles. Por esses, objetivava ser aceito por seus pares, e assim, encontrar-se no olhar do outro. Contudo, ainda assim, o rejeitam. Conforme Finch:

> Estou numa fase meio Split Enz, por isso o tênis. Estou testando um Theodore Finch anos 80, vendo se ele se encaixa. Procuro um cigarro na mesa, coloco na boca e, enquanto pego o isqueiro, lembro que o Theodore Finch anos 80 não fuma. Cara, como eu odeio esse certinho imbecil (Niven, 2015, p. 25).

Em determinado momento, como mencionado, Finch, diante de seus pensamentos suicidas e em um vislumbre de querer se sentir próximo da morte, sobe à torre do sino da escola, onde encontra Violet. Tratou-se de um momento na vida de ambos, em que a ideação suicida se fizera presente. Logo que percebeu a presença de Violet no parapeito da torre, Finch desconfia que a mesma intencionava cometer suicídio e, suspendendo, ainda que por um momento, suas próprias ideações, volta-se a ela para ajudá-la.

A condição de Violet parece ter tocado Finch de alguma maneira; quiçá identificar-se com a vivência dela. Teve sucesso em sua empreitada para fazê-la desistir do suicídio e ajudá-la a sair do parapeito em segurança. A partir daquele momento, eles ficam cada vez mais próximos, e Violet, de alguma maneira, solicita a sua proteção. Finch não exterioriza à Violet sobre o projeto suicida que tinha e, por isso, reconhecia sua limitação para ajudá-la. Por esse motivo, passou a vivenciar sentimentos ambíguos com relação a Violet: enquanto se preocupava com ela, receava por não conseguir ajudá-la. Finch, por conseguinte, expressava-se à Violet:

> Você merece coisa melhor. Não posso prometer que vou estar por perto, não porque eu não queira. É difícil explicar. Sou problemático. Estou despedaçado, e ninguém pode me consertar. Eu tentei. Ainda estou tentando. Não posso amar ninguém porque não é justo com quem me amar de volta (Niven, 2015, p. 129).

Finch, contudo, sente a necessidade de se manter perto de Violet e tenta várias abordagens para se aproximar dela, como indo à sua casa e se oferecendo insistentemente para ser sua dupla em um trabalho de Geografia, o qual propunha aos alunos uma visitação aos pontos turísticos de Indiana. Essas ações tornaram-se o cenário onde Finch encontrou formas e possibilidades de ajudar Violet a superar seus medos e suas tristezas após a morte da irmã. Não obstante, contraditoriamente, o cuidado que considera necessário à Violet não o considera para si. A empreitada de livrar Violet da ideação suicida passou a ser o sentido para sua vida. No entanto, em sua concepção, seus demais contextos sociais continuavam catastróficos e inalterados.

Ao longo da obra, Finch vivencia várias crises diante de seu desespero por não conseguir mudar seu passado, tampouco sua condição de sobrevivente de violências. Durante uma das crises, ele se depara com a hipótese de que todas as rotulações que recebera pudessem ser reais, ou seja, coloca em questão o seu ser e, diante da possibilidade de ser o que dizem sobre ele, entra em pânico. Nessa situação, surge o medo de que Violet, em dado momento, pudesse apreendê-lo tal como os demais o concebiam.

Sem conseguir perceber alguma saída para aquela situação experienciada, Finch procura se livrar dela ingerindo um frasco inteiro, e de uma só vez, de comprimidos para insônia que pertenciam a sua mãe; porém, logo reflete sobre o quanto seu ato irreflexivo poderia ser definitivo para sua vida. O jovem corre para o hospital em busca de ajuda, sentindo, a cada segundo, o efeito agressivo do medicamento. Somente no limite de sua vida, admitiu a necessidade de auxílio. Os procedimentos médicos realizados a tempo livraram Finch do "encontro com a morte".

Após o ocorrido, Finch busca ajuda em um programa que encontrou na internet e que acontecia em uma cidade próxima a sua, destinado a jovens com ideações suicidas, chamado *Vida é Vida*, o qual decide conhecer. Pouco tempo depois de sua chegada ao local, o rapaz percebe que, dentre os membros do grupo de apoio, é o único não rotulado, considerando que todos ali apresentavam alguma definição em relação aos seus transtornos, enquanto ele era apenas o Finch. Além disso, ainda no grupo, encontra Amanda, uma garota de seu colégio, considerada popular e bem-sucedida, e se surpreende com a presença da mesma. Essa surpresa desvela a Finch o fato de que muitos escondem suas mazelas e, como ele, buscam ser para os outros tal qual deseja ser visto. Alguns conseguem manter a inautenticidade até serem descobertos, outros fracassam mais rapidamente nesse intento, como ocorreu com Finch.

O jovem passa a sentir que, progressivamente, sua ideação suicida está se tornando mais frequente. Ele percebe seus pensamentos cada vez mais bagunçados e desconexos. Finch tenta se organizar a partir de anotações em *post-its* colados na parede de seu quarto, mas isso também parece não ter mais a mesma eficácia que antes.

No aniversário de dezoito anos do jovem, momento em que Finch planejara para celebrar ao lado da namorada, Violet o questiona sobre a sua procura pelo grupo de apoio, e os dois discutem. Violet vai embora e Finch, por fim, acredita que está tudo perdido.

Diante desses acontecimentos, ele desaparece por semanas. Durante esse tempo, procura visitar os lugares turísticos que faltavam para terminar o trabalho de Geografia que realizava com Violet e, em cada lugar visitado, de alguma forma, escrevia pequenas frases que deixaria como mensagens para a garota. Por torpedos curtos e enigmáticos enviados à Violet, Finch contava onde estivera, como "Estou no galho mais alto", referindo-se às "Árvores de Sapatos", um dos pontos turísticos fictícios de Indiana; "Fomos escritos a tinta"; "Acredito em sinais"; "O brilho da Ultravioleta"; "Um lago. Uma prece. É tão adorado ser adorado em particular". Na condição de Finch não saber pedir ajuda diretamente, essas mensagens, singelas e minuciosas, de certa forma refletiam seu desespero diante de sua vida.

Em um dos últimos lugares visitados – uma pequena igreja –, Finch deixou escondida uma música que compôs para Violet. Provavelmente, Finch desconfiava e apostava que Violet concluiria as visitas aos pontos turísticos que restavam e que foram elegidos pela dupla. Outrossim, que encontraria, em cada um deles, as mensagens por ele outrora deixadas. Em algumas mensagens, havia trechos de música que expressavam a importância da sua relação com Violet. Em uma delas ele coloca: "Você me faz te amar. E essa deve ser a maior coisa que meu coração já foi digno de fazer [...]. Você me faz adorável, e é tão adorável ser adorado por aquela que adoro..." (Niven, 2015, p. 208).

Com o término das visitas aos lugares, e do rastro que deixou à Violet por suas mensagens, Finch volta ao lago que um dia fora com a namorada, e age conforme escreveu nos *post-its* embaralhados na parede de seu quarto: "Vá para a água se é ela que lhe agrada" (Niven, 2015, p. 186). Após enviar uma mensagem de despedida para cada pessoa pela qual ele sentia algum afeto, Theodore Finch decide ir ao lago e lá comete suicídio.

No último capítulo, descrito pela perspectiva de Theodore Finch, os pensamentos do jovem parecem confusos e desconexos, porém incrivelmente calmos. Ele cita uma frase que, segundo ele, Cesare Pavese, um escritor e poeta italiano, disse antes de morrer: "Não nos lembramos de dias, nos lembramos de momentos" (Niven, 2015, p. 177). Finch, ao longo de sua vida, sempre desejara um dia perfeito, e chega à conclusão tardia de que esses não existem, pelo menos em sua plenitude. Sua morte fez com que todos os dias fossem plenos de sua ausência, ou, quiçá, da presença de sua imagem nas lembranças das pessoas.

Violet: a vida após o crepúsculo

> Ela coloca a embalagem no chão e abre. Por alguns segundos, tudo o que faz é inspirar o cheiro das flores, então vira para mim e, sem uma palavra me beija. Quando se afasta ela diz: — Acabou o inverno. Finch, você me trouxe a primavera (NIVEN, 2015, p. 150).

Diferente dos capítulos narrados por Finch, onde a autora apresenta de forma mais abrangente o passado do personagem, o mesmo não acontece quando comparamos ao passado de Violet, que se mostra menos explorado pela autora. Pertencente à uma família "normal", Violet se muda da Califórnia para Indiana, nos EUA, com seus pais e sua irmã, Eleanor. Uma família unida, pais preocupados e incentivadores das escolhas acadêmicas das filhas, como quando Violet escolheu cursar Escrita Criativa, em Nova York. Buscavam fazer diferentes atividades envolvendo toda a família, como a caçada a livrarias, conforme descrito por Violet: "Cada um de nós escolhia um livro para encontrar, e a gente não podia ir embora enquanto não tivesse todos eles. Às vezes chegávamos a ir a oito ou dez lojas em um dia" (NIVEN, 2015, p. 75).

Todos os planos e projetos de Violet mudam quando ela perde a sua irmã em um acidente de carro. Após as duas saírem de uma festa, o que era para ser apenas mais um trajeto de carro para as duas irmãs, foi um percurso que levou ao término da vida de Eleanor. Segundo Violet,

> Ela estava chateada, mas não me deixou dirigir. Fui eu que falei pra [sic] ela pegar a ponte da rua A... Lembro da placa escrito "gelo na pista". Lembro de derrapar e da Eleanor dizendo "não consigo parar". Lembro de quando atravessamos a barra de proteção e dos gritos. Depois disso, tudo ficou preto. Acordei três horas depois no hospital (NIVEN, 2015, p. 74).

Violet, no entanto, sobreviveu ao acidente e, além da falta da irmã, passou a carregar o peso da culpa quando começam a lhe atribuir a palavra "sobrevivente". Entre os sentimentos vivenciados pela personagem, vemos o quanto ela se sente responsável pelo acidente e, por conseguinte, considera que deveria se auto punir.

Ao longo da narrativa de Violet, conseguimos acompanhar a amizade e a cumplicidade presentes na relação entre ela e Eleanor, ainda que as duas tivessem personalidades e opiniões muito diferentes. Ao se mudarem para Indiana, tiveram a iniciativa de criar uma revista *on-line*, com o intuito de compartilhar escritos que abordassem a vida em geral. Uma atividade muito estimada por Violet, que sonhava cursar Escrita Criativa na Universidade de Nova York (NYU). No entanto, negou-lhe continuar com esse sonho após o acidente, tal qual a atualização da revista *on-line*. Para Violet, "Afinal, qual seria o objetivo? Era um site sobre irmãs. Além do mais, naquele instante em que atravessamos a barra de proteção, minhas palavras também morreram" (Niven, 2015, p. 16).

Dia a dia, Violet buscava se sentir próxima de sua irmã, como ao começar a utilizar os antigos óculos de Eleanor, como mencionado.

> Estou com dor de cabeça. Provavelmente por causa dos óculos. A miopia de Eleanor era mais alta que a minha [...]. Talvez, se usá-los o bastante, eu consiga ser como ela. Consiga ver o que ela via. Talvez eu seja nós duas ao mesmo tempo, e ninguém vai sentir falta dela, nem mesmo eu (Niven, 2015, p. 18).

Herda a antiga bicicleta de Eleanor, apelidada de Leroy, que passa a ser seu principal meio de transporte após o acidente. Além de todos os sentimentos que vivencia diante desta perda, começa a ter pesadelos todas as noites.

> [...] alguém se aproxima de mim por trás e tenta me estrangular. Sinto as mãos na minha garganta, apertando cada vez mais forte, mas não consigo ver quem é. Às vezes nem chega a me tocar, mas sei que está lá. Outras vezes, sinto minha respiração se esvaindo. Minha cabeça fica leve, meu corpo flutua e começo a cair (Niven, 2015, p. 66).

Na escola, assim como em casa, Violet evita realizar quaisquer atividades, alegando sempre "não estar pronta". Seus pais e professores, com o tempo, acreditam que tal justificativa tratava-se apenas de uma desculpa, por conseguinte, não a aceitam mais. A não validação da justificativa de Violet por eles foi uma das razões que contribuiu para que ela e Finch formassem uma dupla para o trabalho de Geografia. Violet preferia ficar em casa, no seu quarto, cercada por bons livros, do que sair ou realizar outras atividades, como a mesma relata:

> Amo meu quarto. O mundo é melhor aqui do que lá fora, porque aqui eu sou o que eu quiser. Sou uma autora brilhante [...]. Sou uma futura aluna de escrita criativa na NYU. Sou a criadora de uma revista... uma revista nova. Sou destemida. Sou livre. Estou segura (Niven, 2015, p. 34).

Como aluna, Violet era vista como uma garota popular. Amiga de outras garotas populares (como a Amanda); líder de torcida; namorada de Ryan, que era visto pelos demais alunos da escola como um "bom partido". No entanto, assim como os outros contextos de sua vida, o ambiente escolar e seus amigos também são deixados de lado, pois, segundo ela, "nada disso importa. O colégio, a equipe de torcida, os namorados, os amigos, as festas, os cursos de escrita criativa [...]. Tudo isso é só pra [sic] passar o tempo até a gente morrer" (Niven, 2015, p. 38).

Violet era bem vista e admirada por todos ao seu redor e, mesmo após ter subido no parapeito da torre do sino da escola, ninguém a julgou como "estranha" ou "suicida" como fizeram com Finch. À Violet atribuíram o papel de heroína, um adjetivo que a levou considerar que "uma das vantagens de parecer inocente é que a gente pode fazer qualquer coisa. As pessoas nunca desconfiam" (Niven, 2015, p. 31).

Ao longo da história, percebe-se que a visão distorcida dos demais – as que viam Violet como inocente –, segundo as palavras da jovem, a afetou em muitos momentos e a fez pensar e a enxergar suas vivências de uma forma diferente.

> Não sou perfeita. Tenho segredos. Sou uma bagunça... Ninguém gosta de bagunça. As pessoas gostam da Violet que sorri. Me pergunto o que Ryan faria se soubesse que foi Finch que me salvou, não ao contrário. Me pergunto o que qualquer um deles faria (Niven, 2015, p. 32).

O relacionamento entre Violet e Finch desenvolve-se gradativamente ao longo de toda a trama. O primeiro contato mais próximo entre os dois, que aconteceu na torre do sino, desencadeou o interesse de Finch em estar perto de Violet. Contudo, por certo tempo, ela se manteve relutante a respeito dessa amizade. Juntos, eles realizaram parte do trabalho de Geografia, o que lhes proporcionou maior aproximação. Por conseguinte, a amizade entre os dois cresceu, e o simples desejo de estarem juntos passou a ser suficiente para que tramassem suas aventuras por Indiana, aproveitando o objetivo do trabalho. Essa aproximação possibilitou que Violet mudasse sua percepção sobre Finch. Tendo a oportunidade de conhecê-lo mais de perto, o preconceito, portanto, cedeu lugar à confiança.

Por esse vínculo, Violet experiencia muitas transformações. Ela volta a andar de carro e a dirigir; retoma a escrita, inicialmente com os relatos para o trabalho de Geografia e, depois, de forma mais livre e criativa, cria uma nova revista *on-line*. Ela devolve os óculos de Eleanor ao quarto da irmã, e, mesmo não proposital, experiencia algumas atitudes vistas por seus pais como inconsequentes, como matar aula ou passar a noite fora com Finch, sem avisá-los. Para Violet, "Acabou o inverno. Finch, você me trouxe a primavera" (Niven, 2015, p. 150).

Devido ao incidente de passar a noite fora com Finch, e por descobrirem o comportamento "estranho" do jovem e a razão pela qual ele subira na torre do sino, os pais de Violet deixam de confiar nele. Certos de que deveriam proibir a filha de encontrá-lo, considerando ser o melhor para ela, seus pais auxiliam na produção de mentiras pelo casal, considerando que Violet e Finch comecem a se encontrar às escondidas.

Mediante relatos de sua amiga Amanda, Violet descobre que Finch compareceu ao encontro de um grupo para pessoas que tentaram suicídio. No dia do aniversário de Finch, Violet o questiona sobre sua descoberta, o que desencadeou uma discussão entre o casal, como mencionado. Após, Violet retorna para sua casa e decide contar aos seus pais sobre os encontros entre os dois; sobre o que havia acontecido de fato na torre do sino e, também, sobre o quanto está preocupada e quer ajudar Finch. Ainda que chateados, seus pais a acolhem cuidadosamente.

Nos dias que seguem, Finch deixa de dar notícias, não responde a mensagens, não atende o celular e nem mesmo se encontra em sua casa.

Retoma o contato com Violet, portanto, pelas mensagens enigmáticas mencionadas, mas não compartilha detalhes, tampouco sua localização.

Não obstante, Violet tenta seguir sua rotina sem a presença de Finch. Por não receber mais notícias dele, entende sua ausência como fim da relação e passa a vivenciar esse término: aceita um jantar com o ex-namorado Ryan, mesmo que sem grande empolgação; passa um tempo com Amanda e com algumas outras amizades que construiu quando se aproximou de Finch. No entanto, se por um lado a ausência da companhia de Finch a deixa triste, por outro, em sua casa, mesmo ausente, Eleonor volta a se faz presente nas conversas retomadas sobre ela. Além disso, Violet se empenha na produção de sua nova revista *A Semente.*

Após alguns dias sem notícias e o início das mensagens enviadas por Finch a ela, Violet descobre que ele também enviara *e-mails* para pessoas próximas. Contudo, ela percebe no teor das mensagens um tom de despedida. Finch enviou uma mensagem à Violet com uma citação de um livro que gostavam, *As ondas*, de Virginia Woolf:

> As palavras são de As ondas: "Se este céu azul pudesse permanecer para sempre; se esta abertura pudesse durar para sempre; se este momento pudesse ficar para sempre... [...] Sinto-me reluzir na treva. [...] Estou vestida, estou preparada. Esta é pausa de um momento; o momento sombrio. Os violinistas erguem seus arcos. [...] Este é o meu chamado. Este é o meu mundo. Tudo está pronto e decidido [...] Tenho raízes, mas sou fluida... 'Venha', digo, 'venha'" (Niven, 2015, 183).

Além das mensagens, Violet vai à casa de Finch e encontra em seu quarto pistas sobre o seu paradeiro. Essas pistas levam Violet ao lago onde eles foram juntos. Ao chegar a esse local, Violet pressente que Finch cometera suicídio. Mesmo sabendo ser em vão, ela mergulha no lago na esperança de poder salvá-lo.

Após a morte de Finch, Violet lida com a situação ora buscando superar o ocorrido, ora se culpando por acreditar que se fosse suficiente para Finch, ele não teria escolhido pelo suicídio. Violet, então, decide visitar os lugares que faltavam ser visitados para a conclusão do trabalho de Geografia, e descobre as mensagens que Finch deixou para ela antes de sua morte. As visitas e mensagens levaram Violet a considerar que "o que importa não é o que a gente leva, mas o que a gente deixa" (Niven, 2015, p. 208). Compreende que Theodore Finch lhe deixou incontáveis lembranças; por conseguinte, acolhe seu processo de perdas sentindo-se pronta para seguir desenraizada, ou seja, pronta para aproveitar as oportunidades que lhe surgissem.

> Boio sob o céu aberto e o sol e todo aquele azul que me faz lembrar de Theodore Finch, assim como tudo me faz lembrar dele, e penso no meu próprio epitáfio, ainda a ser escrito, e em todos os lugares por onde andarei. Não mais enraizada, mas dourada, fluida. Sinto mil capacidades brotarem em mim (Niven, 2015, p. 209).

Podemos perceber que Violet experienciou o fenômeno do suicídio por dois meios: em um primeiro momento, com sua idealização sobre o mesmo, e em um segundo momento, na vivência de luto por aquele que o consumou.

Noções de vida e morte para Sêneca e Camus

Com intuito de abordar a temática da morte e do suicídio e como estas se desdobram na existência humana, fizemos uso de produções científicas que serviram como base de apoio para a realização da análise que seguirá mais adiante.

Acreditamos ser importante abordar o paradoxo vida/morte e sobre o suicídio, iniciando com as contribuições de Sêneca (2006) em seu escrito *Sobre a brevidade da vida*. Logo de início, seus leitores recebem uma "chacoalhada" quando o autor retrata que a vida recebida por cada um de nós não é breve ou longa demais. Sêneca afirma que a vida é apenas administrada por cada um, cada qual a sua maneira, tal como um senhor administra seus recursos. Visto assim, nós, senhores de nossas vidas, somos os responsáveis por administrá-la e, segundo os cuidados que a ela empregamos, podemos fazê-la breve ou suficientemente longa.

Há quem leve a vida em escassez, há quem escolha esbanjar, conforme as condições em que produzem suas existências. Há quem insulte a natureza por esta não suportar tudo o que lhe é cobrado, há quem a cuide com dedicação exagerada. Paixões, vícios, leviandades, avarezas, exageros, pobreza, fortuna e tantos outros, compõem a vida de cada um que, em relação uns com os outros, consomem-se. Mediante as relações estabelecidas em nosso dia a dia, muitas vezes deixamos de viver por ou para nós e passamos a viver em função da vida de outrem. Fazemos da vida alheia o nosso projeto. Vejamos como Sêneca (2006) escreve ao considerar interrogar uma pessoa mais velha:

> Vemos que chegaste ao fim da vida, contas já cem ou mais anos. Vamos! Faz o cômputo de tua existência. Calcula quanto deste tempo credor, amante, superior ou cliente, te subtraiu e quanto ainda as querelas conjugais, as reprimendas aos escravos, as atarefadas perambulações pela cidade; acrescenta as doenças que nós próprios nos causamos e também todo o tempo perdido: verás que tens menos anos de vida do que contas. Faz um esforço de memória: quando tiveste uma resolução seguida? Quão poucas vezes um dia qualquer decorreu como planejaras! Quando empregaste teu tempo contigo mesmo? Quando mantiveste a aparência imperturbável, o ânimo intrépido? Quantas obras fizeste para ti próprio? Quantos não terão esbanjado tua vida, sem que percebesses o que estavas perdendo; o quanto de tua vida não subtraíram sofrimentos desnecessários, tolos contentamentos, ávidas paixões, inúteis conversações, e quão pouco não te restou do que era teu! Compreendes que morres prematuramente (p. 5).

E segue demonstrando a forma com que, enquanto mortais, aterrorizamo-nos por conta de nossa finitude, mas agimos como se fossemos imortais, planejando, com negligência, experienciar nosso ócio aos sessenta anos ou mais – uma "esperança de ócio" (SÊNECA, 2006, p. 6). Assim, os homens por vezes se ocupam com seus trabalhos, tarefas, responsabilidades, riquezas, negócios, prazeres e tanto mais. Por conseguinte, não se aprofundam em algo e, ainda, esquecem-se de viver em meio a tantos obstáculos.

Cada qual a sua maneira, de acordo com Sêneca (2006), anseia por um futuro ou, no mínimo, por um momento de ócio enquanto queixam-se tediosos de suas atividades – até mesmo aqueles que por essas atividades muito ambicionaram. Aos moldes de Sêneca, não se pode definir como um ancião viveu sua história, porque ele pode não ter **vivido** por muito tempo, mas apenas **ter sido** por muito tempo. Assim, cada pessoa ocupa seu tempo à sua maneira, segundo as suas particularidades. À vista disso, o que o autor nos traz é que muitas pessoas não estão, de fato, percebendo e valorizando aquilo que há de tão importante nessa equação: o próprio tempo.

Algumas pessoas tendem a valorizar mais o que fazem para **acumular** do que por **experienciar**. No entanto, diante da possibilidade de morte, imploram por mais tempo – o tempo que, muitas vezes, foi vivido alienadamente. Com isso, pensemos o quão é difícil para elas viverem quando não sabem quando irão morrer.

> Uma vez principiada, a vida segue seu curso e não reverterá nem o interromperá, não se elevará, não te avisará de sua velocidade. Transcorrerá silenciosamente, não se prolongará por ordem de um rei, nem pelo apoio do povo. Correrá tal como foi impulsionada no primeiro dia, nunca desviará seu curso, nem o retardará. Que sucederá? Tu estás ocupado, e a vida se apressa; por sua vez virá a morte, à qual deverás te entregar, queiras ou não (Sêneca, 2006, p. 10).

Sêneca (2006) questiona a preocupação excessiva sobre um futuro distante que faz com que percamos a experiência presente. Ele coloca que "o que vivemos é breve; o que havemos de viver, duvidoso; o que já vivemos, certo" (p. 11).

Conforme Sêneca (2006), nosso tempo presente se apresenta fluido e em constante movimento. Ele é brevíssimo. Em um instante deixa de ser e no seguinte, passa a ser. Não se detém. E neste breve presente, estamos tão ocupados com o que fazer que, muitas vezes, nem nos damos conta de como o momento nos escapou. Aqueles que, segundo Sêneca, chegam a seus anos mais avançados arrependidos por terem deixado de desfrutar das consequências de seus esforços, de viver: "Deve-se aprender a viver por toda a vida, e, por mais que tu talvez te espantes, a vida toda é um aprender a morrer" (p. 8).

Voltando para a temática do suicídio, e considerando as afinidades entre os pensamentos de Sêneca com as considerações sobre o

absurdo de Albert Camus (2020), recorremos à obra *O mito de Sísifo*. Por ela, deparamo-nos com algumas das temáticas mais tratadas por este autor em seus estudos: como a ambiguidade da existência humana, o absurdo, a revolta, as incertezas da existência e o fenômeno do suicídio. Seguindo suas reflexões, traçamos o caminho por onde o autor ilustrou o encontro entre a consciência do absurdo e a escolha de tirar a própria vida.

Vejamos, concisamente, a história de Sísifo, personagem da mitologia grega:

> Os deuses condenaram Sísifo a empurrar incessantemente uma rocha até o alto de uma montanha, de onde tornava a cair por seu próprio peso. Pensaram, com certa razão, que não há castigo mais terrível que o trabalho inútil e sem esperança (Camus, 2020, p. 137).

Logo de início, Camus apresenta a sua reflexão de que muitas pessoas escolhem tirar a própria vida por considerarem que tal vida não vale a pena ser vivida. Esta seria uma razão atrelada à falta de sentido da vida, sobre a qual o autor aponta como premente de ser respondida. Para Camus (2020), "Só existe um problema realmente sério: o suicídio. Julgar se a vida vale ou não vale a pena ser vivida é responder à pergunta fundamental da filosofia" (p. 17). Ainda assim, é importante ressaltarmos que negar um sentido à vida não é causa obrigatória para crer que a mesma não valha a pena ser vivida.

Este autor busca encarar o suicídio enquanto um pensamento individual atrelado às particularidades de cada ser e não como um fenômeno social, e que deve ser acompanhado para que se possa compreender o movimento que parte de um estado de lucidez à evasão pela morte autoinfligida.

Quanto às causas que levam uma pessoa ao suicídio, aponta Camus (2020), são inúmeras e difíceis de serem totalmente desveladas. Uma pessoa que possa ser conhecida por apresentar comportamentos que afrontam a normalidade ou por ter sido diagnosticada com algum tipo de patologia, pode ter experienciado, em um minuto de seu dia, um evento negativo, que disparou em si o acúmulo de fatores que já carregava há tempos.

Escolher pelo suicídio é não aceitar o absurdo; não aceitar a vida paradoxal e que, muitas vezes, apresenta-se sem sentido; é não assumir a liberdade diante da facticidade, considerando que, se não existe um sentido *a priori* para a vida, que a criemos. Assim, Camus (2020) coloca o suicídio como possível solução diante do que ele considera ser o absurdo da existência.

Para que possamos falar sobre o absurdo ou sobre a existência, sobre o sentido ou a falta de sentido, pensemos inicialmente na condição primitiva de vida. O indivíduo, enquanto corpo, antes mesmo de desenvolver as faculdades do pensamento, procurou recuar diante do aniquilamento, cultivando, assim, o hábito de buscar meios para se manter vivo, mas que, paradoxalmente, a cada descoberta, a cada segundo vivido, o aproxima, cada vez mais, da morte. À vista deste paradoxo, Camus (2020) questiona se é a vida em si que não tem sentido.

O absurdo, portanto, é para Camus (2020), o sentimento que nasce da relação entre a pessoa e o universo, quando, em constante busca de sentido e clareza de suas ações, ela se depara com resistências ao seu querer. Diante de tais obstáculos, vivenciamo-nos como estrangeiros diante de nossa própria vida, considerando que a produzir não depende somente de nossos desejos. Ademais, a consciência do absurdo de viver o cotidiano e de saber que a morte é uma facticidade surge, segundo Camus, quando questionamos os motivos que nos levam a vivê-la.

> Cenários desabarem é coisa que acontece. Acordar, bonde, quatro horas no escritório ou na fábrica, almoço, bonde, quatro horas de trabalho, jantar, sono e segunda, terça, quarta, quinta, sexta e sábado no mesmo ritmo, um percurso que transcorre sem problemas a maior parte do tempo. Um belo dia, surge o "por quê" e tudo começa a entrar numa lassidão tingida de assombro (Camus, 2020, p. 27).

Destarte, para Camus (2020), a saída para tal questionamento é o restabelecimento da vida, junto à aceitação da existência do absurdo do qual defrontamos ou o suicídio.

O absurdo, portanto, não surge diante do exame de um único fato, mas da comparação entre a experiência e um estado do mundo que cria um hiato entre ambos, ou seja, entre o projetar desejosamente uma vida e a facticidade que nos coloca mais próximos do fim. Assim, o absurdo nasce sempre diante da confrontação entre o sujeito e o mundo, mas ele não está presente nem no sujeito, nem no mundo, mas na relação entre eles. Sendo assim, é preciso que haja a abertura para ser sujeito de sua vida, para que nasça o absurdo. O absurdo, igualmente, se finda com a morte (Camus, 2020).

> Existe um fato evidente que parece absolutamente moral: um homem é sempre vítima de suas verdades. Uma vez que as reconhece, não é capaz de se desfazer delas. Precisa pagar um preço. Um homem consciente do absurdo está ligado a ele para sempre. Um homem sem esperança e consciente de sê-lo não pertence mais ao futuro. Isto é normal. Mas também é normal que se esforce para escapar do universo que criou (Camus, 2020, p. 46).

Para que o absurdo viva, é preciso que ele seja contemplado e, diante de sua própria escuridão, o sujeito se revolte. Camus (2020) entende essa revolta como "a certeza de um destino esmagador, sem a resignação que deveria acompanhá-la" (p. 68) e, precipitando-se nesse futuro.

> À sua maneira o suicídio resolve o absurdo. Ele o arrasta para a própria morte. Mas eu sei que, para manter-se, o absurdo não pode ser resolvido. Recusa o suicídio na medida em que é ao mesmo tempo consciência e recusa da morte (Camus, 2020, p. 68).

Ao se colocar frente ao absurdo e vislumbrar a finitude da vida, o indivíduo pode decidir por aceitá-la e realizá-la dentro de suas possibilidades. Assim, a crença no absurdo, para Camus (2020), pode significar a alguém, viver mais do que viver melhor, ou seja, substituir a qualidade do que se vive pela quantidade de experiências vividas e a se viver, estando diante do mundo sempre que possível. Desta forma, cabe às pessoas terem consciência de que dependem de cada uma delas acumular o máximo de experiências possíveis.

> O homem cotidiano não gosta de demorar. Pelo contrário, tudo o apressa. Ao mesmo tempo, porém, nada lhe interessa além de si mesmo, principalmente aquilo que poderia ser. Daí seu gosto pelo teatro, pelo espetáculo, onde lhe são propostos tantos

> destinos que lhe oferecem a poesia sem lhe impor sua amargura. Nisto, ao menos, reconhecemos o homem inconsciente, e ele continua apressado atrás de uma esperança qualquer. O homem absurdo começa onde este termina, no ponto em que, deixando de apressar o jogo, o espírito quer entrar nele. Penetrar em todas essas vidas, experimentá-las em sua diversidade é propriamente representá-las (Camus, 2020, p. 93).

Retornando ao personagem mitológico, Sísifo, Camus (2020) reflete e compara o incessante trabalho deste mito com nossa jornada enquanto seres no mundo. Sísifo, que recebeu como castigo o inútil trabalho de subir uma rocha até o cume de uma montanha por toda a sua vida, provavelmente o tenha feito com desesperança e infelicidade. Em determinado momento, ao contemplar a queda daquela rocha ou durante a descida, a consciência de Sísifo ilumina sua condição absurda. Como Sísifo escolherá se portar diante da contemplação de tal absurdo? Imaginemos, então, que ele perceba e entenda que seu destino lhe pertence, que é dono de sua vida, que cria seu destino.

> As pessoas sempre reencontram seu fardo. Mas Sísifo ensina a fidelidade superior que nega os deuses e ergue as rochas. Também ele acha que está tudo bem. Esse universo, doravante sem dono, não lhe parece estéril nem fútil. Cada grãos de pedra, cada fragmento mineral dessa montanha cheia de noite forma por si só o mundo. A própria luta para chegar ao cume basta para encher o coração de um homem. É preciso imaginar Sísifo feliz (Camus, 2020, p. 141).

Para Camus (2020), escolher pelo suicídio é escolher cessar uma luta que é infindável em vida, uma luta em busca de uma solução para o absurdo. É reconhecer a falta de motivação para viver e assumir, de modo negativo, a ausência de significado para a existência humana e se dar por vencido. Uma alternativa a isso, segundo Camus, seria, então, encarar o mundo e todas as suas possibilidades, ou seja, recomeçar ainda que consciente do absurdo; encarar nossa liberdade e agir de forma ativa e autêntica na construção ou reconstrução de nosso futuro, do nosso significado; é esgotar o campo dos possíveis. Não escolher pelo suicídio, seria aceitar o absurdo inevitável e vivê-lo com vivacidade.

Sartre e a absurdidade do suicídio

Enquanto Camus compreende que o absurdo da vida é ela ser finita e não ter um sentido *a priori*, por conseguinte, é diante da aceitação desse absurdo que podemos dar a ela um sentido; bem como o suicídio desvelar a não aceitação desse absurdo, Sartre, como mencionado por Santos (2012), relaciona a falta de sentido da vida à uma condição de sofrimento. Essa condição configura-se pela circunstância de que, desde o início de nossas existências, deparamo-nos com o que Sartre (2007) chama de gratuidade da vida, o que evidencia a total falta de sentido ou propósito pelo qual estamos no mundo. Dessa forma, Santos acentua:

> O homem não encontra nenhum apoio nem fundamento pre-estabelecido (sic), cujo aqui poderíamos chamar de natureza humana, onde possa encontrar refúgio ou orientação, sendo assim, o homem encontra sua real condição, humana e sofredora, isto é, posto numa situação de tensão onde se vê incitado a construir e inventar sua própria vida (Santos, 2012, p. 2-3).

Ao abordar as questões sobre o método, na *Crítica da Razão Dialética,* Sartre (2002a) logo refuta pensamentos marxistas que enquadram a pessoa enquanto produto passivo, condicionado e determinado pelas condições do meio, porque, para esse autor, as pessoas constroem sua história com influências das condições anteriores, mas ainda assim, as histórias são construídas por elas e não determinadas somente por essas condições, sendo que elas podem conservá-las ou superá-las, ainda que com base nas condições dadas.

Neste sentido, é possível que as influências ou condições sociomateriais modifiquem os resultados das ações humanas, mas não modificam sua realidade profunda. Para Sartre (2002a), "o homem caracteriza-se, antes de tudo, pela superação de uma situação, por aquilo que consegue fazer do que foi feito dele, embora nunca se reconheça em sua objetivação" (p. 77). Tal superação pode ser entendida a partir da necessidade da pessoa e, condicionada por sua necessidade, é que constrói o seu projeto de vida. Por este, recusa a realidade que lhe é dada em nome da realidade a ser produzida, ou seja, busca superar a situação dada.

Somos considerados por Sartre (2007) como indivíduos dotados de consciência do mundo e de nós enquanto sujeitos. Somos liberdade situada, pois escolhemos dentro de nossos possíveis. Desta forma, a todo o instante, selecionamos ações que norteiam nossa existência. Contudo, é válido destacar, conforme Sartre, que existe a facticidade que limita nossas possibilidades de escolha, o que implica que ser livre significa determinar o que se deseja e não obter o projeto desejado.

Cada projeto, portanto, significa a constituição em curso e fora de si, do Ser que cada pessoa cria a partir de suas escolhas. Constituição, essa, que ocorre por um movimento dialético, em que a pessoa e o mundo são edificados conjuntamente. Por isso, Sartre (2007) denomina de projeto de ser, o projeto fundamental da pessoa, e deste, originam-se os projetos secundários.

Sartre (2002a), ainda, expõe o método de muitos marxistas como progressivo, à medida que se faz pelo resultado de diversas análises, e menciona que "a progressão sintética é perigosa: os marxistas preguiçosos servem-se dela para constituir o real a priori, os políticos para provarem que o que se passou devia passar-se desse modo, não podem descobrir nada por esse método de pura exposição" (p. 103). Quanto ao seu próprio método, expõe-lo como heurístico, já que este encontra formas de ensinar o novo por ser regressivo, além de progressivo.

O método progressivo-regressivo preocupa-se em compreender o lugar da pessoa em seu meio. Conta com a história para compreender as estruturas da sociedade atual e suas determinações, conseguindo, por meio dela, certo conhecimento, ainda que fragmentado, sobre seu objeto de investigação. Assim, ainda que a história não abarque a totalidade da configuração real de determinado fenômeno, fornece boas bases de compreensão ao apresentar o processo histórico de construção de tal fenômeno. Não será possível alcançar o novo, antes de se encontrar, o mais longe possível, com a singularidade histórica do objeto investigado.

> Definiremos o método de abordagem existencialista como um método regressivo-progressivo e analítico-sintético; é, ao mesmo tempo, um vaivém enriquecedor entre o objeto (que contém toda a época como significações hierarquizadas) e a época (que contém o objeto em sua totalização); com

> efeito, quando o objeto é reencontrado em sua profundidade e singularidade, em vez de permanecer exterior à totalização (como era até então, o que os marxistas consideravam como sua integração na História), entra imediatamente em contradição com ela; em poucas palavras, a simples justaposição inerte da época e do objeto dá lugar bruscamente a um conflito vivo (Sartre, 2002a, p. 112).

No decorrer dos estudos voltados para as questões do método, sabe-se, conforme apresentado por Freitas (2018), que Sartre buscou refletir de forma dialética sobre a relação existente entre subjetividade e objetividade. Subjetividade, esta, que havia sido retirada do foco de muitos marxistas. Nas reflexões do autor, conseguimos entender que é por meio da práxis (ou seja, da transformação da realidade) que as pessoas encontram meios para atuar frente às condições (construídas por outros indivíduos) que lhes foram colocadas historicamente, de modo que possa manter algumas das formas como as conheceu e transformar tantas outras. Ainda, segundo o autor, as transformações feitas pela práxis conservam determinações sociais, visto que aquilo que a pessoa faz, faz a partir daquilo que os outros fizeram dele.

Vale lembrar que pensar as possibilidades para o futuro não significa, necessariamente, satisfazer demandas que foram produzidas no passado. Mesmo inseridos em contextos historicamente construídos e sustentados, o conhecimento possível de ser adquirido frente a tais meios, pode contribuir para que as pessoas atuem de forma a mudar o contexto e o sentido da situação presente. O que fazer diante disso é de responsabilidade de cada uma. Desta maneira, torna-se errôneo buscar justificar a construção histórica pela causalidade, considerando que cada pessoa se portará segundo suas perspectivas de futuro, além de depositar traços de sua subjetividade, que se constrói frente a sua relação com o mundo exterior objetivo (Freitas, 2018).

Por meio de suas práxis, as pessoas apreendem seu meio objetivo, assim como externalizam sua subjetividade, mantendo, então, a relação entre o singular e o universal. Ainda que os movimentos dessas possam ser analisados de forma sintética, a compreensão dos fatores que unem tais movimentos, leva-nos a compreender qual o projeto de ser que ela produz para si e como o universal influencia em seu plano individual e vice-versa. Percebe-se, então, que apesar de identificarmos duas facetas distintas (uma singular e outra universal), elas são interdependentes, correlacionando-se dialeticamente (Freitas, 2018).

Inseridas no mundo, as pessoas constroem uma relação dialética com esse. Elas buscam alcançar sua totalidade por meio do contato com a objetividade ao perseguirem seu projeto de ser. Ao buscarmos compreender a experiência singular de uma pessoa, é preciso partirmos dos conhecimentos por ela manifestado, considerando que, partindo de suas experiências, podemos entender a maneira como as significa. Por conseguinte, percebemos que não contamos com apenas uma ideologia (Freitas, 2018).

Ao questionarmos as escolhas do indivíduo, perceberemos como o mesmo apreende a realidade e a supera rumo ao futuro almejado; como enfrenta seus limites e explora as condições dadas. Tal movimento enriquece a construção da singularidade do sujeito. E quanto ao movimento de escolha, Sartre aponta que a escolha feita por um indivíduo se torna, também, escolha para toda a humanidade (Freitas, 2018).

Para Sartre (2002a), nenhum projeto pode ser realizado de forma desconexa, ele sempre pertencerá a um sujeito ou a um grupo, inserido em determinado contexto. Assim, a depender da facticidade e dos obstáculos que essa estabelece, nossos projetos podem ser corrompidos ou transformados.

Muitas vezes, ao se deparar em determinado contexto com a necessidade de agir, a pessoa passa a vivenciar o que Sartre (2007) chamou de angústia, que seria o principal sinal da liberdade que fundamenta o sujeito antes de qualquer escolha. Tal angústia surge e aponta o quão livre é uma pessoa perante sua existência mediante as escolhas. No entanto, nos deparamos com outro fator: a responsabilidade. Esta, por sua vez, pode se manifestar de imediato ou a longo prazo, mas é por ela que as pessoas se autenticarão como autoras de suas escolhas. As consequências de nossas escolhas, por seu turno, afirmam a nossa responsabilidade pela humanidade. À medida em que agimos, elencamos uma concepção de ser humano que faz ver o que, em sua perspectiva, pode ser realizado ou não.

A condição de liberdade de escolha evidencia a gratuidade de nossa existência, tendo em conta não haver um destino. Dessa forma, somos jogados ao mundo e temos como incerto quem seremos vistos, e que apesar das facticidades que limitam nossas escolhas, o futuro, ainda assim, permanece imprevisível.

Como não vivemos sozinhos, mas em sociedade, temos a todo o momento que lidar com o olhar do outro. O outro, como apontado pelo existencialismo, carrega a possibilidade de exteriorizar suas opiniões a nosso respeito, e assim nos reifica; no entanto, cabe-nos escolher o que levaremos, ou não, em consideração, acerca da concepção que nos é apresentada.

Sartre (2002b), em algumas de suas narrativas, como a de Saint Genet, mostra-nos as consequências danosas de quando se apreende o olhar do outro e este viola a humanidade da pessoa. Dessa forma, a pessoa apresenta uma vida alienada, como se fosse um "estrangeiro" diante de sua vida. No entanto, produzimo-nos como sujeitos com base na alienação, considerando que negamos nossa liberdade em busca de uma plenitude de ser. Diante disto, seria impossível viver sem sofrer em algum momento; como colocado por Santos (2012), "[...] necessariamente um sofrer enquanto nadificação e esforço do homem para constituir-se" (p. 2), ou seja, ao nos depararmos com o não-ser, o sofrimento no percurso em busca do ser, na dialética com o campo sociomaterial, é praticamente inevitável.

À vista disso, somente concluímos nossa constituição por completo com a morte, momento em que deixamos de ser em curso e nos tornamos um nada. Vejamos como Sartre (2007) descreve a morte enquanto parte de uma série de processos da nossa existência:

> [...] a morte é um termo da série considerada, e, como se sabe, cada termo de uma série está sempre presente a todos os termos da mesma. Mas a morte assim recuperada não permanece simplesmente humana, mas torna-se minha; ao interiorizar-se, ela se individualiza; já não é mais o grande incognoscível que limita o humano, mas o fenômeno de minha vida pessoal que faz desta vida uma vida única, ou seja, uma vida que não recomeça, uma vida na qual não podemos ter uma segunda chance (p. 652-653, grifos do autor).

Sartre (2007) considera a morte como o fim da vida, e pode ser entendida enquanto um fenômeno, pois somente conseguimos experienciá-la a partir da morte do outro, ao longo de nossas vidas. Para esse autor, a morte é um possível que pode nadificar todas as nossas escolhas ou projetos em andamento; ela está intrínseca à existência em uma condição sempre possível; ainda, encontramos na morte o caráter de absurdo, que compreende a falta de sentido da existência. "É absurdo que tenhamos nascido, é absurdo morrermos" por outro lado, esta absurdidade se apresenta como alienação permanente de meu ser-possibilidade, que não é mais minha possibilidade, mas a do outro" (Sartre, 2007, p. 670). Por não poder ser prevista, salvo exceções como a condenação a uma execução ou o desfecho de uma doença cruel, por exemplo, a morte não pode ser esperada.

Levando em conta as discussões sobre a morte, o que se pensar sobre o suicídio? Para Sartre (2007), esse fenômeno carrega consigo a absurdidade. Ele é o absurdo dos absurdos, pois, para que ocorra, antecedeu-se a ele uma estrutura sociopolítica capaz de tirar parte da práxis individual do sujeito. Sartre relaciona o suicídio à opressão das condições sociomateriais nas quais a pessoa vive, e de suas possibilidades diante dessas. A depender dessa relação dialética, a pessoa pode se encaminhar a um estado alienado às condições perversas que, a seu ver, só lhe traz sofrimentos. No entanto, para Sartre, não seria pelo suicídio que o vazio de sentido da existência seria preenchido.

> Seria inútil recorrer ao suicídio para escapar a esta necessidade. O suicídio não pode ser considerado um fim de vida do qual eu seria o próprio fundamento. Sendo ato de minha vida, com efeito, requer uma significação que só o porvir pode lhe dar; mas, como é o último ato de minha vida, recusa a si mesmo este porvir; assim, mantém-se totalmente indeterminado. De fato, caso eu escape da morte, ou se "falho", não irei mais tarde julgar meu suicídio como uma covardia? O fato não poderá me demonstrar que outras soluções seriam possíveis? Mas, uma vez que essas soluções só podem ser meus próprios projetos, não podem aparecer a menos que eu continue vivendo. O suicídio é uma absurdidade que faz minha vida soçobrar no absurdo (Sartre, 2007, p. 661-662).

A partir do momento em que a pessoa se percebe em uma condição em que seu contexto inviabiliza seus projetos, a própria relação entre ela e o futuro é alterada. O contexto em que está inserida pode sofrer mudanças de modo a não prejudicar o andamento de seus projetos ou, por outro lado, pode inviabilizar seus planos futuros, a colocando em uma condição de necessidade de escolhas por novos projetos.

Levando em conta o contexto e a inviabilização perante seu projeto, a pessoa precisará escolher-se em meio à situação que a cerca. Para Schneider (2011), será necessário praticar mudanças na relação com seu entorno, dado esse que impossibilita o que, até então, foram partes constituintes do projeto de ser sujeito de sua existência. A autora aborda que, em alguns casos, tais pessoas voltam-se para a tristeza que experienciam diante da perda do projeto inicial. Schneider apresenta que:

> A tristeza tem como objetivo a supressão da obrigação de procurar essas novas alternativas, de ter de transformar a estrutura do mundo, substituindo sua constituição presente (que está a me exigir) por uma estrutura totalmente indiferenciada (Schneider, 2011, p. 229).

A pessoa, por conseguinte, apreenderá o mundo pela consciência emotiva, enquanto necessitar transformá-lo de maneira que consiga lidar com os respectivos acontecimentos.

Finch e Violet: as contradições entre a dimensão psicológica e a sociomaterial

Ao nos basearmos na apresentação de cada um dos jovens protagonistas, realizaremos uma análise de cunho existencialista sobre tais personagens e sobre os desdobramentos do suicídio na vida de cada um.

Logo de início, é possível notar que Violet e Finch tiveram o seu primeiro contato em um momento que experienciavam pensamentos suicidas e se encaminhavam para concretizá-lo na torre do sino da escola. Ainda que tenham compartilhado este momento no mesmo lugar, logo notamos que suas experiências – móbeis do projeto suicida cada um – diferenciavam-se em muitos aspectos.

Ao longo da história, percebemos Finch em suas mais diversas facetas, como um personagem inquieto e angustiado, que aparentava estar em constante busca por algo, ou melhor, em busca pela superação de algum marco em sua vida. A história retrata o modo como o personagem atravessou uma infância e uma adolescência permeadas por dificuldades e marcadas pelas agressões físicas e psicológicas, infringidas por parte de seu pai; violência essa que, embora tenha cessado por um período, conforme sugere a obra, volta a acontecer em sua adolescência na relação com grupos a que pertencia.

Podemos compreender, por meio da narrativa, o retrato de um jovem que passou a sua infância com medo das brigas de seus pais e que, na adolescência, buscou tomar atitudes de enfrentamento em relação ao pai, como autoproteção pelas agressões sofridas. Além disso, as relações entre seus familiares se mostram muito distantes, com poucas conversas e com a ausência de preocupação com o que cada integrante realiza, tendo como aparente justificativa o fato de que a mãe de Finch trabalha muito e de que suas irmãs parecem pouco próximas a ele.

Em meio a todo o seu contexto familiar e atrelado ao *bullying* que constantemente sofrera em seu colégio, Finch escolhe por não confrontar tais adversidades. Contudo, não foi simples para o jovem as consequências dessa sua escolha, considerando que se confrontava com a sua lista de sonhos e desejos: "Compor uma música que mude o mundo. Encontrar o Grande Manifesto. Ter algum valor. Ser quem sou e ficar satisfeito com isso. Saber como é ter um melhor amigo. Ter importância" (Niven, 2015, p. 78).

Dessa forma, podemos notar que Finch cria projetos que negam o enfrentamento da realidade que vivencia, buscando superá-la idealmente. Suas relações de amizade mais próximas são gélidas, assim como as que nutre com suas irmãs, de maneira que um de seus desejos é apenas ter uma verdadeira amizade, ou ainda, ser importante para a vida de alguém. Mesmo Finch criando várias tentativas para ignorar a sua realidade, é perceptível que essa o afetava fortemente, considerando que, ao longo de sua existência, o jovem escolheu várias versões de ser, assumindo para si personagens coerentes com cada momento vivenciado, como maneira de se proteger e de ser aceito. O jovem que sonhava em encontrar o Grande Manifesto, explica, em determinado momento da obra, que o mesmo "Significa 'a urgência de ser, de ter alguma importância e, se a morte vier, morrer com valentia, com clamor – em suma, permanecer na memória'" (Niven, 2015, p. 80).

Ao olharmos para Violet, podemos notar mudanças vivenciadas pela jovem após a perda de sua irmã Eleanor em um acidente de carro. A narrativa da protagonista nos leva a entender que, antes deste acontecimento, ela levava sua vida com leveza e tranquilidade. Apesar de uma mudança de cidade e de ter que se habituar ao novo cenário, Violet se considerava satisfeita com a vida que tinha. Junto com a sua irmã, realizava planos quanto ao seu futuro na faculdade, desfrutava de seus relacionamentos e mantinha uma boa relação familiar. Um marco em sua vida, dentro de seu âmbito familiar, sem dúvidas fora a amizade e afinidade que mantinha com Eleanor.

Ao considerarmos as contribuições feitas por Camus sobre a noção de absurdo, é possível dizer que, com o acidente e a morte de Eleanor, Violet tenha vivenciado um momento de consciência frente a um dos maiores absurdos da existência humana: a morte. Como vimos, antes disso, Violet enchera-se de esperanças e de planos para um futuro que foi abalado com a consciência de que tudo poderia se acabar a qualquer momento, como aconteceu com Eleanor. A partir deste momento, sua existência é abalada. A morte da irmã tirou o que Violet considerava ter de mais precioso; por conseguinte, nega outras coisas que outrora também lhe trouxeram satisfação e felicidade, refugiando-se em seu quarto, em meio aos seus livros.

Violet compreende a morte de sua irmã como uma injustiça e não aceita o absurdo que foi "a brevidade" da vida da irmã. Como exemplo da morte trágica de Eleanor, Sêneca (2006) nos lembra da ambiguidade de vivermos com medo da finitude da vida, mas, ao mesmo tempo, agimos como se fossemos infinitos, e Sartre (2007) nos aponta que "o próprio da morte é que ela pode sempre surpreender antes do tempo aqueles que a esperam para tal ou qual data" (p. 657).

O sentido da vida para Violet morre junto com a sua irmã. Ela menciona: "nada disso importa [...]. Tudo isso é só pra [sic] passar o tempo até a gente morrer" (Niven, 2015, p. 38). Viver passa a ser inútil, visto não importar o que se faça, pois tudo acabará. Sêneca (2006) coloca que ocupar-se de alguma tarefa, que pode ser indulgente ou não, afasta as pessoas de viverem e atentarem às suas próprias vidas. Neste caso, Sartre (2007) nos diria sobre a vida alienada a projetos alheios, sem que tenhamos consciência reflexiva sobre nossas experiências.

Após o acidente, Violet ocupa-se, então, com lembranças que compartilhou com Eleanor, assim como, com as possibilidades que as duas poderiam desfrutar juntas no futuro que lhes fora tirado. O futuro é preenchido por lembranças passadas; sendo um futuro impossível de ser construído tal como foi e como planejado.

Sartre (2007) menciona que,

> Assim, os objetos concretos desaparecidos são passados enquanto fazem parte do passado concreto de um sobrevivente. 'O que há de terrível na Morte – diz Malraux – é que transforma a vida em Destino'. Deve-se entender com isso que a morte reduz o Para-si-Para-outro ao estado de simples Para-outro. Do ser de Pedro morto, hoje, sou o único responsável, na minha liberdade. E os mortos que não puderam ser salvos e transportados a bordo do passado concreto de um sobrevivente não são *passados;* eles e seus passados estão aniquilados (p. 164, grifo do autor).

À vista disto, Violet compreende que o destino selou seu futuro com a morte da irmã. Eleonor e seu passado, conforme Sartre (2007), foram aniquilados, e somente passam a ser para Violet. Esta é a única capaz de escolher o destino que dará à sua relação com Eleonor e às coisas desta.

Violet sofreu não somente pela morte da irmã, mas também por ter sobrevivido ao acidente. Ela sugere compreender esse acontecimento por uma consciência culpada, uma consciência emocionada que distorce magicamente a realidade. Diante de sua impotência para, de fato, reverter a situação, evitando o acidente, nega a realidade e tenta se convencer de que pode ser a salvadora da vida da irmã. Contraditoriamente, o vislumbre desse "passado-possível", quiçá lhe aliviaria a angústia diante desse "futuro-impossível". Ademais, qualquer ato em prol da sua irmã, como escolher se suicidar no dia do aniversário dela, poderia ser uma maneira de tentar superar seu estado de impotência.

Finch, por seu turno, e diferente de Violet, apresentava episódios de pensamentos suicidas com mais constância e anteriores ao seu encontro com Violet na torre do sino no colégio. Se ele realmente iria finalizar o ato naquele dia, ninguém conseguiria responder com certeza. O que sabemos, é que a facticidade pode ter mudado o rumo de seu projeto. Ao ver Violet em uma situação angustiante como a dele, Finch desistiu, pelo menos naquele momento, de seu projeto e investiu para reverter o de Violet.

A partir deste ponto, parece que a vida de Finch recebe uma lufada de sentido. No entanto, a sua vivência contraditória entre menosprezar o olhar do outro e ao mesmo tempo valorizá-lo, permanece. Quiçá o que queira menosprezar é sua necessidade de reconhecimento, que pode ser um desdobramento do vazio não preenchido na sua relação familiar, considerando não o ter conseguido. Sobre esse temeroso olhar alheio que nos objetifica, Sartre (2007) explicita que na relação intersubjetiva há

> [...] dois limites característicos que representam as fronteiras de minha liberdade. Em suma, pelo fato da existência do outro, existo em uma situação que tem um lado de fora, e que, por esse mesmo fato, possui uma dimensão de alienação que não posso remover de forma alguma, do mesmo modo como não posso agir diretamente sobre ela. Este limite à minha liberdade, como se vê, é colocado pela pura e simples existência do outro, ou seja, pelo fato de que minha transcendência existe para uma transcendência (p. 644).

Desse modo, o outro é presente e sufocante para Finch, ao ponto de, diante de conflitos, fugir de todos os olhares que para ele são julgadores e ofensivos. Como exemplo, podemos observar o momento da narrativa em que Finch se afasta de Violet e das demais pessoas de sua vida, após a namorada confrontá-lo por ter descoberto a participação do mesmo em um grupo de apoio para pessoas que tentaram suicídio, episódio do qual ele não havia compartilhado. Outrossim, não devemos julgar a maneira com que Finch lida com esses olhares que violam sua liberdade. Como lutar sozinho contra grupos de pessoas? A solidão dessa vivência somente o fragiliza em suas defesas, e o exílio diante dos grupos com os quais se relaciona desvela a covardia com que a sociedade lida com os excluídos que ela própria produz.

Com Violet, a sociabilidade ocorria de maneira diferente. Ela não experienciava alguma rejeição social, ao contrário, os alunos e funcionários da escola não sabiam o que tinha ocorrido na torre do sino e se precipitaram a concluir que ela fora a heroína e salvadora de Finch. Mesmo afirmando que não era "[...] perfeita. Tenho segredos. Sou uma bagunça" (Niven, 2015, p. 32), como colocado anteriormente, ser uma garota cis, branca, loira, bonita, educada e com uma família, de certa forma, estruturada, são características suficientes para legitimá-la como querem percebê-la. Ademais, Violet construiu uma relação descomplicada com seus pares, mas talvez não tão transparente. Parte disso se ilustra na forma complacente com que todos passaram a tratá-la após a morte de Eleanor, entendendo que a mesma necessitava apenas de tempo e que, apesar de não ter retomado a "normalidade" de sua vida tão facilmente, não enfrentava graves perturbações diante o ocorrido.

Seus colegas de escola e seus familiares sequer suspeitaram das razões que levaram a garota a subir na torre do sino da escola, aceitando de imediato a justificativa que circulava entre eles, de que o que ela estava fazendo era salvar Finch, a pessoa que se encontrava com ela e que, diferentemente de Violet, era visto como problemático e esquisito.

Violet, no entanto, recusa o olhar do outro que a colocava em posição de sã e heroína. Começa a colocar em questão a imagem idealizada que tinham dela, e busca ser mais autêntica em suas escolhas. De igual maneira, ao se conscientizar de que Finch queria ajudá-la, apreendendo a generosidade dele, passa a encontrar, ao lado de Finch, razões e formas de voltar a realizar as atividades pelas quais tinha tanto apreço e havia abandonado.

Violet, portanto, deixou de apreender sua condição pela culpa, fato é, principalmente, a maneira como lidou com o suicídio de Finch.

> Fico ali, pensando em como não foi um acidente e em como "vítima de suicídio" é um termo interessante. "Vítima" implica que a pessoa não teve escolha. Talvez Finch não achasse mesmo que tinha escolha, ou talvez não estivesse tentando se matar, mas procurando o fundo (Niven, 2015, p. 191).

Ainda que tenha sofrido e se questionado sobre o que poderia ter feito para evitar o ocorrido, os últimos passeios que fez pelos lugares de Indiana, que a colocou frente às mensagens que Finch a deixou, contribuíram para que a mesma ressignificasse a situação.

Não obstante, o que diferencia a saída dada por Violet da escolhida por Finch diante das atribulações que vivenciaram, respectivamente, pela afirmação e pela negação da vida? Podemos cogitar que seja a relação entre a estrutura pela qual nos edificamos como sujeito e os contextos situacional e social. O sofrimento de Violet advém de uma situação externa de perda da irmã que, mesmo que muito significativa e sofrida, Violet edificou sua vida rodeada de proteção, reconhecimento, aceitação, carinho, etc., cuja qualidade de ser cuidada e protegida, provavelmente, foram resgatadas por Finch. Ações dos outros para com Violet, de certa maneira, foram preventivas contra o suicídio.

Ao contrário de Violet, Finch apreendeu no olhar do outro a violência, o desamparo, o menosprezo, o preconceito para consigo. Edificou-se como um sujeito fracassado, um estranho em seu meio. Mesmo que tenha buscado superar as condições das agressões, do *bullying* ou, até mesmo, de sua família, mesmo que ao lado de Violet tenha vivenciado alegria, amor e amizade que nunca havia experienciado. Ainda que tenhamos percebido as contribuições de tal relacionamento em sua vida, uma pessoa, Violet, não foi o suficiente para ajudar Finch a superar as adversidades. É notável como apenas um ponto de apoio para alguém, cujas situações de exclusão, abandono e violência tornaram-se condições de vida, mostra-se uma base frágil.

Sartre (2007) aponta que:

> Bem mais do que parece "fazer-se", o homem parece "ser feito" pelo clima e a terra, a raça e a classe, a língua, a história da coletividade da qual participa, a hereditariedade, as circunstâncias individuais de sua infância, os hábitos adquiridos, os grandes e pequenos acontecimentos (p. 593).

Finch tentou se encontrar num eu socialmente idealizado. Buscou, por ele, agradar a todos, mas foi pela própria idealização de um eu que Finch se perdeu do seu eu real, ao ponto de não saber mais quem ele era. Dessa forma, percebemos como a história de Finch retrata um projeto contraditório: o de sair de seu contexto conturbado sendo ele mesmo, sem se sentir julgado por outros.

Por fim, o suicídio foi a saída para a inviabilização de seu projeto de ser, seu projeto de vida. O suicídio, contudo, nas palavras de Alvarenga (2015),

> Ao mesmo tempo que é fuga é também denuncia, denúncia das condições objetivas e subjetivas que levam o sujeito a interpretar o mundo contingente em que vivemos de forma insuportável e que não possibilita que nele sua vida possa ser realizada (p. 65).

Theodore Finch, como todo sujeito, fundamentalmente era livre. Ele pôde se escolher dentro de seus possíveis, e assim o fez por anos, sempre em uma tentativa de superar seu contexto. Contudo, as condições objetivas resistiram a todas as suas estocadas. O personagem, após enfrentar por anos as condições sociomateriais, escolheu deixar de enfrentar todas essas situações vividas.

A história do encontro de Finch e Violet demonstra um movimento cheio de projetos e situações distintas entre os dois, mesmo que ambos tenham se conhecido em condições comuns. Para a jovem, o encontro com Finch foi o sopro de vida que necessitava para guinar seus projetos e recriar uma realidade após a morte de sua irmã, superando aquela vida que um dia viveu junto a ela. Finch, de maneira especial, endossa os cuidados já recebidos por Violet. Contudo, em Finch, é notável uma outra perspectiva. Os empreendimentos isolados de Violet confrontavam o não cuidado dos demais para com Finch. Enquanto Violet precisava superar uma situação de perda e culpa, Finch desejava superar sua própria vida.

Contrapondo as contribuições de Sêneca e Camus, podemos dizer que, respectivamente, mesmo que a vida seja breve e, por isso, o presente deve ser vivido sem grandes pretensões futuras ou que somente a consciência do absurdo da finitude da vida nos torna capazes de sermos felizes diante do cotidiano, o pensamento de Sartre (2007) transcende a maneira reducionista de direcionar o problema do suicídio à pessoa. O suicídio é uma situação complexa e que também envolve a responsabilidade daqueles que auxiliam a construir condições sociais opressoras. Portanto, não há prevenção do suicídio por ações individuais e isoladas. O suicídio é um problema social, e é nesse contexto que as medidas preventivas devem ser discutidas e colocadas em prática.

Considerações finais

As relações que a autora Jennifer Niven estabelece em sua obra entre vida e morte não devem ser ignoradas. O encobrimento desses assuntos pode afetar a vida de pessoas, dado que muitas não conseguem encontrar um espaço seguro para se expressarem genuinamente.

Ainda que o romance de Niven não tenha se aprofundado em ilustrar a forma com que o contexto da história tratava a temática da morte, sabemos que, como apresentado anteriormente, as obras literárias trazem o mundo como pano de fundo e buscam retratar a realidade de maneira íntegra ou reformulada. A própria autora vivenciou perdas de pessoas queridas pelo suicídio e percebeu o preconceito diante deste fenômeno, contribuindo, por meio de *Por lugares incríveis,* com debates sobre o tema.

Pudemos entender, por esta obra, a dificuldade de se abordar a morte, o suicídio. A própria Violet nos apresenta esta dificuldade em sua família. Ainda que ninguém tenha verbalmente decidido por isso, era notável como seus pais e a própria Violet fugiam ou desviavam o assunto. Foi necessário Violet intimar os pais a falarem não só sobre a morte de Eleonor, mas também sobre sua vida. Após a experiência, a família passou a lidar com as dores que carregavam de forma diferente, ressignificando muitos pontos que haviam concluído e percebendo que a vivência daquele luto não era apenas individual, mas compartilhado pelos membros da família.

Acompanhar a vida de Finch e Violet nos possibilitou compreender o movimento dialético pelo qual construímos nossas vidas. Mesmo sendo de responsabilidade do indivíduo escolher dentre seus possíveis, o campo sociomaterial em que a pessoa está inserida pode tornar sua vida inviável para si. Por fim, consideramos que para refletir sobre o suicídio, precisamos também pensar sobre a necessidade de termos consciência de como cuidamos da construção do campo sociomaterial o qual nos inserimos, bem como cada sociedade, em todas as dimensões – política, econômica etc. – que cuida dos que a constroem.

Referências

ALL the Bright Places: Author recalls inspiration for writing story [*S.l: s.n*], 2016. 1 vídeo (ca. 9 min). Publicado pelo canal ABS-CBN News. Disponível em https://youtu.be/2GUDTnHzjjk. Acesso em: 21 jul. 2020.

BÍBLIA, N. T. Mateus. *In*: BÍBLIA. *Bíblia Sagrada.* Tradução: Conferência Nacional dos Bispos do Brasil. São Paulo: Canção Nova, 2012. p. 1238.

BÍBLIA, A. T. Números. *In*: BÍBLIA. *Bíblia Sagrada.* Tradução: Conferência Nacional dos Bispos do Brasil. São Paulo: Canção Nova, 2012. p. 163.

BÍBLIA, A. T. 1 Reis. *In*: BÍBLIA. *Bíblia Sagrada.* Tradução: Conferência Nacional dos Bispos do Brasil. São Paulo: Canção Nova, 2012. p. 392.

BIENAL do livro 2016 – JENNIFER NIVEN [*S.l: s.n*], 2016. 1 vídeo (ca. 1 min.). Publicado pelo canal Reed Exhibitions Brasil. Disponível em: https://youtu.be/A99cpTsBwp4. Acesso em: 21 jul. 2020.

CAMUS, A. *O mito de Sísifo.* Rio de Janeiro: Record, 2020.

ENTREVISTEI a Jennifer Niven!! | Bienal de São Paulo 2016 [*S.l: s.n*], 2016. 1 vídeo (ca. 12 min.). Publicado pelo canal Lucas dos Reis – Estante Quadrada. Disponível em: https://youtu.be/YO8bvywZg1c. Acesso em: 21 jul. 2020.

FREITAS, S. M. P. *Sartre, Psicologia de Grupo e Mediação Grupal.* 2018. 269 f. Tese (Doutorado) – Programa de Pós-Graduação em Psicologia, Universidade Estadual de Maringá, Maringá, 2018.

NIVEN, J. *Por lugares incríveis.* São Paulo: Schwarcz S.A, 2015.

NIVEN, Jennifer (Jennifer Niven). *Sobre.* Los Angeles, [s.d]. Facebook: Jennifer Niven. Disponível em: https://www.facebook.com/jenniferniven. Acesso em: 20 jul. 2020.

POR lugares incríveis. Direção: Brett Haley. Estados Unidos: Netflix, 2020. 1 filme (108 min).

SANTOS, T. T. Sofrimento: Uma análise filosófica acerca da condição humana. *Sobre História*: 28 jun. 2012.

SARTRE, J-P. *Crítica da Razão Dialética.* São Paulo: DP&A, 2002a.

SARTRE, J-P. *Saint Genet: ator e mártir*. Petrópolis: Vozes, 2002b.

SARTRE, J-P. *O ser e o nada*: ensaio de ontologia fenomenológica. Tradução: Paulo Perdigão. 15. Ed. Petrópolis: Vozes, 2007.

SCHNEIDER, D. R. *Sartre e a Psicologia clínica*. Florianópolis: Ed. da UFSC, 2011.

SÊNECA. *Sobre a Brevidade da Vida*. Editora: L&PM Pocket, 2006.

VELLOSO, M. A literatura como espelho da nação. *Revista Estudos Históricos*, v. 1, n. 2, p. 239-263, 1988.

POESIA

O short rosa

Francisco B. Assunção Jr.

Era somente um velho *short* rosa
Que ela usava todos os domingos
E que escondia, passando dengosa,
Desejos, sonhos, do céu só respingos.

Não se importando com o que me causava,
Olhava com olhos que só me deixavam
Mudo e sozinho. Mas eu imaginava
Suas ancas roliças que enfeitiçavam,

Pelos castanhos, macios sedosos,
Pernas torneadas que me encantavam,
Andar coleante, passos sinuosos...

E ela me olhava sorrindo, fogosa,
Fazendo surgir desejos maldosos
Despertos em mim por seu *short* rosa.

CAPÍTULO 7

Quando a vida já não pede mais vida: reflexões sobre o suicídio

Silvana Carneiro Maciel

Liana Mirela Souza Oliveira

Introdução

Mesmo quando tudo pede um pouco mais de calma
Mesmo quando o corpo pede um pouco mais de alma
Eu sei, a vida não para
A vida não para não
LENINE & DUDU FALCÃO, *Paciência* (Música)

Falar sobre suicídio nunca foi algo fácil, mas na atualidade tem se tornado mais frequente, de forma que existe no calendário da saúde um mês específico para isso que é o setembro amarelo. Contudo, os significados e as representações acerca do suicídio ainda permanecem ao longo dos anos vinculados à morte, à depressão, à fuga de problemas, à fraqueza emocional, dentre outros significados negativos atribuídos às pessoas que cometem ou tentam o suicídio. Maciel e Pontes (2019) nos lembram que falar acerca da morte e, sobretudo, sobre suicídio ainda é uma temática cercada de tabus, gerando posicionamentos que podem levar à exclusão social das pessoas com ideação suicida e de seus familiares.

De fato, a questão do suicídio é bastante complexa e extrapola as dimensões unicamente individuais e subjetivas e abarcam questões de ordem social, econômica e cultural. Maciel e Pontes (2019) destacam que a atual sociedade produz fatores macrossocias de vulnerabilidade ao suicídio a exemplo das relações sociais adoecidas, do uso excessivo da tecnologia, do crescimento abusivo de drogas e das questões que envolvem a supressão de direitos humanos e de fatores básicos para a manutenção do ser humano em termos de alimentação, saúde e moradia. Desta forma, afirma Botega (2015): "A temática do suicídio está aberta a diferentes perspectivas e a várias ciências, devido a sua natureza dilemática, complexa e multidimensional, não há uma maneira única de olhar ou abordar o problema." (p. 12).

Diante disso, esse texto se propõe a refletir sobre o suicídio, na busca de mostrar a complexidade deste, e poder encontrar formas de trabalho preventivo (preferencialmente), interventivo e de posvenção para as questões relacionadas ao pensamento suicida, à tentativa e ao ato em si. E, por causa de tudo isso e muito mais que envolve o suicídio, que ainda ficam muitas questões, a exemplo: Como continuar a viver quando viver já não vale mais a pena? O que fazer quando a vida já não pede mais vida?

Um pouco de história e definições

> Só existe um problema filosófico realmente sério: o suicídio. Julgar se a vida vale ou não vale a pena ser vivida é responder à pergunta fundamental da filosofia. O resto, se o mundo tem três dimensões, se o espírito tem nove ou doze categorias, vem depois (Camus. *O mito de Sísifo*, 1989. p. 08).

O suicídio acontece em todas as culturas, variando de significado a depender do período histórico; assim, as motivações e representações sobre o suicídio foram diversas ao longo dos tempos e variaram em função de cada cultura. Ao percorrer a história sobre o suicídio, observa-se que ele passou por diferentes representações: passando de questões mítico-religiosas, onde o suicídio era visto como forma de se encontrar com os deuses e de adquirir imortalidade, mas também visto como questão maligna e, por isso, amaldiçoado pela igreja católica e por autoridades do Estado; passando por questões culturais como suicídio de idosos para não sobrecarregar os mais novos; por questões relacionadas à escravidão, para fugir do sofrimento; por questões de ordem existenciais e subjetivas de sofrimento psíquico e transtornos mentais; e tantos outros significados e crenças associados ao suicídio, muitos dos quais perduram até hoje nas sociedades contemporâneas (Botega, 2015; Netto; Werlang e Rigo, 2013).

Bertolote (2012) aponta que a palavra suicídio tem origem grega (Autófonos), cujo significado seria aquele "que mata a si mesmo", termo traduzido para o inglês como *suicide* e, posteriormente, para outras línguas. Ao longo da história, um período que merece destaque é o século V, quando Santo Agostinho difunde amplamente a concepção religiosa e filosófica de que a vida foi dada por Deus e o poder de retirá-la também só cabe a Ele. Essa concepção reforça a posterior relação do suicídio com o pecado mortal, considerando-o como uma tríplice ofensa (a si mesmo, à cidade e a Deus), de modo que, para a Igreja Católica, as pessoas que tiravam suas vidas não podiam ser enterradas nos solos dos cemitérios "oficiais" (Gomes, Iglesias e Constantinidis, 2019).

A palavra suicídio é conhecida desde o século XVI, quando o médico inglês Thomas Browne a descreveu pela primeira vez em seu livro, no ano de 1643. Nesta obra, o autor caracteriza o suicídio como uma forma "heroica" ou "patológica". Na Europa, no período anterior à publicação da obra de Browne, utilizava-se a expressão *felo de se* ou criminoso de si mesmo (Bertolote, 2013; Scavacini, 2018).

O suicídio, então, era basicamente tratado como questão de natureza mística, subjetiva e moral, mas em 1897, Emile Durkheim, um sociólogo, escreve um extenso trabalho sobre o suicídio intitulado *O Suicídio: Estudo Sociológico* e, a partir desta obra, o autor coloca o foco do suicídio não no homem e nas questões religiosas ou morais, mas na sociedade e nos problemas sociais. Sobre o tema, Durkheim descreve: "O fenômeno por explicar só pode ser atribuído a causas extrassociais (sic) de grande generalidade ou a causas propriamente sociais" (Durkheim, 1982:106 citado por Nunes, 1998, p.10). Essa obra de Durkheim muda toda a perspectiva do suicídio, abrindo um grande leque para olhar o lado social de questões anteriormente explicadas em esferas individuais.

Mas as explicações sociais para o suicídio foram associadas às de ordem subjetiva e individual. Nesta perspectiva, Botega (2015) fala sobre suicídio relacionando à crise e a define como uma palavra derivada do grego *krisis*, relacionada à escolha, a julgamento, à decisão, em que a crise é marcada pela dificuldade de decidir e de tomar decisões. Separando dois tipos de crises: uma chamada crise vital do desenvolvimento, relacionada às dificuldades nas passagens de uma fase da vida para outra, as quais são inerentes aos seres humanos; e outra chamada de crises circunstancias, as quais são originadas de acontecimentos e situações que os indivíduos não podem controlar.

Diante da crise, ela poderá ter um desfecho favorável, em que o indivíduo consegue assimilar as mudanças e dar um significado positivo, integrando o acontecimento a sua vida e conseguindo adaptar-se ou superar tal situação; mas, infelizmente, esse não é o único desfecho possível, e o indivíduo poderá vislumbrar a crise como tão difícil e tão dolorosa que conseguirá gerar grande angústia, vivência de desamparo, falta de perspectiva de solução, criando o, denominado por Botega (2015), de "colapso existencial", tornando-se insuportável a continuidade da vida, aumentando sobremaneira a vulnerabilidade para o suicídio, vendo este como a sua única saída, como a única alternativa para pôr fim em seu sofrimento.

Edwin Shneidman (apud Scavacini, 2018), psicólogo clínico norte americano, considerado o pai da suicidologia moderna, afirma que para haver um suicídio é necessário a combinação dos seguintes fatores: sentimento de dor intolerável, atitude de autodesvalorização, constrição marcada da mente com prejuízo das tarefas do cotidiano, sensação de isolamento intenso e desesperança, descrevendo a dor psíquica (*psychache*), a dor emocional insuportável, como mais um fator para a ocorrência de um suicídio.

De acordo com a Organização Pan-americana de Saúde (OPAS, apud Scavacini, 2018), o suicídio tem relação com os quatro **Ds**: a depressão, o desamparo, a desesperança e o desespero. Além desses quatro Ds, Botega (2015) complementa com: dor psíquica (*psychache*), dependência química, delírio (percepção distorcida e falsa da realidade) e *delirium* (síndrome confusional aguda). Nesse sentido, o suicídio se apresenta como uma solução para um problema sentido, apresentando os três **Is**: intolerável, inescapável e interminável.

Mesmo o suicídio sendo uma temática há muito presente nas diversas sociedades, apenas no final da década dos anos de 1960 que o comportamento suicida foi definido pela Organização das Nações Unidas (ONU). Entretanto, de forma mais contundente, apenas na década dos anos de 1990 que o suicídio foi considerado um problema de saúde pública, e a Organização Mundial de Saúde (OMS) passou a divulgar estatísticas e estudos científicos e a solicitar estratégias dos países de prevenção ao suicídio, definindo o comportamento suicida como um "fenômeno multifatorial, multideterminado e transacional, que se desenvolve por trajetórias complexas, porém identificáveis" (Botega, 2015; OMS, 2008).

De acordo com a Organização Mundial da Saúde (OMS, 2019), os dados revelam que o número de suicídios tem aumentado em todo o mundo, chegando a ocupar a terceira posição entre as principais causas de morte nas faixas etárias de 15 a 44 anos. O suicídio ocasiona 1,4% das mortes no mundo e, a partir de 2012, o suicídio se tornou a 15ª causa de mortalidade na população geral, na faixa etária de 15 a 29 anos. No período de 2011 a 2015, o risco de suicídio do sexo masculino foi cerca de quatro vezes maior que o do feminino, mas independente do sexo, as maiores taxas de suicídio foram observadas na faixa etária de 70 anos e mais (8,9/100 mil hab.) e na população indígena (15,2/100 mil hab.) (Ministério da Saúde, 2017). Barros (2013) chama a atenção para os índices de suicídio no Brasil, por ser um país de baixa e média renda e, em função disso, ter menos assistência especializada em saúde mental, com serviços escassos, com poucos recursos econômicos e de difícil acesso.

Ainda assim, o Brasil dá um grande passo para o cuidado nas questões do suicídio, e no ano de 2006, o Brasil instituiu as Diretrizes Nacionais para a Prevenção do Suicídio, com a Portaria 1876 de 14 de agosto de 2006, preconizando em seu Art. 2º:

> Estabelecer que as Diretrizes Nacionais para Prevenção do Suicídio sejam organizadas de forma articulada entre o Ministério da Saúde, as Secretarias de Estado de Saúde, as Secretarias Municipais de Saúde, as instituições acadêmicas, as organizações da sociedade civil, os organismos governamentais e os não governamentais (sic), nacionais e internacionais (Ministério da Saúde, 2006).

Em 2019, foi sancionada a Lei nº 13.819/2019 que instituiu a Política Nacional de Prevenção da Automutilação e do Suicídio, a qual amplia a notificação compulsória para além dos casos que chegam aos serviços de saúde, abarcando também os casos que cheguem aos estabelecimentos de ensino públicos e privados e insere os conselhos tutelares como órgãos a serem comunicados. Institui que os casos de tentativa de suicídio devem ser notificados, obrigatoriamente, em até 24 horas do conhecimento do evento pelo profissional, tendo em vista a necessidade de intervenções emergenciais e maior efetividade da intervenção em crise em curto período, como o encaminhamento para rede psicossocial da saúde mental. Além disso, a Lei determina que estabelecimentos de saúde e de ensino, públicos e privados, informem e treinem seus profissionais para trabalharem com a automutilação e com o suicídio (Comissão Especial de Psicologia na Saúde do CRP 01/DF, 2020).

Na atualidade, surge uma questão a mais a se refletir com muita força que são as questões que envolvem a tecnologia, a internet e as redes sociais. Sabe-se que estes são meios de comunicação social cada vez mais presentes na vida cotidiana das pessoas, facilitando o compartilhar e o absorver das informações, acompanhando a globalização do mundo e variando de acordo com o contexto sócio-político e cultural de uma sociedade.

Pereira e Botti (2017) destacam que a ferramenta da internet tem levado à criação de novos espaços virtuais e sociais, além de oferecer novas perspectivas nas vivências e no compartilhamento dos conhecimentos, tendo uma relação ambígua, pois do mesmo modo que pode operar como prevenção ao suicídio com compartilhamento de *sites* científicos como oferta de conhecimento e ajuda profissional, podem também auxiliar no encorajamento do ato suicida como os "*cyberbullicídios*". As redes sociais podem alimentar fantasias e crenças errôneas, as quais são rapidamente difundidas, rompendo as barreiras da fantasia e da realidade, compartilhando jogos virtuais que, muitas vezes, são reais e mortais.

Assim, muitos são os questionamentos acerca das consequências dos meios de comunicação e das mídias sociais no comportamento suicida, dentre estes, quais as implicações e extensões dos chamados efeitos "*Werther*" *e* "*Papageno*", que demonstram a importância da divulgação adequada e cuidadosa acerca das informações relacionadas ao fenômeno suicídio nos meios de comunicação. Blatt (2019) afirma que o efeito "*Werther*" foi um termo usado pelo sociólogo David Phillips, em 1974, para designar um comportamento de imitação dos suicidas. A expressão provém de uma obra de Wolfgang Von Goethe, pois, na obra, o jovem Werther, comete suicídio por não ter seu amor correspondido. Blatt (2019) relata que no ano de publicação da obra houveram relatos de que 40 jovens cometeram suicídio, e diante deste fenômeno, a publicação do livro foi proibida em diversos países, por receio do efeito imitação ou efeito "*Werther*".

Por outro lado, há o efeito *"Papageno"*, referência direta à obra de Wolfgang Amadeus Mozart *A Flauta Mágica*, Blatt (2019) nos lembra que, na obra, o personagem Papageno, por ter seu amor não correspondido e convencido de que não terá sucesso em conquistá-la, tenta se enforcar, porém, é persuadido por seres mágicos a não cometer tal ato.

Desta maneira, convencionou-se chamar efeito "*Werther*" quando se verifica um aumento nos números de casos de suicídios após a divulgação de um suicídio, por meio de reportagens sensacionalistas que descrevem os detalhes do ato e ou mesmo as cartas de despedida deixadas pela pessoa que cometeu suicídio. Por outro lado, o efeito *"Papageno"* trata-se da veiculação de histórias e exemplos de casos de pessoas que conseguiram superar a crise suicida e encontraram alternativas ao ato.

Ambos os efeitos são opostos entre si, mas demonstram que intencionalidade no uso das ferramentas, por meio das mídias e redes sociais, podem gerar impactos nas pessoas, podendo estes serem transformados em efeitos positivos, auxiliando na implementação de diretrizes, na criação de campanhas e de materiais de divulgação que promulguem a conscientização/sensibilização da população a respeito do suicídio. Assim, compartilhamos o pensamento de Pereira e Botti (2017) quando ressaltam que pouco se tem estudado sobre a influência da internet na vida das pessoas e que se deve não apenas estudar o impacto das mídias no comportamento suicida, mas criar "Políticas Públicas voltadas para as comunicações em redes sociais virtuais" (p. 18).

Mas, apesar de todos os avanços científicos, tecnológicos e midiáticos, a temática sobre o suicídio ainda é revestida de tabus, crenças e estigmas, as quais geram preconceito e sentimentos negativos nas pessoas que tentam o ato e nos seus familiares, acarretando, consequentemente, afastamento dos serviços de saúde e prejudicando a prevenção e o tratamento precoce.

Destacamos o pensamento de Lopes (2019) quando nos diz que: "falar de vida e morte é sempre um desafio, e entender esses fenômenos se faz cada vez mais necessário" (p. 62). O suicídio é um grave problema de saúde pública que abarca as questões socioculturais, históricas, psicossociais e ambientais, fenômeno mundial que atinge todas as faixas etárias e gênero, embora tenha suas especificidades.

Para Daolio e Silva (2009), o chamado suicídio direto, definido como finalizar a própria vida de modo voluntário, é um fenômeno paradoxal que desafia as ciências e a todos, pois aborda não apenas a vida e a morte, mas também traz à tona a validade da vida e do sofrimento.

Diante de tamanha complexidade, destacam os autores que não se pode determinar com precisão uma causa para o suicídio, pois este é um fenômeno resultante de uma junção de diversos fatores como: ambientais, culturais, psicológicos, biológicos, político, e tudo isso associados à biografia do indivíduo. Em função dessa aglutinação de fatores, o entendimento e o trabalho com o suicídio abarcam diversas ciências e saberes como a Filosofia, a Medicina, a Psicologia, a religião, a bioética e o senso comum com suas representações e crenças. Mas o fato é que, independentemente de qualquer coisa, quem cuida do suicídio se angustia, precisando, muitas vezes, de também ser cuidado.

Angústias da equipe de saúde: entre o ato e o cuidado

> Angustiar-se diante dos tormentos avassaladores de uma pessoa em crise e, em alguns momentos, não saber o que pensar, ficar paralisado, é *normal* (Botega, 2015, p. 235).

O suicídio afeta a vida de muitas pessoas como familiares, amigos, colegas de trabalho/escola e, até mesmo, os profissionais de saúde. Para os profissionais da área de saúde, o risco de suicídio, a tentativa e o suicídio em si geram angústia e um sentimento de incapacidade, tendo em vista que esses profissionais aprendem a lutar pela vida a qualquer custo. Diante da morte voluntária, da morte desejada, esses profissionais se veem ameaçados na sua função de resgatar a vida, uma vez que são preparados profissionalmente para "salvar vidas" e se sentem afrontados na sua missão e, muitas vezes, incapazes de lidar com a morte que se coloca diante deles, por escolha do indivíduo.

Para Botega (2015), os profissionais de saúde não diferem de outras pessoas na forma como respondem ao suicídio, e também apresentam sentimentos negativos como choque, tristeza, raiva e ansiedade. Crepaldi (2012) destaca que as pessoas que tentaram cometer suicídio e são encaminhadas aos serviços de saúde são atendidas com revolta e, às vezes, até com agressividade por parte dos profissionais de saúde, já que o suicídio e tudo relacionado a este fenômeno pode suscitar sofrimento e angústia, além da dificuldade de compreensão por parte de alguns profissionais sobre a complexidade do ato de cessar a própria vida.

Muitos profissionais de saúde desvelam o despreparo técnico e acadêmico para lidar com as situações que envolvem o suicídio, recorrendo, assim, ao uso de crenças e valores pessoais na tentativa de ajudar os pacientes. Crenças e valores que geram sentimentos ambivalentes nos profissionais que, de um lado, buscam atender as demandas trazidas pelos pacientes – que nem sempre é a de viver – e que algumas vezes também são demandas expressadas pelos familiares, acompanhantes e, por outro lado, precisam ter um escopo de ações e medidas necessárias a fim de que a vida prevaleça (Bertolote, Mello-Santos e Botega, 2010; Freitas e Borges, 2014).

Algumas vezes, esse despreparo técnico e pessoal para lidar com o suicídio é expresso nos relatos de pessoas que tentaram o suicídio. Elas descrevem que nos atendimentos nos serviços de saúde ouviram por parte de alguns profissionais falas carregadas de preconceito, julgamento moral e religioso e até esclarecimentos sobre quais os "procedimentos" ou o "passo a passo" para que o suicídio seja de fato executado. Certa vez, ouvimos de um paciente que estava hospitalizado e tentou cometer suicídio, dentro do próprio hospital, ingerindo produtos de limpeza que encontrou, a seguinte frase do médico que o atendeu: "Com tanta coisa melhor para se matar, você toma logo isso [...]. Tanta coisa melhor para se matar (risos), isso só vai queimar seu esôfago".

Há ainda aqueles profissionais que se recusam ou demoram na prestação da assistência à pessoa que tentou suicídio por acreditar que o comportamento suicida é uma forma de "chamar atenção" e que aquela demanda não é legítima, que se apresenta muito mais como um excedente ou sobrecarga de trabalho; e que não deveriam ser encaminhados para aquela unidade ou instituição, principalmente urgências e emergências de hospitais gerais, acreditando que suicídio se relaciona, exclusivamente, a vivência de transtornos mentais graves e, portanto, devem ser encaminhados e atendidos em hospitais psiquiátricos ou serviços específicos de saúde mental.

Mas gostaríamos de finalizar esse tópico trazendo o dizer de Lopes (2019) quando nos diz que a morte é algo assustador, "mas não se pode esquecer que antes desse fim há um meio, há um percurso, uma história, há vida!" (p. 62). Talvez aí resida à necessidade de os profissionais olharem o suicida com outro olhar, mais humano, mais compreensivo e mais acolhedor, enxergando que para além do ato existe uma vida, uma história a ser lida.

Cuidar de quem sofre: sempre é possível

> Queremos transformar os nós que nos sufocam, acolhendo o outro que está na ideação suicida, refletindo com ele a possibilidade de transformar esses *nós* sufocantes, em **Nós**, pronome pessoal (WANDERLEY, F.; CAJUEIRO, L.; SILVA, R. e ARAÚJO, T, 2019:40).

Para Gonçalves (2019), ao falar do sofrimento não se pode generalizá-lo, pois o sofrimento de uma pessoa em nada se assemelha ao de outra, de modo que não se pode entender o sofrimento humano por meio da razão. Ele faz uma reflexão sobre o sofrimento do ser humano:

> Tudo que é vivo morre, e, tudo que morre, sofre. Nisso o homem não difere do animal, porém cada um sofre de maneiras diferentes, enquanto o animal sofre de doenças e de dores físicas, ao homem somam-se as dores existenciais, as dores de quem sabe das suas próprias dores e de quem sabe que vai morrer. (p. 109)

Ao se tratar de políticas públicas, a Organização Mundial da Saúde (OMS, 2014) aponta que as ações e as intervenções devem ser baseadas no grau de risco, classificadas da seguinte forma: universal, voltada a toda a população, independentemente do risco, cujo objetivo é impedir o início de determinado comportamento; seletiva, tem foco em indivíduos e populações que estão sob risco reduzido, porém que ainda não desenvolveram o comportamento alvo da intervenção. O objetivo aqui é minimizar os fatores de risco por meio de medidas como a busca ativa, oferta de informações e acolhimento a esses indivíduos; indicada, intervenção imediata, específica para indivíduos e populações que estão sob risco iminente ou que já desenvolveram o comportamento alvo, como a situação de crise suicida.

Scavacini (2018) desenvolveu uma pesquisa, a partir de grupos focais com sobreviventes enlutados pelo suicídio, em que aponta as estratégias de prevenção e de posvenção por meio de seis pilares que a autora denominou de 6Cs:

1. Conscientização (*awareness*) para as pessoas perceberem e saberem que o suicídio existe e que é um problema de todos
2. Campanhas para ajudar na conscientização e divulgação da problemática do suicídio.
3. Capacitação para ensinar as pessoas e os profissionais a como lidar e tratar do suicídio.
4. Competência (*literacy*) para saber quando e como usar o conhecimento para a pessoa com comportamento suicida e para as pessoas próximas.
5. Conversa para incentivar o diálogo e a possibilidade de falar abertamente sobre o suicídio.
6. Conexão (*connectedness*) saudável entre pessoas, familiares, organizações, comunidades e grupos, a fim de perceberem que há pessoas que se importam com a questão, assim, unindo forças na prevenção do suicídio. (p. 213).

Na verdade, o trabalho com o suicídio deve abarcar três grandes eixos:

1) a **prevenção**, que deve envolver trabalho com pacientes, familiares, profissionais e a própria comunidade, respaldado

nas Diretrizes Nacionais para a Prevenção do Suicídio (Portaria 1876 de 14 de agosto de 2006).

2) a **intervenção**, para os casos de ideação, de tentativa e de automutilação que chegam às unidades de saúde.
3) a **posvenção**, quando ocorre o suicídio e os familiares e amigos precisam ser acompanhados em seu sofrimento.

Em todos os eixos descritos que abarcam o trabalho com o suicídio, seja com o próprio suicida, com a família, como os profissionais ou com a própria comunidade, a palavra de ordem é **cuidar sempre.**

Cuidado e Prevenção: "Melhor prevenir, do que remediar"

Neste tópico, falaremos basicamente sobre prevenção ao suicídio e, nos demais tópicos, debruçar-nos-emos sobre as intervenções e a posvenção, mas cabe destacar que esta separação é apenas didática. Na prática, esses três eixos do trabalho com a temática do suicídio estão interligados, de modo que um trabalho de intervenção e de posvenção pode já ser por si só um trabalho de prevenção, a exemplo quando se trabalha com uma pessoa com ideação suicida e, assim, alcançamos a prevenção do ato suicida, ou quando trabalhamos com familiares na posvenção e estamos prevenindo fatores de risco ao suicídio.

É importante destacar que não devemos nos preocupar com o suicídio apenas após a sua prática, seja do ato consumado ou da tentativa, mas precisamos discutir a sua prevenção, a qual deve ser plural, para dar conta da complexidade do fenômeno. No trabalho de prevenção, há a necessidade da integração de diversos atores sociais, não apenas dos profissionais da saúde, mas de toda a comunidade, incluindo aqui o poder público, unindo esforços para efetuação de estratégias preventivas. Corroboramos com o que diz Daolio e Silva (2009), que o trabalho de prevenção deve ocorrer:

> Dentro da perspectiva da "ética da responsabilidade" de Hans Jonas, que procurou destacar uma ética para a civilização tecnológica, vê-se a necessidade de nos sentirmos responsáveis pela

> existência desta cultura autodestrutiva e sermos igualmente responsáveis pela descoberta e implantação de estratégias que minimizem suas más consequências e que coloquem novamente a ação humana voltada para o homem e para a vida (p. 75).

Barros (2013) nos lembra que a prevenção ao suicídio é possível de uma forma global, sendo importante tratar de causas específicas básicas relacionadas ao suicídio com o intuito de desenvolver planos de ação que sejam adequados à saúde pública e ao cenário, especificamente falando, do Brasil.

É importante conhecer os fatores de risco e de vulnerabilidade ao suicídio, contudo, isso não é o bastante para termos a certeza de que o ato suicida não ocorrerá, de forma que há uma necessidade de serem desenvolvidos programas de prevenção efetivos, atendendo ao que é preconizado na Portaria n. 1876, de 14 de agosto de 2006, no seu Art 2:

> Estabelecer que as Diretrizes Nacionais para Prevenção do Suicídio sejam organizadas de forma articulada entre o Ministério da Saúde, as Secretarias de Estado de Saúde, as Secretarias Municipais de Saúde, as instituições acadêmicas, as organizações da sociedade civil, os organismos governamentais e os não governamentais (sic), nacionais e internacionais, permitindo:
>
> I – Desenvolver estratégias de promoção de qualidade de vida, de educação, de proteção e de recuperação da saúde e de prevenção de danos;
>
> II –Desenvolver estratégias de informação, de comunicação e de sensibilização da sociedade de que o suicídio é um problema de saúde pública que pode ser prevenido;
>
> III – Organizar linha de cuidados integrais (promoção, prevenção, tratamento e recuperação) em todos os níveis de atenção, garantindo o acesso às diferentes modalidades terapêuticas;
>
> IV – Identificar a prevalência dos determinantes e condicionantes do suicídio e tentativas, assim como os fatores protetores e o desenvolvimento de ações intersetoriais de responsabilidade pública, sem excluir a responsabilidade de toda a sociedade;
>
> V – Fomentar e executar projetos estratégicos fundamentados em estudos de custo-efetividade, eficácia e qualidade, bem como

em processos de organização da rede de atenção e intervenções nos casos de tentativas de suicídio;

VI –Contribuir para o desenvolvimento de métodos de coleta e análise de dados, permitindo a qualificação da gestão, a disseminação das informações e dos conhecimentos;

VII – Promover intercâmbio entre o Sistema de Informações do SUS e outros sistemas de informações setoriais afins, implementando e aperfeiçoando permanentemente a produção de dados e garantindo a democratização das informações; e

VIII –Promover a educação permanente dos profissionais de saúde das unidades de atenção básica, inclusive do Programa Saúde da Família, dos serviços de saúde mental, das unidades de urgência e emergência, de acordo com os princípios da integralidade e da humanização.

Netto, Werlang e Rigo (2013) ressaltam que é preciso refletir sobre o quanto a morte, por meio do suicídio, traz elementos sobre a vida, mais especificamente sobre as condições de vida que essas pessoas tiveram. Eles trazem uma importante reflexão para o assunto do suicídio e prevenção quando destacam as questões de ordem social que envolvem o suicídio:

> Vale lembrar que para se prevenir o suicídio ou promover a vida não se precisa tocar especificamente ou diretamente no assunto do suicídio, trata-se, justamente, de promover ou valorizar entre as pessoas a questão da vida. Mas qual a vida nós queremos valorizar? Quais condições de vida? (p. 21)

Os referidos autores nos lembram que a clínica do suicídio é a clínica do limite, da urgência, da dor psíquica extrema, sendo composta por inúmeros desafios. Destacamos que os desafios relacionados ao suicídio dizem respeito ao sujeito que pratica o ato, aos familiares, à própria equipe de saúde que os assistem, mas também às questões de ordem social que abarcam os índices de qualidade de vida de uma pessoa em todas as suas dimensões.

Também é importante destacar o que lembra Fukumitsu (2014), que não é possível prevenir o suicídio de maneira solitária, devendo o trabalho ser realizado em parceria com a família e com outros profissionais envolvidos, como psiquiatras, enfermeiros, fisioterapeutas e outros. Diante disso, é importante ressaltar que as propostas de prevenção devem ser amplas, abarcando os quatro segmentos sociais: o suicida, os familiares, os profissionais de saúde e a sociedade como um todo. Além de abarcar esses segmentos sociais, o trabalho de prevenção deve envolver a educação na busca de informar sobre a questão sem preconceitos e tabus, e de capacitar a equipe de saúde para o trabalho; deve envolver melhoria das políticas públicas como as de saúde, educação, moradia, visando à inclusão social e à qualidade de vida; além de envolver estratégias de cuidados precoces. É importante relembrar o antigo ditado popular "*melhor prevenir do que remediar*", sendo sabedores de que o trabalho de prevenção é muito mais eficaz e menos custoso para todos, posto que se prevenìssemos mais, certamente teríamos bem menos sequelas e problemas secundários para tratar e intervir.

Cuidado e Intervenções: "A cada um cabe alegrias, e a tristeza que vier" (Epitáfio,Titãs)

Diante de uma crise suicida, o indivíduo e seus familiares estão impactados e necessitando de atendimento rápido e eficaz, sendo importante o uso de processos psicoterápicos, como a **psicoterapia de crise** ou também chamada de **psicoterapia na crise**, sendo também conhecidas como **Psicoterapia de Apoio**. Esse tipo de psicoterapia orienta-se para os problemas sociais e pessoais emergentes, problemáticas que colocam o indivíduo em risco de uma ideação suicida, de uma tentativa ou mesmo de um ato suicida como o foco, além das pessoas de seu entorno e convívio social.

A **Psicoterapia de Apoio** é um trabalho conjunto, em que o cliente e o psicoterapeuta buscam identificar o foco e traçar as metas do tratamento, sendo o objetivo básico reduzir a ansiedade, por meio da criação de um clima de apoio e de orientação, de forma a minimizar os riscos. O psicoterapeuta utiliza-se de diversas técnicas para obter a homeostase e o equilíbrio do seu cliente, adotando uma postura flexível e acolhedora.

Diante de tudo isso, o psicólogo deve fazer uma reflexão sobre a prática, a técnica e a ética que orientam seu exercício profissional, de forma que o psicólogo deve acolher a dor, o sofrimento, a queixa do paciente, por meio de uma escuta atenta, interessada na singularidade do sujeito e na sua história sem julgamentos. Acerca disso, Fukumitsu (2014) nos lembra que:

> O psicoterapeuta precisa desenvolver empatia no que se refere ao sofrimento humano, isto é, o profissional pode se disponibilizar para se aproximar do lugar onde o paciente está e, por meio de sua disponibilidade interpessoal, a esperança de que o cliente possa reconhecer suas potencialidades – a fim de ampliar sua maneira de enfrentamento de seus sofrimentos – poderá ou não emergir. Sendo assim, uma relação terapêutica que prima pelo cuidado e não pela cura pode ser facilitadora para que o cliente ressignifique seu desespero existencial e descubra perspectivas de manejo de seus conflitos. Contudo, nem sempre tais aspectos são suficientes a ponto de assegurar que a pessoa pare de acreditar que sua morte seja mais atraente que a vida (p. 270).

O psicoterapeuta de pacientes suicidas requer características essenciais, pois, além da capacidade de acolhimento, de escuta, de aceitação incondicional; precisa ter disponibilidade de tempo, para responder e/ou atender em caráter de urgência.

> A disponibilidade não representa garantia para salvar vidas, no entanto, demonstrar para qualquer um que ele é compreendido como outro diferente e humano faz diferença. O toque acontece somente entre humanos e, dessa maneira, a disponibilidade afetiva quanto ao cuidado pode oferecer a sensação de alívio para a solidão existencial e acalanto para o desespero (Fukumitsu, 2014, p. 274).

Wanderley et al. (2019) nos lembram da valorização da vida, com atenção para o acolhimento do outro, por meio da "escuta" de dores sentidas, destacando que o cuidado requer envolvimento e compromisso, não apenas de profissionais e familiares, mas deve envolver diferentes instituições e diversos atores sociais como amigos e comunidade.

Assim, o psicólogo tem o desafio de trabalhar com os familiares e com a equipe, sobretudo, de lidar com o preconceito relacionado ao ato suicida. Cabe ao psicólogo trabalhar com a informação, de forma a evitar julgamentos baseados em valores e crenças equivocadas, necessitando trabalhar associado ao preparo emocional desses para o enfrentamento da situação, seja qual for o desfecho desta.

Lopes (2019) ressalta que a escuta clínica permite a aproximação das dores que foram caladas, permitindo ao sujeito a possibilidade de simbolizar a sua dor. Destacamos o que há muito, nos diz Rollo May (1979), que se ao estarmos com um paciente o psicoterapeuta estiver principalmente pensado nos "porquês" e no "como" o problema surgiu, então, o psicoterapeuta terá entendido tudo, exceto o mais importante: a pessoa existente.

Wanderley et al. (2019) afirmam que:

> Os nós que sufocam as pessoas durante seu processo de crescimento na vida são naturais, pois, se existem estes nós, existe também a forma de os desatar, e quando se desata os nós, na trama da vida, podemos criar laços. Esse laço que acolhe, abraça, abriga, que é continente, que se desfaz quando é preciso, para respeitar a liberdade do outro e seu espaço vital (p. 40).

Gonçalves (2019) lembra que: "Acredita-se que quando os indivíduos verbalizam seus sentimentos e experiências é mais fácil entender, através de um exame sem preconceitos, as razões que os levam a fazer as coisas que fazem" (p. 111). Conclui que a implicação clínica consiste em ajudar a pessoa a atribuir algum significado ao seu sofrimento, e não negar o ato, mas acolher o sofrimento.

Concordamos com o pensamento de Fukumitsu (2014) quando diz que o trabalho do psicoterapeuta não deve ser o de evitar a morte, visto que não temos controle nem da vida muito menos da morte, mas que o objetivo da psicoterapia é o de promover a ampliação de situações, nas quais o cliente possa se sentir vivo, possa pedir mais vida, e não almejar a morte.

Maciel e Pontes (2019) destacam que há muito já se percebeu que o que tem mais significado no processo psicoterápico não são as técnicas, mas sim o tipo de relação humana estabelecida entre o psicoterapeuta e o cliente. Lembrando que o psicoterapeuta necessita primar pelo cuidado e empatia ao sofrimento, fazendo com que o cliente possa ressignificar seu sofrimento e encontrar formas de manejar seus conflitos, seus sofrimentos. Afirmam que o psicoterapeuta ocupa papel fundamental em despertar no sujeito a noção de que sua vida tem um sentido.

Cuidado na posvenção: porque viver é preciso (Sub1)

Fukumitsu et al. (2015) apontam que, para cada suicídio, seis pessoas próximas em média são afetadas por tal ato, o que ocasiona nos enlutados – ou sobreviventes como preferem denominar tais autores – consequências emocionais, sociais e econômicas. Netto, Werlang e Rigo (2013) designam essas pessoas próximas ao suicida como "sobreviventes do suicídio", destacando que elas, muitas vezes, são culpabilizadas, estigmatizadas, associada ao trauma e à vivência intensa de sofrimento, passando muitas vezes pelo transtorno pós-traumático.

Daí a importância do modelo de adaptação no luto que pode ser conhecido por meio da Figura 6.

Figura 6 – Adaptação no luto

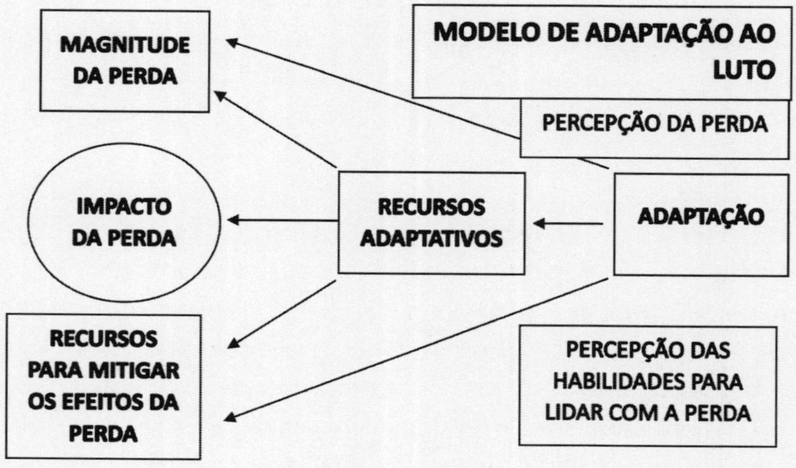

Fonte: Cleiren e Diekstra (1995) apud Tavares; Silva; Coloma (2013, p. 76).

Esse modelo fala do impacto da perda e da magnitude desta, mas também dos recursos para mitigar os efeitos da perda, a qual tem relação direta com processos e recursos adaptativos. Em se tratando de cuidado e de acompanhamento aos enlutados, medidas devem ser pensadas na tentativa de mitigar e amenizar os sofrimentos e os impactos causados pelo ato do suicídio.

Na literatura internacional, essas medidas são designadas de *postvention,* termo traduzido como posvenção ("pós-intervenção"), expressão criada por Shneidman, na década de 1970, que se refere a toda e qualquer ação que ocorra após o suicídio, no intuito de manejar o luto e favorecer as vivências dolorosas *post-mortem*. Nesse contexto, são medidas que visam ao acolhimento e ao cuidado das pessoas que foram afetadas com o suicídio de um familiar ou de pessoa próxima, por entender que ter um histórico familiar de suicídio constitua como mais um fator de risco (Fukumitsu et al., 2015; Ruckert, Frizzo, Rigoli, 2019).

Para Candido (2011), os "sobreviventes" são pessoas que perderam alguém afetivamente próximo por suicídio, seja este familiar ou amigo, desencadeando um conjunto de reações complexas, advindas com os desafios de suportar a dor e o luto como culpa, abandono, raiva, medo, lançando estes em um estado de vulnerabilidade e de risco psicossociais.

As medidas de posvenção podem ser operacionalizadas nos próprios serviços de saúde mental, por meio de ações de uma equipe multidisciplinar com *expertise* na área, por meio de medidas preventivas e interventivas como ofertas de espaços de escuta e acolhimento, grupos de apoio e de psicoeducação, bem como na perspectiva da saúde pública, com o desenvolvimento de políticas de saúde e educação e estratégias gerais que visem toda à população, principalmente aos grupos mais vulneráveis (Ruckert, Frizzo, Rigoli, 2019). Estudos apontam que, idealmente, os serviços de posvenção devam ser ofertados aos "sobreviventes", já a partir da primeira semana depois do suicídio (Beautrais, 2004; Wilson & Clark, 2005 citado por Scavacini, 2018).

Assim, entende-se que a vivência dos períodos subsequentes ao suicídio por parte dos "sobreviventes" torna-se um momento carregado de muitos sentimentos, alguns até contraditórios entre si, e questionamentos, tal como aponta Netto (2013, p. 19), que "o sofrimento psíquico é algo da ordem da vivência, algo da ordem da existência, todos nós mais hora ou menos hora, em maior ou em menor intensidade, desenvolvemos sofrimentos psíquicos, o que não é exatamente a mesma coisa no que se refere aos transtornos psiquiátricos" e, nesse sentido, faz-se mister que essas pessoas sejam acolhidas em seu sofrimento, e que sejam ofertados espaços de fala e de escuta para que possam ressignificar seus afetos e suas crenças frente ao suicídio, de forma a poderem tecer processos adaptativos para a perda e elaboração do luto.

Considerações finais

> *E apesar dessas e outras, O vivo afirma, firme, afirmativo: "O que mais vale a pena é estar vivo" / Não feito, não perfeito, não completo. / Não satisfeito nunca, não contente, / Não acabado, não definitivo: Eis aqui um vivo, eis-me aqui.*
>
> Carlos Rennó & Lenine, *Vivo* (Música)

O fenômeno do suicídio é complexo e mobiliza questões de ordem individual e coletiva com dimensões sociais, ideológicas e políticas, de forma que devemos compreender o suicídio nas suas dimensões: subjetiva/individual e social/comunitária. Essa complexidade requer um trabalho amplo que atinja três grandes eixos: prevenção, o tratamento interventivo e a posvenção.

O trabalho com o suicídio deve abarcar toda a sociedade e alcançar políticas públicas que envolvam a mídia com quebra de crenças, tabus e preconceitos; a preparação de profissionais qualificados e de locais de acolhimento para a identificação precoce e o tratamento adequado; ações que extrapolem o nível individual e que alcancem a sociedade como um todo, não apenas no cuidar, mas também no acolher as pessoas com ideação e tentativas de suicídio.

No cuidar, as políticas públicas devem também atingir políticas sociais amplas de melhoria da qualidade de vida, englobando trabalho, moradia digna, inclusão sociofamiliar, lazer e questões educacionais que envolvam crianças e adolescentes.

Por fim, retomando os questionamentos aventados no início do capítulo: "Mas o que fazer quando a vida já não pede mais vida? Como continuar a viver quando viver já não vale mais a pena?" São questionamentos dos quais se depreendem que, paradoxalmente, a morte gera reflexões sobre a vida, complementamos com o pensamento de Camus (1989):

> Assim, eu extraio do absurdo, três consequências que são minha revolta, minha liberdade e minha paixão. Apenas com o jogo da consciência transformo em regra de vida o que era convite à morte – e recuso o suicídio (p. 48).

Concluímos, pois, que vida e morte são dois temas universais e inerentes à condição humana e, por isso, precisam ser entendidos a partir de diferentes perspectivas e vivências. E o suicídio, visto como um tipo de morte interditada e subvertida gera questionamentos e inquietações de diferentes ordens nos diferentes sujeitos envolvidos. De tal forma que para tais questionamentos e inquietações não existe uma única resposta, nem pode ter um único olhar, mas tantas respostas e olhares quanto subjetividades envolvidas, e para qualquer das respostas dadas, e em todos os olhares, estarão sempre presente o ser humano e sua história de vida. Cuidemos do ser humano.

Referências

BARROS, M. N. S. Introdução. *In*: *O Suicídio e os Desafios para a Psicologia.* Brasília: Conselho Federal de Psicologia.10-12, 2013.

BERTOLOTE, J. M. *O Suicídio e sua Prevenção.* São Paulo: Editora Unesp, 2012.

BERTOLOTE, J. M.; MELLO-SANTOS, C.; BOTEGA, J. N. Detecção do risco de suicídio nos serviços de emergência psiquiátrica. Ver. *Bras. Psiquiatr.* vol. 32, supl. 2. São Paulo Oct., 2010.

BLATT, M. R. A relevância das redes sociais na prevenção ao suicídio. *Revista da Saúde da AJES*, Juína/MT, v. 5, n. 10, p. 36-46, 2019.

BOLETIM EPIDEMIOLÓGICO. Saber, agir e prevenir. Secretaria de Vigilância em Saúde. *Ministério da Saúde.* Vol 48, n. 30, 2017.

BOTEGA, N. J. *Crise suicida*: avaliação e manejo. Porto Alegre: ARTMED, 2015.

CÂNDIDO, A. M. *O enlutamento por suicídio: elementos de compreensão na clínica da perda*. Dissertação de Mestrado, Universidade de Brasília, Brasília, 2011.

CAMUS, A. *O mito de Sísifo*. 3. ed. Rio de Janeiro: Guanabara, 1989.

COMISSÃO ESPECIAL DE PSICOLOGIA NA SAÚDE DO CRP 01/ DF. Orientações para a atuação profissional frente a situações de suicídio e automutilação. Brasília, 2020 (org.). P. 48.

CREPALDI, M, A. Prefácio. *In*: M. E. Maliska; A. Wallauer. *Suicídio*: um desafio para profissionais de saúde. Florianópolis, SC: Pandion, 2012.

DAOLIO, E. R.; SILVA, J. V. Os significados e os motivos do suicídio: as representações sociais de pessoas residentes em Bragança Paulista, SP. BIO&THIKOS, Centro Universitário São Camilo, 3(1): 68-76, 2009.

FREITAS, A. P. A; BORGES, L. M. Tentativas de suicídio e profissionais de saúde: significados possíveis. Estudos e Pesquisas em Psicologia Rio de Janeiro, v. 14, n. 2, p. 560-577, 2014.

FUKUMITSU et al. Posvenção: uma nova perspectiva para o suicídio. *Revista Brasileira de Psicologia*, 02(02), Salvador, Bahia, 2015.

FUKUMITSU, K. O. O psicoterapeuta diante do comportamento suicida. *Psicologia USP*, 25(3), 270-275, 2014. http://dx.doi.org/10.1590/0103-6564D20140001

GOMES, E. R; IGLESIAS, A.; CONSTANTINIDIS, T. C. Revisão Integrativa de Produções Científicas da Psicologia sobre Comportamento Suicida. *Revista Psicologia e Saúde*, v. 11, n. 2, maio/ago, 2019.

GONÇALVES, B. Automutilação: uma existência em sofrimento. *In*: ANGERAMI, V.A. (org). *Suicídio e suas interfaces*: o ardiloso emaranhado da autodestruição. Belo Horizonte: Artesã Editora, 2019. p. 105-122.

LOPES, W. O. S. Suicídio: a dor que silencia a vida. *In*: FARIAS, L; ARAÚJO, L.; RIBEIRO, M.; e MENEZES, R. (2019-org). *Comportamento e suicídio*: o suicídio e seus atores sociais. Petrolina: UNIVASF, 2019. p. 62-67.

MACIEL, S. C.; PONTES, A. M. Pacientes com HIV/AIDS e ideação suicida: resgatando o sentido na vida através da logoterapia e análise existencial. *In*: ANGERAMI, V. A. (org). *Suicídio e suas interfaces*: o ardiloso emaranhado da autodestruição Belo Horizonte: Artesã Editora, 2019. p. 249-269.

MAY, R. Psicologia existencial. *In*: MILLON, T. *Teorias da Psicopatologia e Personalidade*. Rio de Janeiro: Interamericana, 1979.

MINISTÉRIO DA SAÚDE. Boletim epidemiológico: Agenda de ações estratégicas para a vigilância e prevenção do suicídio e promoção da saúde no Brasil 2017-2020. Brasília.

MINISTÉRIO DA SAÚDE. Portaria n. 1.876, de 14 de agosto de 2006. *Instituto Diretrizes Nacionais para a Prevenção ao Suicídio*. Brasília, 2006.

MINISTÉRIO DA SAÚDE. *Prevenção ao Suicídio*: Manual dirigido a profissionais das equipes de saúde mental. Brasília, 2006. p. 76.

NETTO, N. B.; WERLANG, B.; RIGO, S. C. Suicídio: uma questão de saúde pública e um desafio para a psicologia clínica. In: *O Suicídio e os Desafios para a Psicologia*. Brasília: Conselho Federal de Psicologia,13-24, 2013.

NUNES, E. D. O Suicídio – reavaliando um clássico da literatura sociológica do século XIX. *Cad. Saúde Públ.*. Rio de Janeiro, 14(1):7-34, 1998.

ORGANIZAÇÃO MUNDIAL DE SAÚDE. *Mental Health Action Plan 2013-2020*. OMS, 2013.

ORGANIZAÇÃO PAN-AMERICA DE SAÚDE. *Folha Informativa* – Suicídio, OPAS.

PEREIRA, C. C. M.; BOTTI, N. C. L. O suicídio na comunicação das redes sociais virtuais: revisão integrativa da literatura. *Revista Portuguesa de Enfermagem*, 17(jun): 17-25, 2018.

RUCKERT, M. L.T; FRIZZO, R. P.; RIGOLI, M. M. R. Suicídio: a importância de novos estudos de posvenção no Brasil. *Revista Brasileira de Terapias Cognitivas Review Articles*. 15(2), 2019.

SCAVACINI, K. *O suicídio é um problema de todos*: a consciência, a competência e o diálogo na prevenção e posvenção do suicídio /Tese (Doutorado – Programa de Pós-graduação em Psicologia Escolar e do Desenvolvimento Humano). Instituto de Psicologia, Universidade de São Paulo, 2018.

TAVARES, M. S. A; SILVA, L. C.; COLOMA, C. Suicídio: o luto dos sobreviventes. In: *O Suicídio e os Desafios para a Psicologia*. Brasília: Conselho Federal de Psicologia, 43-76, 2013.

WANDERLEY, F. C.; CAJUEIRO L. R.; SILVA, R. L.; ARAÚJO. T. M. V. *In*: FARIAS, L; ARAÚJO, L.; RIBEIRO, M.; MENEZES, R. (2019-org). *Comportamento e suicídio*: o suicídio e seus atores sociais. Petrolina: UNIVASF, 2019, p. 40- 46, 2019.

WORLD HEALTH ORGANIZATION (WHO); INTERNATIONAL ASSOCIATION FOR SUICIDE PREVENTION (IASP) (2008). *Preventing suicide*: how to start a survivor's group. Geneva: WHO/IASP.

CAPÍTULO 8

Tentativa de Suicídio: reflexões a partir da Abordagem Centrada na Pessoa

Fausto Rocha Fernandes

Patrícia Cardoso de Oliveira

E por falar em Suicídio... Estamos vivendo um momento impar em nossa existência, sendo que somos reféns de uma pandemia que se alastra por algum tempo, assistimos a uma sociedade que ainda passa por questões de discriminação racial e diversidade sexual.

Pensar o ser humano inserido nessa contemporaneidade, onde tais fenômenos agridem os fatores psicológicos e físicos, onde o mesmo começa a se confrontar e procurar um próprio sentido para a sua vida e tipicamente procura um significado para a sua própria identidade.

E onde buscar essa imunidade psicológica que possa combater essa geração de conflitos e sofrimento humano imposto por um modelo de associação as nossas próprias representações sociais?

Desta forma, procuramos o nosso próprio tempo, quando começamos a afrontar as raízes do nosso próprio sofrimento psíquico, o qual nos leva a repensar sobre uma continuidade ou não de nossa própria existência, que se encontra destituída de horizontes e aprisionada em nosso próprio eu.

E para falar sobre o suicídio, é interessante que apresentemos dados que possam levá-los a reflexões de como as abordagens psicológicas podem nos ajudar a entender esse fenômeno e a buscar ferramentas adequadas para abordar o mesmo.

O suicídio é um fenômeno que ocorre em todas as regiões do mundo. Estima-se que, anualmente, mais de 800 mil pessoas morrem por suicídio e, a cada adulto suicida, pelo menos outros 20 atentam contra a própria vida. Segundo dados da Organização Mundial da Saúde (OMS, 2012), o suicídio representa 1,4% de todas as mortes em todo o mundo, tornando-se, em 2012, a 15ª causa de mortalidade na população geral; entre os jovens de 15 a 29 anos, é a segunda principal causa de morte. Abreu (2010) conceitua o comportamento suicida por meio de atos como: pensamentos de autodestruição, autoagressão manifestada por gestos suicidas e tentativas de suicídio e, finalmente, o próprio suicídio.

De acordo com a Associação Brasileira de Psiquiatria (ABP, 2014), o suicídio pode ser definido como um ato deliberado e executado pela própria pessoa que tem a intenção de se matar. De maneira consciente, ela acredita que, dando fim à própria vida, tudo se resolverá. O suicídio é um fenômeno presente ao longo de toda a história da humanidade, em todas as culturas.

O suicídio refere-se ao desejo consciente de morrer e à noção clara do que o ato executado pode gerar (Araújo et al., 2010). O comportamento suicida pode ser dividido em três categorias: ideação suicida (pensamentos, ideias, planejamento e desejo de se matar), tentativa de suicídio e suicídio consumado.

O suicídio carrega diversos estigmas sociais que levam sua discussão para diversos âmbitos que buscam respostas concretas para o fato. Entretanto, segundo Rigo (2013), não é possível apontar um único fator como causa do suicídio, tendo em vista que o mesmo é perpassado por diversos fatores sociais, culturais, psicológicos e biológicos, ou seja, é necessário realizar uma análise integral do sujeito, a fim de compreender toda a complexidade deste fenômeno.

De acordo com Figueiredo et al. (2015, p. 1712), a ideação suicida, a tentativa e o suicídio têm relações estreitas, mas diferenciam-se. A ideação suicida é caracterizada pelos pensamentos, verbalizações e ações que demonstram o desejo em colocar um fim à própria vida. A tentativa de suicídio é o indivíduo cometer alguma atitude autodestrutiva, mas que não tem seu desfecho concluído, enquanto o suicídio é esta ação autodestrutiva com seu objetivo consumado.

A perspectiva fenomenológica-humanista compreende que a tentativa do suicídio é um fenômeno único para cada sujeito, dessa maneira é preciso escutá-lo para buscar um entendimento de como esse evento se deu para ele. Mesmo que haja elementos em comum para mais de um sujeito; até esses elementos podem ser experienciados de maneira única e singular (Rocha; Boris e Moreira, 2012).

A Abordagem Centrada na Pessoa é uma abordagem das relações interpessoais desenvolvida pelo psicólogo americano Carl Rogers (1902-1987), um dos mais renomados psicólogos do século XX e um pioneiro na pesquisa científica em psicoterapia.

O pressuposto fundamental da Abordagem Centrada na Pessoa é que em todo indivíduo existe uma tendência atualizadora, uma tendência inerente ao organismo para crescer, desenvolver e atualizar suas potencialidades numa direção positiva e construtiva:

> A hipótese central da abordagem centrada na pessoa é a de que o indivíduo possui dentro de si mesmo vastos recursos para a autocompreensão e para alterar o seu autoconceito, suas atitudes básicas e seu comportamento autodirigido, e estes recursos podem ser liberados se um clima definido de atitudes psicológicas facilitadoras puder ser oferecido.

A tentativa de suicídio, além de ser entendida como um fenômeno particular a cada indivíduo, também é entendida como um fenômeno mundano, em que as demandas sociais e culturais têm influência direta, pois, o ser existe estando em relação com o mundo, e o mundo produz implicações na existência desse ser; dessa maneira, essa relação "ser-mundo" supera uma dicotomia e leva a uma reflexão do suicídio como ambíguo, sendo um fenômeno individual, social, cultural e mundano, simultaneamente (Rocha; Boris e Moreira, 2012).

E nessa relação está a descoberta do nosso eu, do nosso próprio conceito de existência que reflete na capacidade de enxergar por dentro e de entender todo o processo conflituoso que temos em nossa plena existência.

Para Rogers (1992), Self é o autoconceito que a pessoa tem de si mesma, que é baseada em experiências passadas, estímulos presentes e expectativas futuras. Self é o contínuo processo de reconhecimento. Rogers enfatiza muito as possibilidades de mudança e a flexibilidade que são conceitos que fundamentam a sua teoria e a sua crença de que as pessoas são capazes de crescimento, mudança e desenvolvimento pessoal.

Assim, segundo Maia e Germano (2009) o self rogeriano pode ser encarado como uma condição consciente e reflexiva de si, que tem e fornece significados com os quais a pessoa identifica-se e a partir dos quais percebe a realidade. Observa-se também que o conceito de self faz parte de uma estrutura mais abrangente representada pelo organismo. Seguindo esta linha de raciocínio, também é necessário realizar um recorte sobre os dados sociais que emergem de estudos realizados a partir de uma visão macro, observando as formas em que tais fenômenos se apresentam no âmbito individual.

> Supõe-se que a tentativa de suicídio revela o que Rogers ponderou como desacordo vivido pela pessoa entre a estruturação do seu self com sua experiência global, ou seja, para manter a necessidade básica de apreço e consideração – afeto, amor – das pessoas critérios – significativas, a criança introjeta concepções e valores dos outros, tornando assim estas concepções parte do seu autoconceito, ainda que estes não procedam de suas experiências organísmicas, podendo assim manifestar certo falseamento ou distorção daquilo que é experimentado (Fonseca e Lobo, 2015, p. 157).

Aqui cabe salientar a forma autêntica em que o indivíduo se expressa em sua relação ser-no-mundo, tendo em vista a possibilidade de o indivíduo ceder às pressões sociais e se comportar de acordo com o que tais preceitos sociais esperam dele, e não a partir de sua autenticidade.

Em consonância, a análise do campo fenomenológico se torna imprescindível para a compreensão do sujeito. Segundo Rogers (1992, p. 548), o campo fenomenológico engloba todas as experiências de um organismo, sendo elas conscientes ou não. Por este viés, "Quanto mais suas experiências estejam disponíveis à sua consciência, mais é possível, ao indivíduo, transmitir um quadro total de seu campo fenomenológico" (Rogers, 1992, p. 564). Partindo deste ponto de vista, a percepção dos objetos presentes no campo fenomenológico por parte do indivíduo se torna essencial para que o mesmo possa enxergar as possibilidades, por meio de sua existência, indo em contrapartida às características da alienação existencial.

Com base nos pontos debatidos até aqui, a postura e possíveis intervenções clínicas utilizando como base à abordagem centrada na pessoa abrem um leque de possibilidades para o fazer clínico frente a casos de tentativas de suicídio. Uma das principais características desta postura é a escuta, a qual o terapeuta consegue acessar os fenômenos que emergem no discurso do indivíduo, "eis o intento da Terapia Centrada no Cliente: acessar a experiência, de modo a compreendê-la em seus sentidos-significações e, com base nisso, fazer as intervenções" (Branco e Cirino, 2016, p. 246).

A escuta psicológica clínica pode ser considerada um dispositivo de cuidado, imprescindível diante das demandas com as quais o psicólogo lida, que são, em sua maioria, advindas de um sujeito que porta certo tipo de sofrimento. Nas relações que estabelece com este outro, o profissional de Psicologia transita entre um cuidar e saber de si, a fim de dar conta dos múltiplos sentidos do processo (Lima, 2005).

Lima (2005) destaca que o escutar, ao contrário do ouvir, não se baseia apenas na coleta de sons que chegam aos ouvidos. O escutar perpassa por uma abertura e envolvimento com o outro que fala, ou melhor, diz. Nesse sentido, a escuta clínica na prática psicológica não se caracteriza como uma escuta comum, mas como um ouvir diferenciado, pois quem escuta e quem fala se abrem à experiência alteraria e produzem novos significados que favorecem novos modos de sentir, pensar e agir.

Lembramos, aqui, o que refere Amatuzzi (2008): se o aparelho auditivo estiver em ordem, qualquer pessoa pode ouvir, mas não escutar, ou não ouvir realmente, pois para ouvir realmente é preciso atravessar os sons e ir até o significado que emerge do conteúdo da pessoa que fala. Defendemos, como propõe Heckert (2007), que a escuta clínica não é um saber que possa ser transmitido na forma de conteúdo técnico, mas demanda uma experienciação do sujeito no contato direto com a prática de escutar. É no encontro de sentidos que vai se constituindo a escuta, de modo que ela englobe uma trama maior de saberes e fazeres da Psicologia (Lima, 2005).

Dentro desta escuta, também é importante que o terapeuta atente aos recortes como idade, gênero, raça, classe social, e como o mesmo se implica no processo de existência do indivíduo, tendo em vista que, como já citado, o fenômeno da tentativa de suicídio, mesmo sendo um fator singular, também contém atravessamentos sociais em sua manifestação.

A proposição de fazer recortes sociais também implica na consideração do suicídio como um tema de saúde pública, ou seja, faz-se necessário compreender as responsabilidades sociais do profissional de Psicologia em relação às políticas públicas voltadas para à saúde mental, que também visam à prevenção do suicídio, tendo em vista que, segundo Bacellar, Rocha e Flor (2012, p. 137), a Abordagem centrada na pessoa não se restringe à prática clínica, nem à Psicologia, podendo ser caracterizada como um jeito de abordar e ser em deveras situações que envolvem relações humanas.

> A Abordagem Centrada na Pessoa, com sua proposta de promover relações interpessoais autônomas e consequentemente humanizadas, sugere o desenvolvimento de atitudes de consideração positiva incondicional, empatia e autenticidade como características principais desse jeito de ser (Bacellar et al. 2012, p. 134).

Seguindo esta linha de raciocínio, a consideração positiva incondicional é caracterizada pela aceitação de forma calorosa dos aspectos das experiências advindas da existência do indivíduo, implicando numa forma de direcionar o olhar para o cliente, considerando-o como uma pessoa individualizada, ou seja, única em seu projeto de existência. Tal postura clínica, juntamente com a atitude empática, promove o acolhimento e a sensação de estar sendo compreendido por parte do cliente, favorecendo e qualificando o vínculo terapêutico. (Bacellar; Rocha e Flor, 2012).

Segundo Rogers (2003, pp. 35-36), quando um cliente entra em conflito com a sua incapacidade de exercer uma escolha ou com ideações suicidas, a compreensão dos sofrimentos e fenômenos que emergem, sem que o terapeuta assuma as responsabilidades pertencentes ao cliente, caracteriza-se como uma expressão significativa de uma confiança considerada fundamental para a tendência-atualizante, intrínseca no organismo humano.

Neste sentido, pensando nos pontos que caracterizam os momentos antes da tentativa de suicídio, incluindo a alienação existencial, juntamente com estigmas sociais que exprimem o indivíduo a uma condição de isolamento social e, consequentemente, a uma sensação de incompreensão de seus sofrimentos por parte de outras pessoas, tal movimento em direção à escuta e à validação dos sofrimentos do indivíduo se torna um caminho para o acolhimento e de sensação de estar sendo compreendido na relação terapêutica, tendo em vista que um ambiente que proporciona um clima de aceitação abre possiblidades de novas formas de enxergar determinadas situações, também havendo a possibilidade do cliente se abrir para novas experiências. (Rocha; Boris e Moreira, 2012, p. 72).

Para Moreira (2010), a psicoterapia pode ser dividida em cinco partes, sendo a não diretiva a primeira delas. Nesta fase, a visão é voltada principalmente para aspectos sentimentais e para situações presentes na vida do indivíduo e focaliza no cliente, em vez de voltar o olhar somente para o problema, encarando a relação terapêutica como uma possibilidade de experiência e de crescimento. Por esse ponto de vista, a atenção integral ao cliente, ao encontro e não considerando apenas os aspectos intelectuais que o indivíduo traz, o terapeuta sai da condição de especialista, tornando a relação mais pessoal.

Tomando tais discussões como base, o primeiro contato com o cliente necessita de uma postura acolhedora por parte do terapeuta, focando sua atenção na pessoa do cliente, o que proporciona a compreensão dos fenômenos apresentados e um sentimento, por parte do cliente, de estar sendo acolhido e compreendido numa relação, sendo esta, no primeiro momento, mais pessoal e não como uma figura de especialista por parte do terapeuta. A proposta também possibilita que o indivíduo enxergue determinadas situações de maneiras diferentes e, consequentemente, abre diversas possibilidades de intervenção por parte do terapeuta, incluindo as cinco fases da abordagem centrada na pessoa, proposta por Moreira (2010).

Devido ao fato de apenas o próprio indivíduo poder conhecer e acessar o seu mundo experiencial de forma completa e autêntica, a importante questão ressaltada por Rogers (1983), no que concerne ao processo clínico, é a clareza da comunicação, não querendo fazer referência, com isso, somente a elementos de cunho verbal (cognitivo e intelectual), mas "a algo mais 'vivencial', algo que abrange a pessoa inteira, tanto as reações viscerais e os sentimentos como os pensamentos e as palavras" (p. 4). Ao descrever sobre as consequências e os impasses experimentados nesse processo comunicacional, Rogers (1983) reitera:

> Constato [...] que ouvir traz consequências. Quando efetivamente ouço uma pessoa e os significados que lhe são importantes naquele momento, ouvindo não suas palavras, mas ela mesma, e quando lhe demonstro que ouvi seus significados pessoais e íntimos, muitas coisas acontecem (p. 6).

Ouvir efetiva e satisfatoriamente implica na busca por compreensão dos significados reais que são atribuídos pelo enunciador, pela compreensão da dimensão simbólica, dos sentidos que preenchem a mensagem que é expressa de forma a não se prender ao que é dito, às palavras em sua dimensão semântica (Amatuzzi, 2001, apud Miranda e Freire). Ainda para Amatuzzi (2001), a comunicação superficial "fica no nível das palavras, enquanto o significado pleno se prende a toda presença significante da pessoa" (p. 68).

Carl Rogers (1983) dá ênfase na perspectiva do indivíduo enquanto pessoa inteira, desestimulando a compreensão fragmentada do adoecimento que, também compondo dimensões existenciais do sujeito, deve ser apreendido integrado ao ser. O autor propõe a priorização dos processos de comunicação que se estabelecem na relação intersubjetiva construída entre cliente e psicoterapeuta e que servem ao propósito de acessar a subjetividade do cliente enquanto pessoa, em detrimento de suas dimensões patológicas.

Assumindo a tendência à atualização, postulado central de sua teoria, enquanto força motriz inerente, Rogers (1983) fundamenta sua visão de homem e de mundo na convicção na capacidade de autorregulação do indivíduo rumo ao desenvolvimento de suas potencialidades, de sua autoconservação e enriquecimento próprio, levando em conta as possibilidades e limitações do seu ambiente existencial.

O principal objetivo da práxis clínica na Abordagem Centrada na Pessoa, nesse sentido, seria promover uma atmosfera facilitadora do desenvolvimento de tendências atualizantes, impulso primário direcionado ao aperfeiçoamento do eu de forma construtiva e positiva, além do estímulo à compreensão e aceitação de sentimentos e percepções da realidade por meio da aceitação incondicional e de uma comunicação clara, empática e sincera, não impositiva ou prescritiva.

Ao ser lançado na relação pessoa-pessoa com confiança, entrega, disposição e abertura ao processo terapêutico, a relação entre subjetividades possibilitaria ao cliente momentos de reflexão, ressignificação de convicções e vivências, desvelamento de sentidos e mobilização de mudanças, resultando, assim, no incentivo à realização de processos de autorrealização.

Hoje, a Rede de Atenção Psicossocial (RAPS) é parte do Sistema Único de Saúde, o SUS. A RAPS conta com atendimento regionalizado, distribuído principalmente nos serviços ofertados pelos Centros de Atendimento Psicossocial (CAPS), Centros de Referência de Assistência Social (CRAS) e Centros de Referência Especializados em Assistência Social (CREAS).

Segundo os autores Ferreira et al. (2016, p. 72), o CAPS é referência em atendimento à saúde mental, pois são neles que se operam com mais sucesso as propostas de desinstitucionalização do doente mental, principal ideal da Reforma Psiquiátrica brasileira, a urgência psicossocial do suicídio na atualidade, leva diversas pessoas ao serviço público de saúde, com demandas emergenciais com tentativas ou ideação suicida, o profissional então deve estar munido de conhecimento e instrumentalização para o manejo do comportamento suicida.

Carl Rogers, como percursor da teoria, sofreu ao longo tempo uma evolução em sua proposta. Em 1940, nasce sua nova proposta teórica de psicoterapia e Rogers a nomeia de Psicoterapia Não-Diretiva ou Aconselhamento Não-Diretivo, publicado em 1942, em seu livro *Psicoterapia e consulta psicológica,* e posteriormente passa a denominá-la Terapia Centrada no Cliente, Ensino Centrado no Aluno, Liderança Centrada no Grupo e, por último, Abordagem Centrada na Pessoa que, segundo ele, é a denominação mais adequada a sua teoria (Rogers, 1983). Devido a tais processos criativos e constritos, a sua teoria se divide de maneira temporalizadora, e aqui discutiremos sobre elas brevemente embasando na revisão de Moreira (2010) intitulada *Revisitando as fases da abordagem centrada na pessoa*, conectando-as ao manejo da tentativa de suicídio.

Fase não-diretiva (de 1940 a 1950), esta primeira fase refere-se à Psicoterapia Não-Diretiva. Trata-se da parte de conceitos que têm como base o impulso individual para o crescimento e para a saúde. Dá-se maior ênfase aos aspectos de sentimento do que aos intelectuais, enfatiza-se o presente do indivíduo em vez do seu passado, há um foco maior de interesse no indivíduo, e não o problema, tomando a própria relação terapêutica como uma experiência de crescimento.

Aqui, o cliente conduziria o processo, e não o psicoterapeuta, que intervém minimamente, com a ideia de não diretividade como objetivo de desconstruir a figura de autoridade do psicoterapeuta, dando espaço para a construção de diálogos (Moreira, 2010). Neste âmbito, em casos de ideação suicida e/ou suicídio não consumado, possíveis intervenções se dariam por meio da escuta, buscando redirecionar o foco ao presente e aos planos futuros, e não ao passado, desvelando por intermédio da não diretividade uma possibilidade de aprendizado de vida, por meio da experiência e dos fatos que circundam a sua história vivencial.

Fase reflexiva (de 1950 a 1957), esta é a fase da Terapia Centrada no Cliente, sendo a função do terapeuta promover o desenvolvimento do cliente. Então, é desenvolvida a teoria das atitudes facilitadoras, segundo a qual o psicoterapeuta deve apresentar três condições para que ocorra o crescimento do cliente: empatia, aceitação positiva incondicional e congruência (Moreira, 2010).

A empatia se direciona à compreensão do universo individual do cliente. A aceitação positiva incondicional se relaciona ao respeito às particularidades do cliente. A congruência seria a relação correlacional "limpa" entre terapeuta e cliente.

O cliente aqui encontra-se em um estado de incongruência (inconformidade), e o terapeuta se mantém congruente na relação, exercendo empatia, consideração positiva e comunicação efetiva com ele.

Ao pensar clinicamente as possibilidades deste segundo passo da teoria Rogeriana, com pacientes suicidas, a Psicoterapia se pautaria na honestidade, na empatia e no não julgamento ao processo do cliente, resgataria o pensamento fenomenológico da "epoché", em que sejam sublimados (suspenso) os pré-julgamentos e pressupostos do terapeuta, exercendo a sua escuta afetiva e empática.

Fase experiencial (de 1957 a 1970), aqui a psicoterapia foca em ajudar o cliente a usar plenamente a sua experiência com o objetivo de promover uma maior congruência do self e do desenvolvimento relacional. O psicoterapeuta deve confiar em seus próprios sentimentos, sendo congruente com a própria experiência, ou seja, a sua experiência passa a ser entendida como parte da relação terapeuta-cliente (Moreira, 2010).

Nesta fase, pensando no prisma do suicídio, o psicoterapeuta usaria como método a utilização de seus próprios sentimentos como movimento na relação terapeuta-cliente. Esta fase se caracterizaria como "bicentrada", pois se correlaciona com o universo do terapeuta e do cliente, focando esforços para explorar e interagir tais universos, ao buscar, assim, o benefício para o cliente.

Fase coletiva ou inter-humana (de 1970 a 1987), nesta fase, há a necessidade de descrever sobre a denominação "inter-humana", relacionaria-se a uma fase de transcendência de valores e de ideias, em que Rogers trabalha com conceitos que coexistem em outras áreas da ciência, tais como a física, a química ou a biologia. Aqui começa a discussão da centralidade da pessoa, em sua plenitude, não dicotomizando a mente-corpo, ou bio-psiquico, e sim sua integralidade.

Para Rogers (1992), "o indivíduo existe num mundo de experiências em constante mutação, do qual ele é o centro" (p. 549). Este mundo no qual se dá a experiência suicida, também denominado de campo fenomenológico, essencialmente diz respeito ao mundo subjetivo, ao mundo vivido constituído a partir de todas as experiências agenciadas pelo organismo em seu meio. Para Moreira (2007), "este homem que sempre está entrelaçado com o mundo, não é o centro do mundo. Ele o constitui tanto quanto o mundo constitui a ele, de tal modo que não existe um centro" (p. 107).

A superação da dicotomia homem-mundo possibilita um olhar diferenciado sobre a experiência singular do suicídio, a partir da existência de cada sujeito, experiência esta que deixa de ser reconhecida como um fenômeno vivido por uma subjetividade adoecida e que passa a ser compreendida como uma experiência mundana total, globalizante e legítima, merecendo ser acompanhada como qualquer outra experiência humana.

A singularidade que faz com que cada tentativa de suicídio seja vivenciada de modo singular nos direciona à compreensão desse fenômeno como uma escolha/ação de um indivíduo em um ambiente próprio, em um contexto sociocultural específico no qual se descobre inerente e mutuamente implicado (Merleau-Ponty, 1945/2006).

Coerentemente, trata-se menos de encontrar causas explicativas para o fenômeno do suicídio e mais de compreendê-lo na sua implicação com o mundo, a partir do qual se estabelece a condição própria da experiência humana, de onde emerge o indivíduo que pensa ou tenta se matar. Esse entendimento está de acordo com o que pensam Werlang e Botega (2004), para quem "tanto o indivíduo em geral quanto o suicida não podem ser considerados fora de seu ambiente familiar e social. Cada pessoa está em interação intensa com os outros membros da família e da sociedade" (p. 85).

Segundo o referido autor, as experiências que chegam até a relação terapêutica, incluindo experiências e relatos de conteúdo suicida, devem se tornar conscientes, simbolizadas e elaboradas, isto é, torná-las presentes à consciência, conscientemente experimentadas. Consonante com as proposições de Rogers (1992), deve-se tentar compreender como tal experiência foi vivenciada, o impacto que gerou na pessoa que tentou se matar, o que representou para ela a tentativa de suicídio, como percebe a si mesmo, como é, para o indivíduo, sua 'realidade', como reage/se coloca em seu campo experiencial, mediante demandas internas de seu organismo e mediante demandas externas a ele.

Dessa forma, entendendo que os fenômenos humanos demandam uma compreensão sistêmica, o *setting* clínico concebido com base na postura ética primada pela ACP demanda do psicoterapeuta atitudes voltadas para o fornecimento de um espaço que facilite movimentos de esclarecimento, reconstrução e mobilização do sujeito ante ao suicídio e aos modos de se defrontar com a dor e o sofrimento existencial, não podendo ser considerados isoladamente do contexto do qual emergem (Feijoo, 2018).

A partir de todo o apanhado visto até agora, discutir sobre a importância de ouvir verdadeiramente as palavras, os pensamentos, o significado pessoal favorece como resultado uma satisfação e a conexão com o cliente, onde ouvir as pessoas e aprender todo o possível sobre o cliente, sobre a sua personalidade e sobre as suas relações interpessoais fazem com que a psicoterapia seja eficaz, assim, possibilitando a compreensão das tentativas de suicídio e a sua ideação, focando em suas potencialidades, presente, futuro e aprendendo com as suas experiências vivenciais.

Além disso, ao considerar que a tendência atualizante é a força motriz da diferenciação do *self*, o psicólogo passará a desvelar quais valores sociais e pessoais significativos influenciam na forma como os sujeitos formaram a ideação suicida, em que o espaço de escuta permita ao cliente falar de suas experiências, dos sentimentos, buscando possibilidades de mudança e crescimento (FONSECA e LOBO, 2015).

A Abordagem centrada na Pessoa se aplica à psicoterapia com o objetivo central de apoiar a pessoa nos seus processos de desenvolvimento, para que se torne progressivamente capaz de enfrentar os problemas presentes e futuros de uma maneira integrada, atualizada e coerente com seus valores, acreditando na autoexperimentação como uma das possíveis formas de ressignificar o desejo de autoextermínio, com base em novos sentidos que justifiquem a manutenção da vida.

Por acreditar em uma comunicação autêntica e profunda, a Abordagem centrada na Pessoa aposta no potencial construtivo e transformador das relações compreensivas e abertas, sedimentadas no respeito, na aceitação e no apreço pela pessoa real (ROGERS, 2008) como forma de favorecer a integração de atitudes e comportamentos como partes de si e, a partir daí, desencadear mudanças na própria personalidade.

Portanto, diferenciando-se de tradições epistemológicas ocidentais de características marcadamente objetivistas, diretivas e tecnicistas, a Abordagem centrada na Pessoa propõe pensar o suicídio numa perspectiva fenomenológica, que desvela a possibilidade de considerar e compreender esse fenômeno em sua dimensão expressiva do sofrimento, do desamparo e, portanto, da própria existência humana em um mundo inerentemente inóspito e adverso para o ser-no-mundo.

Podemos concluir a importância da Abordagem Centrada na Pessoa no processo terapêutico com clientes com tentativas de suicídio, em que se busca a compreensão do fenômeno para o ser humano, abstraindo-se de conceitos pré-julgadores para chegar de fato na compreensão global do sofrimento e nos conflitos trazidos pelo indivíduo na esfera existencial. Assim, o psicoterapeuta terá acesso aos recursos psicológicos presentes que poderão contribuir na intervenção psicológica e evitar que este ser humano opte por um caminho "sem" volta e sem convicções futuras e tenha novamente o equilíbrio para enfrentar as impurezas que a vida também nos provoca e tenha coragem para seguir em frente em sua jornada. E, nesse ponto, é possível, então, dizer que é um caminho "com" volta, pois é importante ser um companheiro de viagem desse cliente, porém sabendo como e quando retornar e presenciar juntamente com ele uma nova maneira de ser, ou seja, uma nova experiência de existência.

Referências

ABREU P; LIMA D; KOHLRAUSCH E, SOARES F. Comportamento suicida: fatores de risco e intervenções preventivas. *Rev. Eletr. Enf.* 2010;12(1):195-200. Disponível em: http://www.fen.ufg.br/revista/v12/n1/v12n1a24. Acesso em: 17 abr. 2023.

AMATUZZI, M. M. *O que é ouvir.* Estudos de Psicologia, 7(2), 86-97, 1990.

ARAUJO L. C.; VIEIRA K. F. L.; COUTINHO M. P. L. Ideação suicida na adolescência: um enfoque psicossociológico no contexto do ensino médio. *Psico-USF* (Impr.), Itatiba, v. 15, n. 1, Apr., 2010. Disponível em: http://www.scielo.br/scielo.php?script=sci_arttext&pid=S1413-82712010000100006&lng=en&nrm=isO. Acesso em: 17 abr. 2023.

ANGERAMI, V. A. C. *Sobre o Suicídio.* A psicoterapia diante da autodestruição. Belo Horizonte MG: Ed. Artesã, 2018.

BACELLAR; ROCHA; FLOR. Abordagem centrada na pessoa e políticas públicas de saúde brasileiras do século XXI: uma aproximação possível. *Rev. NUFEN*, São Paulo, v. 4, n. 1, p. 127-140, jun. 2012. Disponível em http://pepsic.bvsalud.org/scielo.php?script=sci_arttext&pid=S2175-25912012000100011&lng=pt&nrm=iso. Acesso em: 17 abr. 2020.

BRANCO; CIRINO. Reflexões sobre a consciência na fenomenologia e na abordagem centrada na pessoa. Gerais, *Rev. Interinst. Psicol.*, Juiz de fora, v. 9, n. 2, p. 241-258, dez. 2016. Disponível em: http://pepsic.bvsalud.org/scielo.

php?script=sci_arttext&pid=S1983=82202016000200007-&lng=pt&nrm-iso. Acesso em: 17 abr. 2020.

CASSORLA, R. (Coord.). *Do suicídio* estudos brasileiros. Campinas: Papirus, 1998.

FIGUEIREDO, *et al.* É possível superar ideações e tentativas de suicídio? Um estudo sobre idosos. *Ciênc. saúde coletiva*, Rio de Janeiro, v. 20, n. 6, p. 1711-1719, June 2015. Disponível em: http://www.scielo.br/scielo.php?script=sci_arttext&pid=S1413-81232015000601711&lng=en&nrm=iso. Acesso em: 17 abr. 2020. https://doi.org/10.1590/1413-81232015206.02102015.

FONSECA; LOBO. Tentativa de suicídio: reflexões em base a clínica centrada na pessoa. *Rev. NUFEN*, Belém, v. 7, n. 2, p. 152-165, dez. 2015. Disponível em: http://pepsic.bvsalud.org/scielo.php?script=sci_arttext&pid=S2175-25912015000200008&lng=pt&nrm=iso. Acessos em: 17 abr. 2020.

FEIJOO, A. M. L. C. *Suicídio entre o morrer e o viver*: Desmoralizando o suicídio na contemporaneidade; dor, sofrimento e pôr fim a própria vida: uma análise crítica. Rio de Janeiro, RJ: IFEN, 2018.

FERREIRA, J.; MESQUITA, Nathalia Nayra Mota; SILVA, Tatiani Aires da; SILVA, Vanessa Freire da.; LUCAS Welliton José; BATISTA, Eraldo Carlos. Os Centros de Atenção Psicossocial (CAPS): Uma Instituição de Referência no Atendimento à Saúde Mental. *Revista Saberes*, Rolim de Moura, v. 4, n. 1, p. 72-86, 2016. Disponível em: https://facsaopaulo.edu.br/wp-content/uploads/sites/16/2018/05/ed5/7.pdf. Acesso em: 17 abr. 2020.

LIMA, D. Algumas considerações sobre a escuta na abordagem fenomenológico-existencial, 2005.

MAIA, C; GERMANO; I; MOURA-JUNIOR. Um diálogo sobre o conceito de self entre a abordagem centrada na pessoa e psicologia narrativa. *Rev. NUFEN*, São Paulo, v. 1, n. 2, p. 33-54, nov. 2009. Disponível em: http://pepsic.bvsalud.org/scielo.php?script=sci_arttext&pid=S2175-25912009000200004&lng=pt&nrm=iso. Acessos em: 17 abr. 2020.

MOREIRA, V. Revisitando as fases da abordagem centrada na pessoa. *Estud. psicol. (Campinas)*, Campinas, v. 27, n. 4, p. 537-544, Dec. 2010. Disponível em: http://www.scielo.br/scielo.php?script=sci_arttext&pid=S0103-166X2010000400011&lng=en&nrm=iso. Acesso em: 17 abr. 2020. https://doi.org/10.1590/S0103-166X2010000400011.

MOREIRA, V. *De Carl Rogers a Merleau-Ponty*: a pessoa mundana em psicoterapia. São Paulo: Annablume, 2007.

MIRANDA, Carmen Silvia Nunes de; FREIRE, José Célio. A comunicação terapêutica na abordagem centrada na pessoa. *Arq. bras. psicol.*, Rio de Janeiro, v. 64, n. 1, p. 78-94, abr. 2012. Disponível em: http://pepsic.bvsalud.org/scielo.php?script=sci_arttext&pid=S1809=52672012000100007-&lng=pt&nrm-iso. Acesso em: 28 dez. 2020.

MERLEAU-PONTY, M. *Fenomenologia da percepção*. São Paulo: Martins Fontes (Original publicado em 1945), 2006.

ORGANIZAÇÃO MUNDIAL DA SAÚDE. *Relatório mundial sobre violência e saúde*. Genebra: OMS; 2002.

REIS, K. *Uma hermenêutica da tentativa de homicídio praticada por homens*. (Dissertação de Mestrado). Instituto de Filosofia e Ciências Humanas, Programa de Pós-Graduação em Psicologia Social, Universidade Federal do Pará, Belém, 2014.

RIGO, S. Suicídio: uma questão de saúde pública e um desafio para psicologia clínica. *In*: *Suicídio e os desafios para a psicologia*. Conselho Federal de Psicologia. Brasília: CFP, 2013.

ROGERS, C. *Terapia centrada no cliente*. Tradução de M. Ferreira. São Paulo: Martins Fontes. (Original publicado em 1951), 1992.

ROGERS, C. R. (2008). As condições necessárias e suficientes para mudança terapêutica na personalidade. Em J. Wood. (Org.). *Abordagem centrada na pessoa*. 4 ed. Vitória, ES: EDUFES. (Original publicado em 1957). pp 143-162.

ROGERS, C. R. *Um jeito de ser*. São Paulo: EPU, 1983.

ROGERS, Carl R. *Tornar-se Pessoa*. São Paulo: Martins Fontes, 1991.

ROCHA, M; BORIS, G; MOREIRA, V. A. Experiência Suicida numa Perspectiva Humanista-Fenomenológica. *Rev. da Abordagem Gestáltica*, S.I. v.18, n. 1, a. 10, p. 69-78. jan-jun. 2012. Disponível em: http://pepsic.bvsalud.org/pdf/rag/v18n1/v18n1a10.pdf. Acessos em: 17 abr. 2020.

WERLANG, B.; BOTEGA, N. (Orgs). *Comportamento suicida*. Porto Alegre: Artmed, 2004.

WOOD, J. K.; *et al.* (Orgs.). Abordagem Centrada na Pessoa. 4 ed. Vitória: Edufes, 2008.

POESIA

Às vezes, toco o seu coração

Moisés Abdon Coppe

Às vezes, toco o seu coração...
Revelo exumados sentimentos, aqueles comovidos outrora.
Há palavras que deslizam pelas brisas. Tenho apreço pelos monumentos dissolvidos.

Às vezes, toco o seu coração...
Olhar afetuoso, desejo de bem-maior.
Batidas de corações:
sístoles e diástoles no melindre do tempo.

Às vezes, toco o seu coração...
Na balada dos gestos e cuidados;
na conduta singela, jangada ao mar.
Sol do poente se esconde contente.

Às vezes, toco o seu coração...
Corpos encontrados,
beijos molhados,
mãos entrelaçadas numa vida quase real.
Dias eivados de paixão-ilusão.

Às vezes, toco o seu coração...
Em contornos amadurecidos,
dilemas com gosto de gente simples.
Nuvens de chuvas aninhadas no ar.

Às vezes, toco o seu coração...
Num abraço gostoso,
beijos ardidos, faces rosadas,
um toque encanto pra ser só amor em reinvenções.

CAPÍTULO 9

Estudantes de Medicina: salvando vidas e desejando a morte

Denise Pereira Alves de Sena

Maria Aparecida Penso

Existe um dilema sério na formação em Medicina, porque se, por um lado os médicos são aqueles profissionais que lidam diretamente com o vínculo com a vida/saúde, tratamentos e curas, por outro é a população em maior risco para autoextermínio. Essa informação, mundialmente difundida, de que os estudantes de Medicina e os médicos são a população mais afetada por ideação, tentativa e consumação de suicídio, não é novidade (Niekerk *et al.*, 2012; Stoen *et al.*, 2013; Martinac *et al.*, 2013; Pinzón-Amado *et al.*, 2013; Winsatt *et al.*, 2015; Santa, Cantilino, 2016; Coker *et al.*, 2018). Estudos mostram que os alunos de Medicina deprimem três vezes mais que os colegas de outras graduações (Alves *et al.*, 2010; Rau *et al.*, 2013). Em um estudo norueguês, que entrevistou 522 alunos de Medicina, foi demonstrado que 14% deles tiveram pensamento suicida durante o último ano de curso, e 1,4% realizaram tentativas ao longo do mesmo ano (Rau *et al.*, 2013). Outra pesquisa publicada, realizada com 400 estudantes de Medicina, apresentou prevalência de sintomas depressivos em 79%, sendo 29% com grau leve, 31% moderado e 19,25% grave, tornando-se evidente que quanto mais elevado o período do curso, maior sintomatologia depressiva (Rezende *et al.*, 2008). Em mais um estudo realizado na Polônia, 70% dos alunos de Medicina declaram ter tido ideação suicida depois do início do curso (Rosiek *et al.*, 2016).

Os números são alarmantes. Em pesquisa realizada por Niekerk *et al.* (2012) com 874 alunos de Medicina de Pretória (África do Sul),

38% dos participantes responderam que "sua vida não vale a pena ser vivida", 1/3 relatou ideação suicida no final do primeiro ano do curso e 6,2% já havia tentado suicídio (vale destacar que a média nacional daquela localidade, de tentativa de suicídio da população, é de 2,95% na mesma faixa etária). Na Colômbia, 963 estudantes foram entrevistados, com idade média de 20,3 anos e, por meio de questionário, 149 responderam que já tiveram ideação suicida, 47 já tentaram suicídio e 131 fizeram uso de antidepressivo depois do início do curso de Medicina (Pinzón-Amado *et al.*, 2013). E a pesquisa dos autores Miletic, Lukovic, Ratkovic, Aleksic e Grgurevic (2015) demonstrou a íntima relação entre ideação suicida e fatores relacionados à cobrança acadêmica, média das notas escolares, histórico de depressão, uso de drogas e pouca qualidade nas relações amorosas, sexuais e sociais. Neste artigo, vamos realizar uma tentativa de compreender esse triste fenômeno mundial.

Os jovens que escolhem estudar Medicina precisam ter a sua rotina diária de estudo composta por muita dedicação, antes mesmo de ingressar na faculdade, podendo iniciar a graduação já com quadro não diagnosticado de ansiedade, depressão e estresse (Yousuf, S L Beh, W C Wong, 2013), sendo pessoas com fortes traços de individualismo, perfeccionismo e autocobrança (Winsatt *et al.*, 2015).

No Brasil, este vestibular é o mais concorrido, mesmo existindo várias faculdades de Medicina. Segundo Scheffer, os dados da Demografia Médica do Brasil (2020) demonstram que o país contava com 357 escolas médicas perfazendo um total de 37.823 vagas (públicas e privadas), tendo crescido 125% se comparado com os números registrados em 2010. Temos médicos na taxa de 10,4 diplomados/100 mil habitantes, números semelhantes à Grécia (10,2), acima do Canadá (7,7), Estados Unidos da América (7,8) e França (9,5).

Após o estudante vencer a barreira de entrar para a faculdade, ele se depara com outra ainda maior: concluir o curso. Estudos indicam que o terceiro e o quarto anos são os mais "adoecedores" para os alunos. Traçando uma linha do tempo entre o curso e as emoções/percepções associadas teremos:

- a entrada na faculdade é acompanhada por euforia, alívio e forte sensação de dever cumprido junto aos familiares;

- o 1º e 2º anos são vivenciados com frustrações (quanto ao curso, aos colegas e aos professores; grande carga de estudos; pressão acadêmica e sobrecarga de informações), isolamento familiar e social (maior do que o vivido antes de ingressar a faculdade) para se dedicar aos estudos; sintomas de insônia/privação de sono e comportamentos autodestrutivos (automutilação, comer compulsivamente, abandono de práticas físicas, descuido com a própria saúde, culpa por precisar de descanso);
- o 3º e 4º anos são os mais difíceis, existindo forte competição entre os colegas, picos de depressão, ansiedade e estresse, uso indevido de substâncias (álcool, outras drogas e medicamentos) e o contato inicial com os pacientes que obriga os estudantes a se familiarizar com o sofrimento real do outro;
- o 5º e 6º anos vem acompanhados das preocupações que giram em torno do internato/clínica, ingresso na vida profissional e a retomada das relações sociais (Dyrbye *et al.*, 2006; Lemos *et al.*, 2007; Amaral *et al.*, 2008; Fiedler, 2008; Alves *et al.*, 2010; Araújo *et al.*, 2010; Pinzón-Amado *et al.*, 2013; Stoen *et al.*, 2013; Pereira, 2014).

Se refletirmos em termos de desenvolvimento humano, a fase que envolve a saída da adolescência e a entrada na jovem vida adulta é marcada por mudanças sociais, oportunidades, dúvidas, medos, receios, alegrias, conquistas e frustrações que provocam sofrimento nesses sujeitos que, por falta de recursos emocionais, podem encontrar no morrer uma saída (Angerami-Camon, 2008, 2018, 2019; Medina *et al.*, 2008; Botega *et al.*, 2009; Penso, Sena, 2019). As frágeis relações familiares do mundo pós-moderno não preparam os jovens para lidar com as expectativas e frustrações que compõe essa fase (Assumpção, 2018) e, nesse momento de inúmeras mudanças (biológicas, psicológicas, relacionais), os jovens são tratados como crianças (incapazes) e/ou como adultos (maduros para decidir) sem que tenham tido tempo suficiente para crescer emocionalmente, o que provoca ansiedade, depressão e estresse (Araújo *et al.*, 2010; Penso, Sena, 2019; Sena, Penso, 2019).

Entre os fatores motivacionais que levam os jovens a estudar Medicina são destaques à curiosidade intelectual, à autonomia profissional, ao altruísmo, à doença pessoal, à morte de familiar e forte interesse no cuidado do outro (Pagnin *et al.*, 2013). Somado a esses fatores também é possível afirmar que o reconhecimento social do médico pode atuar como forte influenciador nesta escolha. Na sociedade existe a crença de que a importância pessoal frente aos familiares, amigos e sociedade será incontestável, além de ser uma profissão de alta empregabilidade.

Dentre os adoecimentos psiquiátricos mais comuns entre os alunos de Medicina estão a depressão, a ansiedade e a síndrome de *Burnout*.

Os sintomas fundamentais da *depressão* são: o humor depressivo, a falta de interesse e motivação para práticas anteriormente prazerosas, a irritabilidade, a redução da energia, a fadiga, a redução da capacidade hedônica, a lentificação motora, os pensamentos e sentimentos negativos e de menos valia, acompanhados de insônia/hipersonia, aumento ou diminuição do apetite ou peso (sem motivo aparente), desinteresse sexual, abuso de álcool e drogas. Há um sentimento de perda de algo impossível de nomear.

Na *ansiedade* patológica, os sintomas são a percepção não compartilhada de perigo, medo injustificável e irracional, sensação de tragédia iminente, tensão muscular, dores de cabeça frequentes, preocupação em excesso, inquietação constante, falta de ar, coração acelerado, suor excessivo, dificuldade para engolir, sensação de engasgo, pensamentos obsessivos, dificuldade de concentração, perfeccionismo, problemas digestivos, de pele, entre outros.

A síndrome de *Burnout* se refere à interação adoecida que ocorre entre as características do ambiente de trabalho (neste caso, as atividades acadêmicas) e às percepções pessoais. Caracteriza-se como um estado de esgotamento físico e mental intenso, falta de memória, tensão emocional, sentimento de fracasso, causados por estresse acadêmico acumulado e apresenta sintomas compatíveis com os da depressão e ansiedade (Neto, Elkis, 2007; Dyrbye *et al.*, 2010; Souza, 2010; MacLaughlin *et al.*, 2011; Costa *et al.*, 2012; Pinzón-Amado *et al.*, 2013; Rau *et al.*, 2013; Yang *et al.*, 2014; Anuradha *et al.*, 2017; Merlo *et al.*, 2017; Colby *et al.*, 2018; Pagadala *et al.*, 2019).

Estudos apontam para os assustadores números relacionados à depressão entre os estudantes de Medicina. Em pesquisa realizada com 505 alunos em Michigan (EUA) demonstrou-se a prevalência de 15% dos entrevistados com depressão moderada ou grave, e os alunos dos terceiros e quartos anos apresentaram maior probabilidade de ideação suicida do que os alunos dos primeiros e segundos anos (SCHWENK *et al.*, 2010). Os autores Yusoff, Abdul, Ahmad, Baba, Ismail, Mat Pa e Esa (2013) investigaram a saúde mental dos alunos ao longo do primeiro ano de aula, separando os grupos conforme os "tempos" no curso. Tempo (0) antes das aulas começarem, tempo (1) com dois meses de aula, tempo (2) com quatro meses, tempo (3) com seis meses e tempo (4) ao final do primeiro ano. O resultado da pesquisa evidenciou o crescimento do estado deprimido entre os alunos ao longo dos "tempos" analisados; no tempo (0) 1,8% dos alunos relataram ter depressão e, ao longo do primeiro ano, a taxa variou de 12% a 30%. Um estudo realizado com 2.562 estudantes de Medicina sauditas evidenciou que 83,4% têm sintomas compatíveis com a depressão moderada a grave, e a frequência de sintomas diminui conforme o avanço para o quinto ano de curso; entre os alunos que declararam sintomas compatíveis com depressão, 88% moravam longe de suas famílias (ALHARBI *et al.*, 2018). No estudo realizado em Sidney (AUS), os alunos foram questionados sobre a visão que tinham de seus docentes. O resultado evidenciou duas realidades: uma delas é que as humilhações, os cinismos, a hierarquia adoecida, a cultura do auto sacrifício, ou seja, "aluno tem que sofrer mesmo" e maus tratos parecem fazer parte do currículo de Medicina; e a outra é que falas humilhantes se tornam registros importantes para os alunos e os acompanham por muito tempo, influenciando a autoestima e autoconfiança. Os estudantes temem fazer denúncias pelo forte corporativismo existente entre os professores (COLENBRANDER *et al.*, 2020).

Na universidade de Medicina de Sergipe (Brasil), 534 estudantes foram investigados quanto aos principais estressores, sendo as três mais votadas: desconforto com as atividades do curso pelo excesso de demanda acadêmica, não confiança na própria habilidade clínica e não perceber o curso como fonte de prazer e realização pessoal. E foi verificada a prevalência de 369 alunos, 70%, com sintomas compatíveis com *Burnout* (COSTA *et al.*, 2012). No Paquistão foi analisada a relação entre o sistema de avaliação e a síndrome, tornando evidente que os alunos que são avaliados por notas numéricas têm tendência maior a sofrer de *Burnout* do que aqueles que recebem "aprovado" e "reprovado", sendo estes últimos mais satisfeitos com seu desempenho acadêmico (ALI *et al.*, 2015). Na Índia foram investigados os fatores mais estressores percebidos pelos 700 alunos, sendo o do último ano (60%) os mais estressados. Entre os fatores destacam-se currículo denso, medo de reprovar, ter baixo desempenho e falta de tempo para o lazer e descanso; solidão, morar longe da família, lidar com a alta expectativa dos pais, preocupações com questões financeiras devido ao alto custo do curso e a qualidade de suas relações com colegas e professores (ANURADHA *et al.*, 2017). Na pesquisa Merlo, Curran e Watson (2017) investigaram junto aos 1137 alunos e identificaram que 2/3 dos participantes afirmaram ter sofrido diminuição da saúde psicológica e aumento de sintomas de estresse desde o início da faculdade de Medicina; 15% dos estudantes relataram já ter tido ideação suicida na tentativa de aliviar o estresse; 70% consideraram que se beneficiariam com qualquer tipo de apoio psicológico, contudo, apenas 40% destes tinham buscado ajuda. Entre aqueles que não procuraram ajuda psicológica, quando questionados qual a razão, afirmaram que tinham medo de serem considerados menos capazes por fazerem psicoterapia ou uso de medicação psiquiátrica.

O Ministério da Educação (BRASIL, 2014) publicou a Resolução nº 116/2014, que trata das Diretrizes Curriculares Nacionais do Curso de Graduação em Medicina, destacando aspectos que se relacionam diretamente com a qualidade do ensino e estimulando que esta graduação (de carga mínima de 7.200 horas e prazo mínimo de seis anos para sua conclusão) seja organizada de forma que o estudante entre em contato com a prática o quanto antes para o desenvolvimento de suas habilidades clínicas, além do conhecimento teórico. Na resolução publicada pelo referido Ministério há importante ênfase nos seguintes aspectos: orientação de que os docentes e profissionais dos serviços de saúde precisam construir e/ou ressignificar suas próprias capacidades nas áreas de educação e na prática do cuidado à saúde dos usuários, buscando a horizontalização, ação solidária, empática, ética, com postura reflexiva, ativa e critica frente às demandas, tanto na relação docente/discente, quanto na relação profissional da saúde/comunidade; diversificação do cenário de ensino-aprendizagem, associando teoria e pratica; incorporação da reflexão pedagógica, na área da saúde, a obrigação de organizar e planejar a metodologia de ensino, considerando as necessidades de aprendizagem dos alunos, associando produção de conhecimento e habilidades a formações profissionais que dialoguem com a realidade social, problemas e políticas de saúde do país; e a ênfase para a complexidade que envolve os fenômenos sociais e a acelerada e constante mutação do mundo, refletindo na educação, de forma que os estudantes precisam ser estimulados a pensar de forma complexa e não segmentada, portanto, há urgência em construir um processo de formação além de disciplinas, sendo a interdisciplinaridade uma das chaves de superação deste desafio.

Associando as informações apresentadas até o momento, relacionadas à precária saúde mental e psicológica destes estudantes e às diretrizes educacionais, é possível concluir que a universidade se torna, durante a formação médica, o local de grande relevância na vida destes sujeitos. Estudos sugerem que as Universidades de Medicina se ocupem em desenvolver programas de promoção de saúde mental (Slavin *et al.*, 2014). Algumas ações já existem como destinar locais nas universidades para práticas de ioga, meditação e *Tai Chi Chuan* (MacLaughlin *et al.*, 2011; Erogul *et al.*, 2014), criação de disciplinas optativas sobre autocuidado (Yousuf, S L Beh, W C Wong, 2013), disponibilização de consultas para os alunos com psicólogos, psiquiatras (sem vínculos com a universidade) e educação continuada para professores sobre adoecimentos mentais (Thompson *et al.*, 2010), oficinas educativas para discentes e docentes (Rau *et al.*, 2013), entre outros.

Apesar de os estudantes de Medicina terem acesso a informações sobre sintomas, diagnóstico, prognóstico e tratamento em saúde mental existe entre eles muito receio de tornar público o próprio adoecimento, representando para a maioria uma demonstração de fraqueza e incapacidade intelectual frente aos colegas e professores (Thompson *et al.*, 2010; Dyrbye *et al.*, 2010). É contraditório pensar em um profissional que atuará frente ao sofrimento do outro, mas que acredita que saúde mental é algo vergonhoso. Como, no futuro, esse jovem médico que, independentemente da área que escolha para atuar, conduzirá uma consulta e estimulará seu paciente a buscar tratamento psiquiátrico se ele próprio despreza este tipo de conduta? É urgente a modificação dessa crença junto aos discentes, naturalizando esses adoecimentos (depressão, ansiedade, estresse), fazendo-os parte, inclusive, da formação médica, compreender e respeitar a saúde mental.

Não existe receita fácil. É preciso usar a criatividade e aproveitar o tempo que eles passam na própria universidade. Na tentativa (ousada) de tentar minimizar esse triste fenômeno, provocamos sobre a importância de a família perceber seu fundamental papel junto aos jovens, oferecendo apoio, segurança e acolhimento quando as angústias, os medos e as dúvidas surgirem; de os docentes internalizarem que desempenham grande influência junto aos alunos e que suas palavras significam muito; de as universidades estarem dispostas a abordar o tema suicídio do ponto de vista da prevenção, fornecendo informações claras, ambiente acolhedor, programas de prevenção institucionalizados que contemplem alunos, familiares, educadores e colaboradores da universidade, oferecer uma disciplina obrigatória, ao final do segundo ano, sobre a importância do autocuidado, estimulando as práticas esportivas, oferecendo profissionais capacitados para atendimentos na área da saúde mental dentro da universidade. Os jovens em formação na Medicina precisam ser acolhidos e cuidados desde o seu ingresso na universidade, pois isso certamente fará parte da construção pessoal e profissional deles.

Referências

ALHARBI, H.; ALMALKI, A.; ALABDAN, F.; HADDAD, B. *Depression among medical students in Saudi medical colleges*: a cross-sectional study. Avanços na educação e prática médica, vol. 9, 2018.

Ali, M., *et al. Does academic assessment system type affect levels of academic stress in medical students?* Medical Education online, 20, 27706. 2015.

ALVES, J. G. B.; TENÓRIO, M.; ANJOS, A. G.; FIGUEROA, J. N. Qualidade de vida em estudantes de Medicina no início e no final do curso: avaliação pelo Whoqol-bref. *Revista Brasileira de Educação Médica*, v. 34 (1), 2010.

AMARAL, G. F *et al.* Sintomas depressivos em acadêmicos de medicina da Universidade Federal de Goiás: um estudo de prevalência. *Revista Psiquiátrica* RS, v. 30., 2008.

ANGERAMI, V. A. Atitudes do psicoterapeuta diante dos casos de Suicídio. *In*: ANGERAMI, V. A. (org.). *Sobre o suicídio.* Psicoterapia diante da autodestruição. Belo Horizonte: Ed. Artesã, 2018.

ANGERAMI-CAMON, V. A. *Tendências em psicologia hospitalar.* São Paulo: Thonson Pioneira, 2008.

ANGERAMI, V. A. Trajetória de suicídios. *In*: ANGERAMI, V. A. (org). *Suicídio e suas interfaces.* O ardiloso emaranhado da autodestruição. Belo Horizonte: Artesã, 2019.

ANURADHA, R.; DUTTA, R.; RAJA, J D.; SIVAPRAKASAM, P.; PATIL, A B. Stress and stressors among medical undergraduate students: a cross-sectional study in a private medical college in Tamil Nadu. *Associação Indiana de Medicina Preventiva e Social*, 42(4), 2017.

ARAÚJO, L. C.; VIEIRA, K. F. L.; COUTINHO, M. P. L. Ideação suicida na adolescência: um enfoque psico-sociológico no contexto do ensino médio. *Psico-USF*, 15(1), 2010.

ASSUMPÇÃO Jr., F. B. Suicídio na infância e na adolescência. *In*: ANGERAMI, V. A. (org.). *Sobre o suicídio.* Psicoterapia diante da autodestruição. Belo Horizonte: Ed. Artesã, 2018.

BOTEGA, N. J.; MARÍN-LEÓN, L.; OLIVEIRA, H. B.; BARROS, M. B. A.; SILVA, V. F.; DALGALARRONDO, P. Prevalências de ideação, plano e tentativa de suicídio: um inquérito de base populacional em Campinas, São Paulo, Brasil. *Cadernos de Saúde Pública*, 25(12), 2632-2638, 2009.

BRASIL. (2014). Ministério da Educação. *Diretrizes curriculares nacionais do curso de graduação em medicina*, 2014. Disponível em: http://portal.mec.gov.br/escola-de-gestores-da-educacao-basica/323-secretarias-112877938/orgaos-vinculados-82187207/12991-diretrizes-curriculares-cursos-de-graduacao. Acesso em: 17 abr. 2023.

COKER, A. O.; COKER, O. O.; SANNI, D. Sociodemographic correlates and symptoms of depression, anxiety, and stress among a sample of nigerian medical students. *Niger Basic Clin Sci* 15, 2018.

COLBY, L.; MAREKA, M.; PILLAY, S. The association between the levels of life among fourth-year medical students at the University of the Free State. *Journal Psychiat*, vol. 24(0), 2018.

COLENBRANDER, L.; CAUSER, L.; BRIDGET, H. 'If you can't make it, you're not tough enough to do medicine': a qualitative study of Sydney-based medical students experiences of bullying and harassment in clinical settings. *BMC Medical Education*, vol. 20, 2020.

COSTA, E. F. O.; SANTOS, S. A.; SANTOS, A. T. R. A.; MELO, E. V.; ANDRADE, T. M. A. Síndrome de Burnout e fatores associados em estudantes de medicina: um estudo transversal. *Clínicas*. v. 67, n. 6, 2012.

DYRBYE, L. N. *et al.* Factors associated with resilience to and recovery from Burnout: a prospective, multi-institutional study of US medical students. Medical Education, 44(10), 2010.

DYRBYE, L. N.; SZYDLO, D. W.; DOWNING, S. M.; SLOAN, J. A; SHANAFELT, T. D. Development and preliminary psychometric properties of a well-being index for medical students. *BMC Medical Education*, 10, 8, 2010.

DYRBYE, L. N.; THOMAS, M. R.; SHANAFELT, T. D. Systematic review of depression, anxiety and other indicators of psychological distress among U. S. and Canadian medical students. *Acad. Med.* v. 81, 2006.

FIEDLER, P. T. Avaliação da qualidade de vida do estudante de medicina e da influência exercida pela formação acadêmica. Tese (Doutorado) – Faculdade de Medicina, Universidade de São Paulo, 2008.

LEMOS, K. M. *et al.* Uso de substâncias psicoativas entre estudantes de medicina de Salvador (BA). *Revista Psiq Clínica*, v. 34, 2007.

MACLAUGHLIN, B. W. *et al.* Stress biomarkers in medical students who participated in a skills program in body and mind medicine. *Evidence-based Complementary and Alternative Medicine*, 2011.

MARTINAC, M.; SAKIC, M.; SKOBIC, H J M. Suicidal ideation and medical profession: from medical students to hospital physicians. *Psychiatric Danub.* 15(3-4), 2013.

MEDINA, A. M. E.; PÉREZ, G. R. E.; MEJÍA, Z. D. Prevalencia de depresión e ideación suicida en estudiantes de 8º, 9º, 10º Y 11º grado, en ocho colegios oficiales de manizales. *Revista Hacia la Promoción de la Salud*, 13, 143-153, 2008.

MERLO, L. J.; CURRAN, J. S.; WATSON, R. Gender differences in substance use and psychiatric distress among medical students: a comprehensive statewide evaluation. *Substande abuse*, 38(4), 2017.

MILETIC, V.; LUKOVIC, J. A.; RATKOVIC, N.; ALEKSIC, Grgurevic. Demographic risk factors for suicide and depression among Serbian medical school students. *Psychiatry Epidemiol*, v. 50, 2015.

NETO, M. R. L.; Elkis, H. *Psiquiatria básica.* 2. ed. Porto Alegre: Artmed, 2007.

NIEKERK, L. V.; SCRIBANTE, L.; RAUBENHEIMER, P. J. Suicidal ideation and attempt among South African medical students. *South African Medical Journal*, 102 (6), 2012.

PAGADALA, P.; MANASCHAKRAVARTHY, K.; NERELLA, S.; SHANKARAPPA, V.; RAMESH, B. M. Heart rate variability and electrocardiographic changes during acute mental stress in first MBBS students: na analytical study. *National Journal of Physiology*, Pharmacy and Pharmacology, vol. 9 (2), 2019.

PAGNIN, D. *et al. Burnout e motivação para escolha de carreira em estudantes de medicina*, 2013. Doi. 10.3109/0142159X.2013.769673.

PENSO, M. A.; SENA, D. P. A. A desesperança do jovem e o suicídio como solução. *Revista Sociedade e Estado*, v 35, n. 1, Janeiro/Abril 2020.

PEREIRA, M. A. D. *O sofrimento psíquico na formação médica*: percepções e enfrentamento do estresse por acadêmicos do curso de medicina. Tese (Doutorado). Goiânia: Faculdade de Medicina, Universidade Federal do Goiás, 2014.

PINZÓN-AMADO *et al.* Ideación suicida em estudiantes de medicina: *Associados Y factores Associados*. ver. Colomb. psiquiatria. vol. 42, supl.1, 2013.

RAU, T.; PLENER, P.; KLIEMANN, A.; FEGERT, J M.; ALLROGGEM, M. Suicidality among medical students: a practical guide for staff members in medical schools. *GMS Zeitschrift fur medizinische Ausbildung*, 30 (4), Doc48, 2013.

REZENDE, C. H. A.; ABRAO, C. B.; COELHO, E. P.; PASSOS, L. B. Prevalência de sintomas depressivos entre estudantes de medicina da Universidade Federal de Uberlândia. *Revista Brasileira Educação Médica*, v. 32, 2008.

ROSIEK, A.; ROSIEK-KRYSZEWSKA, A.; LEKSOWSKI, L.; LEKSOWSKI, K. Chronic stress and suicidal thinking among medical students. *International journal of environmental research and public health*, 13 (2), 2016.

SANTA, N. D.; CANTILINO, A. Suicídio entre médicos e estudantes de medicina: revisão de literatura. *Revista Brasileira de Educação Médica*, 40 (4), 2016.

SCHEFFER, M. *Demografia Médica no Brasil.* São Paulo, SP: FMUSP, CFM, 2020. p. 312. ISBN: 978-65-00-12370-8, 2020.

SCHWENK, T. L.; DAVIS, L.; WIMSATT, L. A. Depression, stigma and suicidal ideation in medical students. *JAMA*, 304 (11), 2010.

SENA, D. P. A.; PENSO, M. A. Por que nossos jovens se matam? *In*: ANGERAMI, V. A. (org). *Suicídio e suas interfaces.* O ardiloso emaranhado da autodestruição. Belo Horizonte: Artesã, 2019.

SLAVIN, S. L.; SCHINDLER, D. L.; CHIBNALL, J. T. Medical student mental health 3.0: improving student wellness through curricular changes. *Academic medicine journal of the Association of American Medical Colleges*, 89 (4), 2014.

SOUZA, L. *Prevalência de sintomas depressivos, ansiosos e estresse em acadêmicos de medicina.* Tese (Doutorado). Faculdade de Medicina de São Paulo, 2010.

STOEN GROTMOL, K *et al.* Risk factors at medical school for later severe depression: a 15-year longitudinal, nationwide study (NORDOC). *JAffect Disord* [Internet]. Elsevier. 146(1). Gov/pubmed/23017539, 2013.

THOMPSON, D.; GOEDERT, D.; TAKESHITA, J. A program for reducing depressive symptoms and suicidal ideation in medical students. *Medicina Acadêmica*, vol. 85, 10 ed., 2010.

YANG, F. *et al.* Influencing factors of mental health of medical students in China. Journal of Huazhong University of Science and Technology, 34 (3), 2014.

YOUSUF, S.; S L Beh; P., W C; WONG, P. Attitudes towards suicide following na undergraduate suicide prevention module: experience of medical students in hong kong. *Hong Kong Med Journal*, vol 19, n. 5. October, 2013.

YUSOFF, M. S. B. *et al.* The impact of medical education on psychological health of students: a cohort study. *Psychology, Health & Medicine*, 2013.

CAPÍTULO 10

Do suicídio ao autocuidado na perspectiva de pessoas pretas:

relato de intervenção em um grupo de acolhimento no modo remoto

Andrea dos Santos Nascimento

Joana Paula de Souza Vieira

Maiara da Silva

Resumo

Traremos para discussão nesse capítulo o relato acerca das intervenções realizadas junto a uma participante do grupo de juventude negra, parte componente do projeto de extensão *Gestalt-Terapia, escuta e acolhimento psicológico de grupos*, realizado no ano de 2020, por extensionistas finalistas do Curso de Psicologia – Ufes. O acolhimento em grupo foi realizado no modelo remoto, durante a pandemia de 2020, por meio da plataforma Google Meet. Para tanto, apresentaremos o grupo, os objetivos, a forma como o trabalho foi conduzido, o caso e por fim os resultados e considerações sobre o papel do grupo enquanto rede de apoio dos os membros, incluindo as facilitadoras e supervisora, nesse momento pandêmico.

Palavras-chaves: suicídio, racismo, negritude, pandemia

Introdução

A ideação suicida afeta indivíduos de diferentes classes sociais, idades, gêneros, orientações sexuais, religiões, categorias étnico raciais, não sendo, portanto, um fenômeno simples e de fácil apreensão. Mesmo sendo um problema de saúde pública que requer atenção e cuidado de diversos profissionais da saúde, os suicídios podem ser evitados aos seus primeiros sinais ou em tempo oportuno e com intervenções de baixo custo.

A pesquisa de Botega *et al.* (2009) demonstrou que entre os entrevistados 17,1% apresentaram ocorrências para ideação; 4,8% para plano suicida e 2,8% para tentativas de suicídio. A Organização Mundial da Saúde (2014) informa que para cada suicídio consumado, houve pelo menos vinte tentativas.

Mesmo que os autores advirtam que as causas para a ideação, para o plano e para o suicídio consumado sejam as mais variadas possíveis, eles não discordam que a morte é a saída que a pessoa encontra para evitar ou interromper um momento doloroso pelo qual está atravessando.

No nosso caso, abordaremos o sofrimento de pessoas negras que enfrentam cotidianamente sentimentos de menos-valia, auto-ódio, desigualdade social, baixa representatividade, dificuldades financeiras, abuso de substâncias psicoativas, racismo, assédio, violência e perdas variadas que podem ser apontadas como determinantes para a tentativa ou consumação do fato em si. Ainda, de acordo com a Organização Pan-Americana de Saúde (OPAS, 2018) e Organização Mundial de Saúde (2018), 79% dos suicídios no mundo ocorrem em países de baixa e média renda, como é o caso do Brasil, sendo a segunda causa principal de mortes de jovens entre 15 a 29 anos. Altas taxas de suicídio são encontradas em grupos de vulnerabilidade social que sofrem discriminação como é o caso de pessoas LGBTs, negros, indígenas e pessoas em privação de liberdade (OPAS, 2018).

Tendo apresentado a questão, falaremos sobre o racismo e como o mesmo tem apoiado uma política sorrateira de exclusão e de eliminação dos corpos negros, causando dor e sofrimento para diversos jovens brasileiros.

Qual a importância de a psicologia falar sobre o suicídio de pessoas negras?

Trazendo a categoria social raça para o centro deste capítulo, segundo os dados do Ministério da Saúde (2019), jovens negros têm a maior chance de cometer suicídio no Brasil. Goulard (1972) afirma que os negros escravizados no Brasil colônia adotavam a prática do suicídio como uma forma de fugir das condições sub-humanas às quais eram submetidos, sendo o "mais trágico recurso de que se valeu o negro, para fugir aos rigores do regime que o oprimia" (p. 123). Uma forma de interromper a prática era a disseminação da ideia do pecado imposto pela doutrina religiosa cristã.

De lá para cá observa-se que, bem mais recentemente, o governo brasileiro lançou olhares atentos para essa questão. A Política Nacional de Saúde Integral da População Negra (Brasil, 2007) reconhece o racismo e as desigualdades étnico-raciais como determinantes sociais que interferem diretamente nas condições de saúde. Jovens negros são afetados negativamente devido ao preconceito e à discriminação racial que são submetidos, devido ao racismo internalizado na população.

> O racismo se reafirma no dia-a-dia pela linguagem comum, se mantém e se alimenta pela tradição e pela cultura, influencia a vida, o funcionamento das instituições, das organizações e também as relações entre as pessoas; é condição histórica e traz consigo o preconceito e a discriminação, afetando a população negra de todas as camadas sociais, residente na área urbana ou rural e, de forma dupla, as mulheres negras, também vitimadas pelo machismo e pelos preconceitos de gênero, o que agrava as vulnerabilidades a que está exposto este segmento. (p. 29)

Apesar de a Política Nacional de Saúde Integral da População Negra não abordar diretamente a temática do suicídio, o documento vai pontuar, do início ao fim, as dificuldades e barreiras psicológicas que são impostas à população negra e que impactam diretamente na saúde física e mental desse grupo.

Dados do Ministério da Saúde, em parceria decolonial com a Universidade de Brasília (2018), mostram que existem muitas causas associadas ao suicídio da população negra, entre elas destacamos: o não-lugar que está relacionado ao pouco ou nenhum sentimento de pertença; sentimento de inferioridade e rejeição; negligência; maus tratos; abusos; inadequação e inadaptação; sentimento de incapacidade; isolamento e solidão. Se analisarmos de perto cada um desses sentimentos, observamos que todos estão relacionados à vivência do racismo.

Para o antropólogo Munanga (2004), o racismo é algo que engloba as diferenças culturais, não sendo mais apenas uma questão de cor de pele. Deste modo, as lutas sociais, bem como os debates científicos e acadêmicos que estão sendo realizados no Brasil, estão promovendo transformações importantes nos valores que conduzem a nossa convivência social. Isso porque, desigualdade e discriminação racial no Brasil, apesar de não ser uma questão recente e com origem no período colonial, atinge a maioria da população e pode ser observada em todos os espaços sociais, seja habitação, mercado de trabalho, educação, acesso à saúde, lazer, etc. (Conrado, 2012).

Munanga (2004) mostra ainda que o Brasil desenvolveu uma espécie de "desejo de branqueamento" (p. 51), sendo mais complicado definir o negro do não negro. O antropólogo declara que se afirmar negro é um processo doloroso, visto que muitas pessoas negras não se consideram negras, mas brancas, sejam próximas ou distantes da cor de pele mais clara, de forma a observar questão políticas, ideológicas e semânticas emergem de maneiras diferenciadas quando uma pessoa se qualifica (ou se reconhece) como negra.

As próprias instituições de ensino superior, que são lugares de democratização de conhecimento e circulação de ideias, ao abrirem as suas fronteiras para as ações afirmativas, perceberam (não sem muita resistência) a necessidade de afirmação de uma identidade negra, para efetivar de uma forma mais coerente e contundente as políticas internas de combate às desigualdades sociais, à discriminação e ao racismo. Um processo que ainda está em construção, como nos ensina Munanga (2004), ao afirmar que "Nos EUA não existe pardo, mulato ou mestiço e qualquer descendente de negro pode simplesmente se apresentar como negro. Portanto, por mais que tenha uma aparência de branco, a pessoa pode se declarar como negro."

No Brasil, não funciona da mesma forma. Ser descendente de negros não torna uma pessoa negra ou percebida socialmente como negra. O racismo vai ter formas bem diferentes de se expressar, de acordo com o tom de cada pele negra. Quanto mais clara e mais próxima do referencial da branquitude, menos estereótipos negativos, rejeições sociais e afetivas, e discriminações a pessoa há de sofrer.

O terapeuta frente à pessoa e não mais que a pessoa

De acordo com Yontef (1991, p. 21) "a Gestalt-terapia trabalha a busca de compreensão pela presença ativa e curativa do terapeuta e do paciente num relacionamento baseado em contato verdadeiro." Assim, o cliente é visto como um colaborador ativo e jamais passivo do processo terapêutico, por meio de um relacionamento de aceitação, escuta e devolutiva, possibilitando o desenvolvimento de autocompreensão cognitiva e emocional de seu modo de ser no mundo.

A Gestalt-Terapia, por meio de uma prática psicoterapêutica ética, cuja base está centrada na relação terapêutica-cliente, na ampliação da *awareness*, no diálogo e na escuta fenomenológica (influência heideggeriana), propõe um acompanhamento sem julgamentos acerca do que se ouve do cliente/paciente, para permitir que ele vá se revelando a partir dessa experiência de encontrar-se. Na escuta fenomenológica-existencial, o conceito de fenômeno é transfigurado de "coisa" para o que vem a ser "um modo de existir" no mundo. Do terapeuta ao cliente, é escolher e compreender seu estar/ser no mundo, e se encontrar com o cliente nele, por meio e através dele.

Cada revelar-se é parte desse todo que vai se organizando aos poucos como uma gestalt (Ribeiro, 1985) que se fecha e se abre aos olhos do psicólogo. O encontro existencial que ali ocorre deve ser, acima de tudo, por uma relação de entrega por meio do cuidado. De acordo com Fukumitsu (2011), cuidar significa exercer uma condição existencial de ser-no-mundo, o estar e o caminhar com o cliente é um estar afetivo e efetivo. Respeitar o que o cliente apresenta, deseja e revela a cada momento.

> Ele é um campo que se amplia, na medida em que escolhe. Seu organismo, suas emoções, seus pensamentos e seus comportamentos tornam-se diferentes e seus registros antigos clamam por uma reconfiguração. (Fukumitsu, 2011, p. 161).

Em uma sociedade racista, de que forma podemos acolher fenomenologicamente a pessoa que nos procura e afirma que sofre devido ao racismo? Negar o racismo não o faz desaparecer! De qual forma, então, podemos enfrentá-lo no sentido de perceber em nós uma conduta racista e, ao mesmo tempo, promover, em parceria com o nosso cliente, o autoamor, autocuidado, uma ressignificação do que seja beleza, inteligência, sexualidade, trabalho, merecimento, conquistas, escolhas, o individual e o coletivo para as pessoas negras?

Método de trabalho: os caminhos do projeto de extensão

Desde 2018, o Projeto de Extensão *Gestalt-terapia e o Acolhimento Psicológico de Grupos* realiza o acolhimento de pessoas pretas e pardas por meio da realização de grupos terapêuticos, intitulado de Grupo de Juventudes Negras. Usualmente, os grupos aconteciam presencialmente no Núcleo de Psicologia Aplicada (NPA) da Universidade Federal do Espírito Santo (UFES), todavia, no mês de março de 2020, os encontros foram interrompidos devido à suspensão de atividades presenciais na UFES em decorrência da pandemia da Covid-19.

A impossibilidade de realizar os encontros pessoalmente exigiu um ajustamento e a criação de novos procedimentos para os acolhimentos terapêuticos que respeitassem as medidas de distanciamento social, bem como a técnica e a ética profissional. Assim, foi necessário escolher entre dois distintos caminhos: a não realização do grupo ou a realocação do grupo para o ambiente de trabalho remoto.

Se mantivéssemos os encontros de modo remoto, a relação terapêutica do grupo presencial para virtual precisaria ser reconfigurada, e isso se tornou uma questão para a supervisora e para as extensionistas ao questionamento de que forma faríamos o contato, utilizando como instrumento as tecnologias da informação e da comunicação. Segundo D'Acri, Lima e Orgler (2007), a Gestalt-terapia também pode ser definida como "terapia de contato". Um dos desafios impostos pela pandemia é o (re)estabelecimento de vínculos virtuais, que pudessem de alguma forma promover uma relação terapêutica genuína e que conseguisse, momentaneamente, "pôr de lado" o cheiro, o calor da pele e o aqui-e-agora da presença corporal e da fisicalidade.

Nessa situação, a presença é, de outro modo, mediada pela tecnologia da informação e da comunicação. Um jeito não tão novo, mas devido à pandemia, impositivo. O conceito de *awareness* afirma-se justamente desse saber da experiência que considera a dinâmica entre contato, organismo e meio, "[...] o ponto em que a pessoa experimenta o 'eu em relação àquilo que não é eu' e, através desse contato, ambos são experienciados de uma forma mais clara." (Pinto, 2015, p. 49). Assim, o contato é concomitantemente um processo e um modelo de instrumentação do trabalho que pode ser pactuado e repactuado. Sem relação, não há *awareness*, e sem localização também não. Sabemos estar frente a frente com um grupo de jovens negros.

Jovens negros que são desafiados por um sistema capitalista racista, jovens que sofrem e que precisam sobreviver, com ou sem pandemia. A relação sofreu ajustes criativos das facilitadoras, da supervisora e do grupo, que se diga não de passagem, foi seu maior incentivador pela continuidade. Esse era o desafio do grupo: continuar sob nova ótica, novas perspectivas e sob a mesma ética – a do cuidado.

Após conversas entre as facilitadoras e a supervisora, optou-se pela continuação do grupo na modalidade virtual, decisão essa que se provou acertada mediante o interesse de participação de pessoas que já haviam frequentado o grupo na modalidade presencial e de pessoas cuja participação nos encontros só foi possível nesse modo remoto.

Com isso, um novo desafio se apresentava em nosso caminhar: de que maneira poderíamos trazer e adaptar o trabalho já realizado no presencial para os encontros *on-line*? Essa pergunta foi gradualmente sendo respondida no contato com os participantes em um espaço que aprendemos e nos reinventamos a cada semana.

Os encontros virtuais destinados a pessoas pretas e pardas mantiveram a essência do projeto. Em um outro contexto foi mantido propósito de reunir, ainda que virtualmente, esse grupo de jovens e viabilizar o acolhimento e compartilhamento de experiências vivenciadas pelos participantes durante esse difícil momento pandêmico.

Iniciados no mês de junho de 2020 e encerrados em dezembro de 2020, foram realizados, ao todo, dezenove encontros, sendo todos eles divulgados de modo virtual, principalmente pelas redes sociais do projeto (Instagram e Youtube), e tendo as suas inscrições realizadas por *e-mail*. O recurso digital utilizado para os encontros remotos foi o serviço de videoconferência disponibilizado gratuitamente pela Google: o Google Meet. A cada semana, os encontros eram divulgados e as pessoas podiam inscrever-se a qualquer momento. Foram recebidas vinte e duas inscrições durante o período de junho a dezembro. Das vinte e duas pessoas inscritas, dezoito delas participaram de pelo menos um encontro. Os participantes recebiam o *link* para acessar a sala virtual por meio do *e-mail* cadastrado meio hora antes do início das atividades. O horário estabelecido para o início foi dezoito horas e trinta minutos, com a tolerância de dez minutos de atraso. Os encontros tiveram duração média de duas horas cada.

Nos primeiros momentos de cada encontro, as facilitadoras realizavam a recepção dos participantes, solicitando que eles se apresentassem e compartilhassem as expectativas em relação aos encontros e, além disso, os minutos iniciais eram reservados para estabelecer coletivamente as regras do grupo, assim como enfatizar aspectos como respeito ao sigilo em relação ao conteúdo produzido pelo grupo.

Os encontros foram divididos em dois ciclos, com a realização de um período de pausa de duas semanas entre eles. O primeiro, teve como temática o "Aquilombamento" cujo objetivo era, em contato com os participantes, entender como a estratégia de aquilombamento pode ser um fator produtor de saúde para a população negra. Assim como os quilombos durante o período da escravização, o aquilombamento contemporâneo também propõe a construção de espaços de segurança, fortalecimento de identidade e suporte coletivo para pessoas negras, configurando-se como uma estratégia de resistência e coletividade (Souto, 2020). O segundo ciclo teve como temática a "Pluralidade do ser preta/o". Foram trabalhadas estratégias de resistência e existência do povo negro, sua força e sua beleza, além de outros temas que permeiam a subjetividade negra.

Mesmo utilizando essa metodologia, que num primeiro momento era para nós pouco familiar, em um espaço virtual cujo o contato com o outro era limitado a uma pequena tela, além dos imprevistos diversos, tais como instabilidade da internet dos participantes e também das próprias facilitadoras, ainda assim, foi possível a realização de um trabalho gratificante.

Entre-os-nós do encontro: dos sofrimentos às reflexões curativas

Do vasto conteúdo produzido pelo grupo durante o período de realização dos encontros, evidenciamos algumas provocações, as quais se relacionam com a temática elucidada no presente capítulo. A necessidade de criar estratégias cotidianas para não adoecer foi um assunto abordado com relevância por todos os participantes do grupo. As reflexões sobre o tema surgiram a partir do compartilhamento de experiências e de afetos e, gradualmente, com diferentes intensidades, tornou-se figura o questionamento: como viver em uma sociedade que exclui os corpos negros, destrói e expropria a vida e a identidade desse povo?

O questionamento formulado pelo grupo corrobora com a afirmação de que a sociedade é estruturalmente racista, organizando-se de forma a privilegiar determinadas raças em detrimento de outras (Almeida, 2018). O conjunto de práticas sustentadas pelo racismo desdobram em violências diversas e em sofrimento psíquico que impactam veementemente a população negra (Conselho Federal de Psicologia, 2017).

Estar inserido em uma sociedade em que impera a supremacia branca pode desencadear conjunturas traumatizantes para a população negra (Damasceno, Zanello, 2018). Os participantes do grupo relataram, por exemplo, o sentimento de solidão que é experimentado de diferentes formas pelas pessoas negras. A experiência de solidão não é descrita apenas como o estabelecimento de poucas relações interpessoais, ela inclui ainda sentir constantemente a necessidade de solicitar afeto ao outro envolvido na relação, a sensação de ser substituível, de não ser merecedor da afeição de outrem, e a percepção de não se sentir, de forma geral, pertencente à sociedade.

A conjuntura social racista impacta ainda na possibilidade de ser singular da pessoa negra, os relatos dos participantes enfatizaram como os estereótipos enraizados na sociedade e os determinismos classificatórios – os quais constroem um imaginário social permeado de concepções generalistas – homogeneíza a concepção de negritude. Os participantes relataram que constantemente sentem que precisam confrontar diversos estereótipos para afirmar seus particulares modos de ser. Entre essas concepções foi ressaltada a ideia de que pessoas negras precisam ser fortes o tempo todo, e como isso dificulta o processo de validação das dores que essas pessoas vivenciam. A singularidade é o que torna uma pessoa única na ontogênese humana (Costa, Oliveira,

2019), reduzir as pessoas negras a estereótipos é retirar delas mais um direito de existência.

Todo o sofrimento relatado no grupo evidencia como o racismo afeta a saúde psíquica de pessoas negras. Como expõe Jesus (2017), as condições desiguais vivenciadas pelas pessoas negras impactam no psiquismo dessa população, influenciando no modo que esse grupo interpreta a realidade e as próprias experiências. O sofrimento psíquico causado pelo racismo pode resultar em quadros de ansiedade, estresse, depressão, baixa autoestima, conflitos com a identidade e sentimento de inferioridade. A estrutura social que cria e sustenta diversos entraves para a existência plena e com qualidade da população negra subtrai a sua vontade de se relacionar com o meio externo, resultando em uma despotencialização da vida (Costa, Oliveira, 2019).

O acolhimento de um novo membro: a participação de Moana

No quarto encontro do primeiro ciclo houve a chegada de uma nova participante, a qual recebeu no presente texto o nome fictício de Moana. Negra de pele clara (**autodeclaração)**, 31 anos, arquiteta, e no momento em que iniciou a sua participação no grupo informou que trabalhava com vendas há alguns anos em uma empresa privada.

Em suas primeiras interações, Moana se mostrava consideravelmente descolada da proposta de trabalho de grupo. Não somente pela falta de vínculo com ele, mas pela aparente falta de interesse em criar laços afetivos com os outros participantes. Situações como interromper o momento de fala de outros ou até ignorar quaisquer argumentos que não partissem dela mesma foram ocorrências frequentes nesse início. É importante destacar que Moana ingressou no grupo no último encontro do primeiro ciclo. Em sequência houve uma pausa de duas semanas nas atividades do grupo e, nesse período, esforçamo-nos a refletir acerca desse primeiro contato com Moana, assim como pensar em intervenções que facilitassem as reconfigurações necessárias para acolhê-la e prosseguir com o encaminhamento do processo grupal.

O início do segundo ciclo foi marcado por processos de ajustamentos diversos, muitos deles influenciados pelas interações de Moana com o grupo. Com o passar dos encontros, foi possível perceber mudanças no comportamento da participante que, gradualmente, passou a demonstrar maior conexão com os demais, parecendo estar mais atenta e receptiva ao que as outras pessoas falavam, incluindo as facilitadoras.

Houve, inclusive, ocasiões em que alguns integrantes dialogaram diretamente com Moana, convidando-a a estar mais disponível para o momento presente e para o grupo e, nesses momentos, Moana mostrou-se bastante aberta às colocações que foram feitas. Consideramos que com o decorrer dos encontros, e devido ao acolhimento recebido por todo o grupo e pela rede de afeto e de confiança que se estabeleceu naquele espaço, Moana adquiriu familiaridade com o funcionamento e com a dinâmica do acolhimento, o que possibilitou uma ampliação de sua sensibilidade à existência, promovendo a escuta das demandas dos demais componentes para além da sua própria demanda, bem como a compreensão de que um grupo é formado por todos ali presentes – o todo é, definitivamente, sempre maior que as partes.

Em relação ao conteúdo das falas trazidas por Moana no decorrer dos encontros, destaca-se suas colocações acerca da própria solidão, enquanto mulher negra, em relatos atravessados pela perda de pessoas queridas, episódios diversos de violências, conflitos com o corpo e uma rede de apoio escassa ou, em alguns momentos, inexistente, além da dificuldade de conseguir confiar nas pessoas. Tais situações levaram Moana, segundo relatos dela mesma, a uma série de pensamentos de morte e, em uma cadeia sucessiva de desencontros, a tentativas de suicídio durante sua trajetória de vida.

Nas falas da participante, eram constantes as pontuações de que a mesma não conseguia validar uma autoimagem positiva, e o impacto negativo disso em sua capacidade de investir em si mesma. Ao narrar as suas experiências, Moana relatou sentir que permite que seu sofrimento a defina, que as experiências vivenciadas no presente são significadas a partir das violências vividas no passado. Dessa forma, as violações que sofreu são a base para a sua visão de mundo hoje: um lugar pouco atrativo, agressivo e que não merece qualquer tipo de investimento.

Aqui é preciso abrir um parênteses para informar que Moana só permaneceu nos encontros virtuais, pois realizava, concomitantemente ao grupo, acompanhamento psicológico e psiquiátrico individual presencial. Logo, quando Moana expôs para o grupo as suas questões em relação aos pensamentos de morte, ideação e tentativas de suicídio, as extensionistas fizeram um contato individual para compreender com mais cuidado e atenção as condições de Moana.

A participação no grupo seria uma recomendação do colega psicoterapeuta que a acompanha, uma forma de Moana poder interagir com outras pessoas e ampliar a sua rede de apoio e afeto. Sabemos das limitações da internet, dos encontros virtuais, mas tudo isso foi exposto de forma transparente para a participante de forma que ela se sentisse segura, acolhida, entendesse as limitações da ferramenta e que pudesse continuar ou desistir de estar conosco, caso sentisse que não estava ajudando em seu processo de autoconhecimento.

A recepção do grupo à Moana durante os encontros era uma outra preocupação, devido às importantes particularidades do estado psíquico da participante. Observamos que o grupo, enquanto um organismo vivo, autônomo e pulsante, reorganizou-se de forma a acolher profundamente e de modo sensível as questões de Moana, sem abandonar as demandas que eram apresentadas pelos demais. Naturalmente, o campo do grupo foi se reorganizando e se adaptando de modo que pudemos perceber como foi essencial para a participante a presença da empatia entre os participantes.

Em meio aos diversos tópicos abordados no grupo, Moana trouxe falas acerca das violências sofridas durante a sua vida, descrevendo episódios de violência física, sexual e psicológica. Também trouxe em seus relatos que nunca havia se sentido acolhida de forma genuína nos espaços em que compartilhou a sua história de vida, o que experimentou nessas ocasiões foi o sentimento de ter sua dor invalidada e ser adjetivada como uma pessoa repetitiva, o que resultou em seu afastamento desses espaços.

Ao falar de sua vida, Moana compartilhou que se arrepende da maior parte das escolhas que fez durante a sua trajetória, além de sentir que todo o investimento em sua carreira profissional não proporcionou os resultados que ela esperava, o que se tornou motivo de muito sofrimento para ela. Analisando as próprias experiências, a participante pontuou que sente que todo sofrimento que experimenta é intensificado pelo racismo, machismo e gordofobia.

As queixas de Moana em relação à insatisfação e ao desapreço pelo corpo se intensificaram com o decorrer dos encontros. Em consonância com o que dizem Vasconcelos, Sudo e Sudo (2004), percebe-se que a negação e a insatisfação que Moana apresentou traduz não apenas um mal-estar interiorizado – que resulta nas queixas permanentes – expressa também a "opressão social que surge mesmo quando apenas o indivíduo e o espelho estão em cena" (p. 78). A sociedade contemporânea, além de considerar como padrão e saudável apenas o corpo magro, executa um projeto de valorização extrema da magreza, transformando a gordura em uma representação de "falência moral" (p. 68). O corpo gordo, dessa forma, além de apresentar uma massa corporal interpretada como inadequada pela sociedade, é visto de forma intensamente pejorativa e que não merece ser amado.

A forma que a pessoa compreende, sente e percebe o seu corpo, tal como pontua Vasconcelos, Sudo e Sudo (2004), expressa não apenas uma dimensão individual, mas reflete, ainda, uma realidade coletiva. O corpo existe dentro de uma realidade social, que o constrói e atribui a ele representações, sentidos e significados. Para Moana, se a sociedade não ama o seu corpo, ela também não tem motivos para amá-lo.

Uma ativista negra e gorda, por exemplo, ao fazer do seu corpo um ato político afronta uma sociedade que afirma positivamente apenas o corpo magro, preferencialmente o branco. Esse padrão aparece na fala de Moana como "tóxico", e que foi rebatido pelo grupo ao apresentar diversas mulheres gordas e negras de diferentes áreas, mas em sua maioria blogueiras e artistas, que são influenciadoras digitais e que representam outros corpos possíveis de admiração e respeito. A nós, psicoterapeutas, existe um prazer em observar como a "representatividade importa", principalmente para aqueles que nunca ou pouco se viram representados de maneira positiva. Tais momentos de reconhecimento de características de si – que usualmente são inferiorizadas e ridicularizadas – sendo exaltadas e reafirmadas como algo bom em outrem, contribuem nos processos de cicatrização e cura, abrindo fronteiras, encorajando e libertando.

É preciso ressaltar que ao falarmos do corpo gordo e negro, encontramos uma barreira no que diz respeito às pesquisas referentes ao tema. A maioria dos estudos encontrados à respeito do corpo gordo, como os de Salinas e Arratia (2020), Paim e Kovaleski (2020) ou Godoi (2011), referem-se a corpos gordos brancos e os tomam como experiência universal que abrange todas as existências gordas, ignorando inclusive a subjetividade do corpo gordo negro.

Torna-se evidente que abordar e trabalhar as questões relacionadas ao corpo gordo exige compreender as marcas que as configurações e os valores da sociedade imprimem nos sujeitos, para que, com isso, seja possível compreender como a conotação pejorativa de ser gordo foi criada pela sociedade e incorporada no discurso dos indivíduos (Vasconcelos, Sudo, Sudo, 2004).

Desde os primórdios da escravidão no Brasil, o corpo negro, em especial o feminino, é uma existência explorada fisicamente, emocionalmente e sexualmente por aqueles que se sentiram donos de suas existências, "os portugueses também puderam exercer sobremaneira a dominação e exploração sexual sobre os colonizados – índias(os) e negras(os)" (Freitas, 2011, p. 64 citado por Pantoja *et al.*, 2019, p. 4). Podemos perceber nos dias atuais que o corpo da mulher negra ainda é subjugado e explorado, tendo a sua existência minimamente legitimada e merecedora de afeição quando atrelado a uma hipersexualização e objetificação do mesmo, em contrapartida, o corpo gordo é visto com repúdio e nojo, um corpo constantemente ridicularizado e desumanizado pela mídia tradicional, pelo público em geral e agora também no meio da internet.

Mendonça (2019) traz reflexões acerca do corpo feminino, negro e gordo, que é atravessado constantemente por violências advindas do machismo e da gordofobia e que são potencializadas pelo racismo (p. 169). O corpo da mulher negra e gorda existe em "uma sociedade que constantemente se acha no direito de tomar as decisões sobre ele, como se fosse um favor permitir que o mesmo transite." (p. 170). Vale destacar que tal fala assemelha-se a relatos que constantemente apareceram no grupo e que foram ditos não somente por Moana, como por outros participantes ao se referirem ao existir em espaços embranquecidos.

Deste modo, uma análise do caso que converse o olhar gestáltico, com as ideações suicidas e desejo de morte não pode prescindir de reflexões sobre o racismo e o sexismo, pois há muito ainda a ser costurado. O diálogo entre esses modos de análise se dá por considerarmos a totalidade do campo e da individualidade com ênfase à intersubjetividade. Há que se compreender como se engendram as categorias de classe, gênero, raça, etnia e idade se a ênfase é o sujeito que fala, como ensina Kilomba (2019). Se pretende um diagnóstico em seu cerne psicológico que parta do vivido pela participante, em suas potencialidades e limitações, um modo de análise que subverta, questione e modernize a teoria, permitindo a descristalização e a flexibilização dos modos de ser por meio do contato, da escuta atenta, do encontro genuíno entre dois (ou mais) campos e abertura para o reconhecimento das limitações da própria teoria, de forma a atualizar e autorregular-se, promovendo mudanças alinhadas ao seu tempo.

Não podemos abandonar a importância da autodefinição e a autoavaliação das mulheres negras para lidar com a violência psicológica internalizada que as subjuga e controla. "Bem, você sabe que nenhuma mulher é cachorro ou mula, mas se as pessoas continuarem fazendo você se sentir dessa forma, se você não tiver autonomia de pensamento, você pode começar a deixar que te digam o que você é." (Gwaltney, 1980, p. 152 citado por Collins, 2016, p. 106).

Em uma sociedade capitalista, racista, machista e sexista, a utilização de estereótipos negativos no controle da subjetividade da mulher negra tem, para Collins (2016), o objetivo principal de promover e permanecer com a exploração de seu trabalho. Mas não se trata de qualquer trabalho, trata-se daquele que está historicamente ligado às funções do cuidar e do servir a um outro que se considera em uma posição superior (pela raça ou pelo gênero). O voltar-se para o outro, tão presente no modo de ser de Moana, apresenta-se, então, como um dos sintomas projetados nas mulheres negras por meio do machismo e racismo estrutural.

O que é de Moana e o que não é? Quando não se encontra uma diferenciação e o outro se torna seu senhor, percebe-se a perda de subjetividade, o medo de se relacionar em demasia com os demais e o receio de demonstrar as suas próprias características, fragilidades e singularidades. O silenciamento ao ser introjetado por Moana materializa-se na dificuldade de posicionar-se afetivamente, mas ao permitir que a todo momento, durante a realização do grupo que a câmera esteja no modo *on,* não afasta o outro de si. O que era um sinal para as terapeutas de que Moana queria ser vista e ouvida em sua dor!

Ainda no que refere à participação de Moana, um episódio marcante de sua trajetória no grupo foi quando, antes de participar do encontro, ela fez uso de uma medicação além da prescrição médica. Na ocasião, ao entrar na sala virtual, percebemos que Moana parecia estar cansada, muito dispersa com falas um pouco confusas e apresentava dificuldade para responder aos questionamentos que fazíamos a ela. Após alguns minutos de conversa, ela compartilhou que havia tomado um quarto a mais do prescrito de um dos medicamentos que faz uso regular.

O relato da participante gerou em nós muita preocupação e, mesmo quando questionada sobre como ela estava se sentindo fisicamente a participante alegasse estar bem e que tal situação era corriqueira em seu cotidiano, foi um momento de intensa angústia. O fato de não estarmos fisicamente com ela configurou a situação já prevista nas supervisões e ainda mais complexa, pois passou de uma possibilidade para a realidade. A maior aflição no momento do ocorrido foi em relação às possíveis complicações que a participante poderia apresentar, surgindo em nós dúvidas de como procederíamos caso Moana precisasse de atenção médica. Considerando que, além das implicações psíquicas que o uso abusivo de uma medicação tem, tal comportamento pode ocasionar danos físicos. Durante todo o encontro, atentamos, com cautela, aos sinais corporais de Moana, todavia, após trinta minutos, aproximadamente, ela apresentou-se mais desperta e os sinais constatados no início do grupo se ausentaram, não havendo indícios de que ela necessitasse de atendimento médico. Ainda assim, ela foi questionada sobre como estava se sentindo e se haveria algo que poderíamos fazer por ela naquele momento.

Destacamos que quando Moana entrou na sala virtual destinada aos encontros do grupo e relatou sobre o uso da medicação, havia apenas mais uma participante, que demonstrou preocupação com o seu estado, questionando-a se estava tudo bem. Os demais participantes, que chegaram após o seu relato, não demonstraram perceber que ela estava sob o efeito de medicações e as interações entre ela e esses participantes ocorreram como de forma habitual.

O ocorrido foi um grande indicativo de alerta em relação à saúde da participante e, mesmo com as limitações impostas pela proposta do grupo e a modalidade de atendimento, realizamos um momento de acolhimento individual, com o objetivo de abordar o episódio e também ampliar o contato com as questões individuais de Moana, reforçando ainda mais a necessidade do acompanhamento psicológico presencial. Nessa ocasião, dialogamos com ela acerca dos protocolos de cuidados que orientam a prática do profissional psicólogo e que contatá-la individualmente tinha como propósito ampliar o trabalho já em construção no espaço grupal, e não um caráter de vigilância ou advertência.

Moana apresentou-se bem disponível durante o acolhimento, compartilhando conosco que estava fazendo constantemente o uso inadequado das medicações, mas que estava elaborando essa questão na terapia individual. Solicitamos a Moana que nos informasse algum amigo ou familiar que pudéssemos utilizar como seu contato de emergência caso necessário, todavia ela foi contundente em afirmar que não havia ninguém que pudesse ocupar essa posição. Nesse momento, a questão da rede de apoio fragilizada foi novamente evidenciada. O momento de acolhida individual de Moana foi crucial para o fortalecimento do vínculo com a participante.

Sobre a necessidade de aproximação a uma rede de apoio que Moana se identifique e se fortaleça, o grupo foi essencial. Para Berth (2018, p. 18), o empoderamento pode ser definido como a "... libertação individual a serviço da emancipação coletiva...", da mesma forma que Collins (2016) aponta para a autoavaliação e autodefinição que o empoderamento pode atuar contra o auto-ódio, ou mesmo, a reprodução das práticas internalizadas de racismo e sexismo em estruturas sociais notadamente opressoras.

Considerações finais

A todo tempo, muitos de nós estão suscetíveis aos pensamentos de morte, e quando em maior intensidade, sujeitos à ideação suicida. Mesmo quem apresenta ideação, não pode ser estigmatizado como suicida. Esse é mais um julgamento de valor que a sociedade tenta impor às pessoas, sem trazer à cena os fatores de risco presentes em suas vidas, sem escutá-las e sem cuidar de cada caso de forma particular e individual, com sensibilidade suficiente para acolher seus sofrimentos.

O preceito fenomenológico na Gestalt-Terapia é o que nos posiciona a uma atitude que permita o surgimento da originalidade de nossos atendidos. Deste modo, todas as características bio-políticas-sociais e afetivas que compõem a participante como uma mulher de 31 anos, negra, heterossexual, arquiteta, não a finalizam nesta condição, mas possibilitam um enfoque em como ela tem vivenciado e levado essas variáveis ao contexto de sofrimento, como foi observado em todas as suas falas durante os encontros do grupo.

É preciso também perguntar: quais estratégias vêm sendo implementadas no sentido de descolonizar os currículos de formação da Psicologia de maneira geral, limitando a Psicologia a uma visão eurocentrada do seu saber fazer? Desde o início do projeto de extensão, e mesmo tendo a abordagem gestáltica como pedra fundamental, apostamos na formação de um conhecimento acadêmico que proporcione a aproximação de relações afetivas, identitárias, socioculturais e sociopolíticas, sem negar a identidade do povo negro e seus saberes tradicionais, resgatando a autoestima, o autoamor, a valorização, a memória, a cultura, a etnicidade e a autonomia de suas ações.

No contexto acadêmico, e a partir das reflexões de Libâneo (2004) para a pedagogia, defendemos que a "Educação é o conjunto das ações, dos processos, das influências, das estruturas que intervêm no desenvolvimento humano de indivíduos e grupos na sua relação ativa com o meio natural e social, em um determinado contexto de relações entre grupos e classes sociais." (p. 30). Uma Psicologia que atenta para questões da violência contra mulher, para os LGBTs e para as questões étnico-raciais é uma Psicologia que vai precisar de coragem para romper com estruturas cristalizadas, quiçá, conservadoras, de conhecimento – inclusive o científico.

Não podemos restringir o olhar para a pessoa negra a culpabilizando por toda sorte de violências de uma sociedade racista. É preciso acolher, ouvir, perguntar, retomar, avaliar a prática e aprender com quem se acolhe. Há uma Psicologia negra em construção, e isso é bastante positivo, tendo em vista que o racismo não é uma questão pessoal. Há pessoas e grupos de pessoas negras que sofrem e acreditam que o seu sofrimento advém de uma inadequação pessoal, e não de uma estrutura majoritariamente racista, sexista, patriarcal, branca e violadora. Afirmar o compromisso do amor terapêutico, como nos ensina Cardella (1994), é reafirmar um compromisso com a vida e com todas as suas difíceis particularidades.

Maluf e Aguiar (2018, p. 113) defendem que o reconhecimento racial do profissional da Psicologia se configura como um ato de implicação: "A questão do racismo convoca, sobretudo, a implicação de brancos/não-negros na medida em que as práticas de racismo se experimentam sempre em relação.". Sendo a Psicologia uma prática de saúde que "...se faz em relação, se relacionar é considerar suas implicações a partir do reconhecimento do seu lugar nesse campo de intensidades."

Tal como os autores, entendemos que afirmar-se branco, negro ou indígena (ou outra identidade que o profissional de Psicologia se localize) e reconhecer a sua identidade, amplia suas definições e restabelece seus campos. Essa é a via de implicação que o grupo de acolhimento em Gestalt-terapia sustenta até hoje: reconheça a si, seus defeitos, forças, fraquezas, limitações, implicações, apostas, sua luz e suas sombras e, após isso, relacione-se autenticamente com esse outro que é tão humano quanto, mas está além de você. Isso pode ressignificar positivamente muitas vidas, inclusive a sua.

Referências

ALMEIDA, S. *O que é racismo estrutural?* Belo Horizonte, MG: Letramento, 2018.

BOTEGA, J. N. *et al.* Prevalências de ideação, plano e tentativa de suicídio: um inquérito de base populacional em Campinas, São Paulo, Brasil. *Cadernos de Saúde Pública,* 25(*12*), 2009, 2632-2638

BRASIL. Ministério da Saúde. *Política Nacional de Saúde Integral da População Negra.* Brasília: MS, 2007.

BRASIL. Ministério da Saúde. *Novos dados reforçam a importância da prevenção do suicídio.* 2019. Disponível em: http://www.saude.gov.br/noticias/

agencia-saude/44404-novos-dados-reforcam-a-importancia-da-prevencao-do-suicidio. Acesso em: 17 abr. 2023.

BRASIL. Ministério da Saúde. *Óbitos por suicídio entre adolescentes e jovens negros 2012 a 2016* / Ministério da Saúde, Secretaria de Gestão Estratégica e Participativa, Departamento de Apoio à Gestão Participativa e ao Controle Social. Universidade de Brasília, Observatório de Saúde de Populações em Vulnerabilidade – Brasília: Ministério da Saúde, 2018.

CARDELLA, B. H. P. *O amor na relação terapêutica*. São Paulo: Summus, 1994.

COLLINS, P. H. Aprendendo com a *outsider within*: a significação sociológica do pensamento feminista negro. Tradução de Juliana de Castro Galvão. *Revista Sociedade e Estado*, 31 (1), 2016. p. 99-127.

CONRADO, M. P. (2012). O protagonismo de mulheres negras. *In*: P. M. Conrado. (org.). *Intersecções entre raça, gênero, sexualidade, meio ambiente e políticas públicas*. Belém: Mônica Prates Conrado. Disponível em: https://nosmulheresblog.files.wordpress.com/2016/02/cartilha_2012.pdf. Acesso em: 17 abr. 2023.

CONSELHO FEDERAL DE PSICOLOGIA. *O Suicídio e os Desafios para a Psicologia*. Brasília: CFP, 2013.

CONSELHO FEDERAL DE PSICOLOGIA (CREPOP). *Relações Raciais*: Referências Técnicas para atuação de psicólogas/os. Brasília, DF: CFP, 2017.

COSTA, E. F. da; OLIVEIRA, P. A. de. O sofrimento psíquico causado pelo racismo e o seu impacto na subjetividade. *Revista UNINGÁ*, Maringá, 56 (1), p.114-130.

D'ACRI, G.; LIMA, P.; ORGLER, S. *Dicionário de Gestalt-terapia*: "Gestaltês". São Paulo: Summus, 2007.

DAMASCENO, M. G.; ZANELLO, V. M. L. Saúde Mental e Racismo Contra Negros: Produção Bibliográfica Brasileira dos Últimos Quinze Anos. *Psicologia: Ciência e Profissão*, *38* (3), 2018. p. 450-464.

CAPÍTULO 11

Ideações Suicidas, Gotas de Mel e o Sentido de Ser na Vida.

Tangência entre "Uma Confissão" de Liev Tolstói e a Psicologia Fenomenológica-Existencial

Moisés Abdon Coppe

Não existe vontade, não existe representação, não existe mundo. Diante de nós, por fim, resta apenas o nada. Mas aquilo que se contrapõe a essa transição para o nada, nossa natureza, é, portanto, apenas essa mesma vontade de existência (Wille zum Leben), que constitui a nós mesmos, assim como nosso mundo.
(Tolstói, 2017, 57).

Esta velha angústia, esta angústia que trago há séculos em mim, transbordou da vasilha, em lágrimas, em grandes imaginações, em sonhos em estilo de pensamento sem terror, em grandes emoções súbitas sem sentindo nenhum.
(Pessoa, 2012, 257).

Para início de conversa...

Vivemos entre duas noites. A primeira antecede a aurora da existência, marcada pela pergunta: "de onde viemos?". A segunda se projeta no momento crepuscular da vida: "para onde vamos?". Entre uma e outra, o ser humano existe em vigília – comendo, bebendo, urinando, defecando, chorando, rindo, brincando, caminhando, namorando, transando, relacionando-se, enfim, consigo e com os outros, especialmente sendo atravessado pelos outros.

O existir em vigília e a certeza da finitude andam de mãos dadas na existência humana. Dentre todos os seres vivos, os únicos assombrados pela consciência da morte são os seres humanos. Curiosamente, fazemos diversos estágios para a morte quando dormimos. A chegada do sono desliga os sentidos, com exceção da audição, e a memória conduz o ser ao tempo incipiente, na vivência, conforto e proteção do útero materno. Desligado, o ser se aconchega aos braços de Morfeu – o deus dos sonhos na mitologia grega – e perde a certeza de que no outro dia despertará. Essa ideia pode até parecer assustadora, pois não há nenhuma garantia de que os olhos se abrirão no dia seguinte, todavia ela nos conduz a uma reflexão: no momento em que o corpo adormece, todas as dimensões ao entorno perdem a razão. Ser e existir não se diferenciam. As posses, os valores, as preciosidades colecionadas, as preocupações, as pessoas a quem se ama, os problemas insolúveis e tudo o mais, ficam desconectados da zona de raciocínio e do universo dos sentimentos e das emoções. O ser, enfim, lança-se ao mundo onírico ou ao abismo obscuro dos pesadelos.

No universo aberto que envolve a possível dialética entre o consciente e o inconsciente, onde tudo é possível acontecer, expressam-se os desejos, as angústias e as ansiedades mais intensas. Como flor que desabrocha na primavera, a referida dialética aflora o que há de mais pueril e pérfido na constituição da psique. Dormir conduz o ser a uma experiência inenarrável, onde o cotidiano se transforma em múltiplas intuições e as projeções de vida e de morte se manifestam numa surreal sístole e diástole emocional.

O cumular dos picos emocionais dialoga profundamente com a contingência da vida. Todos os dias, vivemos a iminência de adoecermos ou de sofrermos um acidente e nos ferirmos; de nos machucarmos profundamente, perdendo, inclusive, órgãos e membros inferiores ou superiores. A pandemia da COVID-19 deixou-nos em alerta. Com a infestação do vírus SARS-COV-2, todos os seres humanos do planeta se viram confrontados em sua finitude de uma forma mais próxima. Muitas pessoas levaram a sério a pandemia e se protegeram durante as ondas. Outras, infelizmente, resolveram tratar a pandemia como uma "gripezinha". Além da pandemia e da grande quantidade de mortes, devido à COVID-19, acidentes e acontecimentos inusitados ocorreram, interferindo diretamente na vida e existência de muitos seres. O cabedal de informações e notícias atemorizantes geradas pelas redes televisivas, revistas e jornais gráficos aumentaram a comoção nacional e o sentimento de impotência. O mais triste é a averiguação das narrativas preconceituosas e as "Fake News", relacionadas a cada um desses eventos. É curioso notar como, diante de situações que não têm respostas prontas, absolutas e factíveis, as pessoas buscam suas respostas subjetivas, muitas vezes simplistas e desconexas. O mesmo ocorre quando o assunto é o suicídio. Tratam, muitas vezes, o fenômeno da autodestruição de forma leviana ou com foco em abordagens superficiais.

O presente texto, inserido no campo de uma discussão que envolve a Psicologia Fenomenológica-Existencial, cujas abordagens nos inspiram a desenhar um sistema coerente de símbolos e significados, num diálogo entre o subjetivo e o objetivo, é o elemento substancial que nos acompanha em nossas reflexões sobre o suicídio e a vida. Iniciaremos nossas argumentações considerando a zona de percepção e compreensão dessa forma de Psicologia, inclusive abordando a pertinência da fenomenologia, bem como os horizontes que ela abre para a amplitude de entendimento do ser humano em suas vicissitudes.

Este olhar psicológico nos servirá de aporte para, em um segundo momento, esboçarmos algumas breves considerações sobre os procedimentos que devem acompanhar a Clínica Psicológica Fenomenológica-Existencial, especialmente no cuidado e atenção ao sujeito, tendo como horizonte a observação de Angerami:

> É incontável o número de teorias que tudo explicam, desde os princípios de destrutividade humana, até os enredos que conduzem aos caminhos do suicídio. No entanto, a inextricabilidade de cada caso mostra que, algumas vezes, nos aproximamos minimamente da compreensão de cada caso isolado de suicídio, mas sem a menor condição de generalização para outros casos, em uma abrangência que não se torne mera teorização. (ANGERAMI, 2017(a), p. 12).

Ao final, vamos tangenciar as informações precedentes com a obra *Uma Confissão*, de Liev Tolstói, escrito em 1879, ou seja, 19 anos após a escrita do seu mais famoso romance: *Guerra e Paz*. Em *Uma*

Confissão, o escritor russo arrazoa honestamente sobre o que o levou às crises existenciais e às ideações suicidas, considerando em todas as linhas de sua obra, a busca de alguma resposta para o sentido da vida. Sua técnica de exposição não se baseia na argumentação pura, mas na parábola – pequena história que sintetiza uma ideia, um problema, um dilema. (Tolstói, 2017, p. 8). Nossa intenção será a de refletir sobre a tessitura apresentada por Tolstói, numa dialogação com a questão do suicídio e da vida.

Esperamos oferecer, por meio do presente percurso, um olhar que possa favorecer novas intuições para o dilema que envolve a questão da autodestruição.

A Psicologia Fenomenológica-Existencial e sua percepção diferenciada

Embora cientes dos limites e controvérsias sofridas pela Psicologia Fenomenológica-Existencial, quanto aos resultados que são esperados em todo e qualquer processo psicoterápico, especialmente nos casos de autodestruição, ideações e comportamentos suicidas, nossa busca tenta apreender o algo mais que cada sujeito tem a oferecer em sua experiência existencial peculiar, sem os ditames de uma tabela de aferição. Nossa compreensão conjuga-se à ideia de que o ser humano, no campo da Psicologia Fenomenológica-Existencial, sempre será indefinível, "portanto, sem possibilidades de ser classificado a partir de axiomas ou sistemas explicativos da existência humana" (Feijoo, 2002, p. 131).

A pretensão que nos acompanha apoia-se, também, na compreensão de Barreto e Morato, que indicam ao processo psicoterápico, a busca incessante pela essência, tal como pressuposta pela fenomenologia. (2020, p. 41). E como se dá este processo? Um dos pontos capitais do processo fenomenológico consiste na redução eidética[1]. Consideraremos

[1] Com o reconhecimento do objeto ideal, chamado de noema – o objeto da percepção –, o passo seguinte é sua "redução eidética", redução à ideia, do grego *eidos*, que significa ideia ou essência. Consiste na sua análise para encontrar o sentido.

o "método" fenomenológico um pouco mais à frente. Por enquanto, importa-nos afirmar que é através da fala e da escuta atenciosa, imprescindíveis também em todos os processos psicoterápicos, acrescido de uma profunda inserção reflexiva à posteriori, que se tem a oportunidade de se estabelecer, no campo da Psicologia Fenomenológica-Existencial, as reduções eidéticas com vias ao encontro da "coisa-em-si", sem fechamentos obtusos e com pulsantes questões do estabelecido.

> A clínica psicológica como foi proposta, em uma perspectiva fenomenológica-existencial, parte da premissa de que o homem se constitui no mundo: ser-no-mundo. As temáticas discutidas pela filosofia do existir tratam da vulnerabilidade do homem, do risco, da liberdade, da morte, da solidão e dos paradoxos da existência humana. A clínica psicológica, pautada nestas reflexões, vai se dar para que o homem possa se reconhecer em sua vulnerabilidade, com liberdade perante seu ser de possibilidades e não como um ente simplesmente dado pela sua função no mundo. (Feijoo, 2002, p. 132).

Os desafios a que se propõe este campo da Psicologia almejam perceber o ser humano em sua singularidade e acolhê-lo em sua constituição originária e historicidade existencial, pois nessas dimensões se encontram presentes os fenômenos afetivos e emocionais. Embora o ser humano seja a resultante de constituições igualmente presentes no todo do universo, há um "quê" de unicidade em sua perspectiva mais subjetiva. E nesse ponto cabe-nos uma advertência.

A Psicologia na atualidade se vê imprensada contra a parede, sendo cobrada a apresentar resultados positivos quanto aos seus processos psicoterápicos. Todavia, o que pode favorecer o êxito de um processo não é a Psicologia em seu processo de compreensão centrado em um respeito gabaritado, unicamente científico, mas, substancialmente, o paciente ou cliente que inverte em si mesmo, a sua busca interior, com o cuidado e acolhimento do psicoterapeuta. Não se pode estabelecer promessas de felicidades absolutas, mas a ideia de que, na aceitação de sua própria angústia e de que a vida não pode prescindir a sua dialética, o ser humano pode se deparar com a essência de ser-no-mundo e cocriar novas possibilidades existenciais.

A pertinência do Método Fenomenológico

Em nossa leitura sobre a realidade que envolve as ideações e os comportamentos suicidas, o método fenomenológico é imprescindível e fundamental, diferentemente de outros campos que têm perspectivas mais cientificizadas. Na Psicologia, em geral, há um predomínio dos psicodiagnósticos, das técnicas projetivas e avaliações especializadas. Obviamente, todas relevantes e significativas. Entretanto, não detentoras de todo o saber, bem como do *status* de mais ciências do que as outras abordagens.

Augras (1996) destaca que a infelicidade da Psicologia clínica reside na própria configuração da palavra clínica, oriunda da língua grega, e que designa as atividades realizadas pelo médico ao doente. Há, aqui, uma evidência à atividade médica que provoca uma ambiguidade na clínica psicológica, gerando um apego à linguagem psicopatológica. Esse apego é também criticado por Angerami, adepto da antipsiquiatria, que exalta as famosas obras de Laing e Cooper[2] e a de Jones[3]. Angerami sempre fez questão de frisar a necessidade de não enquadrar a psicoterapia, especialmente a de orientação Fenomenológica-Existencial, nos parâmetros de uma sistematizada ciência. Este autor propaga continuamente a necessidade de se compreender e interpretar o ser humano na totalidade do ser e na historicidade de cada qual, sem necessariamente, buscar respaldos nos campos puros da ciência. Em suas próprias palavras:

> Fazer ciência em psicologia é tarefa para os cientistas em seus laboratórios que condicionam animais em fórmulas muito bem

[2] Trata-se do livro coescrito: LAING, Ronald; COOPER, David. *Razão e Violência*. Petrópolis: Vozes, 1976. Essa obra foi prefaciada por Sartre. O primeiro texto de Angerami intitulado: *A psiquiatria sob Sartre. Uma psiquiatria humana*, publicado em: ANGERAMI, Valdemar Augusto. *Psicoterapia Fenomenológico-Existencial*. Belo Horizonte: Artesã, 2017, traz diversos posicionamentos sobre a obra de Lang, Cooper e Sartre, principalmente sobre as inspirações para uma clínica psicoterápica diferenciada do técnico e sistemático.

[3] A obra de: JONES, Maxwell. *Comunidade Terapêutica*. Petrópolis: Vozes, 1976. Nela, deparamo-nos com outras propostas de tratamento, para além dos muros manicomiais.

definidas de experimentação e que depois acreditam, irracionalmente, que os resultados possam ser reproduzidos para a condição humana. Nosso trabalho não é científico e nem tem a pretensão de sê-lo. Somos apenas sonhadores que acreditam em uma psicologia, psicoterapia e psiquiatria mais humanas, por mais que isso pareça paradoxal diante dos avanços da própria ciência. Acreditamos, fizemos crer e ainda não esmorecemos dos desejos de uma compreensão humana da psicoterapia. E verdadeiramente sermos rechaçados por esse sonho, longe de depreciação, é sustentáculo a fortalecer nossos sonhos e ideais. (Angerami, 2017(b), p. 57).

Com base nas citas de Augras e de Angerami, evidenciamos o nosso entendimento quanto à aplicabilidade do "método" fenomenológico, pois, em geral, o mesmo é sempre muito questionado com um método científico. Suspeitas, tais como esta, se evidenciaram de forma mais efetiva a partir de um artigo escrito em 1957 por Hans Eysenck, que questionava a eficácia da psicoterapia. Do alvoroço provocado pelo artigo, uma corrida em busca das validações se tornou evidente, em ritmo acelerado. Ao fim, chegou-se ao consenso de que havia eficácia na psicoterapia e dessa premissa surgiu o segundo questionamento: qual delas, então, é a mais eficaz? Ao que Souza (2006), responde:

> A investigação continua a suportar a eficácia de todas as terapias que foram empiricamente estudadas. Os resultados comparativos entre diferentes escolas psicoterápicas não são relevantes. Donde se falar invariavelmente da famosa expressão, o Veredicto do Pássaro Dodó, retirada de "Alice no País das Maravilhas". "Todos ganharam, todos merecem prêmios". (Lambert, Barley, 2002, Wampolod, 2001). A única controvérsia que se parece manter sobre esta matéria prende-se com o facto de alguns investigadores criarem um *ranking* que permitiria definir que terapias seriam mais eficazes para determinados tipos de perturbações. (Souza, 2006, p. 374).

O que importa, ao final das contas, é o fato de que a Psicologia Fenomenológica-Existencial se encontra no campo aberto, e seu inerente saber e saber-fazer sempre se configurarão no campo de uma interrogação permanente (Souza, 2006, p. 374). Importa salientar ainda, que independente de todas as críticas que possam advir, o "método" fenomenológico tem dois objetivos bem evidenciados: processo de reconhecimento e compreensão do cliente. Ambos são encontrados no processo de intersubjetividade em plena mobilização objetiva, com constantes refazimentos, no âmbito de uma hermenêutica aberta.

Com base nessas informações, podemos considerar que o "método" fenomenológico tem como fundamento a percepção da situação existencial do ser humano, que por sua vez, engloba a natureza e a historicidade no seu processo intersubjetivo. Nesse processo de percepção que coaduna o subjetivo e o objetivo, o mundo é apreendido pelo sujeito como manifestação, onde a construção das categorias, ditas da realidade, ocorre "no caminho das superações sucessivas das contradições entre sujeito e objeto (Augras, 1996, p. 20).

A dialética das consciências do sujeito e do objeto encontra no "método" fenomenológico um percurso de sintetização que evita as tendências certeiras, sempre evidentes nos percursos mais sistemáticos, também presentes na história da filosofia. Todavia, querendo ou não, o ser humano se insere em um mundo de ambiguidades e contradições. O fato é que a existência humana baliza a sua historicidade de impermanência e transitoriedade, no arcabouço da sua temporalidade e espacialidade.

Neste ponto, podemos estabelecer uma significativa ponte entre o "método" fenomenológico e a situação que envolve as ideações e os comportamentos suicidas presentes em muitas pessoas desesperançadas, mesmo porque a existência destas pessoas sofreu algum tipo de interferência que não pode ser mensurada ou aferida, desestabilizando o ser que sempre se vê à frente de si mesmo. Infelizmente, o tempo e o espaço desses sujeitos foram devassados e, querendo ou não, eles buscam outra explicitação que possibilite a ressignificação e a recriação de extintos símbolos e imagens, oriundos da experienciação nas vivências cotidianas, decorrentes dos seus respectivos atravessamentos.

> O reconhecimento dessas estruturas supõe que a interpretação seja o mais possível objetiva. Na medida em que a compreensão não é um mero instrumento de apreensão do mundo, mas uma dimensão ontológica da existência, tal procedimento carrega dentro de si a garantia da sua objetividade. Nesta ordem de

> ideias, a explicitação do mundo tanto pode ser uma teoria científica, um mito antigo, um poema, ou a simples descrição de uma problemática individual. Enquanto pretendem formular uma imagem do mundo, isto é, existencialmente, do ser do mundo, todas essas explicações são testemunhas da existência. (Augras, 1996, p. 24).

A dialética evidenciada no "método" fenomenológico abarca toda a historicidade de cada pessoa e do grupo, em suma. No acolhimento às narrativas, que descrevem o mundo e, no nosso caso, as inquietações que permearam a crise confessional de Tolstói, a percepção reflexiva será fundamental, pois favorecerá o processo hermenêutico que pode contribuir na abertura de novos horizontes que ampliam a compreensão quanto aos mistérios que envolvem o entendimento do ser existente em seu encontro consigo.

Caminhos possíveis para a clínica em Psicologia Fenomenológica-existencial

Daqui a 100 anos, a não ser que haja alguma grande revolução técnico-científica, não estaremos mais aqui, pelo menos, como indivíduos. Uma peculiaridade inerente à vida é que todos, um dia, findaremos a nossa existência. Tendo como horizonte hermenêutico a obra de Tolstói, bem como todas as possibilidades hermenêuticas que dela podem advir, especialmente a fábula que receberá um destaque especial de nossa parte mais à frente, cabe-nos tecer algumas considerações sobre o desenvolvimento dos processos clínicos, tal como indicados pela Psicologia Fenomenológica-Existencial.

De antemão, torna-se salutar pontuar que todos os processos clínicos e as práticas psicoterápicas não podem ser desenvolvidos apressadamente ou sem o mínimo de aprofundamento das complexidades. Em que pese a urgência e a emergência quanto aos resultados de processos psicoterápicos, muitas vezes apresentadas pelos clientes em suas primeiras sessões, o psicoterapeuta não deve ceder aos encantos da rapidez ou ao sucesso de seu processo, tampouco à manutenção ou projeção do seu nome. Posições egoicas precisam ser controladas. O processo psicoterápico em cada caso e pessoa requer tempo e disponibilidade, pesquisa e cuidado. Isso, sem excetuar o pertinente tripé que envolve a própria vivência do psicoterapeuta: psicoterapia pessoal, procedimentos clínicos e supervisão contínua.

Cada ser apresenta a sua especificidade e, portanto, não pode ser tratado como uma ratazana de laboratório. Ao contrário, deve ser cuidado em dimensões mais amplificadas que descartem fórmulas e tendências cartesianas. Na Psicologia Fenomenológica-Existencial, onde o "método" fenomenológico requer uma maneira específica de observação e percepção, o fenomenólogo vai ao encontro da real significação dos gestos e de cada ato, mediante as transparências e significações apresentadas. Para Angerami:

> A fenomenologia é um método, uma atitude. Esse método constitui um novo modo de observação, que se apresenta na ciência, e até mesmo na psicologia. No entanto, nada de novo no cotidiano. É um método que vai ao encontro do real significado das coisas. Os fenomenólogos natos entendem em cada ato o significado das transparências e representações apresentadas. Os acontecimentos ocorridos e que vivenciamos ocorrem, simultaneamente, em todos os níveis de nossa vida e, em cada um deles, são expressas diversas formas de linguagem. (Angerami, 2017, p. 63).

Importa salientar que, diante das múltiplas formas de linguagem, mediante o "método" fenomenológico, a Psicologia e o processo psicoterápico se tornam vivos e sentidos, justamente por evidenciarem detalhes que se originam no tempo e no espaço, na realidade dos fenômenos que aparecem ao psicoterapeuta e seu cliente. Trata-se de um processo de simbiose, onde psicoterapeuta e cliente participam de um processo "co-humano criativo, não-apreensível por teorias que descendessem do subjetivismo e do conceito cartesiano de homem e seu mundo" (Barreto; Morato, 2020, p. 49). Isso ocorre, pois:

> Cada ser humano é único e singular; exige do profissional de Psicologia abertura ao inusitado, à reinvenção da sua forma de trabalhar, à reinvenção da teoria psicológica e da concepção de subjetividade que sustentam sua proposta de intervenção clínica.

> Além desse registro da experiência de cada cliente, o acontecer humano demanda do clínico acolher a constituição originária do homem, pois nela pode vir à luz todo e qualquer fenômeno afetivo-emocional. (Barreto; Morato, 2020, p. 50).

Dessa maneira, podemos considerar o espaço para o atendimento clínico como um espaço aberto, onde a possível transformação não seja produzida, mas experimentada em seu aparecer mediante percepções e compreensões diversas. Na clínica Psicológica Fenomenológica-Existencial, processos que englobam o acolhimento, a escuta, a simpatia e a empatia podem e devem favorecer o surgimento de novos olhares. "O apelo aparece nas brechas da nossa existência superficial via 'acontecimentos' que, ao provocar ruptura e transição, destroçam e fundam mundos. Tal rompimento possibilita mudança e transformação ao abrir a crise que aniquila e leva o 'aí' a construir o outro" (Barreto; Morato, 2020, p. 50).

Um aspecto importante a ser considerado refere-se à possibilidade que a Psicologia Fenomenológica-Existencial abre para que o processo psicoterápico se constitua em sua vivacidade e emoções, "distante das teorizações frias, que tornam obscura a própria realidade da existência". (Angerami, 2017, p. 63).

Todos os psicólogos, envolvidos em processos clínicos, sabem que lidar com a vida humana requer muita responsabilidade. Ademais, importa salientar que cada pessoa é única em sua experiência existencial. Análises conjunturais e estabelecimentos de rótulos ao estilo do que apontam os manuais diagnósticos, não valorizam a pessoa em sua singularidade de ser. No caso de pessoas que estão envoltas nas complexidades da autodestruição, o olhar mais efetivo à singularidade é condição essencial. Quando a dignidade da vida humana se perde, o acolhimento empático e a escuta sem julgamentos ou críticas precisam se evidenciar de uma maneira viva, pois a pessoa acuada em sua depressão ou sentimentos difusos, precisa ter no psicoterapeuta o abraço afetuoso, cuidadoso e acolhedor, além da firme presença referencial, eivada dos conhecimentos de área.

Ao considerar o papel do psicólogo diante de uma ideação ou comportamento suicida, Fukumitsu procura oferecer ao psicoterapeuta alguns subsídios que possam instrumentalizá-lo em sua prática e ação. Em suas palavras:

> O psicoterapeuta precisa desenvolver empatia no que se refere ao sofrimento humano, isto é, o profissional pode se disponibilizar para se aproximar do lugar onde o paciente está e, por meio de sua disponibilidade interpessoal, a esperança de que o cliente possa reconhecer suas potencialidades – a fim de ampliar sua maneira de enfrentamento de seus sofrimentos – poderá ou não emergir. Sendo assim, uma relação terapêutica que prima pelo cuidado e não pela cura pode ser facilitadora para que o cliente ressignifique seu desespero existencial e descubra perspectivas de manejo de seus conflitos. Contudo, nem sempre tais aspectos são suficientes a ponto de assegurar que a pessoa pare de acreditar que sua morte seja mais atraente que a vida. (Fukumitsu, 2014, p. 270).

O indicativo da autora não é sistemático. Nas entrelinhas, encontramos os desafios que estão presentes na relação do psicólogo com o seu cliente, num cuidado que tem mão dupla, afinal de contas, o psicólogo que atende o seu cliente tem que cuidar de si também. A referida autora, ao contribuir com a prática do psicoterapeuta, propõe três fases de manejo para com o cliente que se aproxima da autodestruição. São elas: Perguntas e explorações; Compreensão, confirmação e acolhimento e; Encaminhamento e acompanhamento. No que se refere à primeira fase, Fukumitsu afirma que é muito importante ao psicoterapeuta a escuta cuidadosa, quanto aos problemas do seu cliente e o não julgamento. Dois aspectos devem ser considerados:

> (1) A exploração da intenção do suicídio, perguntando, por exemplo: "Você pensa em se matar? Está tão difícil que você pensa em acabar com a sua vida"? (2) A exploração do plano suicida, perguntando diretamente: "Como você pensa em se matar? Você já tem um plano? Por que pensa em se matar? Você já tem alguma data para se matar"? (Fukumitsu, 2014, p. 273).

A segunda fase se estabelece em compreender o significado do ato suicida, explorando sentimentos e pensamentos do cliente, acolhendo, especialmente, o sentimento de impotência e solidão experimentado pelo que imagina como seria a morte como alternativa. O acolhimento é especial pois, para quem expressa sua intenção de morrer, é preciso explorar outras maneiras de viver, a serem exploradas (Fukumitsu, 2014, p. 273).

A última fase elencada pela autora se estabelece no compartilhamento da preocupação com o cliente, pedindo permissão a ele quanto à possibilidade de saber sobre o seu desespero. Nas palavras da autora: "Encaminhar significa envolver, orientar e direcionar o cliente, família e outros profissionais que poderão contribuir para que não haja reincidências de tentativas de suicídio" (Fukumitsu, 2014, 273). Enfim, ela corrobora às suas argumentações sintetizando as possibilidades clínicas que devem ser desenvolvidas pelo psicoterapeuta, em quatro princípios, a saber:

> 1. Conciliar a impotência e onipotência, assumindo a potência no processo psicoterápico;
> 2. Considerar o grau de letalidade e sofrimento psíquico, explorando os fatores de risco e as motivações, com vias a favorece o cliente em sua responsabilidade existencial;
> 3. Trabalhar com o cliente, buscando um amparo interdisciplinar. O psicoterapeuta não trabalha sozinho e precisa do olhar de outros profissionais;
> 4. Buscar a possibilidade de se encontrar, junto ao cliente, aberturas para se viver a existência de outra maneira. (Fukumitsu, 2014, p. 274).

Obviamente, estas observações são pontuações importantes, mas não absolutas. O cuidado para com a pessoa envolvida em processo de autodestruição, seja pelas ideações ou pelo comportamento suicida, requer contínua e aberta observação quantos aos fenômenos que aparecerem durante e após o processo psicoterápico.

Do suicídio, na obra *Uma Confissão*, de Tolstói

A busca pelo sentido da vida é o horizonte perseguido por Liev Tolstói em sua obra *Uma Confissão* (2017). Nessa busca, em meio a narrativas históricas e parabólicas, o romancista em sua ampla inquietação, vai tomando consciência de sua finitude e constatando os limites de sua própria existência. Diante do assombro, quando da ausência de um sentido explícito, ele confessa a sua dor, seus desejos e suas ideações suicidas. Da mesma forma, pessoas, as mais diversas, diante do mesmo assombro, têm a tendência de assumir duas posturas: tornarem-se crédulas ou niilistas. No nível de compreensão do segundo caso, o do niilismo, há uma aproximação enfática ao pensamento de Nietzsche, filósofo alemão que considerou a temática do absurdo da vida. O niilismo, expressão oriunda do latim *nihil*, cujo significado é nada, refere-se a uma terminologia filosófica que indica ceticismo e pessimismo extremados. Trata-se da negação e desvalorização de qualquer crença nos princípios sociopolíticos e religiosos, culminando na consciência do nada ou do absurdo. É em Nietzsche, por intermédio de sua filosofia do martelo e sua crítica ao humanismo e ao racionalismo no século das Luzes, que vai se estabelecer a contundência das suas formulações niilistas. Ao se remeter ao pensamento de Nietzsche, o filósofo italiano Luc Ferry atesta:

> Nietzsche pensa que todos os ideais, explicitamente religiosos ou não, de direita ou de esquerda, conservadores ou progressistas, espiritualistas ou materialistas, possuem a mesma estrutura, a mesma finalidade: fundamentalmente eles partem [...] de uma estrutura teológica, já que se trata sempre de inventar um além melhor do que este mundo, de imaginar valores pretensamente superiores e exteriores à vida ou, no jargão dos filósofos, de valores "transcendentes". Ora, para Nietzsche, tal invenção é sempre secretamente, é claro, motivada por "más intenções". Seu verdadeiro objetivo não é ajudar a humanidade, mas apenas conseguir julgar e finalmente condenar a própria vida, negar o verdadeiro real em nome de falsas realidades, em lugar de assumi-la e aceitá-la como é. (Ferry, 2010, 179).

É justamente essa negação do real em nome de um ideal que o filósofo alemão vai batizar de niilismo. A constatação de que não há novidades na vida e de que tudo o que pensamos, imaginamos e criamos se encontra na vida, constrange profundamente o ser que pensa e se refugia nos corredores da sua consciência. Nas palavras de Nietzsche: "Quem, como eu, impelido por um afã enigmático, se esforçou durante muito tempo por meditar no pessimismo até suas profundezas e por o libertar da sua estreiteza e da sua ingenuidade meio cristãs [...]? (NIETZSCHE, 2007, p. 80). Numa mesma linha reflexiva, diante dos absurdos impostos pela existência, o próprio Tolstói, diante da agonia que se instaura em sua vida destaca:

> Procurava explicações para minhas perguntas, em todos os saberes que as pessoas adquiriram. Procurei por muito tempo e com grande esforço, e não por curiosidade ociosa; não procurava com indolência, procurava de modo penoso, insistente, dia e noite – procurava como um homem à beira da morte busca uma salvação – e nada achava. Procurava todos os saberes e não só não encontrava nada como me convenci de que todos aqueles que, como eu, procuravam nos saberes também nada encontravam. E não só não encontravam como se davam conta, com clareza, de que aquilo mesmo que me levara ao desespero – a ausência de sentido na vida – é o único saber indubitável que o homem pode alcançar. (TOLSTÓI, 2017, p. 43 e 44).

A busca salientada por Tolstói é inerente a todos os seres humanos. Estes, por sua vez, ao se depararem com a "ausência de sentido na vida" podem, de fato, optar pelo niilismo – negação do mundo ou abraçarem a crença ou descrença em diálogo com o religioso. Por exemplo, as narrativas religiosas funcionam como conforto e objeto de conformação para a pessoa imersa em sua inquietação sobre a vida. Um bom e estruturado sistema religioso pode provocar certa tranquilidade à pessoa religiosa. As angústias inerentes ao que se virá resolvem-se rapidamente pela dimensão do que se chama fé ou quietude. Definir o que vem a ser fé ou quietude é uma tarefa complexa. As pontuações e os atos que nos acompanham sempre evidenciam ser a fé uma espécie de salto no escuro ou, mesmo, assumir convicções sobre o que não se vê. Isso dá aberturas a se posicionar a fé como imaginação ou como pensamento criativo em relação a algo ou alguma coisa. Fé é uma afirmação de narrativas imaginativas frente ao paradoxo do real e concreto. Uma afirmação frente à "ausência de sentido da vida".

Quando avaliamos as construções narrativas religiosas, chegamos à conclusão de que elas tentam dar conta das origens e da finitude, estabelecendo, de alguma forma, a lei do eterno retorno. Esta lei, que na verdade é um consenso estabelecido culturalmente de acordo com um *ethos* religioso, dá significado ao existir de muitas pessoas. Esse apego é tranquilizador, pois saber que a existência e as vivências não se findarão com a morte, tira a agonia que insiste em se instalar nos "corações" que acreditam num porvir. Pensar ou imaginar o projeto de salvação da alma favorece a organização da vida no cotidiano.

Dentre as narrativas históricas de Tolstói, depois de ter se envolvido na religião, nos escritos com vias a ganhar dinheiro, na apreciação e aplausos de seus leitores, no casamento e mesmo quando acometido de uma doença de morte, deparamo-nos com essa síntese:

> Minha vida parou. Eu podia respirar, comer, beber, dormir, porque não podia ficar sem respirar, sem comer, sem beber, sem dormir; mas não existia vida, porque não existiam desejos cuja satisfação eu considerasse razoável. Se eu desejava algo, sabia de antemão que, satisfizesse ou não meu desejo, aquilo não daria em nada. (Tolstói, 2017, p. 35).

Sem nem mesmo encontrar as respostas à sua busca pelo sentido, nem mesmo qualquer verdade, Tolstói avalia que nada existe à sua frente, senão a ruína. E vaticina: "É impossível fechar os olhos e deixar de ver que não existe nada à frente, a não ser a ilusão da vida, da felicidade, os sofrimentos verdadeiros e a morte verdadeira – a aniquilação completa" (Tolstói, 2017, p. 36). Decorre de toda essa constatação, a seguinte narrativa parabólica:

> Existe um conto oriental, repetido desde muito tempo, sobre um viajante que foi atacado por um animal feroz, na estepe. Para salvar-se da fera, o viajante pula dentro de um poço seco, mas avista no fundo, um dragão de goela escancarada para devorá-lo. O infeliz não se atreve a subir para não ser destroçado pelo animal feroz, não se atreve a descer ao fundo do poço para não ser devorado pelo dragão, se agarra aos ramos de um arbusto silvestre que cresceu nas fissuras da parede do poço e se pendura ali. As mãos vão perdendo a força e ele sente que terá de se render à morte, que o espera de ambos os lados; no entanto, continua a se segurar e, enquanto segura, olha para o lado e vê dois ratos, um preto e um branco, que se movem com indiferença em volta do galho em que ele está se segurando,

> e roem o galho. Dali a pouco, o galho vai ceder e se romper sozinho e ele vai cair na goela do dragão. O viajante vê isso e sabe que será inevitavelmente destruído; mas, por enquanto, se mantém pendurado, procura em volta e acha, nas folhas do arbusto, uma gota de mel, a alcança com a língua e lambe. (Tolstói, 2017, p. 39).

Tolstói, ao contar a lenda, ressalta sua inquietação quanto à angústia que abraça a existência. Por isso, o autor russo conclui a contação de sua narrativa, dizendo que é da mesma maneira que ele se agarra aos galhos da vida, sabendo que o dragão da morte o aguarda. A doçura do mel, uma espécie de consolo em meio ao caos, já não o sacia mais e os ratos – dia e noite – vão roendo seu cotidiano. Mais do que uma lenda, a narrativa de Tolstói enfatiza metaforicamente a angústia e o desespero nele instalado que o deixam desnudo diante do absurdo que é viver. Constatação que, igualmente, visita e assombra os seres humanos nas caladas da madrugada, levando-nos a considerar que todos nós, seres humanos, temos alguma consciência dessa realidade fatídica. Diferentemente de todos os demais seres vivos dinâmicos, que coexistem sobre a face deste planeta, somos os únicos que se preocupam com a finitude. É preciso indagar sobre o que vale a pena ser vivido, afinal de contas, são muitas as agonias e angústias sofridas por todos os seres humanos. A gota de mel é uma metáfora que reúne uma série de elementos em seu entorno reflexivo, especialmente os que concernem aos possíveis mundos imaginados, numa articulação com a morte e a vida. A gota de mel é um símbolo paradoxal, pois embora limitado pela sua viscosidade e brilho, podendo se transformar em poesia, sabores e saberes.

Quando se tem consciência do desespero, instala-se na psique a falta de esperança e a aceitação da coisa dada, num conformismo que dá medo. Apesar de se evidenciar, até este momento, os sentimentos e as agonias que se instalam na psique humana, não se pode desconsiderar o fato de que existem alguns bons acontecimentos gratuitos e inusitados. E nesse ponto, é fundamental pensar de forma mais detida no conceito de acaso.

Em geral, refletir sobre o acaso, como um acontecimento aí, é desconfortável, especialmente para aqueles dados a querer entender todos os eventos da vida, mediante um sistema fechado, bem elaborado. Sei que uma grande gama de pessoas prefere abordar os eventos gratuitos e os acasos, mediante códigos religiosos. Não há nenhum problema em se tentar organizar os eventos fortuitos dentro dos referenciais religiosos. É confortável designar a um ser superior todos os acontecimentos inerentes à vida. A ideia de um pai superior agrada por demais muitas pessoas e as retira, de alguma forma, da responsabilidade em se encarar a vida como ela é. A religião, em geral, oferece por meio do seu discurso, um fechamento de sentidos, condicionando a pessoa a pensar segundo os moldes estruturais e simbólicos da religião. É bom que fique claro que a religião é um campo de linguagem que procura dar conta do que não pode ser explicado. Essa linguagem é basicamente marcada por uma constelação simbólica, com distintos significados. Isso é importante, mas não é o fim.

De fato, a promessa religiosa provoca a sensação de segurança no ambiente insólito da existência. Todos os dogmas religiosos apontam para a instância da segurança. Diante desse quadro sucintamente abordado, surge-nos a indagação: o que é melhor? Ter a clareza da finitude e da radicalidade cruenta da vida ou consolidar um sistema de crenças, bem estruturado, que mesmo trazendo a realidade da vida, favoreça o surgimento de um consolo em meio à agonia? Não há uma resposta efetiva e bem estruturada quanto ao tema. Ao considerar este aspecto em seu belíssimo texto, intitulado *A Aposta*, Rubem Alves afirma que a pessoa que existe neste mundo não pode ceder à ideia de um mundo sem muitas opções. Isso seria muito triste. Para o autor de Boa Esperança, o melhor é apostar na possibilidade de um mundo para além deste mundo. Em suas palavras:

> Mas, e Deus existe? A vida tem sentido? O universo tem uma face? A morte é minha irmã? Ao que a alma religiosa só poderia responder: "Não sei. Mas desejo ardentemente que assim seja. E me lanço inteira. Porque é mais belo o risco ao lado da esperança que a certeza ao lado de um universo frio e sem sentido. (Alves, 1999, p. 126).

De qualquer forma, a sobrevivência em meio ao desespero necessita de outras respostas para além da imaginação religiosa ou das crenças que não corroboram com as perguntas sobre a existência humana e suas fragilidades.

Se correr, o bicho pega! Se ficar, o bicho come!

A parábola contata por Tolstói constitui-se como parâmetro metafórico para a melhor percepção e compreensão do absurdo que é viver. Refletindo sobre isso, lembrei-me que, certo dia, em um processo clínico, um cliente me perguntou sobre o que seria melhor: esperar o bicho chegar ou correr? Eu me coloquei a refletir sobre o seu questionamento e, depois de alguns segundos, devolvi a questão. Meu cliente respondeu que não sabia ao certo, mas, ponderando um pouco mais, disse que era melhor correr. Sem manifestar a minha concordância com ele, pensei com os meus botões que, diante do inevitável, a apatia é sempre um caminho a ser evitado. Aceitar as coisas tais como elas são ou como se apresentam, não é o melhor caminho. Invariavelmente, não há muitas possibilidades existenciais alternativas para os seres que coexistem neste planeta. Estamos aprisionados e não há nenhuma rota de fuga que nos permita sair dele. O bicho sempre pega.

Essa expressão se alinha, consideravelmente, a dimensões exemplares da cultura brasileira. Por exemplo: em abril de 1966, estreou no Teatro Arena, o terceiro espetáculo do Grupo Opinião, intitulado: "Se correr, o bicho pega! Se ficar, o bicho come", de Oduvaldo Vianna Filho e Ferreira Gullar. O enredo versava sobre um herói popular pobre, de nome Roque, que recorre à sua sagacidade e a ações ilícitas para se safar das armadilhas cotidianas. Com um humor bem evidente, o drama desconstrói valores e regras em geral. Da mesma maneira, a máxima explicitada no título da peça encaixa-se perfeitamente em nossa reflexão, pois corrobora com o inevitável que se levanta continuamente diante de nós e com a necessidade de driblarmos os obstáculos. A fatalidade é pressentida por todos, sem exceção, a não ser que haja algum distúrbio psicossomático.

Nos casos das pessoas expostas às ideações e comportamentos suicidas, é preciso refletir sobre o imbróglio que coloca em xeque a vida e a morte. Angerami, ao apresentar um pertinente e significativo esboço sobre as abordagens inerentes ao suicídio, reunindo os estudos de Farberow, Durkheim, Kalina, Kovadloff e, principalmente, Sartre, enfatiza a dificuldade em se considerar o espectro que envolve a questão da conduta autodestrutiva por um único viés. Em sua concepção, somente um enfoque interdisciplinar pode promover uma observação mais exitosa, sem introduzir cortes artificiais (Angerami, 2017(a), p. 31). Ao considerar a questão do suicídio, com fundamentação mais precisa em Sartre, afirma:

> Suicida é o homem capaz de se defender de concepções de vida aniquiladoras: mas também estas concepções são os promotores. É preferível por isso, falar de culturas suicidas, ainda que por isso não confundamos suas partes constitutivas nem deixemos de reconhecer as diferenças existentes entre seus elementos protagonistas. O homem que se mata faz porque está previamente condicionado e é constantemente estimulado, para adotar comportamento previamente autodestrutivo. O suicida é um homem preparado de antemão, para terminar como termina. E de Sartre é a colocação determinante: O essencial não é aquilo que se fez ao homem, mas aquilo que ele fez daquilo que fizeram com ele. (Angerami, 2017, p. 34).

Curiosamente, essa citação de Angerami faz a audaciosa constatação de que a pessoa que provoca a autodestruição só age assim, por conta dos atravessamentos relacionais que a constituíram em sua historicidade. De alguma maneira, todos os seres humanos são atravessados por uma grande gama de pessoas e estruturas. Os entrechoques relacionais, acompanhados de rompimentos aos projetos e sonhos, que podem desencadear possibilidades bem ou mal resolvidas, são os riscos e rabiscos que definem as resoluções vivenciais na existência, em geral, fazendo desembocar em ideações suicidas. Por esta razão, em um processo clínico, conhecer as historicidades do cliente, especialmente no que tange às marcas relacionais e decepções estruturais, é fundamental. Como foi considerado anteriormente.

Os olhos veem o abismo

O abismo que convoca ao suicídio é assustador, pois anuncia, enfaticamente, o acorde final da música existencial. O fato de a vida ocorrer em constantes oscilações desafia o ser vivente a se equilibrar, especialmente quando o chão some debaixo dos pés. Todas as pessoas, de uma forma ou de outra, já passaram por uma situação difícil cujos referenciais e balizas foram retirados.

Vivendo no limiar da existência, o criador da logoterapia[4], Víctor Frankl, em seu livro: *A busca de sentido* (1984), revela a sua dura experiência nos campos de concentração em Auschwitz. Sendo tratado de uma forma animalesca, vivenciou a experiência de ser e não ser, uma espécie de zona limítrofe entre a vida e a morte. Com exceção de sua irmã, perdeu todos os demais familiares, inclusive a esposa. Mesmo com todos estes dramas, sofrendo na pele todas as brutalidades que a vida naquele momento lhe impôs, encarou-a com galhardia e se preservou em meio ao caos existencial. Sua busca interminável estava nas dimensões do sentido e do significado de existir.

Frankl não era chamado pelo nome, mas pelo número: 119104. Mesmo diante de todas as situações aflitivas que ele mesmo sofreu, quando todos os sentidos mais constructos que amparavam a sua existência, como a família, a casa e o emprego se perderam, o que lhe sobrou?

Muitas pessoas, diante das perdas, acabam também perdendo a razão, decidindo-se pela apatia. Outras ficam tão deprimidas que acabam gerando ideações e comportamentos suicidas. Às vezes, as pessoas se gastam profundamente com lamentações diante de um infortúnio. Outras, ao contrário, tentam reagir, embora sejam tão atravessadas pelas pessoas, em seu entorno, que pouco conseguem avançar na busca por uma transformação ou por outro olhar para a vida. É preciso usar a liberdade de escolha, no que for possível, mediante as relações e os valores que nutriram a vida, para reacender a força e o encontro de sentido na vida. Ao final das contas, não é só se perguntar "sobre o que se espera da vida, mas o que a vida pode esperar de cada um de nós"! Ou nas palavras de Niezstche, tão evidenciadas por Frankl: "Quem tem por que viver pode suportar quase qualquer como". (Frankl, 1984, p. 4).

4 Abordagem psicoterapêutica reconhecida internacionalmente e que se fundamenta empiricamente no sentido da vida.

No fundo, quando se descobre que um dragão espreita e aguarda no fundo do abismo – essa noção de finitude –, a sensação de vazio e vácuo se instala no ser. No abismo, não há mais a possibilidade de expressões prazerosas. No abismo, tudo o que poderia existir e mesmo as possibilidades relacionais se esgotam, absolutamente. O abismo é o vazio absoluto. A dor absoluta no lugar de desencontro de si mesmo. É a linha final, para muitos. O dragão de boca aberta.

Por causa de nossa percepção sobre esse absoluto, sem base e sem apoio, onde toda a vida se esgota num arbusto, o assombro se instala na alma de todos os seres humanos. Só esse nível de constatação constrange a existência, paralisando os sonhos e os desejos quanto ao porvir. O abismo está fora e dentro de nós.

Ter consciência do abismo pode provocar o sofrimento. Coisa alguma há de equivocado em se ter a experiência do sofrimento. Ela é inerente a toda pessoa. No sofrimento extremo, é possível ainda decidir pela liberdade de oferecer o melhor à vida. Talvez, por essa causa, Tolstói tenha se decidido a não buscar mais a explicação para tudo, pois o tudo se encontra escondido em um lugar chamado infinito. E vaticina: "Quero entender de tal forma que eu seja levado até ao que é fatalmente inexplicável; quero que tudo que é inexplicável continue assim, não porque as exigências de minha mente são erradas [...], mas sim porque vejo os limites de minha mente". (Tolstói, 2017, p. 122 e 123).

A gota de mel

Existir significa caminhar e tatear pelos múltiplos corredores presentes no labirinto da vida. Na mitologia grega, deparamo-nos com a narrativa envolvendo Teseu, Adriana e o Minotauro – metade homem, metade touro. Segundo a narrativa, Adriana havia sido raptada pelo Minotauro. Este a levara para um labirinto. Todavia, quando ela foi raptada, tomou para si um novelo de lã. Enquanto ela era arrastada pelos corredores infindáveis do labirinto, desfiava o rolo de lã, com a finalidade de favorecer o percurso do que seria seu salvador. Como sabemos, os labirintos são lugares insólitos onde os sensos de direção se conflitam ante as imagens que parecem ser repetidas. Segundo o mito, foi Teseu quem navegou até a ilha com o intuito de enfrentar a criatura e salvar a sua amada. De alguma maneira, o mito também nos conduz em nossas reflexões. Ao entrar no labirinto, estruturas de fechamento e de instabilidade se instalam, laçando o ser à esfera do medo e da sensação de se estar perdido. Temos nossos labirintos. Lugares complexos cujas saídas não são óbvias. Todavia, o ambiente é totalmente óbvio, gerando diversas confusões. Acho que todos nós estamos inseridos dentro de um labirinto pós-moderno. Diferente do labirinto do Minotauro, o da atualidade tem milhares de corredores e portas, que se dão e se abrem a outros corredores e portas. Nessa sociedade multifacetada, corredores e portas se multiplicam de formas surpreendentes, gerando diversas interpretações, argumentos momentâneos e gritos ecoantes que tentam escoar os sentimentos absurdos que insistem em se instalar na pessoa em sua sensibilidade subjetiva. Os corredores são infindos. São obscuros e, por eles, as pessoas vão e vem, intermitentemente e, muitas vezes, com suas cabeças baixas e o olhar perdido em seus aparelhos. A grande fascinação, e até o cativeiro no qual milhares de pessoas se instalaram, são oriundas dos sonhos prometidos e projetados por vidas reais em momentos irreais e passageiros. Cada uma destas janelas tem trancas e cada tranca, um segredo que só pode ser desvendado pela historicidade de cada pessoa, diante das possibilidades de interpretação sobre os possíveis fenômenos da vida. Não há chaves fáceis para a resolução dos dilemas da vida, ao contrário do que diversos movimentos de autoajuda apresentam, em suas palestras emocionais ou motivacionais. Trata-se de discursos falaciosos e falsos, eivados de palavras afirmativas, cheias de rotas para a felicidade e para o sucesso.

Múltiplas perguntas não serão respondidas, porque elas não têm respostas. Obviamente, é muito duro para qualquer pessoa levantar questionamentos que se finalizam em reticências. Todavia, a vida é muito mais feita de reticências a pontos finais. Nessas horas, que se desenvolvem no terreno insólito das angústias, ansiedade e desesperos, é preciso ter a consciência de que na jornada existencial, muitos recorrem à pequena chama do ato de esperançar.

O velho ditado afirma que a esperança é a última que morre. Tal como um time que perdendo precisa fazer dois gols para gerar a prorrogação, o jogo da vida requer crenças e valores que só podem se encerrar quando o juiz apita o fim da partida. Isso nos leva a acreditar que o ato de esperançar persiste como uma espécie de teimosia.

Quando avaliamos etimologicamente a palavra esperança, chegamos à constatação de que ela se refere a duas perspectivas pontuais. A primeira se refere à espera. Uma pessoa pode esperar pelo acontecimento de uma determinada novidade em sua vida. É a expectativa pelo que virá. Pelo que poderá acontecer. Não é muito efetivo, pois faz com que a pessoa continue em sua letargia. Em muitos momentos de nossa vida, é preciso levantar-se para encarar, de frente, os problemas e as situações complexas. A segunda, e mais eficiente, forma de exercer a esperança tem a ver com o verbo esperançar que, por sua vez, significa almejar, sonhar, agir e buscar. Esperançar é o contrário de esperar. Na expressão de Paulo Freire, a esperança é sempre o movimento. É o caminho que leva ao natural do ser humano. Segundo ele mesmo: "É preciso ter esperança, mas ter esperança do verbo esperançar, porque tem gente que tem esperança do verbo esperar. E esperança do verbo esperar não é esperança, é espera. Esperançar é se levantar, esperançar é ir atrás, esperançar é construir, esperançar é não desistir! Esperançar é levar adiante, esperançar é juntar-se com outros para fazer de outro modo" (Freire, 2015, p. 110 e 111).

É óbvio que o caminho de esperançar se encontra no amplo espectro das necessárias mudanças que precisam ocorrer nos contextos sociais, fruto do processo de conscientização, tão necessária a uma humanidade que constrói a utopia de um outro mundo possível. De qualquer forma, existem momentos em que há a possibilidade de esperançar e existem outros momentos em que essa possibilidade é inexistente. Então, o que fazer quando não se há coisa alguma a se fazer? Para essa questão, não há uma resposta conclusiva. Aliás, não há resposta alguma, sobra, tão somente, aguardar o que virá, sem gerar altivas expectativas, mesmo que se instale um gosto amargo na boca. Às vezes, falta a gota de mel.

O problema que envolve o suicídio tem a ver com o último suspiro do esperançar. Aquele momento em que a consciência não coordena mais o corpo e se instaura a agonia quanto à desconexão com o mundo. Aquele momento em que a existência é envolvida por uma espessa neblina e o sol não "dá o ar da sua graça".

Em tempos de desesperança, qualquer gota de mel é conforto, mas o amplo espectro que envolve as múltiplas dimensões das existências humanas nem sempre dão conta de encontrá-lo. A gota de mel é um pequeno apego à beleza, a presença do dourado vivo daquela gota de mel que pode trazer excitação à vida. A gota de mel é um convite para um instante de eternidade, porque a existência de cada um de nós é feita de cotidianos que não significam coisa alguma e de momentos plenificados no tempo e no espaço. Nas palavras de Angerami-Camon, "o sentido da vida é a propulsão capaz de levar o homem a horizontes sequer tangíveis pela razão". (Angerami, 2017(a), p. 49).

Pelo fato de a vida não fazer sentido, ou ser encarada como um grande mistério, pois não se pode decidir sobre o quando, como, onde, de que e porque nascer e morrer, o ser humano se sente desamparado. Talvez, sejam necessárias na subjetiva construção dos próprios ideais, as palavras honestas e anárquicas de Roberto Freire, como uma franca testemunha do "enquanto" viver: "Vivo emaranhando deliciosamente nas relatividades absolutas, intensas, apaixonadas e vãs de sonhos, delírios, visões, alucinações e deslumbramentos, que confundo com os aspectos surreais, fantásticos, mágicos e encantados da realidade" (Freire, 2002, p. 24). Eis uma gota de mel.

Um papo pela vida

Guimarães Rosa, importante escritor brasileiro, certa vez disse: "o mais importante e bonito do mundo é isto: que as pessoas não estão sempre iguais, ainda não foram terminadas, mas que elas vão sempre mudando. Afinam ou desafinam" (Rosa, 2006, p. 23).

Nesse movimento de afinações e desafinações, inerente a todo ser humano, o curso da vida vai requerendo o percurso da intersubjetividade. Algumas delas nos tomam de assalto e dificultam nossas formas de estabilização. Aliás, se pensarmos bem, somos desestabilizados constantemente, pois o curso da vida não depende de nós, tampouco da forma como nos estabelecemos no cotidiano. Depende, sim, dos inter-relacionamentos que estabelecemos com as pessoas e dos acidentes de percurso a que todos estamos sujeitos.

A lenda, antes evidenciada por Tolstói, confronta a existência humana, especialmente quanto à crueza da vida. Somos os fugitivos da fera, dependurados em algum arbusto, tendo a total consciência da finitude. São os horizontes hermenêuticos, embevecidos pela magia poética da beleza, que podem favorecer o encontro de um sentido quando os olhos contemplam o não sentido. No universo de proposições, são fundamentais as percepções e experimentos pelo "aparecimento do fenômeno", naquele tempo e naquele espaço, no aqui e agora – *hic et nunc* – um terreno fértil de possibilidades poderá ser imaginado. O pequeno vestígio de beleza, em meio ao caos existencial, no qual cada qual se depara e convive, pode se tornar uma janela que se abre ao frescor da eternidade em um momento. No pano de fundo da lenda hindu, podemos nos deparar com uma chave interpretativa para a pergunta sobre o que, de fato, pode-se encontrar, quando o assunto é a correlação entre a morte e a vida.

O mel, esse produto oriundo do trabalho das abelhas, cheiroso e saboroso, agente curador, desperta os sentidos, os desejos e o bem-estar no corpo de todas as gentes que dele se apetecem ou necessitam. Com o sabor do mel na boca e o seu visgo peculiar, é possível deixar os sentimentos e as imaginações vaguearem, levando os sentidos a um efêmero deleite, como que num sonho. Sonho similar ao expresso pela artista plástica canadense Aganetha Dick, que por um apreço à arte e à estética, desenvolveu uma série de esculturas artísticas usando as colmeias e o mel das abelhas[5].

Acho que todas as pessoas têm uma grande curiosidade quanto ao que acontecerá a elas, após a existência na Terra. Essa curiosidade pode provocar inquietações diversas, especialmente em pessoas desavisadas ou naquelas que não encontram respostas lógicas ou parâmetros racionais. Há mistérios dos quais não nos é dado o conhecimento, sequer uma portinhola ou pequena abertura para uma possível interpretação. É preciso manter a concentração nas pequenas e singelas manifestações que despontam no cotidiano. Os olhos precisam estar abertos ao céu e às estrelas do dia e da noite.

[5] Conforme *site*: http://www.aganethadyck.ca/

É curioso saber que muitas estrelas, que a gente tem a oportunidade de visualizar no céu, já morreram. O universo é imenso e extenso e, por este motivo, a luz das explosões das estrelas atinge as nossas retinas centenas de anos depois. A luz viaja no espaço e no tempo universal com a poética finalidade de se encontrar com os nossos olhos. A luz é muito preciosa, pois torna nítida as cores, as formas e os objetos presentes em toda a beleza natural que temos a oportunidade de contemplar neste planeta. As cores, paradoxalmente, alegram-nos e nos entristecem. Para cada momento de nossa vida, as cores nos representam.

Em meio aos contrastes, é no mínimo curioso que, cientes da finitude, existam pessoas orgulhosas e vaidosas, gente que se acha melhor do que as outras. A existência traz seus tons parcos ou vivos, acinzentados, especialmente nas dimensões relacionais. É extremamente cruel a gente perceber os autoritarismos, os mandos e desmandos e as ditaduras. Quando pessoas querem determinar de forma diretiva como vai ser a vida do outro, a tragédia e a ruína se instalam.

As estrelas brilham e as gotas de mel beijadas pelo sol, refletem um brilho também efêmero. É duro saber que tudo passa nesse universo. Todas as lutas, todos os problemas, todas as dificuldades que se tem são ínfimos em relação à nossa finitude.

Nestes pequenos gestos gratuitos, que não esperam coisa alguma em troca, eu passo a ver o significado mais especial da vida. A vida é feita de pequenos gestos entre as pessoas. Gestos que tornam, efetivamente, a vida mais bela, tal como os apresentados pelos Mujiques[6] a Tolstói.

[6] "O mujique, nos clássicos russos, é o homem do campo. Comumente, era um servo rural 'pertencente' a alguma aldeia, já que, na Rússia, até 1861, existia o direito de servidão, graças ao qual os camponeses estavam ligados à terra em que nasciam. Quem comprava ou vendia uma terra, adquiria ou alienava, com a propriedade, as "almas" dos camponeses residentes nela (daí o título do livro do Gogol, *Almas mortas*). Contudo, 'mujique' não é sinônimo de 'camponês' (*krestian*, em russo). A razão para a palavra ser mantida do original (ainda que aportuguesada) é que ela representa todo um modo de vida e mentalidade. O mujique típico era um homem simples, religioso e supersticioso, misto de trabalhador e preguiçoso, sobrecarregado de trabalho e das agruras da vida, que muitas vezes lidava com elas na base da esperteza, e outras tantas encontrava consolo para seus sofrimentos na vodca. Um fruto típico da Mãe Rússia, com umas nuances de Jeca Tatu e

As estrelas estão longínquas. São inatingíveis. Nenhum de nós pode apalpá-las ou abraçá-las, sequer sentir todo o calor esplendoroso que delas emanam. Há dimensões que sempre nos serão distantes. Nunca poderemos saber o significado de tocar uma estrela. Todavia, podemos saber o que significa lamber a saborear uma gota de mel. Talvez, seja a última gota de mel, e por ser a última, passa a ter um significado mais do que especial.

Considerações Finais

Procuramos apresentar em nosso texto uma perspectiva intuitiva que pudesse auxiliar na ampliação das reflexões em torno da autodestruição e das possibilidades de teimosia, inerentes à vida e à existência. Quando se entende que a vida é o que é, com suas belezas e vicissitudes, as esperanças relampeiam numa tempestade em meio à noite. O que se acredita desmancha-se num moinho de vento e a fragmentação, tão visível e detestada nessa sociedade igualmente fragmentada, questiona tudo o que poderia ser chamado de real. Igualmente, quando o que se está adiante dos olhos afronta ou desestabiliza o cotidiano, só se pode recorrer à imaginação para suplantar o que não dá para ser aceito. De fato, quando se é agredido pelo infortúnio da perda, do sofrimento, da morte e do luto, em qualquer instância da vida, a dor que se instala na psique humana é inevitável e indecifrável. A agonia que abraça o peito precisa ser contida de alguma maneira. É preciso recorrer a caminhos alternativos que favoreçam a respiração, tão fundamental e importante para a sobrevivência. Ao mesmo tempo, torna-se preponderante abraçar, humildemente, a simplicidade e a beleza, essas duas dimensões que se encontram ao alcance das mãos e que podem trazer certo alento, pelo menos no lapso de segundo e, quem sabe, ajudar na transposição do momento. O renascer das possibilidades de vida requer encontros diversos com dimensões que podem apetecer a alma

de Pedro Malasartes, pode-se dizer". Conforme disponível em: https://www.literaturarussaparabrasileiros.com/2018/08/vocabulario-russo-7-mujique.html. Acesso em: 25 jan. 2021.

humana e esmaecer a neblina nas manhãs calmas de inverno. Doutra forma, a depressão, a angústia exagerada e até mesmo a ideação suicida, que se caracteriza em última instância como a vontade de acabar com a dor de existir, continuarão a negociar com o transeunte. O desafio é o de não dar campo para que tais sentimentos e atos se instalem na alma humana. O processo evidenciado pela Psicologia Fenomenológica-Existencial pode oferecer importante contributo para exorcizar a melancolia e cantar no escuro, como na linda canção de Thiago de Mello e Monsueto Menezes, tão belamente entoada por Nara Leão. Certamente, uma gota de mel presente em nossa MPB:

> Faz escuro, mas eu canto, porque amanhã vai chegar.
> Vem ver comigo companheiro,
> vai ser lindo, a cor do mundo mudar.
> Vale a pena não dormir para esperar,
> porque amanhã vai chegar.
> Vale a pena não dormir para esperar,
> porque amanhã vai chegar.
> Já é madrugada, vem o sol quero alegria,
> que é para esquecer o que eu sofria.
> Quem sofre, fica acordado defendendo o coração.
> Vem comigo multidão,
> trabalhar pela alegria, que amanhã é outro dia.

Talvez, pela necessidade de se esperançar, torna-se urgente e necessário o apego às canções e às poesias. Quem sabe o abraço ao instante de eternidade, essa dimensão poderosa da vivência humana que permite o vaguear dos pensamentos para suplantar as afrontas que a vida apresenta. Quem sabe, também, pelas avenidas das ditosas suplantações, sinalizar por intermédio de gestos e ações, diversos caminhos alternativos para a superação provisória da angústia e da dor de existir.

Referências

ALVES, Rubem. *O que é Religião?* São Paulo: Loyola, 1999.

ANGERAMI, Valdemar Augusto. *Suicídio*: Uma alternativa à vida: Fragmentos de Psicoterapia Existencial. Belo Horizonte: Ed. Artesã, 2017. (A)

ANGERAMI, Valdemar Augusto. Psicoterapia, detalhes e nuances. *In*: ANGERAMI, Valdemar Augusto. *Psicoterapia Fenomenológica-Existencial*. Belo Horizonte: Artesã, 2017. (B)

AUGRAS, Monique. *O ser da compreensão. Fenomenologia da situação de psicodiagnóstico*. Petrópolis: Vozes, 1996.

BARRETO, Carmem Lúcia Brito Tavares; MORATO, Henriette Tognetti Penha. A Ação Clínica e a Perspectiva Existencial. *In*: MORATO *et al. Fundamentos de Psicologia. Aconselhamento Psicológico numa Perspectiva Fenomenológica-Existencial*. Rio de Janeiro: Guanabara Koogan, 2020.

FEIJOO, Ana Maria Lopez Calmo. A psicoterapia em uma perspectiva fenomenológica-existencial. *In*: ANGERAMI-CAMOM, Valdemar Augusto (org). *Psicoterapia Fenomenológica-Existencial*. São Paulo: Cencage-Learning, 2002.

FERRY, Luc. *Aprender a Viver*. São Paulo: Objetiva, 2010.

FRANKL, Viktor. *A Busca de Sentido*. São Leopoldo/RS: Sinodal, 1984.

FREIRE, Paulo. *Pedagogia da esperança*. São Paulo: Paz e Terra, 2014.

FREIRE, Roberto. *Ame e dê Vexame*. Rio de Janeiro: Ed. Guanabara, 1990.

FUKUMITSU, Karina Okajima. *O Psicoterapeuta diante do comportamento suicida*. São Paulo: Instituto de Psicologia/ USP, 2014. Disponível em: https://www.scielo.br/scielo.php?script=sci_abstract&pid=S0103-65642014000300270&lng=isso&nrissoso&tlng=pt. Acesso em: 20 dez. 2020.

NIETZSCHE, Friedrich. *Para além do bem e do mal*. São Paulo: Martin Claret, 2007.

PESSOA, Fernando. *Poemas de Álvaro de Campos – Heterônimo de Fernando Pessoa*. Rio de Janeiro: Nova Fronteira, 2012.

ROSA, Guimarães. *Grande Sertão*: Veredas. Rio de Janeiro: Nova Fronteira, 2006.

SOUZA, Daniel. *Investigação em Psicoterapia*: contexto, questões e controvérsias. Possíveis contributos da perspectiva fenomenológica existencial. Análise Psicológica. 2006, 3 (XXIV), 373-382. Disponível em: http://publicacoes.ispa.pt/index.php/ap/article/view/177. Acessado em 20.12.2020. Acesso em: 20 dez. 2020.

TOLSTÓI, Liev. *Uma Confissão*. São Paulo: Mundo Cristão, 2017.

Afagando cada detalhe de você...

Valdemar Augusto Angerami

Isabella

Afagar tuas mãos docemente... suavemente...
Desfiar teus cabelos entre os dedos...
Suavemente como se fosse a mais suave das cerdas...
Deslizar minhas mãos pelas tuas costas suavemente...
Com a ponta dos dedos e com a palma da mão em alternância...
Cada detalhe das costas, nádegas, pernas... Docemente...
Os dedos deslizando com a suavidade de uma pétala de flor
Ma Belle apenas sorvendo esse carinho de olhos fechados...
Viajando pelo toque das minhas mãos...
Um beijo molhado e açucarado com o sabor do teu doce preferido...
Um abraço bem apertado para você não ter mais receio da vida...
Sonhar acordado o sonho mais lindo dessa vida...
Você em meus braços pelos Boulevards da eternidade...

Serra da Cantareira, numa manhã chuvosa de Verão...

CAPÍTULO 12

Educação em saúde:

uma experiência de enfrentamento às violências interpessoais e autoprovocadas por meio de um projeto de educação continuada

Henrique Landim Santos
Alessandra de Lima Araújo
Raquel Araújo de Vasconcelos
Claudia Cristina Lima de Castro
Maria Carmelita Maia e Silva

Resumo

Percebida a necessidade de formação de residentes, discentes, servidores da Universidade de Pernambuco (UPE) e profissionais de saúde do Hospital Universitário Oswaldo Cruz (HUOC) sobre aspectos relacionados às violências interpessoais e autoprovocadas, seus fatores de risco e proteção, além de práticas relacionadas à vigilância epidemiológica do agravo. Percebida a necessidade, foi realizada interlocução entre a Divisão de Serviço Social da referida unidade (UPE) e o Setor de Doenças e Agravos Não Transmissíveis (DANTS), componente da Diretoria de Vigilância em Saúde (DEVS) da Secretaria de Saúde do Recife. Percebida as necessidades apontadas, firmou-se como principais objetivos o desenvolvimento de ações instrutivas referentes aos fluxos de atenção, assistência e vigilância voltadas para o cuidado das vítimas de violências. Também foi apontada a necessidade de maior ordenamento da rede institucional de serviços voltada ao atendimento às pessoas acometidas pelo agravo, além de uma maior implementação dos projetos acadêmicos produzidos pela paridade entre o HUOC e a UPE.

Palavras-chave: Educação continuada, Violências autoprovocadas, Violências interpessoais.

Introdução

As violências interpessoais e autoprovocadas são compreendidas enquanto fenômeno complexo e multicausal, consideradas pela organização mundial de saúde como agravos à saúde pública que resultam em uso intencional de força física ou do poder, real ou em ameaça, contra si próprio, contra outras pessoas, ou contra uma comunidade que resulte ou tenha possibilidade de resultar em lesão, morte, dano psicológico, deficiência de desenvolvimento ou privação (Krug *et al.*, 2002).

O fenômeno em questão não é objeto restrito e específico da saúde pública, mas está intrinsecamente ligado a ela, na medida em que tal campo participa da construção direta de políticas públicas voltadas à segurança e assistência. Sua função tradicional tem sido cuidar dos agravos físicos e emocionais gerados pelos conflitos sociais, contudo, hoje busca ultrapassar seu papel apenas curativo, definindo medidas preventivas destes agravos e de promoção à saúde, em seu conceito ampliado de bem-estar individual e coletivo (Minayo e Souza, 1998).

Em termos de impacto financeiro, a avaliação realizada pelo IPEA (Instituto de Pesquisa Econômica Aplicada) e pelo Fórum Brasileiro de Segurança Pública mostram que as perdas do Brasil com a violência chegam anualmente a 6% do PIB (Produto Interno Bruto), onde tal valor é equivalente ao investido pelo Estado no setor de Educação (aproximadamente R$ 373 milhões de reais) de acordo com o Atlas da Violência (2016).

No contexto da saúde pública, frente ao projeto de emenda constitucional 247/2017 (PEC do Congelamento de Gastos) e à crise de subfinanciamento do Sistema Único de Saúde (SUS), os desafios para gestores, profissionais e usuários são cada vez maiores. Concomitantemente, o enfrentamento e a oferta de cuidado por meio de ações intersetoriais e multidisciplinares pautadas na prevenção do agravo faz-se necessária, propiciando a devida assistência à saúde das vítimas (Matar *et al.*, 2007).

Em relação ao setor de Educação e à formação dos profissionais de saúde, a maioria das disciplinas não abordam os impactos das violências em seus currículos e programas de educação continuada, formação e treinamento. Por isso, a maioria dos profissionais de saúde não se encontram preparados para oferecer uma atenção que tenha impacto efetivo à saúde das vítimas (Uribe, 2001).

Frente as dificuldades apresentadas, torna-se indispensável a união de esforços entre Educação e Saúde para que sejam atingidos os objetivos necessários a um efetivo enfrentamento das violências. Nesse processo, a educação continuada dos profissionais de saúde e de outros setores que integram a rede de enfrentamento à violência interpessoal e autoprovocada, configura-se como instrumento para aprimorar a capacidade destes profissionais de detectarem formas, sinais e impactos das violências, notificando-as de forma ágil e adequada.

A notificação das violências foi estabelecida como obrigatória por vários atos normativos e legais, onde, de acordo com a portaria N. 1.271/2014 (Brasil, 2014), os casos de violência sexual e tentativa de suicídio, independentemente do sexo, passaram a ser de notificação imediata e deve seguir o fluxo de compartilhamento entre as esferas de gestão do SUS estabelecido pela Secretaria de Vigilância à Saúde/ Ministério da Saúde. Ainda de acordo com a citada nota (Brasil, 2014), para os casos de violência sexual contra a mulher, a notificação deve ser realizada e encaminhada para as referências de vigilância do território em até 24h, no intuito de agilizar o atendimento à vítima e seu acesso à contracepção de emergência e às medidas profiláticas de doenças sexualmente transmissíveis e hepatites virais em até 72 horas da agressão.

No caso da tentativa de suicídio, considerando a importância de tomada rápida de decisão, como o encaminhamento e a vinculação do paciente aos serviços de atenção psicossocial, de modo a prevenir que o caso evolua para óbito por suicídio. A Portaria N. 1.271/2014 (Brasil, 2014), caracteriza como imprescindível a comunicação via notificação dos casos à vigilância epidemiológica do município, imediatamente após o seu conhecimento, seja via ficha de notificação imediata, *e-mail* ou telefone (com envio posterior da ficha de notificação) com o encaminhamento da pessoa para a rede de atenção à saúde. Isso inclui acionamento da rede de vigilância, prevenção e assistência, encaminhamento do paciente a um serviço de saúde mental, com adoção de medidas terapêuticas adequadas ao caso.

O Ministério da Saúde, junto à Organização Pan-americana de Saúde (OPAS), lançou, em 2017, uma agenda estratégica voltada para a redução de 10% dos óbitos por suicídio até 2020. Entre as ações definidas, destacam-se a capacitação de profissionais, orientação para a população e jornalistas, a expansão da rede de assistência em saúde mental nas áreas de maior risco, assim como o monitoramento anual dos casos no país (Brasil, 2017).

Alinhado às prerrogativas ministeriais, no mês de setembro de 2019, o Hospital Universitário Oswaldo Cruz (HUOC) iniciou a "Formação para os profissionais de saúde sobre Violência e Saúde Pública: desafios e enfrentamentos", como parte do projeto de extensão "Pode Respirar! Discutindo Promoção da Saúde no SUS na Universidade de Pernambuco (UPE)", aprovado pelo edital Piaext n. 01/ 2019.

O HUOC foi fundado em 1884, no município de Recife-PE, e tem em suas dependências 525 leitos direcionados para atendimentos oncológicos, pediátricos, pacientes acometidos por doenças infecciosas e parasitárias, realização de diversos tipos de cirurgia, clínica médica entre outros. A instituição tem vinculação educacional com o Sistema Único de Saúde (SUS) e com a UPE, tendo como política institucional a produção de ações voltadas para a formação e a qualificação de seus profissionais e demais componentes.

Servir como campo de prática acadêmica também é característica do HUOC. Em setembro de 2008, foi pactuada a renovação da certificação que atribui a instituição a classificação de "Hospital de Ensino". De acordo com os anais institucionais da UPE (2018), em 2012, o HUOC passou a integrar o complexo acadêmico da instituição, contribuindo para a formação na *práxis* de cursos como Medicina, Enfermagem, Educação Física, Assistência Social, Odontologia e Psicologia.

Desta forma, o objetivo do presente trabalho é apresentar a experiência intersetorial que culminou na realização de oficinas e em suas capacitações sobre os impactos das violências interpessoais e autoprovocadas na saúde pública sob a perspectiva epidemiológica. Oficina intitulada *Dados epidemiológicos da violência no Recife: discutindo a ficha de notificação* foi realizada pelo setor de DANTS, com os profissionais do HUOC e UPE, ocorridas no mês de setembro de 2019, na UPE.

Metodologia

Identificada necessidade de formação continuada de residentes, discentes, servidores da UPE e profissionais de saúde do HUOC sobre oferta de assistência às vítimas de violências, análise de fatores de risco e proteção, além de desenvolvimento de práticas relacionadas à vigilância epidemiológica das violências interpessoais e autoprovocadas, realizou-se interlocução intersetorial entre a Divisão de Serviço Social do Campus Universitário e o Setor de Doenças e Agravos Não Transmissíveis (DANTS) da Secretaria de Saúde do Recife para realização de ações de educação continuada sobre a temática.

Esta interlocução possibilitou ao Setor de DANTS melhor exatidão sobre as necessidades para a prática de educação continuada e o entendimento das possíveis dificuldades do campo de atuação dos profissionais e demais participantes a que se dirigiria a consecução da oficina, tendo em vista favorecer o envolvimento dos sujeitos no momento de execução.

Ainda, na etapa de discussão e planejamento sobre as necessidades apontadas, firmou-se como um dos principais objetivos o desenvolvimento de ações instrutivas referentes aos fluxos de atenção, assistência e vigilância voltadas para o cuidado integral às vítimas de violências interpessoais e autoprovocadas. Durante a construção das bases metodológicas relacionadas à realização da ação e considerando o tempo proposto para a realização da prática pedagógica, optou-se pelo uso de aula expositivo-dialogada, onde os participantes debateram junto aos mediadores sobre os principais conceitos, fluxos de rede e fatores de risco atribuídos às violências interpessoais e autoprovocadas.

A ação foi conduzida por três facilitadores profissionais da área de saúde (uma Médica especialista em medicina da família e comunidade, um Psicólogo especialista em saúde mental e transtornos mentais e uma Assistente Social especialista em saúde coletiva) que planejaram, executaram e facilitaram a oficina, os demais participantes consistiram em estudantes de Enfermagem, Fisioterapia e Psicologia da UPE; técnicos de enfermagem, agentes comunitários de saúde e residentes de programas multiprofissionais do HUOC.

Para esse momento inicial, foi utilizado um amplo material expositivo, visando favorecer o conhecimento/a discussão sobre os seguintes pontos: a) Conceito de violências interpessoais e autoprovocada; b) Fatores de risco relacionados ao agravo (características sociais, comunitárias, interpessoais e individuais); c) Impactos das violências na saúde da população; d) Noções sobre vigilância epidemiologia (conceito, fluxos e detalhamento informativo sobre preenchimento da notificação epidemiológica); e) Repercussões sociais e institucionais associadas à subnotificação do casos; f) Dados epidemiológicos sobre o comportamento do agravo no município; g) Apresentação da rede de assistência, cuidado e garantia de direitos; h) Violências autoprovocadas e Rede de Atenção Psicossocial.

Concluída a etapa conceitual, seguiu-se para o segundo momento. Foi dada ênfase à realização de atividade em grupo. Nessa etapa, os participantes se dividiram em quatro grupos de até nove componentes. Aos grupos foram distribuídas fichas de notificação epidemiológica e também a cartilha produzida pela DANTS/SESAU correspondente à descrição de todas as referências de atendimento, ao cuidado e à garantia de direitos pertencentes à rede de saúde. Atendendo aos objetivos do evento, foi solicitado aos grupos que "formulassem" casos distintos de violências (sexual, física, autoprovocada, entre outras) por meio da discussão intergrupal, levando em consideração os possíveis impactos sociais, psicológicos e físicos acometidos sobre a vítima do agravo discutidos no primeiro momento.

Após a criação dos casos, solicitou-se que os integrantes transcrevessem os casos na ficha de notificação epidemiológica, respeitando todos os campos, informando ao coletivo e aos mediadores o possível surgimento de dúvidas conceituais. Também foi realizado o esclarecimento conceitual entre a notificação epidemiológica das violências e a declaração de óbito, instrumento vinculado ao Sistema de informação de Mortalidade (SIM).

Após discussão e preenchimento da Ficha de Notificação de Violência Interpessoal e Autoprovocada, os participantes descreveram coletivamente os casos criados e registrados, informando as características do seu atendimento e, principalmente, do seu acompanhamento e encaminhamento para a rede. A compreensão da rede foi facilitada pela utilização da cartilha da rede de saúde e proteção às vítimas que havia sido previamente disponibilizada no material de apoio fornecido aos participantes.

Resultados e discussão

Durante a discussão dos fluxos de atenção às vítimas de violências interpessoais e autoprovocadas, verificou-se que diversos profissionais mesmo sendo oriundos da rede de saúde (Hospitais, UPAS, CAPS) não dominavam o conhecimento acerca dos fluxos e das implicações e que isso pode acarretar no cuidado com as vítimas de violência.

Os conceitos de referência e contrarreferência também foram utilizados durante a explicação do fluxo de rede em saúde, bem como a importância da transdisciplinaridade e a mobilização da sociedade civil no combate às violências interpessoais a autoprovocadas.

Foi identificado pelos facilitadores a não diferenciação prévia entre os conceitos de notificação compulsória do agravo aos sistemas de informação epidemiológica e os tipos de denúncias realizadas em espaços judiciais. Tal separação conceitual foi considerada pelos participantes como fator decisivo nas práticas de vigilância epidemiológica, o esclarecimento entre a comunicação à autoridade de saúde do território e a comunicação aos órgãos de direitos e de proteção para a tomada das medidas protetivas e de responsabilização foi apontado como de extrema importância na atuação em saúde.

O material expositivo utilizado como subsídio às atividades da oficina foi bem aceito pelos participantes, motivando as discussões/os debates. Foi relevante a apresentação dos dados epidemiológicos obtidos com as notificações registradas no SINAN, pois isso clarificou a importância do preenchimento e o encaminhamento da ficha de notificação para a construção do conhecimento sobre um agravo complexo, como a violência, desmistificando a ideia de se tratar apenas de mais um instrumento meramente burocrático.

Houve receio de que, mediante a apresentação expositiva, que compõe o primeiro momento pedagógico da oficina, não houvesse adesão adequada dos presentes ao trabalho em grupo proposto para o segundo momento. Contudo, a atividade ocorreu da forma planejada, obtendo necessária participação e produção de conhecimento, por meio de exercício de elaboração de casos com a experiência dos participantes nos seus locais de trabalho ou de vivência real, os quais foram utilizados para o preenchimento dos campos do instrumento (Ficha de Notificação).

A prática permitiu um maior contato com o instrumento e o esclarecimento de questões sobre a vigilância epidemiológica do agravo, possibilitando a troca de saberes e a valorização do preenchimento adequado, e também sobre os possíveis impactos epidemiológicos do não registro adequado dos casos de violência. A Rede de Atenção psicossocial (RAPS) foi apontada pelos estudantes como de extrema importância na assistência a casos de violências autoprovocadas.

Foi ressaltada a necessidade de maior ordenamento da rede institucional de se40rviços voltados ao atendimento as pessoas acometidas pelo agravo, além de uma maior implementação dos projetos acadêmicos produzidos pela paridade entre o HUOC e a UPE. Foi percebida a necessidade da instauração de uma linha de cuidado municipal voltada para a assistência em rede a casos de violências autoprovocadas, bem como, a capacitação de profissionais de saúde no manejo dos casos atendidos.

Conclusão

Para formar profissionais de saúde com visão plural e ampliada de forma global, é imperativo se ter uma educação continuada de qualidade capaz de sensibilizar, mobilizar e reconstruir uma sociedade mais justa e democrática. No mesmo diapasão, fazer valer as políticas públicas já existentes frente ao combate às violências ou mitigar os determinantes sociais que venham culminar num processo de adoecimento motivado por atos de violência, buscando de forma imperativa que se prospecte ações para o desenvolvimento da cultura de paz.

Nesta esteira, promover ações que transponham os espaços acadêmicos, permitindo a valorização do trabalho intersetorial e multiprofissional, possibilitando a melhor garantia de aprendizado nestes espaços de cuidado e garantia de direitos, pouco conhecidos, coligado a isso, pois incentivar que o discente participe ativamente do processo de aprendizado é positivo, porque ele passa a cooperar de forma ativa na construção de conhecimento, planejamento e execução de ações sociais, em face à pluralização das múltiplas experiências adquiridas na vivência do trabalho, sendo transferidas ao aluno de forma a projetar esse conhecimento na sua forma mais basilar da compreensão, dando melhor compreensão do fluxo de rede em saúde e no fomento do saber cuidar.

A formação de profissionais de saúde capazes de multiplicar os saberes, agenciados por ações positivas voltadas ao combate das violências autoprovocadas e do suicídio foi percebida pelos docentes como necessário componente na grade curricular. Desse modo, este evento foi considerado pelos mediadores e participantes exitosos em seus objetivos, promovendo, assim, a interação de saberes e integração de setores na aquisição do conhecimento e coparticipação de experiências entre os profissionais de forma multidisciplinar e plural.

A necessidade de convergir esforços na divulgação de centros de referência, redes de atenção e nas práticas de vigilância epidemiológica nos espaços de ensino permitem a ampliação e qualificação do cuidado, também favorece levantamento de informações que dão base às ações territoriais, contribuindo para a ampliação de políticas públicas e para o fortalecimento do Sistema Único de Saúde e Rede Intersetorial de Proteção e Cuidado.

Referências

BRASIL. Ministério da Saúde. Secretaria de Vigilância em Saúde. Nota Técnica Informativa sobre registro e notificação compulsória de doenças e agravos, n. 1, 2014. Brasília, 2014.

CECCIM, R. B. Educação Permanente em Saúde: descentralização e disseminação de capacidade pedagógica na saúde. Revista de Ciência e Saúde Coletiva, Rio de Janeiro, v. 10 n. 4, p. 975-986, 2005.

DAHLBERG, L. L.; KRUG, E. G. Violence: a global public health problem. World Report on Violence and Health. Geneve: World Health Organization, 2002.

GARBIN, Cléa Adas Saliba et al. Desafios do profissional de saúde na notificação da violência: obrigatoriedade, efetivação e encaminhamento. Ciênc. saúde coletiva **[online]**. vol. 20, n. 6, pp.1879-1890, 2015.

HANNAFIN, M.; LAND, S.; OLIVER, K. Open learning environments: foundation, methods, and models. In: REIGELEITH C. M (ed.). Instructional-design theories and models. New York: Routledge, p. 115-40, 1999.

IPEA. Atlas da violência 2017. Fórum Brasileiro de Segurança Pública. Disponível em:http://repositorio.ipea.gov.br/bitstream/11058/6529/1/Nota_n.17_Atlas_Violencia.pdf. Acesso em: 28 jan. 2021.

JARAMILO de, URIBE T. M. Rol del personal de salud en la atención a las mujeres maltratadas. Invest Educ Enferm. 2001; XIX (1):38-45.

MATTAR, Rosiane et al. Assistência multiprofissional à vítima de violência sexual: a experiência da Universidade Federal de São Paulo. Cad. Saúde Pública [online]. 2007, v. 23, n. 2, pp. 459-464.

MINAYO, M. C. de S.; SOUZA, E. R. de. Violência e saúde como um campo interdisciplinar e de ação coletiva. História, Ciências, Saúde – Manguinhos, IV (3): 513-531, nov. 1997-fev. 1998.

MINISTÉRIO DA SAÚDE. Agenda de ações estratégicas para a vigilância e prevenção do suicídio e promoção da saúde no Brasil – 2017 a 2020. Brasília, 2017.

MINISTÉRIO DA SAÚDE. Portaria 1271 de 06 de junho de 2014. Disponível em: http://dtr2004.saude.gov.br/sinanweb/novo/Documentos/Portaria_1271_06jun2014.pdf. Acesso em: 4 nov. 2014.

CAPÍTULO 13

O mito de Sísifo e o suicídio daqueles que não enxergam sentido na vida

Bruno Gonçalves

Introdução

Decidir se a vida vale ou não a pena ser vivida é responder à questão fundamental da filosofia, portanto, o suicídio, é o único problema realmente sério. Essa é a frase introdutória de um ensaio que figura como um dos melhores tratados sobre o suicídio. Nesse ensaio, o filósofo e romancista Albert Camus promove a questão existencial mais importante, o suicídio, ou melhor, saber se a vida vale ou não a pena ser vivida. A sociedade não tem muito a ver com o assunto, ele escreve: "O verme está no coração humano, é lá que se deve procurar", e para isso é preciso seguir e compreender esse jogo mortal que arrasta a lucidez em face da existência à evasão para fora da luz.

Albert Camus contribuiu para uma concepção moderna e completamente nova sobre suicídio. Ele apresenta uma teoria explicativa orientada para o indivíduo, confrontando com as visões das escolas tradicionais, propõe uma nova abordagem, enfatizando a subjetividade e a percepção. Desse modo, o suicídio que sempre foi tratado como um fenômeno social, ganha mais relevância ao ser abordado com relação ao pensamento individual. Essa maneira de fazer perguntas não segue a tradição filosófica, mas é característica do filósofo argelino, segundo ele, a filosofia não é tanto sobre o embasamento teórico de um problema, mas sobre as consequências práticas desse problema. A partir disso, Camus estabelece uma relação direta entre o suicídio e o sentimento de absurdo para responder a até que ponto a morte voluntária, a própria admissão de que a vida não vale a pena ser vivida, é uma solução para o condicionamento absurdo.

Diante do absurdo, o indivíduo experimenta a morte como uma maneira de lidar com o absurdo da falta de sentido da vida, isso segue a falta de lógica de que se a vida não tem nenhum propósito, o suicídio torna-se opção, assim, um gesto suicida se prepara no íntimo de cada indivíduo, da mesma forma que uma grande obra. É difícil identificar a causa final ou mesmo fixar o instante em que um indivíduo decide pelo suicídio, no entanto, é mais fácil pressupor no indivíduo o estado anterior ao ato, pois, matar-se é admitir que a vida não faz sentido e confessar-se incapaz de compreendê-la. Também é importante enfatizar que, para Camus, o suicídio já passou pela cabeça de todos os homens sadios, ainda que tenha aqueles que nunca atentaram contra a própria vida ou sequer cogitaram se matar, há um número considerável de pessoas que se interrogam continuamente sobre essa questão.

É inegável a contribuição dos fatores sociais para o suicídio; as sociedades mecanicistas e massificantes parecem expor o ser humano a contextos alienantes e alienados de modo que o risco de suicídio aumenta quando ocorrem alterações nas relações sociais. O suicídio era visto como resultado do sofrimento que uma sociedade infligiu a um indivíduo, ao ponto de Karl Marx dizer que o suicídio é o sintoma de uma organização deficiente da sociedade. Mas, também, é importante reconhecer que o desenvolvimento de teorias sobre o porquê alguns indivíduos atentam contra suas próprias vidas mudaram drasticamente nos últimos cem anos. Por exemplo, em vez de discutir o suicídio como uma resposta à opressão da sociedade, começou-se a considerar a percepção subjetiva como um fator decisivo para o suicídio. Não basta uma sociedade deficiente, cada indivíduo deve perceber se leva uma vida significativa ou se sua vida parece não fazer sentido diante do despropósito da agitação cotidiana.

Nesse contexto, aqui, o suicídio é o tema principal da filosofia e deve ser entendido à luz da falta de sentido da vida. Abordar esse tema implica voltar à discussão sobre o possível sentido e valor da vida, e se as reviravoltas inesperadas da existência deveriam ser entendidas como elementos de nossa própria condição, pois é essencial reconhecer que o que está em jogo é a necessidade de compreender certas inclinações humanas para o pessimismo, para a angústia e para a morte. De fato, verifica-se certa sensação de frivolidade que acomete inúmeras pessoas, elas chegam até os psicoterapeutas com sintomas vagos e indescritíveis, muitas vezes, queixam-se da sensação de que suas vidas não têm sentido ou significado, relatam sentimentos de vazio e perplexidade diante da vida.

Os principais expoentes dessa mudança de paradigma sobre o suicídio foram os chamados existencialistas do século 20. Eles consideraram o suicídio como uma reação à natureza absurda do mundo e à falta de sentido da vida humana. De um lado, o desejo humano de eternidade, clareza e significado, e do outro lado, um universo que teimosa e injustamente permanece silencioso, parecem colidir. Para esses filósofos, psicólogos e literatos, grande parte dos seres humanos não enxergam propósito nas coisas cotidianas e tampouco vislumbram um objetivo geral para existência. O indivíduo, que é a fonte de todo significado, encontra dificuldade de fazer sentido em uma existência que não tem um significado primário, e esse é um desafio que todo ser humano parece enfrentar. Nesse sentido, o ensaio filosófico de Camus também pode ser chamado de existencialista, porque descreve tão apropriadamente a experiência humana que é, ao mesmo tempo, sem sentido e apaixonada, finita e orgulhosa. Para Camus, o fato de cogitar o suicídio é o mais profundo reconhecimento do absurdo da vida e um dos aspectos mais marcantes da existência humana.

Para redescobrir a essência do sentimento de absurdo e as possibilidades de comportamento que ele dá origem, iremos descrevê-lo de várias formas. Trata-se de descrever o fenômeno, partindo da convicção de que para compreender algo é necessário se colocar em situação, de modo que nossa descrição ora toma um tom filosófico, ora literário ou experiencial; e, às vezes ainda, tomará a forma de narração e testemunho. Mas sempre atentando para como Camus nos pede; vivenciar essa situação de forma consciente, sem soluções fáceis, certezas dogmáticas ou negações.

Considerando que o suicídio não é apenas sobre crises psiquiátricas ou psicológicas, mas um fenômeno extremamente complexo, multifatorial, do qual se sabe muito pouco, ressalta-se a dificuldade de julgar tal comportamento, mas ao menos, é possível reconhecer que em se tratando desse assunto, há sempre algo para cuidar. De fato, tratar de pacientes suicidas é um dos maiores desafios que um psicoterapeuta pode encontrar em sua trajetória profissional, pois se trata de uma tarefa extremamente exigente, que pode ser auxiliada com contribuições importantes de filósofos e escritores que, embora não sejam psicólogos ou psicoterapeutas, permite-nos desenvolver problemas com uma abordagem realista da condição humana. Portanto, os objetivos desse texto consistem em propor reflexões e subsídios que contribuam para o desenvolvimento do tratamento de pessoas em risco de suicídio, além de estabelecer uma ligação estreita entre filosofia e literatura.

Do absurdo ao desespero

... se é difícil fixar o instante preciso, o procedimento sutil em que o espírito se decidiu pela morte, é mais fácil extrair do próprio gesto as consequências que pressupõe. Matar-se é de certo modo, como no melodrama, confessar.
(Camus, 2010, p. 8).

Sísifo, que pela etimologia quer dizer duplamente sábio, é conhecido na mitologia grega como o mais astucioso dos homens, entretanto, a sua fama vai além da sua esperteza. Sísifo também é famoso por ser pouco honesto, de modo que suas lendas são sempre sobre algum truque seu. Em uma das lendas, ele engana a morte duas vezes, porém, não escapa da punição dos deuses, indo parar no mundo dos mortos encarregado de uma tarefa árdua e incessante. No Canto *Consultando os Mortos*, de Odisseia, Odisseu narra o que vê no Hades:

> vi, também, Sísifo, e o modo porque ele, com pena indizível, com as mãos ambas tentava arrastar uma pedra enormíssima. Firma os dois pés no chão duro, com ambas as mãos esforçando-se para levar para cima o penedo; mas quando pensava que já vencera o alto monte, com força outra vez retornava. Dessa maneira, até o plano, rolava o penhasco impudente. Ele de

novo a empurrá-lo começa, suor escorrendo-lhe dos membros todos, enquanto a cabeça de poeira se cobre". (HOMERO, 1962, Odisseia, Canto XI)

Sísifo, um mortal que ousou enganar os deuses, recebe a pena de rolar uma pedra até o cume de uma montanha e uma vez no topo esta pedra rola até a base, assim, ele é obrigado a repetir a tarefa por toda a eternidade. Sísifo recebeu a punição mais grave que se possa imaginar: a falta de sentido. Ele está condenado a realizar uma tarefa e vê-la ser desfeita em seguida; seu trabalho é árduo, inútil e sem fim, quando está descendo a montanha calmamente, perseguindo sua pedra, ele se dá conta do absurdo de sua situação. O filósofo argelino usa o mito para discutir o absurdo da condição humana, pois, para Camus (2010), a tarefa de Sísifo ajuda a visualizar a falta de sentido que as pessoas experienciam em suas vidas diárias e simboliza o fardo pesadíssimo da vida humana que todo indivíduo deve suportar; o mito evidencia não só a falta de sentido da vida, mas também a falta de respostas diante desse absurdo.

Ninguém simboliza melhor a futilidade da existência do que esta figura mítica que tem que rolar uma pedra montanha acima e, mal tendo chegado ao topo, tem que ver a pedra rolar montanha abaixo novamente. *O Mito de Sísifo* lida com o sentimento que desponta no homem diante de um mundo de significado irreconhecível. O problema apresentado por Camus (2010) começa com uma experiência que provavelmente todos conhecem: a experiência do absurdo. Embora geralmente vive-se de forma natural e irrefletida, cada um fazendo o que pensa ser o melhor, sempre chega a um momento em que o indivíduo se detém por um instante; nesse momento a existência humana parecerá absurda; precisamente porque o indivíduo toma consciência da discrepância entre a vida, que antes pensava ter um significado, e o mundo exterior que contradiz esta opinião.

Os indivíduos passam a vida com um senso de significado e propósito, com o senso de que fazem as coisas por princípios éticos e morais. Só ocasionalmente, eles reconhecem a insignificância de suas ações cotidianas e percebem que a vida não tem sentido. O reconhecimento desse caráter absurdo da existência causa uma espécie de reviravolta, em que as pessoas não só percebem que a vida não tem sentido como suspeitam da insensatez de suas ações cotidianas, nesses momentos, elas param de se ocupar com questões do dia a dia e passam a refletir sobre uma questão fundamental. Portanto, a experiência do absurdo surge de uma ruptura radical com a vida cotidiana. As explicações lógicas de repente aparecem como irracionais, e o sistema que foi construído com leis e princípios entra em colapso, percebe-se que o mundo não é baseado em leis e lógica. Isso significa que a vida de repente não parece ter algum significado, apesar do profundo desejo do homem por esclarecimentos. De acordo com Camus (2020), o absurdo é algo do qual pode-se tentar escapar ou suprimir, mas não o evitar.

> Ocorre que os cenários se desmoronam. Levantar-se, bonde, quatro horas de escritório ou fábrica, refeição, bonde, quatro horas de trabalho, refeição, sono, e segunda, terça, quarta, quinta, sexta e sábado no mesmo ritmo, essa estrada se sucede facilmente a maior parte do tempo. Um dia apenas o "porque" desponta e tudo começa com esse cansaço tingido de espanto. "Começa", isso é importante. O cansaço está no final dos atos de uma vida mecânica, mas inaugura ao mesmo tempo o movimento da consciência. Ele a desperta e desafia a continuação. A continuação é o retorno inconsciente à mesma trama ou o despertar definitivo. No extremo do despertar vem, com o tempo, a consequência: suicídio ou restabelecimento. (CAMUS, 2010, p. 13).

Sísifo ilustra o indivíduo que reconheceu que tudo é inútil, sua tarefa simboliza o fardo da condição humana que todo indivíduo deve suportar. Se o indivíduo consegue explicar, mesmo que de forma dúbia, as razões para a sua existência e as razões para o mundo ser da forma que é, ele consegue seguir em frente vivendo a sua vida, porém, num mundo sem significado aparente, o homem se sente um estrangeiro. "Esse exílio não tem saída, pois é destituído das lembranças de uma pátria distante ou da esperança de uma terra prometida. Esse divórcio entre o homem e sua vida, entre o ator e seu cenário, é que é propriamente o sentimento da absurdidade" (CAMUS, 2010 p. 9). Camus vê uma contradição irreversível entre o homem e o mundo: "O absurdo surge desse embate entre o homem que clama por significado e o silêncio irracional do mundo", em outras palavras, a dicotomia entre a demanda humana de sentido e a falta de realização no mundo é o absurdo fundamental da existência humana e o mais importante dilema a ser superado. Cada homem que se torna consciente do absurdo também vivencia a sua intransponibilidade. Dessa forma, a descoberta da realidade traz desespero, nesses momentos os cenários desabam e a ordem do dia a dia não mais protege contra as questões fundamentais do porquê.

A vida cotidiana que projeta as pessoas para o futuro e dá a elas pelo menos um significado pragmático, estabelece maneiras de se comportar, mas também contribui para que o homem comum não se questione sobre a sua vida ou sobre as suas ações, este limita-se a agir e reagir de forma irrefletida ou pragmática. Nesse contexto, o mundo cotidiano constitui o ambiente familiar, no qual essas existências se desdobram: para os homens, as coisas são como extensões necessárias de suas práticas. Eles se relacionam com o mundo de forma ingênua ou espontânea, sem nunca buscar questioná-lo. O absurdo rompe justamente com a cadeia dessas ações "automáticas". Camus descreve o absurdo como um "mal da individualidade". Ele surge do confronto da necessidade humana por respostas com o silêncio irracional do mundo. Entretanto, o mundo em si não é absurdo, o absurdo surge do confronto dessa irracionalidade mundana e desse desejo desesperado por encontrar propósito ou significado, dessa forma, o absurdo depende tanto do homem quanto do mundo. Mesmo como um sentimento, o absurdo está no homem apenas porque o homem está no mundo. Essa estranheza com o mundo é descrita de forma singular pelo filósofo dinamarquês, Soren Kierkegaard, dessa forma:

> Onde estou? Que quer isto dizer: o mundo? Que significa esta palavra? Quem me enganou, metendo-me em tudo isto, e me deixa ficar aqui? Quem sou? Como entrei neste mundo; porque não me foi perguntado, porque não fui informado das regras e costumes, mas metido nas fileiras como se tivesse sido comprado por um vendedor de almas? Como foi que me tomei parte interessada nesta grande empresa a que se chama realidade? Por que razão hei-de ser parte interessada? Não será isso matéria de livre decisão? E, no caso de me ser obrigatório sê-lo, onde está o gerente, já que tenho uma observação a fazer? Não

há gerente? A quem devo dirigir-me para apresentar a minha queixa? Afinal a existência é um debate; poderei pedir que a minha observação seja posta à consideração? Se se há-de tomar a existência como ela é, não seria então melhor que nos fosse dado saber como ela é? (Kierkegaard, 2009, p. 108).

O homem e o mundo são dois termos irreconciliáveis, uma vez que o homem procura uma razão no mundo que está apenas nele. O homem é, portanto, o ser através do qual o absurdo vem ao mundo. Camus relata que se ele próprio fosse uma árvore ou um gato, seria apenas uma árvore entre as árvores e um gato entre outros animais, dessa forma, a vida faria um sentido, ou melhor, este problema não teria razão de ser refletido, porque tanto o gato como a árvore fariam parte deste mundo. Entretanto, o homem distingue-se dos outros seres por algumas capacidades, ele se interessa não apenas por si mesmo, mas também do mundo que o cerca. Gaardner, em seu conhecido romance, *O Mundo de Sofia* (1999), confessa que o fato de se interessar pela razão da própria existência não é um interesse ocasional, como o interesse em colecionar selos, para ele, quem se interessa por tais problemas preocupa-se com tudo aquilo que os homens discutem desde que apareceram neste planeta.

Diferentemente dos animais que estão totalmente sujeitos a seus instintos, que os determinam por inteiro, de modo a permitir uma explicação completa de seu comportamento dentro do princípio estrito da biologia; o homem tem a capacidade de deliberar suas ações e agir racionalmente. Schopenhauer (2005) defende que o animal é sempre movido por alguma representação intuitiva, ao contrário do homem, que se esforça para deixar de lado a sua intuição e deixar-se determinar unicamente pelas representações abstratas; utiliza-se, assim, da vantagem e do privilégio da razão, torna-se independente do momento e, em lugar de escolher o prazer fugaz ou de fugir à dor passageira, reflete sobre suas consequências. Além disso, Schopenhauer (2005) explica nas conhecidas observações sobre a necessidade metafísica do homem, que o homem se distingue de todos os outros seres pelo fato de que a vida não se revela para ele, mas se torna um "problema" a ser desvendado.

Para Sartre (2012), o homem é livre para encontrar sentido na vida, mesmo não se tratando de uma tarefa fácil, nessa busca por justificar a própria existência, o homem se depara com a dura realidade de que "todo existente nasce sem razão, prolonga-se por fraqueza e morre por encontro imprevisto" (SARTRE, 2000, p. 82). A sua angústia consiste precisamente em ser livre para buscar significado para a sua vida, mas ao mesmo tempo ver suas ações limitadas pelo próprio mundo. Por causa disso, emerge uma certa sensação de impotência, porque, embora a pessoa seja livre para buscar sentido para a vida, ela não controla todas as variáveis, já que o outro também é livre e o mundo é contingente. Mesmo impelido a encontrar explicação para o mundo que o cerca, o indivíduo se vê impotente diante de uma realidade *incognoscível*.

Assim como Sísifo, cada indivíduo que desempenha tarefas inúteis e sem sentido é um homem absurdo, aquele em que a vida é uma repetição constante. O indivíduo levanta-se, come, trabalha, dorme e levante-se novamente. Essa repetição só é quebrada por algo já estabelecido desde o nascimento: a morte. Entretanto, mesmo antes de Camus, Schopenhauer (2014) já examinava tal condição absurda do homem, nomeava de *tragicomédia de nossa vida*: dizia que a vida de cada homem se parece com uma comédia, mas em seus aspectos mais dignos de apreço, revela-se posteriormente como uma tragédia: o trabalho árduo de cada dia, os desejos e receios cotidianos, as desgraças de cada hora, os acasos da sorte sempre disposta a enganar a pessoa são cenas da comédia. As aspirações iludidas, as ilusões desfeitas, os esforços baldados, os erros que completam nossa vida, as dores que se acumulam até terminar na morte, o último ato, eis a tragédia: "que o destino quis juntar o escárnio ao desespero, e, fazendo de nossa vida uma tragédia, não nos permite conservar a dignidade de uma personagem trágica. Por isso é que em todos os atos da vida representamos o lamentável papel de cômicos" (SCHOPENHAUER, 2014, p. 13).

Entretanto, é importante considerar que ao contrário do que ocorre com a humanidade, a pena de Sísifo é eterna, ele está condenado a repetir sua tarefa por toda a sua vida no reino dos mortos. Sísifo não almeja a morte, ele sequer pode morrer, pois já está morto. Essa condição separa Sísifo de todos os seres humanos que além, de perceber a inutilidade das ações cotidianas, sabe que a qualquer momento pode morrer. Para Schopenhauer (2005), o sentimento do mistério da existência está ligado à reflexão sobre a morte e o mal no mundo. Porque a consciência abstrata da morte põe em questão a natureza autoevidente da vida e a aceitação do mundo e da existência como algo absolutamente necessário. Como único ser capaz de auto-reflexão, o homem em algum momento terá consciência da limitação da sua existência, mas nem por isso a morte torna-se um assunto corriqueiro, pelo contrário, na vida cotidiana a morte quase não existe, exceto como algo inesperado e surpreendente. A morte não é mais falada, há uma espécie de tabu envolta do assunto e qualquer menção a ela gera medo e ansiedade. Schopenhauer (2005) corrobora ao dizer que apesar de levar consigo a convicção abstrata da própria morte, tal convicção não o inquieta senão a intervalos, quando alguma circunstância lhe evoca à mente. O sentimento de uma morte inevitável e sempre iminente não tortura o homem de forma contínua, isso lhe permite levar adiante tranquilamente a vida, como se esta nunca tivesse que cessar, mas pode-se supor que nestes intervalos, momentos determinados, o homem toma consciência não só de seu destino inevitável como também do peso da vida que o oprime, esses são os momentos que o indivíduo experimenta o absurdo.

No confronto com o mundo, o homem experimenta sua própria mortalidade e ela o obriga a ver a vida como algo que pode terminar a qualquer momento. Por meio da consciência da finitude, o indivíduo pode ver a vida como um ensaio sem propósito que termina inevitavelmente com a morte, e assim sucumbir em suas reflexões. Ao encarar a morte com austeridade o homem confronta-se com o oposto daquilo com que já se acostumou, a previsibilidade e a segurança; confronta-se com o imprevisível. Camus diz que "Não pode haver absurdo fora de um espírito humano. Assim, como todas as coisas, o absurdo termina com a morte. Mas também não pode haver absurdo fora deste mundo" (Camus, 2010, p. 23). Por esse prisma, diante do absurdo de uma vida sem finalidade, o homem em vez de evitar a morte, a buscaria, como se a última o livrasse da primeira, isso explicaria o fato das pessoas cogitarem a morte voluntária como uma possibilidade de libertação de uma vida absurda. No entanto, essa lógica em si já é completamente absurda, porque se com a morte desapareceria este "mundo sem fundamento", despareceria também o indivíduo e sua consciência, desse modo não haveria alívio.

O senso de absurdo que surge nos momentos em que um homem "intuitivamente" exigindo significado e unidade, encontra apenas o absurdo e o caos, nesses momentos, o indivíduo sente quase que instintivamente uma certa discrepância entre o que ele pensa do mundo e como o mundo realmente é. De acordo com Sartre (2012), cada pessoa é livre para encontrar um desígnio para sua vida, mesmo porque não há finalidade à priori, mas quando a pessoa fracassa nesse intento, depara-se com a dura realidade absurda, percebe aí o caráter vazio e inútil das ações cotidianas. O absurdo é próprio da condição humana, segundo Camus, tal sentimento atinge a todos, mas o ponto central é que a maioria dos indivíduos passa os dias sem refletir cuidadosamente sobre ele, até que esse sentimento surge em momentos esporádicos ou em fases da vida e, nesses momentos, o indivíduo se pergunta o porquê fazer as coisas que faz. Essas questões estão sempre dentro de cada indivíduo, mas quando não são respondidas surge outra questão mais pungente: por que se deve fazer qualquer coisa? Assim, ao admitir o caráter de vazio e sem sentido, a própria decisão de que se a vida vale a pena ser vivida torna-se equivalente a responder às questões fundamentais da vida.

O que mantém cada indivíduo vivo quando este percebe que a vida não faz sentido? Ou vale a pena viver diante do absurdo da condição humana? Desse prisma, o suicídio não é só um grande problema, mas antes de tudo um problema filosófico. No ensaio, *O Mito de Sísifo*, Camus (2010) aborda o tema do suicídio, mas concentra-se principalmente nos suicídios dos quais pensamos espontaneamente ao ouvirmos o assunto, pessoas que se suicidam porque não querem mais continuar vivendo, pessoas que se matam por não encontrar um significado para a própria vida. Ele admite que há diversas motivações para os suicídios, que a maioria daqueles que pretendem a própria morte, o fazem como um meio para um fim, por exemplo, para poupar-se da dor, para salvar outras pessoas, para evitar a vergonha, para se vingar de inimigos, para abalar outras pessoas, etc. No entanto, em sua visão, o suicídio chama a atenção por revelar um indivíduo impotente diante da realidade do mundo.

Afinal, quem em lugar de Sísifo não pensaria em desistir? Quem não pensaria em escapar de tal pena? Afinal, trata-se de uma tarefa completamente sem sentido que deve ser refeita vez após outra. Assim, presume-se que com a consciência do absurdo surge também um desejo de fuga, mas não se pode fugir da vida, a não ser pela morte. Desse modo, o suicídio é discutido como um ato de confissão, pois, no ato de tirar a própria vida, o indivíduo confessa não compreender sua condição absurda, reconhece que a vida é um fardo demasiado pesado ou que ela não vale a pena. Assim, como escreve Camus (2010), se julgarmos a importância de um problema filosófico pelas consequências que ele implica, o problema do significado da vida é certamente o mais importante, a questão do suicídio, portanto, torna-se a questão básica da filosofia e todos os outros axiomas filosóficos ficam em segundo plano. O resto, se o mundo tem três dimensões, se o espírito tem nove ou doze categorias, aparece em seguida. São jogos. É preciso, antes de tudo, responder se a vida vale ou não vale a pena ser vivida (Camus, 2010, p. 8). Alguém que julga que a vida não vale a pena ser vivida poderá cometer suicídio, do mesmo modo, aqueles que acham que encontraram algum significado para a vida podem estar inclinados a morrer ou a matar para defender esse significado; qualquer outro problema filosófico não acarreta consequências drásticas.

O absurdo é uma realidade aleatória, caótica, misteriosa, indeterminada e irracional; cria um sentimento de que a vida é inútil, um cenário onde o homem e o mundo não conseguem se conciliar. E se a existência humana só pode ser concebida, em termos heideggerianos, como um "ser-no-mundo", essa contenda significaria a destruição do indivíduo. Heidegger dirá que a existência é um atributo exclusivamente humano, o ser que existe é o homem. "Só o homem existe. As pedras, a árvore, o cavalo, os anjos, Deus, todos esses são, mas só o homem existe". (Angerami, 2018, p. 33), de modo, se o indivíduo não consegue "encontrar seu lugar no mundo", isso significa o fracasso de sua existência e é onde se começa a cogitar a própria destruição. Schopenhauer (2005) vai dizer que: o que tememos na morte não é a dor, pois preferimos suportar os mais cruéis sofrimentos para subtrair-nos um instante que seja a uma morte que, seria pronta e fácil, o que tememos na morte é efetivamente a destruição do indivíduo. Portanto, pode-se supor que o indivíduo que passou a cogitar a morte não teme mais a autodestruição porque já se sente destruído ou mesmo um "nada".

O homem, tal como o existencialista o concebe, não é passível de uma definição porque, de início, não é nada. Para Sartre (2019), a existência precede a essência; isso significa que, em primeira instância, o homem primeiro existe, encontra a si mesmo, surge no mundo, e só posteriormente se define. De acordo com o filósofo francês, não há natureza humana, cada indivíduo só será algo daquilo que ele fizer de si mesmo. Em outras palavras, a pessoa é lançada e abandonada no mundo, sem apoio e sem qualquer referência de valores, só a partir daí é livre para se construir. Sem uma natureza humana dada, o homem não tem uma essência, ele não é nada além do que se cria para ser. O Existir é a sua primeira condição, o homem pode ser descrito como *presença*, ele é basicamente caracterizado por estar presente na existência e no mundo. Entra-se no mundo antes de ter "algum conteúdo" e antes de se tornar "algo" ou "alguém". Para se consolidar na existência, o homem busca "um norte", algo que dê significado para o mundo e para a própria existência. Mas, quando isso não acontece, quando a pessoa fracassa no processo de individuação, ela não consegue construir uma identidade e muito menos experienciar o que Heidegger chama de "ser no mundo", ela é incapaz de sentir seu próprio mundo interior e tampouco encontrar seu lugar no mundo. Essas pessoas têm grande dificuldade em desenvolver um senso de identidade, não conseguem construir relações sociais significativas e tampouco ampliar seu mundo de experiências, muitas vezes ficam reduzidas ao "nada".

Ao se deparar com um vácuo, pois não há nenhuma diretriz que o oriente sobre o que ele deve ser ou fazer, o homem vê-se livre para fazer o que quiser e o que puder, mas com uma infinidade de possibilidades, ele tem grandes chances de se perder, alienar-se e, em certo momento, ter a sensação de que vive unicamente por hábito. Para Camus (2020), as pessoas continuam vivendo por uma série de razões entre as quais a primeira é o hábito, até que o hábito que mantém essas pessoas vivas perde o significado diante da percepção do absurdo, pois viver por hábito é, em si, um absurdo. Segundo ele, assim como supõe que o homem primeiro adquiri o hábito de viver e só posteriormente adquiri o de pensar, aquele indivíduo que começa a pensar sobre a sua própria condição, muitas vezes reconhece, ainda que instintivamente, o caráter irrisório desse hábito, a ausência de qualquer razão profunda de viver, o caráter insensato dessa agitação cotidiana e a inutilidade do sofrimento. Sartre (2000) corrobora com a ideia ao descrever indivíduos que só existem simplesmente porque estão acostumados a viver, "cansados e velhos, continuavam, porém, a existir, de má vontade só porque eram demasiado fracos para morrer, porque a morte não podia dar neles senão vindo do exterior (...)" (A Náusea p. 82).

Em um mundo sem significado ou propósito, cada indivíduo deve encontrar um significado para a sua própria vida, mesmo reconhecendo que tal processo gera sofrimento e ansiedades. O suicídio seria, portanto, uma alternativa para uma vida dolorosa e sem sentido. Assim, Sartre (2019) escreve que o suicídio seria uma escolha que poria fim à ansiedade e o sofrimento, mas admite que o suicídio é uma má escolha, pois rouba da vida qualquer possibilidade de significado, transformando a vida de uma pessoa, passado, presente e futuro, em um absurdo. De fato, o homem age sem quaisquer garantias de estar agindo corretamente, mas nem por isso sua escolha o exime de culpa; condenado a fazer escolhas, o homem nunca terá acesso à verdade absoluta, à pura transcendência. Ele está condenado a escolher sem nunca ter certeza de que sua escolha é a correta. Mas apesar de todas as condições interpostas, é justamente por ser condenado a fazer escolhas, que o homem se destaca a despeito de si mesmo, e se torna um indivíduo.

Livre para ser e agir, o ser humano busca explicação para seu sofrimento e para o "sofrimento do mundo", de modo que a resposta para o próprio sofrimento acalentaria a existência, porém não se trata da necessidade de uma explicação racional e tampouco uma explicação generalista, tendo em vista que o sofrimento de um indivíduo pode, em primeira vista, até assemelhar-se ao do outro, mas é completamente único. Portanto, cada homem precisa encontrar suas próprias razões de viver. Para Nietzsche (2009), é uma tendência humana perceber o sofrimento e tentar atribuir-lhe alguma causa, buscando dar significado à dor. O mesmo ocorre no caso da vida e da morte, ele pondera que "quando se possui o 'porquê?' da vida, então se suporta quase todo 'como?'" (NIETZSCHE, 2009, p. 2), isso equivale a dizer que o indivíduo que encontra significado para a sua vida, é capaz de enfrentar qualquer sofrimento.

O suicídio como expressão do absurdo

O sentimento de absurdo e a possibilidade de escapar do desespero tirando a própria vida é uma luta que cada indivíduo trava com a vontade de continuar vivendo. Pode-se dizer que a vida de cada ser é marcada por duas realidades que beiram o absurdo, pois existem basicamente duas opções existenciais para o ser humano: a morte por suicídio ou a continuidade da vida, que implica em construir livremente a sua própria trajetória, no entanto, dadas as opções, não há decisão fácil, ambas são desesperadoras e causadora de angústia, isso pode ser entendido como uma dificuldade existencial que parece universal. Contudo, o problema está em saber se o absurdo da vida exige necessariamente o suicídio, pois, enquanto a maioria das pessoas simplesmente vivem, apesar da falta de um significado ou propósito superior, muitas outras confessam o cansaço do dia a dia e, ao experimentar o absurdo de uma vida monótona, acabam por cometer suicídio.

Para Camus, o absurdo da existência não governa logicamente o suicídio, ou seja, o suicídio não decorre da simples constatação da ausência de significado da existência. O mais lógico seria dizer que mesmo que a existência não tenha qualquer significado, e para muitos, não tem nenhum, ainda é preciso viver. Mas vale ressaltar que o sentimento de absurdo nasce de uma crise, de uma dinâmica doentia entre o homem e o mundo. Diante da incerteza e da ambiguidade, a mente humana clama por coerência; quando o indivíduo não encontra "onde as peças se encaixam", nasce o sentimento de absurdo. A crise consiste na colisão entre um mundo sem racionalidade e o desejo por clareza que ressoa nas profundezas do homem. Em outros termos, se por um lado, o homem sente um profundo mal-estar e estranheza diante mundo; por outro lado, há um apetite pelo absoluto e pela busca de uma explicação. Portanto, o suicídio, a consequência mais drástica da percepção de absurdo, não decorre da busca do homem por explicações, mas resulta do fracasso em suprir satisfatoriamente a necessidade por racionalidade. Isso explica por que a maioria das pessoas, embora considerando a falta de sentido de suas próprias existências, cogitam abreviar a vida apenas como um pensamento transitório, no entanto, o mesmo não acontece com outras tantas pessoas, essas, por outro lado, seguem o pensamento lógico ao seu extremo. Essas últimas seguem completamente as consequências de seus pensamentos, consideram que: se a vida é completamente inútil e sem sentido, então, não vale a pena viver.

O absurdo mostra os limites da razão humana, revela a necessidade do homem de querer capturar o mundo inteiro dentro de sua racionalidade, mesmo sempre fracassando nesse intento e o fazendo sofrer. Mas também deve-se considerar que o que leva ao suicídio não é a mera consciência da condição absurda dos seres humanos, mas a percepção individual de ausência de sentido para o seu sofrimento nessa vida; o mais importante não é o que indivíduo pensa sobre a condição humana, mas o que ele percebe da sua própria existência absurda, somada aos seus próprios sofrimentos, pois, segundo Camus, o sentimento do absurdo é bem diferente da noção do absurdo. Para exemplificar, o filósofo, questiona sobre a relação entre a opinião que se pode ter sobre a vida e o gesto que se faz para deixá-la. Para isso, ele menciona Schopenhauer que, mesmo fazendo certo elogio ao suicídio, morreu aos 72 anos de causas naturais. Em outras palavras, raramente alguém se suicida devido à uma reflexão genuína, embora a hipótese não se exclua, o que desencadeia a crise é quase sempre incontrolável, pouco importa o que alguém pensa sobre o sentido da vida; em questão do suicídio, o que vale é a percepção, aquilo que o indivíduo sente. Segundo Schopenhauer (2005), é aquele oprimido, aquele que não aceita os tormentos da vida, aquele que não pode mais suportar a dura sorte que lhe coube, é este quem vai buscar a liberação na morte, mas segundo o filósofo alemão, nem mesmo o suicídio pode os "salvar". Portanto, depreende-se sobre aqueles que cometem suicídio, que a sensação de absurdo decorrente da constatação da falta de sentido existencial é que empurra o indivíduo aos limites do sofrimento.

A pessoa que busca o suicídio, ao contrário da maioria das pessoas, percorreu todos os graus duma crescente angústia, quando depois de ter lutado com todas as suas forças, só aí cogita abandonar-se ao desespero. São momentos em que o homem lentamente se perde em pensamentos de morte como a única solução para o sofrimento; a soma de frustrações, sensações dolorosas e conflitos com o mundo causam algo que se pode chamar de "atmosfera suicida", nela o indivíduo perde a fé em sua própria força e na possibilidade real de dominar uma situação difícil. Nesses momentos, o que o homem pensa sobre a vida parece ficar suspenso, até mesmo as "filosofias de vida" que sustentam a ideia de que é preciso viver cada momento aproveitando o que há de melhor na vida surtem pouquíssimo efeito diante do sentimento de absurdo e da dor que ele carrega. Os argumentos são de fato inspiradores, mas afetam muito pouco aqueles dominados pelo sentimento de vazio existencial, ou seja, as filosofias de vida perdem seu valor e são apenas um frágil lenitivo para o sofrimento que decorre da percepção da falta de sentido da vida. Portanto, não importa o que o indivíduo pense sobre a vida em seu estado "normal", no momento de desespero, diante do absurdo da existência, suas perspectivas passadas ou futuras são suspensas dando lugar ao desatino.

Quando o indivíduo percebe estar sem possibilidades para superar o absurdo, quando demonstra não estar conseguindo lidar com esse sentimento que parece incapacitá-lo, um sinal bastante claro é observado, trata-se da atitude de "*dar de ombros*", isso ocorre tanto para uma questão fundamental, quanto para algo trivial, a resposta é constantemente o "nada", o "tanto faz". Essas pessoas experimentam um desespero crônico que reflete em aspectos essenciais de suas vidas. Segundo Merleau-Ponty (1999), trata-se de um "esgotamento existencial", estado em que o indivíduo não pode mais agir por si mesmo para direcionar a sua energia e a sua vida para um objetivo válido. A sensação de absurdo desencadeia uma crise no sistema de significado que leva a um estado profundo de negativismo, pessimismo, niilismo e vazio, a ponto da vontade de viver tornar-se vontade de morrer. Para Emil Cioran (2020), existem experiências às quais não podemos sobreviver; experiências que nos fazem enxergar que nada mais tem sentido, ao passo que após terem atingido os limites da vida, ter vivido com exasperação todo o potencial destes perigosos confins, os atos e gestos cotidianos perdem todo o charme, toda a sedução. À medida que o desespero se aprofunda, o que tinha significado para o individuo agora parece sem sentido; então começa-se a encontrar significado no nada.

Quando a sensação de absurdo se apodera do indivíduo, ele parece atraído pelo vazio, os filósofos chamam de niilismo, estado em que, segundo Nietzsche (2005), a vontade de não mais existir supera o "instinto de sobrevivência". Trata-se de um estado peculiar assumido pelo indivíduo, no qual ele não consegue repelir sequer o menor perigo, então, tudo o fere. Nessas circunstâncias, o indivíduo muitas vezes pode até admitir que o mundo possa ter um significado, mas se sente incapaz de reconhecê-lo. A única coisa que consegue reconhecer é o seu fracasso existencial, portanto, suas vivências afetam-no com demasiada profundidade e, por não ser capaz de conduzir um caminho existencial, ele acaba sendo "levado pela vida", fato que muitas vezes pode resultar na morte. Não que o desânimo se torna o combustível para a ação suicida, mas o contrário, num estado niilista, a pessoa não consegue dar vazão aos instintos e isso inclui seus instintos de sobrevivência, podendo assim acabar morrendo até por omissão.

> O suicídio é bastante fácil para quem se encontra desesperado ou imerso em desânimo crônico, embora antes, em estado confortável, tremesse com tal pensamento. (SCHOPENHAUER, 2005, p. 387).

A falta de sentido ou o vazio interior são experiências comuns em muitas pessoas, pois elas decorrem do que Frankl (1979) denomina por frustração existencial, termo que busca explicar o fenômeno de um sentido de vida mal direcionado, que ocorre comumente após períodos prolongados de apatia. Frankl (1979) também utiliza a metáfora de um vácuo existencial para explicar a frustração em determinado sentido da vida; para ele, a falta de sentido é como um buraco que cria um vácuo a ser preenchido com algo. No entanto, assim como o vácuo que atrai qualquer coisa quando é exposta a ele, o mesmo ocorre com o vácuo existencial que, na falta de um significado concreto para existência, atrai qualquer significado mesmo que superficial para preencher o buraco. Nesse sentido, sintomas como depressão, compulsões e vício são causados por um senso de frustração existencial daqueles que não encontram suas próprias razões para viver.

Pode-se dizer que, nesses casos, a pessoa que comete suicídio reconheceu que "a vida era demais para ela". Trata-se, segundo Camus (2010), de um ato de confissão, pois a pessoa confessa ser incapaz de superar a crise gerada pelo reconhecimento de sua condição absurda. O suicídio é um problema humano comum, mais comum do que se possa imaginar, hoje ele pode ser definido, segundo o psicólogo americano Edwin Shneidman (1993) como: um ato auto infligido deliberadamente contra a própria vida, que pode ser entendido como resposta a uma situação de crise em que o indivíduo não vê atendidas as suas necessidades psicológicas centrais. O indivíduo define essa situação de crise de tal maneira que o suicídio é visto como a solução para um problema que ele não consegue solucionar de outra maneira. Tal definição aponta para algo extremamente relevante, a saber, que o comportamento suicida ocorre em um contexto de crise, mas o determinante é justamente a percepção do indivíduo frente à crise. Assim, o desfecho do comportamento depende não só da crise, mas das perspectivas frente a ela, ou seja, se existem perspectivas de superação da crise ou se pelo contrário, é percebido uma falta de esperança para superar a crise.

Camus (2010) concorda em existir uma inegável relação entre o sentimento de absurdo e o suicídio, de modo que o último se mostra como uma das possibilidades de solução para o primeiro. Uma vez despertado para o absurdo da existência, a possibilidade consiste precisamente em morrer voluntariamente para escapar do sofrimento que o absurdo implica. Tendo, segundo Camus, todos os homens saudáveis pensado no próprio suicídio, pode-se reconhecer, sem maiores explicações, que existe uma ligação direta entre esse sentimento do absurdo e a aspiração ao nada. No entanto, é necessário ressaltar sobre o mito de Sísifo, que este apesar de uma existência absurda, nunca foi mencionado que ele cogitou o suicídio. Sísifo nunca almejou a morte, nem mesmo quando estava no mundo dos vivos. De fato, é importante considerar que a pena de Sísifo é eterna, ele está condenado a repetir sua tarefa por toda a sua vida no reino dos mortos, o que torna sua pena ainda mais sofrida.

Sísifo sequer pode se matar, sequer pode esperar, sem nenhuma garantia, de que com a morte, possa "descansar" de uma vida de sofrimentos, pois já está morto, isso diferencia o mito de todos os outros homens; ele não pode mais morrer, está condenado a enfrentar o absurdo eternamente, o mais próximo que chega da morte é na alienação ou na loucura. No entanto, o que é enfatizado por Camus é que Sísifo, apesar da falta de sentido e a falta de propósito, mantém sua liberdade interior inalienável.

Sísifo pode ser visto como um herói, a sua liberdade absurda consiste em reconhecer a sua situação e se apropriar das possibilidades que nela residem. A ideia de que o absurdo deve ser superado é enganosa, deve-se aprender a conviver com ele. Para Camus (2010), com o absurdo, o homem se torna livre, a sua liberdade de ação é limitada apenas por ele próprio. Embora a morte pareça uma possibilidade plausível ou mesmo a única saída para o problema do absurdo, está longe de ser o caminho que Camus exorta para o homem seguir. Para ele, o suicídio é um falso recurso, um mal-entendido da vida. O mais importante para o homem é apropriar-se de seu próprio destino e saber quem ele é.

> Um rosto que pena, assim tão perto das pedras, é já ele próprio pedra! Vejo esse homem redescer, com o passo pesado, mas igual, para o tormento cujo fim não conhecerá. Essa hora que é como uma respiração e que ressurge tão certamente quanto sua infelicidade, essa hora é aquela da consciência. A cada um desses momentos, em que ele deixa os cimos e se afunda pouco a pouco no covil dos deuses, ele é superior ao seu destino. É mais forte que seu rochedo. (Camus, 2010, p. 71).

A liberdade do homem de reagir de maneira diferente até mesmo às condições mais terríveis, é descrita por Victor Frankl (2017) em um de seus livros, para o psicólogo que foi prisioneiro em campo de concentração nazista, as condições terríveis fazem o homem desfrutar até dos menores raios de luz. Ao viajar de Auschwitz para um campo bávaro, por exemplo, o pôr do sol fez Frankl e muitos outros prisioneiros sentirem a beleza natural que estava lá há tanto tempo. Um prisioneiro expressou concisamente a outro seu sentimento final: *quão bonito o mundo poderia ser.* Frankl (2017) também escreve como o tamanho do sofrimento humano é absolutamente relativo. Mesmo nessas circunstâncias, ele disse, era uma questão de como o homem reagiu ao seu sofrimento. Mesmo pequenas coisas poderiam trazer alegria. Tanto o sofrimento quanto a vida carecem de significação, de forma que o indivíduo não precise recorrer ao suicídio. E de fato, a vida pode ter um significado, mas cada sujeito deve encontrá-lo. As razões para viver, apesar da certeza da morte, é encontrada por cada indivíduo em seu dia a dia, na sua sensibilidade e na profundidade de seu coração. Sísifo parece encontrar significado para o seu destino e para a sua condição, a partir do exato momento em que ele vai além de sua condição absurda.

Da compreensão ao cuidado

A abordagem de Camus ao suicídio tem consequências importantes para o trabalho de prevenção. A obra *O mito de Sísifo* pode, por si só, ser lida como uma teoria de como a prevenção e a ajuda às pessoas que pensam em suicídio podem ocorrer por meio de exercícios de aceitação da experiência de prolongar a vida mesmo sem ver nela algum sentido ou propósito. Pois, quando o indivíduo se sente incapaz de encontrar significado para a sua vida, ele não desfruta dela, pelo contrário, a própria existência o oprime; é provável que esse indivíduo brinque com a ideia de deixar a vida e o suicídio, então, parece uma saída. No entanto, somente quando a vida perde seu caráter obvio e previsível, a questão do sentido pode acender.

Camus vê o suicídio como uma atitude em que a pessoa não experimenta seu potencial de liberdade, em vez disso, pensa que a única maneira de lidar com o absurdo da falta de sentido é morrer. Para o filósofo (2010), existem algumas respostas recorrentes diante do absurdo, o suicídio é uma delas que, apesar de ser bastante frequente, não é a única. Camus também enfatiza que o suicídio é uma péssima opção porque o absurdo consiste tanto na consciência da morte quanto na rejeição dela. Não se trata de escapar da vida ao reconhecer a sua falta de propósito, mas aceitar o despropósito, reconhecer e abraçar o conflito entre o que o homem pede e o que o mundo não pode dar. A resposta à questão de saber se a vida deve ter significado para ser vivida é: deve-se reconhecer que a vida não tem sentido primário e, mesmo assim, manter-se vivo. O suicídio é a aceitação definitiva do absurdo, a impossibilidade de superá-lo. No entanto, a consciência do absurdo já é um ótimo começo, depois disso, deve-se seguir a revolta, a fim de tornar a vida mais útil e valiosa. É necessário recusar-se em concordar, continuar a pôr o mundo em discussão e procurar sua resposta única e subjetiva.

A obra de Camus (2010) discute a revolta contra o absurdo que, para ele, deve ser a atitude básica que o homem deve adotar. Em pé, na beira do abismo, mas ainda dizendo não ao chamado para pular. Deste levante decorre outra consequência: a liberdade.

A liberdade surge ao perceber que no confronto com o mundo não existem regras ou leis a seguir. Isso nos dá a liberdade de fazer o que queremos, ao mesmo tempo que cria o medo de que possamos cumprir nosso próprio destino. Esse medo pode ser muito opressor, mas para Camus, o confronto com o mundo também garante que a opressão desse medo não seja predominante. No confronto com o mundo, também experimentamos nossa própria mortalidade e, desse ponto de vista, a liberdade que temos pode ser compreendida. Nossa vida pode acabar a qualquer momento, e isso limita significativamente a liberdade. É nesta constatação que o homem pode fazer a escolha existencial, escolher o seu destino pessoal, escolher tornar-se um Sísifo que continua a rolar a sua pedra às alturas, escolher o fardo da vida e, provar-se assim superior ao seu destino. O que move cada pessoa não são seus impulsos instintivos, mas a busca por um sentido; este talvez seja o instinto primordial que faz com que cada indivíduo persista na vida. Nessa busca instintiva comum a todo ser humano, o que será encontrado para dar sentido à vida, este sim será singular, pois o sentido só pode ser definido exclusivamente pela própria pessoa que o busca.

Para Camus (2010), o mais importante ocorre enquanto a rocha está rolando montanha abaixo. Nessa pausa, Sísifo, assim como os homens, toma consciência. A mesma consciência que torna Sísifo ciente de seu infeliz destino também o torna senhor supremo desse próprio destino. A percepção da realidade que deveria ser o castigo de Sísifo aparece ao mesmo tempo como uma confirmação de sua vitória, o anseio por algo significativo surge aqui e, neste momento, deve caber a Sísifo sacrificar tudo para manter o insight absurdo que ele adquiriu no caminho de descida da montanha. Conviver com o absurdo não é privilégio de pessoas extraordinárias, pessoas comuns também podem viver de forma absurda, desde que ao tomar consciência da futilidade e da falta de sentido do seu dia a dia, estejam determinados a viver o momento de forma consistente e íntegra.

Ao contrário da ideia abstrata de liberdade de Sartre, as ideias sobre liberdade de Albert Camus são concretas. Ele discorre sobre a liberdade do indivíduo: o homem não é livre para escapar de seu destino, mas ele tem a liberdade de moldar o seu destino. Outra consequência do absurdo é a paixão. Não se trata de qualidade ou de quantidade; trata-se de diversidade, de ganhar o máximo de experiências possível, de viver no sentido mais amplo. A mortalidade dos seres humanos os obriga a ver a vida como algo que pode terminar a qualquer momento e, portanto, a vivenciar cada momento com certa paixão. Essa paixão é o que, em última análise, nos dá algum "significado" em nossas vidas. Ao viver cada momento com paixão, o medo opressor da liberdade e a opressão do confronto absurdo são superados e surge a oportunidade de viver a vida plenamente.

Em suma, reconhecer o absurdo, já há aí uma primeira vitória parcial sobre ele, uma primeira fuga do primeiro sentimento de impotência, mas a tarefa de uma vida não para por aí, pois é necessário rebelar-se contra o absurdo, reivindicar a liberdade absurda e viver com paixão. Dessa maneira, Camus descreve as três consequências do absurdo. Trata-se de uma luta constante contra a falta de sentido da vida. O herói trágico Sísifo é o exemplo utilizado para demonstrar que da mais profunda falta de sentido pode surgir o otimismo, a liberdade e até mesmo a felicidade. Sísifo rolou uma rocha montanha acima por toda a eternidade, apenas para vê-la rolar novamente até a base. O ponto de partida das reflexões de Camus é o momento de consciência entre o trabalho concluído e o início da nova tentativa. No caminho para a pedra, com a qual ele deve realizar o mesmo ato novamente, Sísifo se torna mais forte do que esta pedra aos olhos de Camus. A tragédia do mito, é clara, está no fato de sua vítima estar consciente. Contudo, Camus recomenda que é preciso reconhecer, mas não renunciar ao absurdo da vida; reconhecer o caráter absurdo da existência, mas nem por isso sucumbir ao suicídio.

Nas circunstâncias mais adversas e hostis, é possível continuar vivendo, e até mesmo encontrar satisfação, e isso é alcançado ao assumir a luta por uma vida melhor. Kierkegaard (1988) vê o absurdo que leva ao desespero e ao suicídio como um passo em direção a um autoconhecimento mais profundo. Somente quando as pessoas estão dominadas pelo desespero, elas podem se livrar da compreensão vaga e egocêntrica da vida com a qual a maioria das pessoas vive. A experiência do absurdo não é apenas inevitável para uma pessoa tornar-se autêntica, ela é mesmo necessária. Não há felicidade sem a experiência fundamental do absurdo. Feliz, segundo Camus (2010), só pode ser quem experimenta radicalmente a falta de fundamento de sua existência e assim ganha uma proximidade com o mundo que não poderia existir sem o absurdo.

Referências

ANGERAMI, V. A. Psicoterapia Existencial: Noções Básicas. 15 ed. *Revista e ampliada*. Belo Horizonte. Editora Artesã, 2018.

CAMUS, Albert. *O mito de Sísifo*. Tradução de Ari Roitman e Paulina Watch. Rio de Janeiro. BestBolso, 2010.

CIORAN, E. *Nos cumes do Desespero*. São Paulo. Hedra, 2020.

FRANKL, V. E. *Em Busca De Sentido*: Um psicólogo no campo de concentração. Petrópolis Editora Vozes, 2017.

FRANKL, V. E. A Falta de Sentido da Vida: Um Desafio para o Psicólogo. *In*: THEODORE M. *Teorias da Psicopatologia e Personalidade*. Rio de Janeiro: Interamericana, 1979.

GAARDER, J. *O mundo de Sofia*: Uma Aventura na Filosofia. Companhia das Letras, 1999.

HOMERO. *Odisseia*. Tradução de Carlos Alberto Nunes. São Paulo: Melhoramentos, 1962.

KIERKEGAARD, S. A. A repetição. Tradução José Miranda Justo. Lisboa: Relógio D´Água Editores, 2009.

KIERKEGAARD, S. A. *Diário de um sedutor. Temor e tremor. O desespero humano/Soren Aabye Kierkegaard*. Tradução de Carlos Grifo, Maria José Marinho, Adolfo Casais Monteiro. 3 ed. São Paulo: Nova Cultura, 1988.

MERLEAU-PONTY, M. *A Fenomenologia da Percepção*. São Paulo: Martins Fontes, 1999.

NIETZSCHE, F. W. Consideração extemporânea III – Schopenhauer como educador. *In*: NIETZSCHE, Friedrich Wilhelm. *Escritos sobre educação*. Tradução de Noéli Correia de Melo Sobrinho. Rio de Janeiro: PUC-Rio; São Paulo: Loyola, 2009.

NIETZSCHE, F. W. *Ecce Homo*: como se vem a ser o que se é. São Paulo: Riedeel, 2005.

SCHOPENHAUER, A. *O mundo como vontade e como representação*. **Tradução de Jair Barboza. São Paulo: Editora UNESP, 2005.**

SARTRE, J. P. *A náusea*. 10. ed. Rio de Janeiro: Nova Fronteira, 2000.

SHNEIDMAN, E. (1993). *Suicide as psychache: A clinical approach to self--destructive behavior*. New Jersey, NJ: Jason Aronson.

SARTRE, J. P. *O existencialismo é um humanismo*. São Paulo: Vozes, 2012.

SCHOPENHAUER, A. *As dores do mundo*. São Paulo: Edipro, 2014.

CAPÍTULO 14

Minhas minhocas: a aceitação em contato com o tempo, o corpo e o mistério

Ênio Brito Pinto

Raras vezes me senti com tanta dificuldade para começar um texto. Ensaiei, desisti, ensaiei, desisti, ensaiei, desisti, até que me apoiei em minha coragem e comecei a escrever essas linhas. Trago em mim o desejo de ainda desistir, mas deixo que minha curiosidade dialogue com ele e me leve a ao menos tentar. Então, mudo de etapa, e, em vez de desistir de escrever, escrevo primeiro e depois decido se acredito que o texto alcançado possa ser suficientemente útil para os colegas e seus clientes, critério que permitiria sua publicação. Portanto, se você está lendo este texto, é sinal de que eu penso que alcancei um conteúdo que acredito seja útil para as reflexões sobre o tema deste livro, as relações entre a vida, a automutilação e o suicídio. Sinal também de que tive o aval do organizador do livro. Oxalá eu esteja certo! Neste início, quando começo a escrita, imagino que será um texto ingênuo, dado que o tema central deste livro não está entre minhas expertises mais importantes, embora isso não queira dizer que não sou capaz de refletir sobre ele ou que não tenha vivências significativas quanto ao tema em mim e em minha clínica. Quer dizer apenas que até hoje não fui, ou não fora convocado para me aprofundar por essas significativas vivências humanas. Agora estou confiantemente curioso sobre como minhas reflexões se tecerão ao longo deste artigo, o qual inicio com duas memórias que me ajudarão no diálogo com quem eventualmente me leia. A primeira memória localiza minha experiência com o tema; a segunda orienta minha proposta neste artigo.

Logo que me graduei em psicologia, no fim da década de 1970, um meu supervisor fez o seguinte vaticínio: "Você só se tornará um terapeuta de verdade no dia em que um paciente seu se suicidar". Hoje, mais de quarenta anos depois, a valer este critério, ainda não sou um terapeuta de verdade, dado que nunca perdi um cliente por suicídio. Atendi pessoas que tinham tentado o suicídio e que buscavam outro caminho para encarar suas dificuldades. Atendi pessoas que pensavam em se matar como uma alternativa de enfrentamento de seus problemas existenciais, mas que viviam isso mais como uma possibilidade que uma probabilidade. Atendi pessoas com impulsividades que poderiam levar a um suicídio. Em suma, em minha experiência clínica o tema do suicídio e da automutilação sempre foram mais transversais que centrais.

A segunda memória: há muitos anos, em 2006, quando fazia meu doutorado na PUCSP, fiz parte da equipe de coordenação de um colóquio cujo tema era "Neurociências, Psicologia e Religião". Na mesa redonda que coordenei neste evento, um dos debatedores era Jung Mo Sung, meu querido orientador do mestrado, cientista da religião e teólogo. Jung começou sua fala dizendo que, ao ser convidado para aquela mesa, lembrou-se de uma história que ouvira e que descrevia bem como se sentia naquele momento, quando questionava se tinha o que dizer de relevante quanto ao tema do simpósio. Jung, então, contou que um especialista em minhocas foi chamado para participar de um evento sobre galinhas e, embora relutante, aceitou o convite. Este especialista em minhocas começou sua fala assim: "uma das qualidades das galinhas é que elas comem minhocas. As minhocas, aliás, têm tais e tais características", e seguiu sua fala comentando sobre as minhocas e suas peculiaridades. Depois de dizer isso, Jung fez significativas considerações sobre as principais temáticas de seus estudos no campo da religião, abrindo espaço para que, especialmente nas discussões que se seguiram, os ouvintes correlacionassem sua fala com o tema central do evento.

Minhas minhocas são a psicopatologia, a psicoterapia e a psicologia da religião, e é neste tripé que me apoiarei para as reflexões neste artigo. Um dos mais importantes elos que percebo entre essas três áreas da psicologia será o tema básico das reflexões que seguem. Tratarei da aceitação, uma das vivências humanas fundamentais para o bem viver. Toda vivência que pode ser classificada como questão de adoecimento mental, e, portanto, questão da psicopatologia, tem relação com dificuldades de aceitação e de cuidado. A psicoterapia é uma ciência e uma arte que só se dá efetivamente quando os parceiros de jornada realmente se aceitam e que, além disso, tem como principal propósito a ampliação da aceitação e do cuidado. A religiosidade intrínseca está ancorada na aceitação do mistério e, por via deste, da complexidade humana. Dessa forma, aceitação de si e confiança de ser aceito, aceitação da vida como graça e aceitação da pertinência da própria vida serão os liames, as linhas e as entrelinhas das reflexões que seguem.

É importante que eu deixe claro o principal motivo da escolha deste tema para a composição deste capítulo. Há muito tempo penso que, na área da saúde emocional, estudamos pouco o fenômeno da aceitação em seu espectro mais amplo, o que quer dizer que em nossa literatura, em nossas pesquisas, nas discussões teóricas e clínicas, podemos ainda nos aprofundar mais na compreensão dessa fundamental vivência humana. Na área da psicopatologia, especialmente no que diz respeito aos transtornos de humor, me parece urgente que se estude mais o papel da aceitação, ou da sua ausência, nessas vivências e, em especial, nos casos de suicídio. Penso que se estudarmos mais esse fenômeno poderemos ser ainda mais úteis para aquelas pessoas que nos procuram em busca de ajuda humana e profissional.

Neste texto, depois de definir o mais claramente possível o que entendo aqui por aceitação, depois de comentar sobre sua diferenciação com a acomodação (ou comodismo, ou conformismo), vou enfocá-la sinteticamente em três grandes eixos, centrais para a psicopatologia, para a psicoterapia, para a compreensão da religiosidade: a aceitação e o tempo; a aceitação e o espaço, incluindo o corpo; a aceitação e o mistério e a complexidade que somos. Pretendo trazer aqui mais provocações que conclusões e, especialmente, espero conseguir incentivar colegas para que se debrucem sobre este tema – de certa forma, tenho um enorme desejo de que se tome este texto como um esboço de projeto de estudos para o tema que deixo de presente para quem puder se aventurar por essa trilha tão convidativa quanto necessária.

A aceitação

Se pensarmos em termos da psicologia do desenvolvimento, logo poderemos perceber que a vida nos propõe, desde o início, duas grandes tarefas, o autoconhecimento e a autoaceitação. Nenhuma das duas se constitui como uma tarefa solitária, isolada, ou seja, ambas se colocam como tarefas que só podemos exercer em contato com o campo, com o ambiente. Mais do que isso, são tarefas que exigem sensível relação com outros humanos e com todos os entes que compõem nosso mundo, especialmente os primeiros, pois ninguém se constitui humano a não ser no contato com humanos, notadamente nas primeiras etapas do desenvolvimento.

São duas tarefas hercúleas e intermináveis, dado que somos processo, que somos vivo gerúndio, ou seja, sempre podemos nos conhecer, nos reconhecer, nos desconhecer para nos renovarmos, nunca estamos prontos, a vida sempre nos permite (quando não exige) transformações e atualizações. Nesse movimento de conhecimento--desconhecimento-reconhecimento que fazemos ao longo da vida, cada pessoa transforma a autoaceitação e a aceitação do mundo, na medida em que, ao se transformar, aquilo que lhe era aceitável pode não ser mais, e vice-versa.

A pessoa em saúde existencial reconhece e aceita sua necessidade de crescer e busca encontrar os meios ambientais que possam possibilitar ou facilitar esse crescimento. Assim, o desenvolvimento de uma pessoa saudável não tem fim, ela se renova sempre, a cada momento se transforma em outra pessoa, mantendo-se sempre a mesma, num dos mais belos paradoxos humanos. Esse movimento de renovação e de atualização é muito complexo e pode ser vítima de cristalizações, as quais, além de reduzir ou impedir o desfrute da vida com suas dores e prazeres, pode gerar movimentos autodestrutivos em que se toma o todo pela parte, em que se busca destruir a parte destruindo o todo.

Essas tarefas, essas difíceis tarefas, o autoconhecimento e a autoaceitação, não têm como ser realizadas a não ser no contato com o ambiente. Somos, antes de tudo, seres relacionais, o que quer dizer que cada um só pode se conhecer em relação com outro ser humano. Como bem afirma Winnicott (1988, pp. 132-133), cada um de nós emerge de (e se dirige a) uma solidão, a qual, paradoxalmente, só é percebida quando em contato com o outro. Há aqui um movimento encantado e encantador, como nos mostram diversos autores que estudam a formação de si empreendida desde o útero materno, um movimento através do qual o feto, e depois o bebê, se descobre e se afirma ao mesmo tempo em que o ambiente o descobre e o afirma, de tal maneira que não há como dizer quem começou esse diálogo, ao mesmo tempo em que dá para dizer que este é o movimento crucial para a autodescoberta e o autoconhecimento. Em outros termos, podemos dizer que ao nos descobrirmos precisamos ter essa descoberta confirmada pelo outro, numa dança ininterrupta e mantida por toda a existência entre afirmação e confirmação, a cada passo um dos polos tomando a condução da dança. Ora eu me afirmo e o mundo confirma, ora o mundo me afirma e eu confirmo, e desse desenho mútuo, com suas restrições e ampliações, surge o si (ou o *self*, se preferirem falar em outro idioma). Quanto mais harmônico é esse jogo, mais provável o desenvolvimento da aceitação; quanto menos harmônico, mais provável é o aparecimento de condicionantes para a aceitação, portanto, do conformismo, da dissimulação, da despersonalização. O paradoxo aqui é que para que eu seja aceito, é preciso que eu me aceite, ao mesmo tempo em que para que eu me aceite é preciso que eu seja aceito. Não quero deixar de salientar que se esta descrição deste movimento é correta, ela não é completa. Entre uma dança e outra há dissonâncias, há discordâncias, desencontros, frustrações, vazios intensos, injustiças, fracassos, desânimos, aturdimentos, enfim, por toda a vida, desafios constantes e com diferentes graduações para a construção e a aceitação de si.

Mas o que é mesmo essa aceitação de que falo? Obviamente, a resposta a essa pergunta demandaria talvez até mais do que um livro, o que não cabe aqui. Vou, então, fazer quatro apontamentos sobre características da aceitação, os quais – espero! – serão instigantes provocações sobre o tema. Farei também, ao final desta etapa do texto, ponderações sobre algo que a aceitação não é.

Primeiro que tudo, aceitar é uma ação ativa, é um acolhimento ativo. Eu percebo algo em mim ou no mundo e acolho essa coisa tal qual eu a percebo. Em seguida, eu permito que o fenômeno observado faça parte do meu mundo, tenha lá um lugar, tenha lá um sentido. E esse é um ponto crucial: o que eu aceito, o que eu acolho, tem um sentido em meu mundo. Sem a composição de sentido, não há aceitação, no máximo haverá acomodação (não no sentido piagetiano do termo, mas no sentido de resignação), conformismo, aturdimentos, apatia, ou seja, vivências passivas. Disso decorre que aceitar-se e aceitar o mundo é um ato trabalhoso, praticamente sisífico, com a diferença de que pode ser, na maioria das vezes, muito produtivo e prazeroso.

Para ser uma ação ativa, aceitar tem como primeiro passo a percepção, isto é a aceitação é uma ação que principia sensorialmente. Eu entro em contato com algo em mim ou no mundo, me deixo impactar por esse contato, percebo que movimentos esse contato provoca em meu corpo, interpreto essa relação com o fenômeno e atribuo um sentido a ela e a ele, dentro de minhas possibilidades maturacionais. Então, como algumas possibilidades de encarar o fenômeno, ou eu aceito o que vivo e a relação que estabeleço com o fenômeno, ou rejeito um ou ambos, ou, ainda, não aceito mas me acomodo passivamente, como único ajustamento criativo no momento. Nenhuma destas três possíveis respostas é, a princípio, saudável ou boa, uma vez que essa avaliação sempre depende do todo que formamos com e do diálogo que estabelecemos com o campo ao longo de tempo.

Se a aceitação parte do sensório, não se esgota nele. É preciso que a racionalidade dialogue com essa vivência e possibilite a criação de um sentido para ela, é preciso que esse sentido tenha um suporte ambiental, para que essa aceitação seja verdadeira e fecunda, fundada no que se vive e no que o mundo oferece naquele momento. Lacunas neste movimento podem provocar muito sofrimento.

Um outro e segundo aspecto da aceitação é que é melhor que ela se baseie no cuidado que no controle. Aliás, na maioria das vezes em que temos ou tentamos o controle de pessoas ou de situações, na verdade não temos aceitação. Tanto o autoconhecimento como a autoaceitação, tanto o conhecimento do outro como sua aceitação, não devem gerar nem são controle, mas, sim, cuidado, porque baseados na confiança. Quem se conhece suficientemente não controla nem busca controlar o que vive, apenas aceita e confia no sentido criado e na pertinência do que vive, ainda que eventualmente possa não compreender de imediato essa pertinência. Espanta-se até com o vivido, mas sabe que não há como escolher o que viver, o que não quer dizer que não tenha preferências, mas que elas são apenas isso, preferências, não condições a serem impostas à vida.

Para mim, o controle é o cuidado cristalizado. O controle envolve condicionantes, o cuidado, escolhas; o controle implica em restrições impostas ao mundo, a si ou ao outro, o cuidado implica em aceitação de limites; o controle traz isolamento, o cuidado, solidão; o controle provoca tensão, o cuidado dissolve tensões; o controle se baseia na culpa e a perpetua, o cuidado mira a reparação; o controle sobrecarrega, o cuidado responsabiliza. Quando uma pessoa consegue aprender a mais cuidar(-se) que controlar(-se), tende a alcançar maior aceitação em relação a seu destino.

Quero deixar claro o que entendo aqui por destino. Basicamente, destino se refere àquelas varáveis da vida que não podemos escolher e com as quais temos que lidar. Ter nascido na família em que nascemos, com os pais e os irmãos que temos, com o sexo com o qual nascemos, no lugar geográfico em que viemos ao mundo, no ano em que viemos à luz, com o tom de pele que nascemos, não são escolhas e, muito menos!, privilégios, são dados da vida, são destino. Viver guerras, pandemias, ditaduras, democracias, desastres naturais, acidentes rodoviários ou aeroviários, tampouco são escolhas individuais, mas aspectos do destino. Enfim, destino aqui é tudo aquilo que não se pode escolher e com o que se tem de conviver. Destino é aquilo que compõe as nossas condições existenciais, é aquilo a que, de certa forma, estamos sujeitados, sem possibilidade de escolha. Aceitar isso sem vitimizações é uma das sabedorias que temos que desenvolver ao longo da vida para alcançar um bom grau de bem viver. É talvez uma de nossas aceitações mais difíceis, a qual é provocada especialmente quando vivemos dores existenciais, principalmente aquelas dores mais lancinantes, como a perda de um ente querido em condições para as quais temos dificuldade em doar sentido.

Um terceiro ponto relacionado à aceitação que quero abordar aqui diz respeito aos adjetivos. Para mim, as palavras mais perigosas são os adjetivos, são as palavras ou expressões que utilizamos para qualificar os substantivos, os dados da vida. A maneira como predominantemente utilizamos os adjetivos, a maneira como usualmente qualificamos nossas experiências, dá notícia de como está nossa capacidade de aceitação. Essa maneira está embasada em nossas fronteiras de valor, ou seja, em nossa moral, pois é ela que nos fornece o substrato de nossas qualificações. Não custa lembrar aqui que a moral pessoal é outra das construções perenes em nossas vidas, uma edificação que parte sempre de introjeções e caminha em direção às necessárias moldagens (*tailoring*, para Polster, 2005), embora, para muitas pessoas, cruciais moldagens sejam só raramente alcançadas.

Basicamente, entendo que o adjetivo tem duas funções, informar e julgar. Ao cumprir a primeira função, ele indica liberdade, e, de forma contrária, quando utilizado para julgar, traz o risco de aprisionamento ou desejo de aprisionar. A primeira possibilita um lócus de controle interno, ao passo que a outra abre mais espaço para o lócus de controle externo. Quanto mais congruentes nossas moldagens, mais nossos adjetivos serão informativos, quanto menos congruentes ou quanto mais introjetadas, mais propiciarão julgamentos. Há um *continuum* entre as duas funções, de forma que muitas vivências, talvez a maioria de nossas vivências adjetivadoras, não estarão exatamente em alguma polaridade, mas em um ponto entre elas. Quando na função julgamento, o adjetivo está mais atrelado à moral que ao corpo, e, quando na função informativa, mais ao corpo que à moral. Essas duas funções são visíveis nos infindáveis diálogos eu-mim que vivemos em nosso cotidiano.

A função informativa do adjetivo está mais ligada à responsabilidade, a capacidade e a habilidade de responder às solicitações da vida, a *responseability*, no trocadilho que Perls (1977, p. 96) faz, em inglês, com a palavra *responsability*. A função julgadora do adjetivo está mais associada ao dever, mais próxima do sentir-se obrigado que ao escolher, em suma, mais atada aos "deverias" (concepções e regras introjetadas e cristalizadas).

Dois exemplos para ilustrar as duas funções do adjetivo. Se vou ao cinema assistir um filme e ele me agrada, na função informativa eu digo "gostei do filme", e posso completar com alguma comentário do tipo "me senti confirmado com sua mensagem"; na função julgadora, eu diria "o filme é bom", e talvez completasse com algo como "o diretor foi muito competente e criativo". Numa função, eu me responsabilizo pela minha vivência prazerosa na relação com o filme e abro espaço para aceitar que outra pessoa possa viver algo diferente, possa não gostar do filme; noutra função, eu defino uma qualidade para o filme, e, com isso, diminuo (quando não fecho) o espaço para que outra pessoa possa ter impressão diversa do filme. Outro exemplo: em determinada situação, sinto-me envergonhado. Ao qualificar esse vivido, numa função, a informativa, eu diria: "não me senti bem com (ou "não foi agradável", ou "não gostei") a forma como respondi à situação"; na outra função, a julgadora, eu diria: "eu não deveria ter me sentido (ou me comportado) daquela forma nessa situação".

Uma quarta qualidade da aceitação que quero comentar diz respeito a um horizonte que muitas vezes é ingenuamente tomado como possibilidade. Horizonte é algo que nos guia e que é inalcançável: quando lá chegamos, o horizonte já não está mais lá, está adiante, e é isso que faz dele horizonte. Eduardo Galeano conta em uma de suas entrevistas que perguntado sobre para que serve o horizonte, se ele não é alcançável, respondeu que ele serve exatamente para isso, para nos fazer andar. No caso da aceitação, o que compreendo como horizonte é a assim chamada aceitação incondicional positiva. Se é verdade que há aceitação positiva, não há aceitação incondicional, por mais desejável que ela seja.

Nascemos em uma família e em uma cultura que já existia antes de nós e que nos esperam com expectativas e com esperanças, geralmente esperanças de que suas expectativas sejam confirmadas. Ao longo do desenvolvimento, cada criança, cada pessoa, é submetida a exigências para que seja aceita, para que receba o fundamental e necessário amor, nossa principal necessidade emocional. E cada pessoa se submete a isso através de seus ajustamentos criativos, os quais lhe possibilitam dialogar com o ambiente e manter sua autoatualização o mais plena possível. Como bem afirma Anthony (2020, p. 41), a criança muitas vezes "necessita assegurar-se da aceitação dos pais, precisa sentir que corresponde as suas expectativas, aos seus anseios e desejos. A maior angústia infantil é a rejeição, o medo de não ser amada e as consequências advindas, como abandono, desamparo, exclusão." Por seu turno, entendo que os pais, ao colocar limites à aceitação do filho, acabam por gerar frustrações que preparam esta criança para lidar com o mundo, geralmente menos aceitador que a família de origem.

Se pensarmos em horizontes, não duvido de que o que move muitos pais é o desejo de aceitar seus filhos e rejeitar (para educar) alguns de seus comportamentos, mas para a maioria das pessoas essa distinção, tão sutil e tão importante, entre rejeitar o ato e rejeitar a pessoa, não é sequer percebida. Muitos traumas são construídos pela não percepção desta diferença.

Quando falo aqui da impossibilidade da aceitação incondicional, não estou desconsiderando o amor parental e tampouco o desqualificando. Ele, de fato, existe na maioria das relações familiares e é um dos principais alimentos para o desenvolvimento suficientemente ajustado de uma pessoa. O que defendo é que, por maior e mais adequado que seja, ele não impede que haja rejeições, ainda que muitas delas sejam temporárias. Amar incondicionalmente é um belo horizonte, melhor ainda quando há consciência de que esse amar é horizonte, algo inalcançável que deve ser buscado como se pudesse ser encontrado.

Quero agora comentar um pouco sobre o que a aceitação não é, a começar pelo fato de que aceitação não implica em concordância, ou seja, posso aceitar alguém sem necessariamente concordar com alguns de seus pontos de vista. ou algumas de suas atitudes. Mas, especialmente, aceitação não é conformismo, comodismo, resignação passiva, ainda que muitas vezes pareça ser.

Aceitação e conformismo

Muitas vezes é difícil diferenciar o conformismo, a acomodação, da aceitação. Isso se dá porque a diferença não está exatamente no comportamento observável, mas naquilo que é vivido pela pessoa, ainda que esse vivido possa ser compartilhado em uma relação aceitadora e calma. A quê atentar, então, para compreender essas diferenças? Vou comentar aqui, sem a menor pretensão de esgotar as possibilidades, algumas diferenças entre as duas vivências, a da aceitação e a da conformação. Meus comentários serão o mais descritivos possível, para que minimizemos o risco de julgamentos teóricos ou de criação de expectativas hierarquizantes sobre comportamentos e vivências que são sempre pessoais e situacionais, além de dependentes da história de cada um. Porque se é verdade que quanto mais aceitamos nossas condições existenciais, melhor tende a ser a vida, igualmente é verdade que precisamos fazer muitas (e, quiçá, criativas) acomodações em nosso cotidiano ao longo das situações e dos anos. Além disso, o conformismo pode ser uma etapa, um estágio em direção da aceitação, pode ser um movimento que antecede a aceitação, mas (ainda) não é ela, mesmo que o mais comum seja a transformação deste estágio em ponto de parada, ou, melhor dizendo, ponto de paralisia.

A primeira diferença diz respeito à postura ante a mudança. O conformismo é o pai do tradicionalismo, a aceitação gera a calma transformação. A aceitação respeita a tradição e sabe que ela precisa se atualizar de tempos em tempos, como uma linguagem precisa se renovar ao longo de diversas gerações, como uma pessoa precisa se atualizar na passagem pelas diversas etapas da vida. O conformismo aposta na permanência cristalizada como um rei ingênuo aposta na origem sagrada de seu trono. Em outros termos, podemos dizer que o conformismo, por temer a mudança, confunde continuidade com paralisação, ao contrário da aceitação, a qual propicia a compreensão da complexa e paradoxal dinâmica da continuidade.

Uma das vivências existenciais mais importantes, a participação em grupos, é um dos campos em que a continuidade tem peso importante. Para que um grupo se mantenha é preciso que haja uma certa previsibilidade do comportamento de seus membros, de forma que sempre há uma pressão grupal no sentido do conformismo, da manutenção da mesma forma, da não mudança. Essa pressão se exerce de variadas maneiras, a depender do grupo e do momento do grupo, mas sempre existe. Ao mesmo tempo, o grupo precisa que essa homeostase seja eventualmente quebrada, para que ele se renove e sobreviva, e aí se configura o papel dos membros mais criativos, abrir espaço para a aceitação da incerteza e da renovação. O conformismo é fuga à incerteza da vida e na vida, e há grupos que têm tanta dificuldade com a percepção e a lida com as inerentes incertezas da existência, que os mais criativos, que buscam (e precisam) crescer a partir desses enfrentamentos, podem se sentir sem espaço no grupo, e, em terapia, precisam ser confirmados nisso que vivem. De fato, há grupos que são tão fechados, que não há alternativa para os mais criativos que não seja a desistência de si ou da participação no grupo, escolha muitas vezes bastante dolorida.

Um dos movimentos mais importantes que fazemos ao participar dos grupos e das situações existenciais é uma dança entre comungar e se diferenciar do entorno ou do grupo, confluir e refluir ritmicamente, conexão e diferenciação propiciando identidade confiável. O conformismo é uma falha na diferenciação, quer seja porque busca a uniformidade, quer seja porque não tolera ou teme as diferenças. A consciência da provisoriedade da uniformidade, bem como a aceitação das (e até o desejo pelas) diferenças são características de vivências aceitadoras. Há, é bom ressaltar, um limite na aceitação das diferenças: a toxicidade do contato. E respeitar isso é ato cuidadoso.

O conformismo e a ansiedade têm uma interessante relação. Diante do desconhecido, e em variados graus, vivemos ansiedade. Esta ansiedade, quando aceita e compreendida, é uma de nossas melhores defesas, pois ela gera, com o devido suporte ambiental, o cuidado e propicia a vivência da coragem, como analisei detidamente em outra obra (Pinto, 2021). Quando não podemos, pelas mais variadas circunstâncias, dialogar com a ansiedade, uma das saídas mais comuns é o conformismo, a opção pelo não contato com a dificuldade, com a possibilidade de mudança, com a coragem. E aqui temos mais uma diferença: a ansiedade vivida patologicamente reduz a vivacidade, a excitação ante a vida, ao passo que a ansiedade aceita como suporte para enfrentamentos necessários amplia e confirma a vitalidade.

Uma das formas de a ansiedade se manifestar é a vergonha, a timidez, o embaraço, sinais de falha na capacidade de a pessoa se sentir aceita, ou até de se aceitar. A vergonha, tomada aqui como o sentimento de insegurança provocado pela ansiedade ante o risco do ridículo e da rejeição de outros, tem pelo menos duas formas de se apresentar, uma que me parece mais próxima da culpa e que é geradora de aceitação, e outra mais rente à conformação. Há enorme diferença entre a vivência da vergonha conformada e a vergonha em processo de aceitação.

Na vergonha que provoca a aceitação, aquela associada à culpa, temos uma vivência provisória e potencialmente transformadora, pois a atenção cuidadosa e o diálogo com a culpa geram reparações e mudanças, podendo até ampliar a autoestima, especialmente quando o (auto)perdão subsequente se associa ao bom humor para gerar aprendizagem e (auto)aceitação. No caso da vergonha mais próxima da conformação, e, por isso, mais duradoura, a situação me parece mais delicada, pois esta vergonha não se dissolve com reparação, com perdão, às vezes nem mesmo com esperança. Se na primeira vergonha há uma vivência de um erro, de um engano, aqui há a vivência de uma certa inadequação ante o outro ou o mundo, uma dificuldade de pertencimento, de conexão com o ambiente que, em casos extremos, pode levar a uma ruptura trágica com o mundo. Essa vivência pode ficar ainda pior quando repetidamente acrescida da vergonha de ter vergonha, sinal preocupante da falta de sintonia com o ambiente. (Robine, 2013)

Uma outra característica importante do conformismo é o ressentimento. É bastante comum a pessoa conformada se ver como impotente por ter dificuldade para lidar com limites e frustrações, e buscar compensar isso com pensamentos supostamente otimistas, mas na verdade ressentidos, do tipo "essa perda acontece para que um ganho maior venha", "o namoro terminou, mas agora, em compensação, você vai poder conhecer muitas outras pessoas", e outros que procuram minimizar o trágico, escamotear a vivência dolorosa ante alguma restrição da e na vida. A aceitação, diferentemente, reconhece a dor, assimila a dor e, assim, coloca o tempo a seu favor, faz um de tantos possíveis diálogos com o tempo, como veremos adiante.

A aceitação e o tempo

Toda aceitação precisa de tempo. Ele é condição necessária, embora não suficiente, para que ocorra uma aceitação. Além do tempo, uma aceitação exige trabalho, reflexão, percepção atenta e calma de si e do mundo. Precisa do apoio do ambiente, e, nesse caso, nossa cultura não tem sido apoio confiável para a maioria das pessoas. Vivemos uma cultura da pressa, do imediatismo, muito mais atenta à chegada que à viagem, mais preocupada com o resultado que com o processo. Com essa ideologia cada vez mais presente em nosso cotidiano, não tenho dúvidas de que muitos dos diagnósticos de depressão e de outros transtornos de humor são diagnósticos apressados, falhos, que confundem tempo de elaboração e luto com depressão.

Penso que uma das mais importantes dificuldades de nossa cultura na aceitação do tempo é o fato de que somos cada vez mais apressados. Vivemos o elogio da pressa e não nos damos conta de que ela é inimiga da rapidez. A pessoa apressada não aceita o tempo, busca atropelá-lo, domá-lo, não respeita o ritmo que a passagem pelo tempo exige, ao contrário da pessoa rápida, que negocia com o tempo e o aceita. A aceitação do tempo é, entre outros aspectos, a aceitação da necessidade de ritmo. É preciso ter um ritmo entre concentração e relaxamento, entre repouso e atividade, entre contato externo e contato interno, é preciso não temer o tédio, fonte de tantos atos criativos. É preciso respirar com ritmo para que a esperança possa tocar verdadeiramente o coração.

Cada movimento transformador, seja uma perda, seja um ganho, precisa de tempo para ser elaborado, compreendido, moldado e aceito. A transformação das introjeções em assimilações e em moldagens leva tempo. Não é porque um jovem terminou a faculdade que ele já é um profissional, não é porque a vida profissional começou bem que ela será um sucesso, a perda de um emprego não significa incompetência irrestrita, a aposentadoria não é o fim da vida útil, muito menos o fim da vida. Não é porque o bebê nasceu que já se é mãe ou pai, não dá para voltar a trabalhar normalmente três dias depois da morte do pai, da mãe, do irmão, da esposa, do esposo, do filho. Nós precisamos de tempo para elaborar essas e outras transformações, e essa necessidade tem sido muito desconsiderada em nossos dias, com prejuízos para todos, uma desconsideração que, essa sim, pode facilitar o aparecimento e a cronificação de movimentos verdadeiramente depressivos.

Esse tempo exigido pela aceitação não pode ser medido, pois ele é muito pessoal. Há pessoas que perdem a contragosto a casa da família de origem e em poucos meses já se recuperam, há outras que precisam de anos, e não há, a princípio, nada de errado com nenhuma dessas pessoas. Cada um tem seu tempo. Um tempo que não é, nem pode ser, solitário. A elaboração de lutos e de ganhos não prescinde, de forma alguma, do apoio ambiental. E não é todo apoio ambiental que de fato apoia o caminho para a aceitação, antes pelo contrário. Há apoios que, ainda que bem intencionados, são desconsideradores, quer seja porque pouco ou nada empáticos, quer seja porque carregados de regras e de prazos heterônomos, estereotipados. Muitas das pessoas que procuram terapia o fazem porque seu ambiente falhou no suporte a uma dor ou a uma conquista, mas não falhou o suficiente para lhes tirar a esperança.

A aceitação dialoga com o tempo também através da esperança. É ela o principal horizonte nos momentos em que se precisa de tempo para a elaboração de um evento transformador. A boa esperança é sempre o sustentáculo da confiança: ela se posta no centro de nosso ser, voltada para o futuro, e impede a passagem das desumanizadoras certezas e das desanimadoras obediências heterônomas, aquelas obediências apoiadas muito mais no dever e na punição do que no convencimento e na adesão. Esperança de vencer a dor, esperança de se conseguir um bom ajustamento na nova configuração existencial, de encontrar sentido no vivido e no viver, de ter com quem comemorar visceralmente as conquistas. Mas há também as más esperanças, aquelas passivas e passivistas, baseadas na crença de que os problemas se resolverão por si, sem darem trabalho, ou por alguma intervenção mágica da qual a pessoa se julga merecedora. Existem, sim, soluções mágicas, momentos e situações nos quais a vida nos surpreende e nos premia gratuitamente, independentemente de méritos ou privilégios, mas eles são mais raros do que se pode imaginar e muito mais difíceis de serem percebidos do que parece aos desavisados – no cotidiano, a maioria das pessoas dá pouquíssima atenção às graças da vida, especialmente àquelas que nos deslocam de nossos confortos.

Outro ponto de diálogo entre a aceitação e o tempo diz respeito à nossa passagem pelo tempo, o amadurecimento e o envelhecimento que se dão tendo a concepção como origem e a morte como horizonte e destino. Uma das tarefas mais complexas que temos é a de aceitar que vivemos limitados temporalmente, tendo consciência disso. Outra tarefa, correlata, é aceitar que as duas perguntas mais influenciadoras de nossas vivências são irrespondíveis. Não sabemos de onde viemos, se é que viemos de algum lugar; não sabemos para onde iremos, se é que iremos a algum lugar. Podemos até ter uma fé que nos prometa uma resposta, mas saber, saber mesmo, é impossível.

Marcamos e pontuamos nossa vida pelo tempo. Chamamos um período de infância, outro de adolescência, outro de adultez, outro de velhice, sempre tendo a passagem pelo tempo como parâmetro mais importante. Se no começo da vida muitas vezes é difícil aceitar que o tempo tem seu próprio tempo e não se deixa apressar, no fim da vida, para muitos é difícil aceitar que o tempo não para, sequer se retarda, por mais que a pessoa goste da vida e do viver. Talvez uma das mais importantes sabedorias que deveríamos procurar sempre seja aquela que possibilita a aceitação da passagem pelo tempo permeada pela consciência da finitude. Isso significa encontrar um ritmo perenal, tranquilo e com sentido de trânsito entre os três tempos, o passado, o presente e o futuro. Significa também compreender com vivacidade o verso de Omar Kahyyan, que cito de memória, o qual nos lembra que o pássaro do tempo tem pouco tempo para voar. E já está voando.

Uma última aceitação relacionada ao tempo que quero comentar aqui é aquela que lembra que nossos problemas são sempre temporários, o que deve nos distanciar da busca de soluções definitivas. Ainda que haja perdas de fato irrecuperáveis, ainda que não haja como mudar situações vivenciadas no passado, próximo ou remoto, ainda assim, não podemos nos esquecer que é sempre possível ressignificar essas perdas, por mais que isso possa ser trabalhoso. Com continência para a dor, com calma, tempo, confiança e apoio ambiental, não há perda que não possa ser ressignificada e, então, aceita. A dor aceita é a ferida que, cicatrizada, se torna amuleto encorajador.

Em nenhum outro lugar o tempo deixa mais marcas que no corpo, nosso meio por excelência para a vivência do espaço, outra das características essenciais de nossa existência que também nos desafia a aceitações.

A aceitação e o espaço

Existimos porque somos corpo, isto é, ocupamos espaço concretamente. Como não somos só corpo, ocupamos espaço simbolicamente também. Mas para que haja o símbolo é preciso que, antes, tenha havido a concretude. Na concretude, lidamos com o espaço a partir do corpo, e isso envolve movimentos de aceitação especialmente em três aspectos: os limites corporais, a aparência corporal e o fato de que somos natureza, ou seja, não estamos para além do mundo natural nem imperamos sobre ele, mesmo que muitos tentem.

Limites quanto a doenças e ao próprio espaço que se pode ocupar, limites quanto ao movimento e à postura, limites quanto à extensão do corpo (estes, especialmente, compensados simbolicamente), limites quanto à duração do corpo, limites quanto à dor e ao prazer, limites expressivos. São muitos os limites corporais. Concretamente, nem sempre posso alcançar com a mão aquilo que meus olhos veem, não posso dar passos maiores que minhas pernas, não posso ocupar dois lugares ao mesmo tempo, não posso ir além do espaço destinado ao meu corpo a cada instante. Por mais que o corpo se transforme ao longo da vida, ele tem sempre um limite anatômico que demanda aceitação. Ninguém escolhe que altura tem ou terá, ninguém escolhe comprimento ou formato de pernas, braços, mãos, orelhas, ou qualquer outro órgão; são características que nos são dadas e que, salvo raras exceções, pedem aceitação, uma aceitação que muitas vezes fica dificultada por questões estéticas culturais, as quais comentarei abaixo.

Algumas doenças também trazem limitações corporais, às vezes passageiras, às vezes definitivas, que ensejam diversos significados e diversas possibilidades de vivências, umas mais aceitadoras do que outras. Uma poliomielite, por exemplo, pode deixar sequelas, as quais, por sua vez, podem ser vividas, dentre outras possibilidades, como fonte de vergonha ou como desafio.

Os limites espaciais corporais têm relação com a expressividade, com o movimento, e com a forma como cada pessoa amplia ou diminui o espaço anatômico, incluídos aí a voz e o olhar. Perceber a própria postura nos movimentos, nos gestos, é um primeiro passo para aceitar a importância do cuidado postural, e não só no sentido, tão usual!, de prevenir dores corporais, mas principalmente no sentido de que nos revelamos a nós mesmos e ao mundo em grande parte pelo espaço que ocupamos e pela forma como ocupamos estes espaços. Lembro-me de um cliente que sempre chegava ao consultório com os ombros caídos, fechados, com a cabeça pendente para a frente, o olhar voltado mais para o chão, as mãos e os braços em movimentos muito limitados quando caminhava e estáticos, praticamente pendurados no corpo, quando ficava parado. Ele não se dava conta de sua postura, tão automática era para ele. Em um momento que me pareceu adequado na terapia, chamei sua atenção para essa forma de expressão e lhe pedi que observasse isso em seu cotidiano. Na sessão seguinte, ele chegou encantado, já com os ombros, a cabeça e o olhar mais levantados, se perguntando como não tinha notado ainda aquilo e como a tentativa de mudança que fizera durante a semana trouxera tanta diferença na relação consigo e com as pessoas de seu meio. Ele estava presa de um conformismo do qual já nem se dava conta, e a mudança na postura, mais tarde bastante trabalhada em terapia, abriu a possibilidade da aceitação do fato de que ele podia, sim, se expressar em consonância com o que sentia e vivia, o que foi para ele uma expressiva conquista.

Vivências opostas à desse meu cliente também podem ser fruto da aceitação da espacialidade. Há pessoas que ocupam tanto espaço, que acabam por afastar as outras pessoas. Falam muito alto, tocam muito o interlocutor, olham muito o outro de cima para baixo, estacionam seu carro na rua ocupando mais de uma vaga, ouvem música em volume excessivamente alto, enfim, ampliam seu espaço expressivo gerando conflitos repetidos com outros. Esses comportamentos também denotam uma dificuldade com a aceitação do próprio espaço, um desconhecimento das próprias fronteiras corporais no contato com as outras pessoas e com o campo.

Há uma grande relação entre a postura e a vivência do prazer e da dor. Conhecer e aceitar os limites toleráveis de dor e de prazer é autoconhecimento que facilita a aceitação de si. Pode parecer estranho eu falar em limite tolerável de prazer, pois nossa cultura busca lidar com o prazer como se ele não devesse ter limites, mas ele tem. Penso que muitas das compulsões que acompanhamos em terapia têm relação com uma dificuldade para lidar com o limite do prazer, seja um prazer sexual, seja um prazer gastronômico, seja um prazer ligado a qualquer aspecto de nosso corpo. Todo prazer tem uma limitação, a qual varia de acordo com a situação e a idade, e que é melhor que seja aceita para ser bem e profundamente vivida. Igual raciocínio vale para a dor, cujo limiar é bom conhecer e aceitar para evitar atos temerários lesivos ao corpo.

No encontro da espacialidade com a temporalidade, um limite corporal que exige delicada aceitação é o fato de que o corpo é finito e frágil, como nos demonstrou a pandemia do coronavírus vivida a partir de 2020. Voltarei a este tópico mais adiante, quando falar sobre a aceitação do mistério que somos.

Na questão das aparências, uma das mais importantes fontes de nossas vergonhas é o corpo, quer seja, por um lado, no sentido de suas partes moralizadas pela cultura através especialmente de algumas religiões, quer seja, por outro lado, na idealização quimérica que se coloca como objetivo cultural.

Toda cultura tem normas e expectativas com relação à aparência das pessoas que a compõem. Mais ou menos rígidas, cambiáveis ao longo do tempo, sujeitas a variações geográficas e etárias, não importa, elas estão lá. É preciso dialogar com elas, cuidando para que elas não dirijam coercitivamente as pessoas, mas apenas as orientem. É isso, é esse diálogo que caracteriza a aceitação da aparência como forma de inserção social e presença na espacialidade cultural. Mas, para um número considerável de pessoas, não é um diálogo fácil, antes pelo contrário: a aparência e sua aceitação, ou não, pelo outro é matriz de muitas vergonhas, algumas graves. Uma cliente me conta que na adolescência sofria muito com as orelhas de abano que tinha. Tentava truques, como determinado jeito de pentear os cabelos e prender as orelhas para esconder o que vivia como uma deficiência, evitava desejados banhos de piscina, pois na água o penteado poderia se desfazer, sofria muito. Acabou por convencer os pais e ganhou uma cirurgia estética, a qual lhe possibilitou adaptar-se melhor às exigências estéticas culturais e ampliar seu espaço existencial por determinado tempo, até que começou a perceber que ainda sentia a mesma dificuldade para se sentir aceita, a mesma vergonha, mas agora sem poder incriminar especificamente alguma parte de seu corpo. A terapia, como local e prática de aceitação geradora de autoaceitação, foi fundamental para que ela conquistasse de fato a ampliação de suas fronteiras espaciais e a redução de sua vergonha para uma dimensão saudável, como defini anteriormente.

Além de vivências como essa de minha cliente, há muitas outras não aceitações corporais que provocam vergonha, desde as ligadas a um aspecto corporal dado, até as ligadas às mudanças pelas quais o corpo passa ao longo da vida. A calva, a flacidez, as rugas, o aumento de volume e de peso derivados também da idade, súbitos acontecimentos que denunciam a precariedade da aparência como suporte para a autoestima, são vivências corporais que exigem cuidado para serem aceitas, especialmente em uma cultura como a nossa, que idealiza tanto alguns formatos supostamente intemporais do corpo humano, uma ilusão de juventude e de potência perenes.

A vergonha por não se encaixar nesse modelo de corpo idealizado atinge tanto jovens quanto pessoas mais velhas, embora seja mais visível nos primeiros, mais próximos da época de reapossar-se do corpo, uma das tarefas mais realçadas na adolescência, embora presente por toda a vida. Muitas das dificuldades de vivência da sexualidade em casais mais idosos têm relação com essa vergonha mais associada ao parecer que ao ser e mais danosa ao ser que ao parecer. Esses sofrimentos têm, como uma de suas raízes mais significativas, um olhar cultural que nos incentiva a imaginar que temos um corpo, e não que somos um corpo. Há uma enorme distância entre o contato com o corpo que se tem e aquele com o corpo que se é. O corpo que se tem é um objeto, um aglomerado de compartimentos interligados, mas não integrados, ao qual falta um elemento centralizador harmonizador, o elemento que produz a descoberta e a vivência do "eu sou", fruto da aceitação de si como um todo. A pessoa que aceita que é um corpo e não que tem um corpo, diz "eu estou com dor de estômago", o que é muito diferente de "meu estômago dói", ou "eu estou excitada", e não "minha vulva está excitada". Quando se é um corpo, se percebe que muito, muito mais importante que a aparência, é o gesto.

Outro ponto de vergonha prejudicial que chama a atenção em processos terapêuticos é aquele referente à moral orientada para uma visão do corpo como tendo órgãos e movimentos aceitáveis e outros nem tanto. Ainda é digna de nota e de cuidadosa atenção a pecaminosidade associada socialmente às regiões mais sexualizáveis do corpo, especialmente no que diz respeito às sensações prazerosas percebidas nesses órgãos. Mais importante que isso, no entanto, é uma dificuldade de aceitação dos movimentos involuntários do corpo, os sentimentos. Vivemos movimentações corporais, especialmente viscerais, sempre involuntárias, que nos mobilizam e que racionalmente chamamos de sentimentos, como o amor, a raiva, o medo, a coragem, a alegria e a tristeza, com suas combinações. A aceitação desses movimentos e o bom diálogo com eles depende em grande parte de como o ambiente acolheu e respeitou o corpo do bebê. Depois dessa etapa, o confiar, ou não, nos movimentos do corpo e o dialogar, ou não, com esses movimentos são eventos que dependerão da moral aprendida. O mundo ocidental de hoje não é boa escola para essa moral, pois nossa civilização se baseia muito mais no controle ou na negação dos sentimentos que em seu acolhimento e compreensão. Essa atitude de julgamento de partes e de movimentos do corpo provoca alienações e dificuldades de aceitação de sensações e de desejos naturais, cuja repressão ainda é causa de muito sofrimento e vergonha.

Para finalizar este tópico, quero apenas apontar uma aceitação relacionada ao espaço coletivo que precisa ser alvo de atenção também dos profissionais da área da saúde mental, uma vez que é uma aceitação decisiva para o futuro da humanidade, além de ser responsabilidade de cada um de nós hoje. Trata-se da ambientalidade, um resgate da noção de que somos seres ambientais, um resgate e a aceitação de que há uma "dimensão da essência humana, através da qual somos co-constituintes do universo, somos partes fundantes consubstanciais de uma totalidade" (Ribeiro, 2020, p. 896). Como já utilizei aqui de mais espaço do que esperava, não vou discutir com a desejável profundidade a importância da aceitação de nossa ambientalidade, remetendo quem me lê ao esclarecedor texto de Ribeiro, disponível na internet, o qual nos provoca no sentido de que aceitemos que somos uma parte dentre tantas constituintes de um todo veementemente complexo.

Mais para além de seres ambientais, somos seres complexos e estamos imersos em mistérios que nos desafiam e encantam. Quero fechar este texto discutindo sumariamente sobre a aceitação de alguns aspectos dessa misteriosa complexidade com a qual somos constituídos.

A aceitação e o mistério e a complexidade que somos

Uma das mais importantes aceitações que temos que buscar ao longo da vida é a do fato de que somos mistério, e por isso vivemos incertezas, imprevisibilidades, não-controle, não-saber, sombra, insegurança, encantamento. Mistérios são para ser contemplados. São enigmas. Provocam espanto. Podem até despertar hipóteses, mas certezas, jamais. Mistérios devem ser aceitos como tais, e essa tarefa não é irrelevante nem simples.

Mistério é aquilo que não cabe direito dentro da gente, é aquilo que desafia o nosso senso e o nosso lugar diante da realidade, que mexe com nossas vivências de tempo e de espaço, de vida e de morte, dentre outras. Diante do mistério, diante das perguntas irrespondíveis que ele traz, uma das possíveis respostas se dá através da criação de sentidos, de outorga de sentido à realidade e ao vivido, lembrando que sentido é algo vivo e fluido, transformável, atualizável, remoldável. Temos basicamente três formas de doação de sentido: o sentido para o cotidiano, para os acontecimentos e as vivências do dia a dia; o sentido para a própria existência; o sentido para o universo, para a existência do universo, do planeta, da vida. (Frankl & Lapide, 2013) Cada um desses sentidos está sempre desafiando e é desafiado por possibilidades de aceitação.

A criação desses sentidos não é apenas individual, ela é também coletiva. Uma das formas que temos para criar o sentido coletivamente é a religião, a qual tem a função de ser um elo cultural de sentidos, e deve ser por isso que não se encontra cultura que não tenha como uma de suas bases uma religião. Cada pessoa de uma cultura tem contato formador com a religião preponderante. Em culturas monoteístas como a nossa, cada membro, acredite nele ou não, forma uma ideia de deus; em culturas politeístas, cada um de seus integrantes, acredite ou não nesses deuses, formará uma ideia, uma imagem sobre eles. Em nossa cultura, a ciência também é uma base de criação de sentidos, muitas vezes em concorrência com a religião, muitas vezes em consonância com ela. Ciência e religião forjam sentidos e unem pessoas, constituindo cultura através desses sentidos.

Independentemente de ser pela religião ou pela ciência, o fato é que a confecção de sentidos nos coloca diante da certeza da incerteza. Nossa vida é repleta de incertezas, a ponto de podermos afirmar que essa é uma de suas principais características. Praticamente, além da certeza da morte, só nos resta a certeza de que a cada escolha a perda é certa, o ganho uma possibilidade. Afora isso, navegamos em um vasto oceano de incertezas. Acordamos sem saber como será aquele dia, saímos de casa sem saber se voltaremos, despedimos de pessoas queridas sem saber se voltaremos a revê-las, gozamos de saúde sem saber em que momento ela se perderá parcial ou totalmente, amamos e nos sentimos amar sem saber por quanto tempo essa chama arderá.

Há apenas duas vivências que podem nos possibilitar lidar criativamente com essas incertezas, a confiança e a aceitação. A confiança pode também ser chamada de fé, não necessariamente no sentido religioso da fé, mas no sentido de crença confiante no sentido criado. Não necessariamente a fé em um deus ou em deuses, em uma ou outra religião, mas a fé em que faz sentido a minha existência, fazem sentido a existência e o universo. Mesmo que não nos seja possível captar plenamente este sentido, precisamos confiar nele. Negá-lo será mais penoso, às vezes muito mais penoso, do que confiar neste sentido. Então, uma das principais vias de aceitação é a composição de sentido, a adjetivação dos fenômenos, o que muitas vezes é enormemente trabalhoso, a ponto de não poder ser tarefa solitária, mesmo quando iniciada e finalizada individualmente.

Para finalizar, quero lembrar que o principal inimigo da aceitação é a arrogância. É ela que dificulta aceitarmos especialmente o que diz respeito às nossas dores. Quando alguém diz "é dor demais para mim", isso em parte é verdade, pois nenhum de nós consegue tolerar todas as suas dores sozinho. Também por isso e para isso, precisamos do outro. Só conseguimos tolerar as dores do existir quando existimos com. É a arrogância que nos dificulta aceitar essa interdependência que forma nossa intersubjetividade, que forma o que somos a cada momento da vida. É a arrogância que não nos permite colocar os pés no chão e desenvolver a humildade, uma qualidade que infelizmente, e cada vez mais, não é um valor muito em voga em nossa cultura. Além disso, é preciso muita humildade para aceitar o quão arrogantes podemos nos tornar, às vezes até a ponto de impensadas atitudes violentas contra os outros ou contra si.

Da forma como entendo, essa necessária aceitação da humildade está expressa com profundidade em um dito que conheci em uma música de Adoniram Barbosa: "Deus dá o frio conforme o cobertor".

Essa é para mim a grande aceitação, a do fato de que só competem a mim as dores com as quais posso lidar. Jamais sozinho, mas com compartilhamento do sofrimento, a melhor forma de transformá-lo em crescimento.

Referências

ANTHONY, S. M. R. *Transtornos Clínicos da Infância e da Adolescência: Um olhar compreensivo da Gestalt-terapia.* Curitiba: Juruá, 2020.

FRANCESETTI, G, GECELE, M e ROUBAL, J (orgs.) *Terapia Gestalt en la Práctica Clínica: De la psicopatología a la estética del contacto.* Madri: Associación Cultural Los Libros, 2013.

FRANKL, V. E. & LAPIDE, P. *A Busca de Deus e Questionamentos sobre o sentido.* Petrópolis, RJ: Vozes, 2013.

PERLS, F. S. *Gestalt-terapia Explicada.* São Paulo: Summus, 1977.

PINTO, Ê. B. *Dialogar com a Ansiedade: Uma vereda para o cuidado.* São Paulo: Summus, 2021.

POLSTER, E. *A Population of Selves – A Therapeutic Exploration of Personal Diversity:* The Gestalt Journal Press: Maine, USA, 2005.

RIBEIRO, J. P. *Ambientalidade, Co-existência e Sustentabilidade: Uma Gestalt em Movimento, Estudos e Pesquisas em Psicologia.* Rio de Janeiro v. 19 n. 4 p. 896-914, 2020. Disponível em: https://www.e-publicacoes.uerj.br/index.php/revispsi/article/view/49291. Acesso em: 27 jan. 2021.

ROBINE, J. M. La Verguenza, *in* Francesetti, G, Gecele, M e Roubal, J (orgs.) *Terapia Gestalt en la Práctica Clínica: De la psicopatología a la estética del contacto.* Madri: Associación Cultural Los Libros, 2013.

WINNICOTT, D. W. *O ambiente e os Processos de Maturação: Estudo sobre a teoria do desenvolvimento emocional.* Porto Alegre: Artes Médicas.

CAPÍTULO 15

Do suicídio e da vida na criança e no adolescente

Francisco B. Assumpção Jr.

Introdução

O Ser Humano cria, gradativamente, em seu processo de crescimento um mundo enquanto contexto existencial diante do qual ele se posiciona, inicialmente de modo tímido e inseguro. Nesse relacionar-se, ele cria um mundo como estrutura de significação em que desvela o ser dos entes e lhes dá significado e, finalmente, um mundo como parte do próprio homem, no qual, após a compreensão do ser, dos entes e do ser-no-mundo, escolhe e executa os projetos dentro de suas reais possibilidades. Assim sendo, o Ser o é na medida em que não é localizado no mundo dos entes, sendo puramente possibilidade, estando no mundo e sendo inseparável dele, não podendo dele se abstrair e, portanto, não existindo a separação objeto observador. Ele está ligado ao "morar" e não à descrição da "locação", fato esse que torna o mundo "a nossa casa", associada a projetos e aos seus significados[1].

Para a consecução dessas três instâncias, a disseminação da ideia de "modelos ideais" que devem ser seguidos e alcançados faz-se de maneira difícil, pois ela se torna dependente de um esquema de dominação no qual há, quase que a obrigatoriedade, ideias de projetos ideais que originam instâncias previamente estabelecidas, fontes naturais de

[1] REYNOLDS, J. *Existencialismo*. Rio de Janeiro: Vozes; 2014.

ideologias autoritárias, uma vez que a estrutura social é, ela mesma, uma extensão dessas estruturas.

Consequente ao fato de que o fenômeno da cultura de massa é característica de uma cultura urbana hoje, observamos a ruptura dos agrupamentos familiares extensos com a nuclearização das famílias, a redução da convivência intrafamiliar, casamentos estabelecendo-se cada vez mais dentro da idealização de "amor romântico" demandando um homem austero, racional, metódico, produtivo, estável na vida familiar, na qual se combinam aspectos persuasivos e coercitivos, tudo isso reconhecido pela lei civil e pelos costumes, porém não compatíveis com a realidade na qual vivemos.

Consequentemente, o peso do existir individual se torna imenso, uma vez que essas ideias são apenas a expressão das ideias dominantes, expressão das relações materiais dominantes que transmitem ao indivíduo um sistema de valores que veicula uma ordem estabelecida com esquemas repressivos e persuasivos que se instalam inclusive sob a égide e o domínio da liberdade de imprensa, embora a pós-modernidade vá se caracterizar pela desconstrução de conceitos anteriormente estabelecidos com Ceticismo Radical sobre se o conhecimento objetivo ou a verdade objetiva pode ser obtida (desmistificação da Ciência), bem como pela ideia de que a sociedade é formada por sistemas de poder e hierarquias que decidem o que pode ser conhecido e como devem ser conhecidos.

Assim sendo indefinem-se fronteiras, com todas elas sendo negadas para que se rompam as estruturas de poder (alta e baixa cultura – Jameson; homem e máquina – Deleuze; ciência e arte – Lyotard; sexualidade – Foucault), estabelece-se um poder da linguagem, considerando-se que ela controla a sociedade e como pensamos, pois coloca um elemento acima do outro por oposição e para dar sentido (homem x mulher), mantendo a opressão; constrói um relativismo cultural no qual nenhuma cultura é melhor que outra e qualquer crítica de fora de uma cultura não tem valor, sendo o discurso usado dependente de nossa posição no sistema (lugar de fala) e, finalmente, a perda do Individual e do Universal com o estabelecimento de que a noção de indivíduo autônomo é um mito como o é o de universal, concentrando-se na noção de conjuntos de pessoas com as mesmas experiências e percepções[2]. Obviamente, tais "desconstruções" levam, obrigatoriamente, à insegurança e ao medo.

Essas conceituações teóricas são concomitantes à transformação da família, cada vez mais nuclearizada, com o ingresso da mulher no mercado de trabalho como mão de obra barata e o desmoronamento das regras da moral repressiva burguesa tradicional, que passa a ser governada por princípios de desempenho que pressupõem renúncias sócio instintivas relacionadas ao acúmulo de capital. Consequentemente, passam a ser mais comuns as violações de regras, relativizando-se noções práticas e alterando-se as relações pais-filhos e entre parceiros, genitalizando o corpo enquanto instrumento de prazer, dificultando as possibilidades de relacionamento amoroso.

O indivíduo em desenvolvimento

O que caracteriza um indivíduo em crescimento é o gradativo desligamento da autoridade dos pais, processo penoso e fruto das mais variadas fantasias, uma vez que para a criança pequena, pais são, sinônimo de poder, de onipotência e de autoridade, ficando como maior desejo o querer tornar-se igual a eles.

Gradualmente, a criança percebe as limitações dos pais, comparando-os com outros adultos, e inicia um processo de crítica. Assim, a vida e o desenvolvimento estruturam-se não só a partir de uma biologia básica, porém, também e principalmente por uma relação social que é extremamente dependente da sociedade e do momento histórico no qual se insere.

Para a criança, a figura materna ocupa lugar de destaque, de objeto de curiosidade e de fantasiosa infidelidade e, suas primeiras fantasias, ainda de conteúdo assexuado, organizam-se e vão alcançando cada vez mais um maior nível de compreensão. Na nossa pós-modernidade terceiriza-se essa figura materna, embora se valorize a criação dos filhos, fatos esses que acarretam conflito e culpa em ambos os grupos.

[2] PLUCKROSE, H; LINDSAY, J. *Teorias Cínicas*. Barueri: Avis Rara, 2021.

Posteriormente, dá-se a substituição do pai real pelo idealizado, maior, mítico, fato que confrontado com o momento pós-moderno permite o enfraquecimento do papel masculino com indiferenciação e confusão de normas e papéis, o que dificulta a própria localização da criança em seu ambiente.

Finalmente, o psiquismo se estrutura de maneira adulta, cortando os vínculos de dependência, estabelecendo possibilidades de um relacionamento interpessoal maduro, embora essa mesma pós-modernidade propicie relacionamentos líquidos, fluídos, indiferenciados e descartáveis.

Para crescer e nos tornarmos adultos, é característica a rebelião contra a autoridade paterna, representada nos meios de comunicação de massa de diferentes maneiras, apresentando-se, na maioria das vezes, de maneira próxima à ideação infantil, consequente a um discurso que a apresenta com ausência de consequências, e não responsabilização pelas decisões tomadas.

A cultura de massa, a criança e o mal-estar contemporâneo

Ao falarmos em mídia, queremos falar em Cultura de Massa que, em verdade, não corresponde a uma "anticultura" ou à colocação de "bens culturais" à disposição de todos, mas representa, isso sim, uma cultura acessível e fabricada pela própria "massa média", tendo em vista seu próprio consumo. Corresponde, basicamente, à cultura que caracteriza os séculos XX e XXI.

Ela satisfaz as necessidades, os objetivos e o modelo de existência de cada ser particularmente. Umberto Eco[3] diz que *"a massa, superadas a diferença de classe, é agora a protagonista da história e, portanto, sua cultura, a cultura produzida para ela, e por ela consumida, é um fato positivo"* e, dessa forma, apresenta as seguintes características, conforme as propostas da Escola de Frankfurt[4] que se referem:

[3] ECO, U. *Apocalípticos e Integrados*. São Paulo: Perspectiva, 1973.

[4] TORNERO, J. M. P. El desarrollo de La sociedad de La información del paradigma de la cultura de massas al de la cultura multimedia. In: TORNERO, J. M. P. *Comunicación en la Sociedad de la Información*. Barcelona: Paidós, 2000.

- à fragmentação: dispersão, desordem, impossibilidade de encontrar coerência entre as mensagens da cultura de massa, negando ao indivíduo a possibilidade de ter um senso crítico;
- à uniformidade das mensagens: o esquematismo, a superficialidade, a necessidade de criar um mesmo tipo psicológico de consumidor ficam na base da uniformidade generalizada das mensagens;
- à seleção de valores rentáveis, concordes com a ideologia;
- à moral do êxito como fundamento da cultura dominante, a partir da qual se explica a presença da violência;
- à homogeneidade, com a repetição do mesmo modelo de êxito para as mensagens e a homogeneização e uniformização do expectador.

Em nosso momento histórico, essa cultura de massa apresenta um papel relevante, posto que, por meio dela, a conduta humana torna-se passível de redução a algo coisificado e, embora ela seja caracterizada teoricamente pela possibilidade de vir-a-ser, essa possibilidade passa a depender das forças produtivas e de seu manuseio. O homem passa a ser valorizado por aquilo que ele TEM, e não pelo que ele É. Nesse contexto, o homem pós-moderno transportou para suas condutas, reações dessa massa humana a atitudes que não correspondem àquelas idealizadas, inicialmente, para ele. Ela caracteriza aspectos da vida ordinários e anônimos, nos quais nos misturamos com a massa, uma vez que nele não existem um Eu essencial indistinguível de um Eu impessoal e, consequentemente, "todo mundo é outro, ninguém é si-mesmo", "sendo-se o que querem que sejamos", caracterizando assim um mundo inautêntico, que deveria ser abandonado quanto possível e que faz com que, no cotidiano, sejamos, quase sempre, impessoais[5].

Considerando que o desejo de transcendência do ser humano leva o homem a cultuar o sucesso e a perfeição primordial, da mesma maneira como transforma, por exemplo, o automóvel ou o dinheiro em maneiras de ultrapassar, teoricamente, os limites do poder e da

5 REYNOLDS, J. *Existencialismo.* Rio de Janeiro: Vozes, 2014.

temporalidade, e o Ter, nessas situações, proporciona um estabelecimento ideal do Ser, o que aporta enquanto dificuldades, o fato de que como nenhum ser humano é enquanto ser isolado, a dimensão exata da individualidade que é dada pelo homem quando ele é lançado e interage com o mundo.

Para essa interação, a linguagem é básica enquanto forma de relacionar-se, permitindo ao homem maior estruturação e delimitação de seu próprio mundo. Sentimentos, instintos, impulsos e pensamentos, quando comunicados, aproximam-no do outro, e essa comunicação, à medida que o tempo passa, vai se sofisticando e se refinando de acordo com as possibilidades sociais e culturais.

Em função dos mecanismos de massificação, formas sutis e inconscientes de controle são difíceis de serem percebidas, visto que proporcionam a falsa aparência de liberdade, liberdade essa que, embora com infinitas possibilidades individuais, fica restrita àquelas permitidas pela máquina do poder que sempre apresenta-se com a finalidade de reduzir a oposição, dentro do campo político e da esfera instintiva, diminuindo a possibilidade de visualização das contradições sociais, numa proposta tecnológica de aquisição de uma consciência feliz.

Isso porque a sociedade, cada vez mais industrializada e globalizada, com a redução dos ambientes que produzem prazer, permite a concentração da libido e das experiências sociais e eróticas, quase que exclusivamente nas satisfações genitais. Tal conduta é, então, integrada às relações sociais e facilita uma satisfação aparente, sob um controle que impede a possibilidade de pensamento. Dessa forma, os impulsos de poder são institucionalizados, enfatizando-se a máxima de que o homem vale por aquilo que produz mais do que pelo que é. Relativiza-se a ética que passa a ser abordada sob uma ótica pragmática, dentro de uma filosofia mais de resultados que de valores organizando-se a questão básica e característica de nosso momento que pode ser resumida na contraposição do título da obra máxima sartreana comparada à forma de existência pós-moderna: **"O Ser e o Nada ou o Ser é o Nada?**

Isso porque os meios de comunicação de massa veiculam valores e trazem padrões de conduta que servem aos aparelhos ideológicos que mantêm o poder (hoje globalizado) e, dessa forma, embora em alguns momentos, também contribuem para a denúncia de alguns desses aparelhos que seguem, de modo geral, o exemplo das demais estruturas até então elaboradas pelo homem, com a finalidade de impedir seu caminho em direção a um projeto ideal de vida, teoricamente livre.

Eis aí a felicidade.
Uma colherinha só.
Pode tomar sem medo.
Disso não se morre...[6]

Dentro desse padrão cultural massificado, estamos formando e desenvolvendo os psiquismos.

Entretanto, simplesmente culpabilizar o meio é simplificar o problema posto que uma ferramenta não é boa ou má embora a forma que a utilizamos possa sê-lo. Na atualidade, educamos os filhos conforme os livros ou especialistas e, em consequência, criamos filhos mimados, superprotegidos, dependentes e, muitas vezes, verdadeiros "tiranetes" incapazes de resistir às frustrações e exigências, cada vez maiores, do cotidiano. Não desenvolvemos atitudes de cooperação. Esquecemo-nos da importância do desenvolvimento da independência e da autonomia infantil e, consequentemente, não nos valemos nem da censura pura e simples nem percebemos a ausência de limites e o descaso, porém nenhuma dessas atitudes (a falta de limites derivada do descaso ou a ausência de censura) substitui as ligações de afeto e, mesmo considerando-se vários fatores, esquece-se de que a liberdade da criança é relativa, e assim, não cabe à criança escolher uma série de coisas, as quais ela não consegue, por limitações cognitivas próprias de seu desenvolvimento, avaliar as consequências. Assim, da mesma forma que ela não escolhe se vai à escola, ela não escolhe gênero e, da mesma forma que sua moral é heterônoma, sua liberdade também o é. Isso porque nem todos os problemas infantis são solucionados por meio de medicamentos ou de psicoterapia e, essas atitudes, hoje tão supervalorizadas, nada mais são do que transferência da responsabilidade de ter e cuidar de filhos, atitude característica de qualquer espécie mamífera.

6 BAUDELAIRE, C. *Paraísos Artificiais*. Porto Alegre: L&PM, 1998.

Uma criança "gosta" e "precisa" de atenção e a má (ou descompromissada) correção (ou identificação) de algumas de suas atitudes não somente não corrige como agrava vários padrões comportamentais. Isso porque elas são seres em desenvolvimento, de uma espécie específica e característica e, por isso, devem ser muito conhecidas antes de serem medicadas ou interpretadas. Assim, a sua melhoria (seu desenvolvimento e suas possibilidades de autonomia e felicidade) não dependem de atos pontuais e, quando falamos de igualdade de oportunidades entre elas, falamos de igualde de oportunidades para que obtenha o máximo das potencialidades individuais sem levar em conta a expectativa dos pais ou da sociedade em questão. Isso pressupõe que os pais devem desenvolver a capacidade de se adaptar às mudanças; saber escutar e principalmente saber que o desenvolvimento do filho depende da homeostase e da satisfação familiar.

Adolescência

É impossível falarmos na adolescência sem considerarmos um processo evolutivo da criança, que a leva da total heteronomia em direção à autonomia (o adolescente não surge do Nada...) e à questão adaptativa dentro da perspectiva citada no "Efeito Baldwin", o qual refere que "o comportamento é o marca-passo da evolução", ou seja, que qualquer comportamento que implique numa vantagem evolutiva é reforçada pela seleção de determinantes genéticos de tal comportamento.

Na adolescência dá-se entrada no Período de Operações Formais (acima de 11 anos), surgindo o pensamento formal e a capacidade de raciocínio sobre hipóteses abstratas, bem como ampliação das possibilidades existenciais com advento das noções de liberdade e responsabilidade, criando-se um espaço vivido e de significados bem como a construção de um tempo vivido e de projetos existenciais com a angústia e culpa decorrentes dos mesmos.

Instauram-se assim:

- **mundo biológico**: ambiental, natural, inclui as necessidades, os impulsos e os instintos básicos, constituindo-se na esfera mais importante na criança. Quanto menor for a sua idade, atenuando-se essa prioridade em função do próprio desenvolvimento cognitivo; representa "*a priori*", a finitude e a limitação do local onde o ser humano, em particular, a criança, é lançada.

- **mundo dos seres**: das inter-relações que se tornam cada vez mais complexas na medida em que a criança cresce. Inicia-se, no primeiro ano de vida, com o período de socialização elementar e a formação da díade mãe-filho, seguida pela socialização familiar (2-3 anos) e da socialização comunal (após os 4 anos). Relações tornam-se cada vez mais complexas, criando sistemas onde a relação de cada indivíduo determina seu significado no grupo (**O mundo existe e eu me adapto a ele, e não o contrário**). Determina-se mais claramente, a partir da aquisição de operações formais de pensamento, com a elaboração do projeto existencial e do significado atribuído às coisas e às pessoas em função dele.
- **mundo próprio**: das relações do indivíduo consigo mesmo, pressupondo a autoconsciência e a autorrelação. Não se constitui somente como experiência interior e subjetiva, mas dá ao real a perspectiva própria.

Essas três instâncias se interrelacionam, representando, aspectos diferentes dá mesma realidade do "ser-no-mundo."

Dessa maneira, considerando esse padrão de desenvolvimento, temos que pensar o que queremos para os nossos adolescentes e para as gerações futuras.

Teoricamente, deveríamos buscar algo similar à "eudaimonia"[7], "[...] algo próximo do sentir-se realizado e pleno, o fim último, o bem maior e supremo, que só poderia ser alcançado pela prática das virtudes". Isso implicaria em ensinamento para que se alcançasse o objetivo proposto, a prática da virtude durante a vida inteira ou, como diria Aristóteles, "[...] a essência da felicidade estaria na atividade virtuosa, sendo todos os demais bens condições necessárias e contributivas para ela".

[7] ARISTÓTELES. *Ética a Nicômaco*. São Paulo: Martin Claret, 2010.

Em última instância ela representaria a realização das potencialidades humanas.

Entretanto, como estamos em plena "pós-modernidade", desejamos "Qualidade de vida" (QV), uma ideia veiculada baseada em conceitos vagos e obscuros cujo conceito não é proveniente nem da Filosofia, nem da Teologia, e nem da Ética, mas sim da Sociologia e da Economia, a partir da ideia de liberdade que coloca o homem de maneira antropocêntrica e o considera capaz de mudar a si mesmo e, em consequência, a própria sociedade[8]. Empregado, pela primeira vez por Lyndon Johnson em seu discurso de posse, a expressão Qualidade de Vida se referia a que "[...] os objetivos não podem ser medidos através do balanço dos bancos. Eles só podem ser medidos, através da qualidade de vida que proporcionam às pessoas".

O Grupo de Qualidade de Vida, da OMS[9] (Organização Mundial de Saúde (WHOQOL Group, 1995)) define-a como "[...] a percepção do indivíduo de sua posição na vida no contexto da cultura e do sistema de valores, nos quais ele vive e em relação aos seus objetivos, expectativas, padrões e preocupações", porém, infelizmente, até o momento, o que se consegue perceber é a dificuldade em avaliar essa condição, pois sob a insígnia de "qualidade de vida" jazem as mais variadas concepções, desde capacidade física até desempenho social, passando por ideias subjetivas de bem estar e inserção satisfatória num contexto cultural[10].

Em suas raízes históricas e filosóficas, é um índice de progresso na consciência social da pessoa, que deve influenciar a esfera da prática médica uma vez que:

> uma pessoa inteligente deve saber viver de modo a preservar sua saúde, e valer-se dos conhecimentos próprios assim que

8 ASSUMPÇÃO, Jr. F. B; KUCZYNSKI, E. *Qualidade de Vida na Infância e na Adolescência*. Porto Alegre: Artmed, 2010

9 WHOOQOL. Group World Health Organization, 1993. *In*: BOWLING, A. Measuring Health: A review of Quality of Life Measurements Scales. *Buckinghan Open Ubniversity Press*, 1997.

10 ASSUMPÇÃO Jr. F. B. *et al.* Escala de Avaliação de Qualidade de Vida (AUQEI): validade e confiabilidade de uma escala para qualidade de vida em crianças de 4 a 12 anos. *Arq Neuropsiquiatr* 58(1):119-127, 2000.

> ela estiver ameaçada. Pois uma coisa é óbvia: existe bem mais precioso do que a saúde? O médico deve saber dizer o que havia antes. Deve perceber o que ocorre no presente. E deve prever o que virá no futuro. É esta a arte que ele deve exercer. (Hipócrates).[11]

No entanto, confundimos termos de modo que consideramos desejável o que goza de boa saúde, física ou mental o que implica, na pós-modernidade, no fato de que para criar filhos vou ter que controlar a forma pela qual nascem ou crescem ou, em termos amplos, significa "como **vou fabricá-los**". Essa ideia nos remete ao termo Eugenia, criado em 1883, por Galton, com o significado de "bem nascido", definindo-o como "o estudo dos agentes sob o controle social que podem melhorar ou empobrecer as qualidades raciais das futuras gerações seja física ou mentalmente". Embora seja um tema controverso após o surgimento da eugenia nazista, a maior utilização de técnicas de melhoramento genético usadas em plantas e animais projeta-se na criação de um novo homem mesmo existindo questionamentos éticos.

Remete-nos também àquilo que é benéfico ou útil levando-nos à ideia de trans e pós-humanismo, designando um estado em que a espécie humana já é capaz de superar as suas limitações intelectuais e físicas, por meio do controle tecnológico de sua própria evolução biológica. Esse pós-humanismo e a tecnologia evoluíram de mãos dadas com um primeiro momento representado pelas extensões do corpo tais como redes sociais, *smartphones*, etc., movimento esse já francamente implementado nas novas gerações; um segundo momento enquanto alterações na aparência do corpo, definindo as técnicas de *body building* e *body modification*, também já aceitas e não mais vistas como transgressões e, finalmente, um terceiro momento caracterizado por implantes ou próteses que corrigem ou ampliam funções orgânicas, momento esse que, embora nos parecendo que entre no território da *science-fiction*, já se encontra muito mais próximo do que a maioria das pessoas quer crer.

[11] ASSUMPÇÃO Jr, F. B; KUCZYNSKI, E. Qualidade de Vida na Infância e na Adolescência. Porto Alegre: Artmed, 2009. p. 22.

Ao considerar que na Pós-Modernidade existe uma necessidade de grande preparação profissional para que um indivíduo, quando adulto, consiga entrar em um mercado de trabalho extremamente competitivo e globalizado (competir para se adaptar), isso traz como consequência um prolongamento da adolescência (até depois do Mestrado? Quando ela termina?) que, por sua vez se desdobra no aumento da dependência dos pais, que têm que ser ativos e produtivos muito mais tempo, na diminuição da autonomia, da independência e da capacidade decisória bem como no aumento do medo do fracasso, do nível de exigências e da ansiedade.

A educação passa, então, a ser realizada a partir da apologia à *performance* individual e da condenação dos laços de solidariedade social e da construção coletiva, podendo observar uma contradição e incoerência entre valores disseminados por meio do discurso midiático e as experiências vividas no cotidiano.

Decorrentes dessa incoerência surgem a depressão, as drogas e a violência, resultantes da frustração de não ter, de não poder prover, de não ser um vencedor uma vez que o jovem na sociedade contemporânea faz uma transição complexa para o mundo adulto, a partir de sua própria família que, enquanto Instituição principal da socialização deveria propiciar o aprendizado de valores, fornecendo as bases da educação, porém os valores pós-modernos (neoliberais) sugerem a importância exagerada da autorrealização e do prazer, numa apologia à performance individual e ao consumo, privilegiando a vida privada, porém com um escancaramento da intimidade, com condenação da política e do espaço público.

No espaço social concreto da sobrevivência e da reprodução social, observamos o afrouxamento de laços familiares (sistema de suporte importante na infância e na adolescência) em função das dificuldades de inserção social de cada membro da família.

A escola (outro sistema de suporte de capital importante nessa fase de vida), desestruturada pela ausência e descaso do Estado, transforma-se daquilo que deveria ser uma agência de socialização responsável pela educação formal, na formação de mão de obra especializada, colocando o jovem ao sabor de um mercado globalizado, grande regulador das relações entre o capital e o trabalho e das escolhas profissionais. Fecham-se apesar do aumento de possibilidades, os horizontes de formação escolar com perspectivas de trabalho terceirizado, flexível e autônomo, porém pouco estável e seguro. Com a queda das profissões anteriormente valorizadas, passa-se ao questionamento da necessidade da educação formal como perspectiva de inserção social.

Na sociedade contemporânea, essa transição é também complexa com o mal-estar constante derivado de ter (embora, na maioria das vezes, sem conseguir) que ser o "*number-one*" com dificuldade na socialização, um imenso desejo de consumo e autonomia que levam ao descaso pela formação e, às vezes, com a própria evasão escolar.

- **Qual o remédio para essa inadaptação?**
- **Quais as respostas a uma sociedade hedonista e narcisista?**
- **Como suprir a terceirização na criação dos filhos?**
- **O que fazer diante da adultização e sexualização das crianças?**
- **Como responder ao aumento, cada vez maior, das expectativas parentais e sociais?**
- **O que fazer diante da falta de projeto existencial, não desenvolvido a partir do início de uma adolescência superprotegida e infantilizada?**

Esse consequente aumento das exigências e do estresse sobre a criança e o adolescente traz, enquanto respostas do próprio grupo, a gravidez juvenil, enquanto necessidade de um projeto existencial, e a violência como resposta diante da frustração, derivado da contraposição entre o desejar e o ter.

Toda essa situação leva a duas possibilidades: o tédio e a depressão com tudo isso ocasionando um grande dilema contemporâneo do adolescente que tem um corpo que não consegue controlar corretamente e que não conhece adequadamente, tem um instrumental cognitivo extremamente sofisticado e eficiente, porém sem real capacidade de utilização por imaturidade e falta de preparo, não lhe permitindo ver suas reais possibilidades e limites, tendo uma interação social sofisticada, entretanto, que lhe exige a demasia.

Todas essas condições acarretam **MEDO** diante de um futuro desconhecido e ameaçador, o que pode mimetizar toda uma sintomatologia específica.

Diante desse medo, depara-se com a morte que invade o presente, trunca o futuro e monumentaliza o passado sendo, portanto, condição básica para a individualidade e a liberdade, embora a sua ocasione ansiedade em relação ao nosso modo geral de ser-no-mundo, passando a vida a ser vista na perspectiva da ocorrência desse evento posto que ela não é escolhida mas lançada sobre nós e, ao percebê-la, não mais nos sentimos "em casa" no "anonimato das massas" sendo obrigados a nos defrontarmos conosco mesmos, destruindo uma identidade social fixa e imutável, uma vez que nos faz ver o significado de nossa existência, impelindo-nos a escolher o que, por si só, já é extremamente assustador para o adolescente.

Suicídio na infância e na adolescência

Assim, transtornos depressivos são aqueles caracterizados pelo aparecimento de tristeza patológica associada à perda (ou aumento) de apetite, insônia ou hipersonia, dificuldades de concentração, perda de prazer, diminuição de libido e retardo psicomotor. Podem ser crônicos com sintomas mais brandos (DISTIMIA) ou agudos com sintomas mais graves (DEPRESSÃO MAIOR)[12].

Essa depressão não pode ser generalizada somente enquanto patologia uma vez que, conforme o momento do pensamento, ela foi considerada de diferentes formas, algumas das quais englobadas hoje pelo conceito de distimia, envolvendo formas crônicas de melancolia (conforme KALBAUM), temperamentos depressivos (para KRAEPELLIN), a psicopatia depressiva de Kurt Schneider, as depressões neuróticas descritas ao DSM II ou as crônicas com mais de dois anos de evolução trazidas pelo DSMIII.

Isso sem deixarmos de considerar as chamadas Depressões Existenciais citadas por Telembach.

Entretanto, independentemente de sua descrição, temos que considerá-la enquanto uma das causas mais importantes dos comportamentos

[12] ASSUMPÇÃO Jr., F. B; KUCZYNSKIM, E. Transtornos do Humor. *In*: ASSUMPÇÃO Jr; KUCZYNSKI, E. *Tratado de Psiquiatria da Infância e da Adolescência*. Rio de Janeiro: Atheneu, 2018.

suicidas na adolescência, comportamentos esses dos quais podemos encontrar aproximadamente 15 conceituações diferentes, destacando múltiplas pesquisas sobre o tema.

Paralelamente, a ansiedade pode ser considerada enquanto uma reação do organismo frente a situações de ameaça, que se caracteriza por vivências desagradáveis, com formas de expressão diversas por meio de sintomas e sinais somáticos ou comportamentos variados, com valor defensivo, dinamizante, organizador e evolutivo, que se aprende e constitui na infância."[13].

Essa ansiedade generalizada revela, existencial e dramaticamente, que os papéis sociais não podem oferecer uma descrição completa e compreensiva da identidade se constituindo em um potencial para o desvelamento individual e distintivo do mundo e nela, o mundo familiar perde seu significado normal com os modos habituais e cotidianos caindo na insignificância, posto que ela nos individualiza e nos tira do mundo "à mão" (das Man), forçando o Dasein para fora do mundo impessoal[14].

O termo "suicídio" (nome que a modernidade dá à morte voluntária), é relativamente recente, tendo sido usado como neologismo em latim, na Inglaterra (1630)[15], entretanto, ele foi primeiramente utilizado (em língua francesa) pelo abade Desfontaines (1734 ou 37) para significar "o assassinato ou morte de si mesmo"[16] com o significado etimológico de *Sui* (si mesmo) e *Caedes* (ação de matar). É comum ainda observar o uso do termo "autocídio" como sinônimo de suicídio, já tendo esse termo passado a constar do léxico[17] (Holanda Ferreira, 1986).

13 SACRISTÁN, JR. *Psiquiatria Infantil.* Sevilla: Universidad de Sevilla, 1995.

14 REYNOLDS, J. *Existencialismo.* Rio de Janeiro: Vozes, 2014.

15 *WERLANG* BSG; BOTEGA, N. J; LÉPINE, J. P; BRILEY, M. The increasing burden of *depression. Neuropsychiatr,* 157(12):1925-32, 2000.

16 LOUZÃ NETO, M. R.; MOTTA, T.; WANG, Y. P.; ELKIS, H. Psiquiatria Básica. Porto Alegre: Artes Médicas, 1995.

17 HOLANDA, Ferreira, A. B. Novo Dicionário Aurélio da Língua Portuguesa. São Paulo: Nova Fronteira, 1986.

Em jovens e crianças prussianas, Casper teria sido o primeiro a descrever suicídios entre 1788 e 1797[18], porém, o fenômeno, em si, é universal, não fazendo distinção de raça ou estrato social, encontrando inclusive epidemias pontuais de comportamentos suicidas em crianças e adolescentes, epidemias essas que estimularam o estudo aprofundado das características do comportamento suicida na juventude, no intuito de desenvolverem abordagens preventivas que reduzissem a sua morbidade e a mortalidade. Exemplo famoso disso foi a publicação do livro *Os sofrimentos do jovem Werther* (século XVIII), ao qual se atribuiu a epidemia considerada ligada à identificação com o protagonista e sua imitação (rompimento amoroso) sendo, por isso, o livro banido da Europa[19] .

Entretanto, cabe-nos pensar que a ocorrência de suicídio (ou tentativa) sem a associação com algum transtorno mental é rara, embora possa[20] e, na infância e na adolescência, é ainda mais raro, considerando-se todos os países e grupos culturais antes dos 15 anos de idade, com aumento de sua incidência ao final da adolescência e no início da terceira década[21]. Mesmo assim, nos EUA, o suicídio é a terceira causa de morte de adolescentes e jovens adultos, dado que tem se confirmado em vários países europeus, asiáticos e da América Latina com os grupos que cometem ou tentam (sem êxito) o suicídio, apresentando algumas características em comum tais como histórico de tentativas anteriores, o que os coloca em um grupo de maior risco para suicídio bem sucedido em

[18] FRIEDERICH, S. Tentativas de suicídio na infância. *In*: ASSUMPÇÃO Jr., F. B. *Psiquiatria da Infância e da Adolescência*. São Paulo: Santos-Maltese, 1994.

[19] PFEFFER, C. R. Suicidal brhavior in children and adolescents. Causes and management. *In*: LEWIS, M. *Child and adolescent Psychiatry*: a comprehensive textbook. Baltimore: Williams & Williams, 1996. p. 666-673.

[20] SHAFFER, D; PIACENTINI, J. Suicide and attempted suicide. *In*: RUTTER, M; TAYLO, E; HERSOV, I. *Child and adolescent Psychiatry*: Modern Approaches. Oxford: Blackwell Scientific Publications, 1994. p. 407-424.

[21] SHAFFER, D; FISHER, P. The epidemiology of suicide in children and Young adolescents. *J Am Acad Psychiatry,* 20:545-565, 1981.

ocasião *a posteriori*[22]. Mello-Santos[23] coloca que em nove capitais brasileiras, o suicídio ocupa o sexto lugar entre as mortes por causas externas (15-24 anos), que entre 1996 e 2000, de todos os suicídios registrados em São Paulo, 66% dos indivíduos tinham entre 5 e 44 anos e que, apesar das taxas de suicídio entre jovens serem ainda relativamente baixas no Brasil (em comparação a outras faixas etárias), entre 15 e 24 anos foi observado um significativo aumento no número de suicídios. Mesmo assim, conforme estudo epidemiológico de suicídios no Brasil, entre 1980 e 2000, é praticamente nulo o conhecimento sobre as taxas de tentativas de suicídio ocorridas no Brasil, o que de fato ocorre em muitos outros países[24].

Assim, no período entre 2000 e 2008 foram registrados 43 casos de suicídio de crianças menores de 10 anos (0,1% do total de mortes) e de 6.574 adolescentes, entre 10 e 19 anos, uma média de 730 mortes por suicídio/ano, sendo que, entre as crianças, 80% dos meninos recorreram ao enforcamento e, entre as meninas, notou-se a preferência por métodos como intoxicação medicamentosa, objetos cortantes e afogamento[25], o que caracteriza, inclusive, papel sexual.

Ressalta-se, entretanto, que nossos dados brasileiros sobre suicídio apresentam altas taxas de **subnotificação**, decorrentes de diversos fatores, que vão desde o pedido da família para que a *causa mortis* seja adulterada na certidão de óbito até a existência de cemitérios clandestinos[26]. Da

22 SHAFFER, D; FISHER, P. The epidemiology of suicide in children and Young adolescents. *J Am Acad Psychiatry*, 20:545-565, 1981.

23 MELLO-SANTOS, C; BERTOLLOTTE, J. M.; WANG, Y. P. Epidemiology of suicide in Brazil (1980-2000): Characterization of age and gender rates of suicide. *Ver Bras Psiquiat*, 27(2):131-134, 2005.

24 MELLO-SANTOS, C; BERTOLLOTTE, J. M.; WANG, Y. P. Epidemiology of suicide in Brazil (1980-2000): Characterization of age and gender rates of suicide. *Ver Bras Psiquiat*, 27(2):131-134, 2005.

25 SOUZA, F. Suicídio. Dimensão do problema e o que fazer. *Debates Psiquiatria Hoje*, 2(5):6-8, 2010.

26 LOVISI, G. M *et al.* Análise epidemiológica do suicidio no Brasil entre 1980 e 2006. *Ver Bras Psiquiat* 31 (supl II): S86-S93, 2009.

mesma forma, a constatação de taxas variáveis de incidência de tentativas de suicídio pode refletir a menor procura por atendimento, assim como a provável ausência de um diagnóstico adequado[27]. Mesmo assim, estima-se que na maioria dos países europeus o número de tentativas seja de 10 a 40 vezes maior em relação às mortes por suicídio, o que torna o comportamento suicida o quadro de emergência psiquiátrica mais comum entre adolescentes, sendo que das crianças e adolescentes que recorrem aos serviços de pronto atendimento por motivos psiquiátricos, mais de 75% está acima de 13 anos (predomina o sexo feminino) e 50% envolvem tentativas de suicídio ou alterações do comportamento[28].

A evolução do suicídio

Conforme já esclarecemos, considera-se suicídio o ato intencional que se propõe a cessar as funções vitais de quem o pratica, levando à morte voluntária após um certo grau de reflexão.

Historicamente, entretanto, é um fenômeno bastante estigmatizado, uma vez que a influência do pensamento cristão faz com que se considere o atentar contra a própria vida uma ofensa a Deus. Exatamente por isso vários são os fatores que levam ao ocultamento da tentativa de suicídio, o que, conforme dissemos, contribui de maneira importante para a dificuldade na coleta de dados referentes ao fenômeno.

Temos, então, que, muitas vezes, a família esconde o fato, o paciente não fala de sua intenção suicida por repressão sofrida anteriormente, o clínico não dá importância ao tema por desconhecimento ou negação.

Consequentemente, temos um aumento dos fatores de risco para tentativas ulteriores, fatores esses que podem ser considerados por meio de tentativa de suicídio anterior, perda recente de figuras significativas,

[27] MCINTIRE, M. S; ANGLE, C. R; STRUEMPLER, L. J. The concepto of death in Midwestern children and youth. *Am J Distr Child*, 126: 42-46, 1972.

[28] SCHIMIT, R; TRAMONTINA, S. Emergências psiquiátricas em crianças e adolescentes. *In*: QUEVEDO, J; SCHIMIT, R.; KAPCZINSKI, E. *Emergências psiquiátricas*. Porto Alegre: Artmed, 2008. p. 265-278.

baixo limite de resistência à frustração, morte de pessoas próximas, preocupação exagerada com a morte, tentativa de suicídio em pessoas próximas, acidentes frequentes. É importante que se questione o porquê da raridade dessas informações, bem como a frequente subnotificação, às vezes acompanhada até mesmo de atitudes de tipo coercitivas da parte de parentes e familiares, atitudes essas que podem ainda refletir outros fenômenos como abuso (psicológico/físico/sexual) e utilização e abuso de drogas na infância/adolescência.

Conforme tangenciamos, os fatores culturais desempenham também um papel importante dadas as características descritas, porém cabe se lembrar ainda o estresse aculturativo, aumentado pelas migrações constantes, as dificuldades de assimilação pela e da cultura dominante, relativamente a esses grupos, o estresse socioeconômico, com violência doméstica e da comunidade, desintegração familiar, abuso e negligência da criança e, finalmente, a marginalização da cultura migrante.

Assim, embora o desejo de morte possa variar, ele sofre sempre a influência de pressões e estressores ambientais, o que aponta para a necessidade de atenção à existência de possíveis fatores de risco cognitivos em uma primeira tentativa ou na recorrência do comportamento suicida.

Por todas as questões até aqui tratadas, cabe considerarmos sempre a desesperança, a carência cada vez maior de alternativas para problemáticas decorrentes do próprio crescimento, bem como na flexibilidade para enfrentar situações, estilo pessoal disfuncional, com internalização de eventos negativos, considerando-o estável e global (associado a quadros depressivos de longa evolução) e impulsivo, que joga um papel importante e nem sempre considerado[29].

Mesmo não sendo um comportamento suicida explícito, o envolvimento em condutas de risco pode definir atitudes parassuicídas aliadas ao descaso e à desvalorização da vida, quer pela concomitância de transtornos do humor (principalmente a depressão e a distimia), não necessariamente diagnosticados, quer pela existência de estressores

[29] SHAFFER, D; PIACENTINI, J. Suicide and attempted suicide. *In*: RUTTER, M; TAYLO, E; HERSOV, I. Child and adolescent Psychiatry: Modern Approaches. Oxford: *Blackwell Scientific Publications*; 1994. p. 407-424.

ambientais associados a uma ausência (objetiva ou subjetiva) de perspectivas de futuro[30].

Raramente, o jovem suicida busca auxílio ao tentar se suicidar sendo, habitualmente, trazido por outro com quem se vincula, podendo apresentar-se, caso tenha se arrependido, com medo ou confuso pelas consequências da tentativa, o que dificulta sobremaneira informações fidedignas[31].

Exatamente por isso, durante a anamnese, torna-se importante perceber o estágio de desenvolvimento do paciente relativo ao conceito de morte, (gravidade, motivação e grau de consciência da intenção suicida, crenças sobre letalidade dos meios utilizados, intensidade e persistência da ideação suicida, bem como as medidas que o paciente utilizou para a preparação, para assegurar que esta fosse evitada e que um possível resgate fosse efetuado, antes da atual tentativa) com a letalidade da situação, podendo, ou não, corresponder à seriedade das intenções do paciente[32]. Deve-se assim, evitar censuras ou julgamentos precipitados, instituindo-se uma abordagem continente e de cuidado[33], o que proporciona maior probabilidade de evolução satisfatória, tanto quanto à busca de um tratamento psiquiátrico posterior, quanto a uma maior taxa de adesão e menor incidência de tentativas posteriores de suicídio. Manter atitude tranquila e empática facilita a coleta de dados, não se esquecendo, entretanto, das condições de segurança da sala em que o paciente é atendido mantido sob observação, não dispensando a contenção física e/ou química no intuito de garantia da segurança do paciente.

Dessa forma, todas as informações obtidas são valiosas e a atenção deve ser maior ao observar sinais de instabilidade autonômica

[30] SOUZA, F. Suicídio. Dimensão do problema e o que fazer. *Debates Psiquiatria Hoje*, 2(5):6-8, 2010.

[31] PRESS, BR; KHAN, AS. Management of the suicidal child or adolescent in emergency department. *Curr Opinion Pediatr* 9(3): 237-241, 1997.

[32] APTER, A; KING, RA. Management of depressed, suicidal child or adolescent. *Child Adolesc Psychiatry Clin North Amer,* 15(4): 999-1013, 2006.

[33] ROTHERHAN-Borus *et al*. Enhancing treatment adherence with a specialized emergency room program for adolescent suicide attempts. *J Am Acad Child Adolesc Psychiatry*, 35:655-663, 1996.

ou descompensação clínica. Elas podem ser obtidas desde a partir de relato espontâneo, por meio de perguntas claras, emitidas de maneira tranquila; de escalas estruturadas para avaliação da ideação suicida, mas sempre não encerrando a entrevista sem que obtenham dados conclusivos a respeito da sanidade mental (e diagnósticos ou tratamentos prévios); tentativas anteriores; letalidade da tentativa (atual e/ou prévias); planejamento (suicida) e planos (acadêmico, profissional, etc.); comportamentos de risco; uso de álcool e/ou substâncias psicoativas; conflitos (pessoais e familiares); traumas (psicológicos, físicos, sexuais, etc.); impulsividade; recursos na comunidade; exposição (a eventos semelhantes, no âmbito familiar ou na mídia).

Uma dificuldade no estabelecimento das condutas de risco são as ditas condutas "parassuicídas", caracterizadas por serem "...ato deliberado que mimetiza o suicídio, mas não resulta em desenlace fatal, independentemente da gravidade médica ou intencionalidade psicológica"[34].

Incluem-se aí comportamentos auto/heteroagressivos e quadros de agitação que podem ser manifestações de praticamente todos os diagnósticos psiquiátricos, tais como transtornos de conduta e opositivo-desafiador, transtorno de déficit de atenção e hiperatividade, autismo, retardo mental, psicoses, transtornos de humor (TH), abuso ou intoxicação por drogas e transtornos conversivos/dissociativos.

Faz-se imperioso, então, que determine o diagnóstico, por meio dos sintomas associados e da história prévia da criança/adolescente, os quais devem ser avaliados após o controle das alterações de comportamento, que verifique se tratar de uma alteração aguda de comportamento manifesta por auto ou heteroagressividade e que pode ser resultado de reagudização de transtorno preexistente ou a primeira crise que determina o início de um quadro psiquiátrico, verificação do que diz respeito à intencionalidade (ou não) suicidária, distinguindo-se:

A – Deliberate self-harm: não diferencia se o comportamento é ou não uma tentativa de suicídio e inclui os métodos de autolesão (por

[34] KREITMAN, N. Parassuicide apud FREDERICH, S. Tentativas de suicídio na infância. *In*: ASSUMPÇÃO Jr, F. B. *Psiquiatria da Infância e da Adolescência*. São Paulo: Santos-Maltese, 1994. p. 469-476.

exemplo: sobredosagens ou cortes na superfície corporal), evitando a questão da intencionalidade (ou falta desta).

Non suicidal self-injury: destruição do tecido corporal do próprio na ausência de intencionalidade de morrer, incluindo cortes (*self-cutting*) e comportamentos associados (por exemplo: queimaduras, arranhões, etc.).

Comportamentos autolesivos: sem intencionalidade suicida, envolvendo atos autolesivos intencionais (cortar-se ou saltar de um local relativamente elevado, ingerir fármacos em doses superiores às posologias terapêuticas reconhecidas, ingerir droga ilícita ou substância psicoativa com propósito autoagressivo, ingerir substância ou objeto não ingeríveis).

B – Atos suicidas: tentativas de suicídio e suicídio consumado.

Tentativa de suicídio: ato realizado por um indivíduo e que visa à sua morte, mas que, por razões diversas, geralmente alheias a ele, resulta frustrado, fato esse que difere substancialmente do *suicídio consumado que resulta na* morte provocada por um ato levado a cabo pelo indivíduo com intenção de pôr fim à própria vida, incluindo a intencionalidade de natureza psicopatológica.

Ambos parecem, habitualmente, estar relacionados com a utilização de estratégias não adaptativas, assim como a um temperamento, possível marcador hereditário/biológico, que tem sido também associado, sendo o irritável um maior fator de risco para suicídio e os ciclotímico, ansioso e depressivo associados ao sentimento de desesperança.

Paralelamente, o fenômeno também parece ser secundário a frustração com intolerância e estados de cólera acompanhados de agitação, heteroagressividade, automutilações da mesma forma que parecem acometer crianças que evitam qualquer situação agressiva, independentemente do medo de punição ou castigo, sendo assim submissos, não protestando e se mostrando incapazes de se defender, objetos de exclusão, risos e roubos, constituindo-se nas eternas vítimas observadas em organizações limites e desarmônicas.

Dessa forma, abordar-se o fenômeno suicídio implica em uma decisão ética que implica em eleger uma atitude de acordo com valores e meios que foram adquiridos no transcurso da vida, sendo a questão da vivência, seja aquela passada, responsável pela construção de nossos valores, seja pela vida que se escolhe viver, indissociável dessa abordagem ética.

Assim, à indagação moral corresponde à pergunta: "como devo agir?". E a reflexão **ética cabe** responder à outra: "que vida eu quero viver?"[35]. A decisão ética se realiza livremente. A obrigação moral é um conceito primário com a aplicação dos valores bons em si mesmos, com o sacrifício do individual em prol do coletivo, para que se obtenha um bem maior compreensível, partindo-se da visão kantiana de que todos têm os mesmos direitos[36] e da ideia do homem ético kierkegaardiano, estabelecendo-se uma ontologia moral, ou seja, uma teoria do bem com conexão entre esse e a identidade[37].

Pensar o fenômeno, portanto, demanda uma vertente científica e uma vertente humana, dentro do aforisma de que a Medicina é "ciência e arte de curar" e, consequentemente, práticas científicas devem sempre ser éticas e, em consequência, a verdade e a honestidade passam a ser qualidades essenciais (e não acessórias) em seu exercício.

Considerando as perspectivas distópicas com predomínio do individualismo e da busca da ascensão social, ultrapassando a dimensão afetiva e as trocas de intimidade, e com a vigilância constante e a perda da privacidade, ocasionando a solidão associada à falta de redes de suporte e à exigência de flexibilidade para a vida conforme as expectativas, a ideia do suicídio entre jovens e adolescentes torna-se um fenômeno fácil de ser compreendido e analisado.

Em contraposição, pensando nas perspectivas utópicas com a valorização das relações afetivas, a maximização dos papéis, a busca do companheirismo e da intimidade, exigindo tudo da família, amor-paixão, educação, promoção dos filhos, manutenção de rede de afeição exclusiva e prolongada com um prolongamento da adolescência e dependência das figuras parentais torna-se facilmente visualizável o

[35] LA TAILLE, Y. *Moral e ética*: dimensões intelectuais e afetivas. Porto Alegre: Artmed, 2006.

[36] FURNHAM, A; OFSTEIN, A. Ethical ideology and allocation of scarce medical resources. *British Journal of Mental Psychology*, 70:51-63, 1997.

[37] CREMASCHI, S. Tendências neoaristotélicas na ética atual. *In*: OLIVEIRA, M. A. *Correntes Fundamentais da Ética Contemporânea*. Petrópolis: Vozes, 2000.

porquê da alta incidência em nossos dias, uma vez que o apresentado vulgarmente não coincide com o vivido no cotidiano, restando a frustração e o vazio.

Dessa forma, fala-se na Utopia que o adolescente deve "Ser", "Ter", "Precisar", ao passo que no mundo real, distópico, estes indivíduos sofrem com a falta de suporte familiar e social, de orientação para o estudo e o trabalho, num adestramento moral que os impede de exercer o principal ato a que sua imagem é frequentemente associada: **"formar-se enquanto ser humano dentro de um projeto existencial significativo"**.

Assim sendo, pensar o suicídio implica pensar a vida e, pensar o suicídio na criança e no adolescente, significa pensar uma vida em aberto, enquanto possibilidades e projetos. Tudo isso cada vez mais difícil de ser estabelecido na pós-modernidade na qual vivemos.

CAPÍTULO 16

A vida vivida nas ruas

Sueli Guerreiro

O que tento lhe traduzir é
mais misterioso, se enreda
nas raízes mesmas do ser, na
fonte impalpável das
sensações.
CÉZANNE J. GASQUET

Introdução

Em uma manhã de outono, ainda sob a nevoa se dissipando, no fim de uma madrugada, mas já amanhecendo nas cercanias da avenida Paulista[1], as pessoas em situação de rua começam a se movimentar. O frio da madrugada aquecido aos poucos pelos primeiros e tímidos raios de sol.

A categorização já preestabelecida

Algumas, que dormem sempre mais cedo, já estão acordadas. O movimento para algumas delas, as que acordam cedo, é de entrar na fila para aguardar um banho, que é de forma solidária, oferecido por uma das igrejas locais. A fila vai aumentando quando já vai se aproximando das cinco horas da manhã, que é quando os banhos começam. Outras ainda, sonadas, aguardam um pão doado por ongs, instituições

1 Avenida conhecida como um ponto turístico em São Paulo, Brasil.

ou pessoas que por ali passam. Outras já começam a organizar seus espaços nas calçadas varrendo-as, lavando as roupas e, algumas vezes, em uma caixa de isopor que encontraram em algum lixo. O comércio ainda demora algumas horas para abrir, mas já começam a aparecer pessoas que trabalham nesta avenida.

As horas passam e o sol já invade a avenida, e entre xingamentos e os barulhos dos carros, outros despertam e logo pegam seu papelão, que foi sua cama, e uma sacola com algumas roupas e se levantam e começam a caminhar pela a avenida.

A fome começa a aumentar e começam a pedir para os que passam, algo para que possam comer. O dia começa e se mistura com os que vêm a avenida para vender balas e "manguear"[2].

O dia segue e alguns começam a trabalhar como catadores de papelão e de qualquer material que possam vender na reciclagem. A grande maioria deles não tem nada para além da sacola e o papelão mesmo. Alguns têm o carrinho da reciclagem[3], outros são cedidos pela prefeitura da cidade. Durante o dia, eles se misturam com os moradores da periferia que vêm para a avenida pedir dinheiro e alimento.

Os bancos de praças lhes servem para várias de suas atividades. Um dia de domingo passei por uma e estavam usando os bancos da praça como apoio para sentar e poder cuidar de cortar os cabelos e unhas. Todos os cuidados precisam ser feitos sob olhares curiosos de pessoas que passam. Também precisam lavar suas roupas as grades que envolvem a praça muitas vezes lhes servem de varal para pendurar as roupas. Em uma praça central da cidade tomam banho no chafariz.

A grande maioria deles são categorizados e nomeados por agentes sociais ou mesmo uns pelos outros na mesma situação. Uns são o que alguns agentes sociais nomeiam de os "TM" (Transtorno Mental), outros como os egressos, egressos do sistema prisional, que se perderam dentro do processo desmantelado de ressocialização dos projetos sociais, outros que ficaram desempregados pela crise econômica que assola o país, outros que são nomeados de os drogados, outros

[2] Pedir alimento.

[3] Um projeto de gestão anterior.

que perderam suas famílias por motivos de chacinas e por terem sido vítimas de violências, outros que de uma só vez apresentam todos os critérios descritos e outros que estão nas ruas por motivos ainda mais perversos. Cada um com a sua história de vida e que vivem nas calçadas da avenida paulista e nas suas cercanias.

A condição humana e o desejo

Em trabalho anterior (Guerreiro, 2019), cito um paciente, o senhor Omar[4], que vivia em situação de rua há vinte e tantos anos. Recentemente, nos últimos dois anos, sobreviveu a uma pandemia[5]. Recentemente, surgiu um dado novo sobre a sua história, pois um professor de uma escola localizada na avenida contou algo sobre a história dele. Ele contou que a calçada que o senhor Omar viveu, nas últimas décadas, exatamente em frente ao prédio onde vivera com a família anos antes de morrerem, todos, em acidente de carro. O senhor Omar começou a ficar mais tempo em um quarteirão próximo dali já há alguns meses. O motivo da mudança foi porque o café que funcionava, há vinte quatro anos, na esquina onde viveu nos últimos

[4] O Sr. Omar andava carregando nas costas duas madeiras em forma de cruz e um saco onde guardava seu cobertor. Está há mais de vinte anos nas cercanias da Avenida Paulista. Certamente, por ele passaram muitos profissionais. Ele viveu sob várias gestões políticas econômicas municipais, estaduais e federais. A sua vida foi deteriorando-se gradativamente. Um homem que aparenta ter cinquenta anos, pele clara, anda descalço, seus pés têm sinais de estar descalço por um longo período. Seus cabelos viraram placas de sujeira. Uma imagem difícil de se olhar. A degradação estava evidente na sua aparência. Os seus gestos e comportamentos demonstravam que ainda tinha desejo, tomava decisões quando não concordava com algo. Falava pouco, mas somente com pessoas que conhecia. Sua família morreu há cinco anos, num acidente de carro (segundo relatos de uma cuidadora). Além de andar descalço, usava roupas que não trocava há meses, pois não aceitava qualquer doação de roupas. Tem um de seus dedos enrolado em um arame, de forma que a circulação do sangue fica quase que totalmente interrompida. Ao ter sido levado por uma ambulância ao hospital, assim que soube que precisaria amputar esse dedo, fugiu. (p. 76).

[5] Do covid-19.

vinte e sete anos, fechou-se há um ano. Eu sempre o encontro entre estes dois lugares.

Comecei a atendê-lo há alguns anos. Nos primeiros três anos, ele sempre esteve acima do peso, nos últimos dois emagreceu. Um de seus dedos da mão, que sempre foi muito inchado por estar com um arame amarrado impedindo parte da circulação sanguínea, desinchou também. A história desta afecção no dedo já era antiga. Um médico orientou-o a fazer uma cirurgia de amputação, pois não tinha mais cura e tudo foi preparado, mas no dia marcado para que se efetivasse a intervenção cirúrgica ele fugiu do hospital. Quando o encontrei, há cinco anos, ele apresentava sintomas psicóticos. Anos antes de começar seu atendimento, ele foi diagnosticado com sintomas psicóticos por um médico psiquiatra e levado de forma compulsória a um hospital psiquiátrico, do qual fugiu poucos dias depois. Ele foi perdendo a sua condição humana ao longo dos anos, mas seu desejo ainda permaneceu, identificado em suas recusas às intervenções prescritas pelos agentes de saúde.

O diagnóstico nosológico e o imaginário

Atendo o Sr. Omar há alguns anos e sempre o observo nos mais diversos horários. De manhã, sempre está próximo a algum restaurante que serve café, aguardando alguém lhe doar algo para comer, e assim que sente fome, aproxima-se de algum dos restaurantes a sua volta. Apresenta um único vício que é o de fumar tabaco em forma de cigarro. Sempre alguém lhe doa os cigarros. Quando recebe alguma doação ele agradece e muito rapidamente se afasta, evitando qualquer tentativa de conversa. Tudo o que se sabe dele é sempre porque alguém próximo ouviu falar algo, como o porteiro do prédio ou a gerente do café ou os outros em situação de rua também. Uma assistente social, que trabalha em uma Unidade Básica de Saúde UBS próxima, disse que ele não fala com ela. Expliquei a ela que ele tem falado sobre o que deseja comer somente e que ele só aceitava falar com quem se aproximava acompanhado pela gerente de um café próximo. Essa gerente o acompanhou durante vinte e dois anos naquela esquina. Em alguns momentos do dia ele age de forma muito ingênua, como se fosse uma criança, solitário, pois não se comunica com ninguém, lançando mão de uma de suas madeiras, daquelas que sempre carrega consigo. A cada dia elas se apresentam com um significado diferente para ele: ele se deita no chão e a utiliza para arremessar uma bola de papel na parede e rola no chão, vibrando de forma muito meiga. Um homem que aparenta cinquenta anos, de compleição mediana, um pouco obeso, rolando no chão como uma criança. Em outro momento do dia, às vezes ao final da tarde, ele começa a andar em círculo em lugar na calçada e ali fica por alguns minutos falando sozinho. Seus pés sempre estão descalços, cabelos e roupas apresentam camadas de sujeira que parecem acumuladas durante meses.

Em diferentes momentos do dia, das semanas, dos meses apresenta comportamentos diferentes. Um dia fala sozinho por minutos, em outro conversava com garçons e garçonetes dos restaurantes e lanchonetes locais, apenas para pedir alimento. Mas sempre fica em silêncio, na maior parte do dia, em uma avenida tão movimentada como a avenida Paulista. Ele consegue se comunicar e sobreviver nas ruas apresentando muitas variações de comportamento, demonstrando ter capacidade de decidir e apresentar desejos. Dificilmente, nestes diferentes momentos do seu dia pode ser diagnosticado, senão, de forma provisória. Guerreiro referindo-se a Sartre pontua:

> Sartre (1996) nos ensina, quando discorre sobre a alucinação, que os pacientes sabem que objetos dos quais se cercam são irreais; e que o mesmo vale para aqueles que fazem aparecer. Há uma passagem do saber intencional a uma consciência imaginante. E que "(...) o doente não é surpreendido por sua alucinação, ele não a contempla: irá realizá-la" (Sartre, 1996, p. 204 apud Guerreiro, 2019, p. 78).

O ser situado

Estarmos com pessoas em situação de rua somente poderia ser a partir de um olhar sócio-cultural-econômico-político-ideológico-histórico, pois, apenas correlacionando esses problemas poderemos vislumbrar um lugar de atuação. E uma pessoa em situação de rua em uma grande metrópole apresenta característica específicas ligadas ao seu contexto, que na maioria das situações são diferentes daquelas de um pequeno vilarejo ou de qualquer outro lugar ou tempo.

Não muito distante da Avenida paulista, ainda no estado de São Paulo, a 150 km (cento e cinquenta quilômetros), em Redenção da Serra[6], uma cidade que contava com 3851 habitantes no último censo, em 2010. Nesta cidade existiam três pessoas em situação de rua. Acompanhei a história de um deles a partir de relatos do meu pai que era um pastor local. Ele disse que sempre o aconselhava, levava alimento e oferecia abrigo na igreja em que era pastor. Por meio, soube que foi morar com uma mulher em bairro próximo da cidade.

Mas uma outra senhora, a Clara[7], que vivia em situação de rua, eu tive a oportunidade de conhecer um pouco mais. Ela ficava perambulando pelas ruas há muitos anos.

Um certo dia, nesta mesma cidade, em um dia do mês de novembro, sai para ir ao supermercado a pedido de minha mãe, era já final da manhã. Ao me aproximar do pequeno supermercado, lá estava ela pedindo para que alguém comprasse um litro de bebida alcoólica. Ela oferecia seu próprio dinheiro e pedia que alguém entrasse e comprasse para ela, pois estava proibida de entrar no estabelecimento. Ao passar por ela já havia conseguido alguém que se prontificou a ajudá-la. Na volta, vi que ela estava chorando muito e me apresentei. Perguntei o que estava acontecendo. Ela contou uma história longa e com episódios de violências, traições, abusos e extrema pobreza. Contou sobre sua relação com alguns familiares, que foi casada e sobre as suas internações. O tempo foi passando e já se aproximava do meio-dia. A convidei para almoçar comigo e ela aceitou. Ela estava muito debilitada, pois se

[6] Redenção tem esse nome por ter sido o primeiro município paulista a libertar seus escravos, em 10 de fevereiro de 1888. A sua trajetória começa no início do século XIX, quando o Governador da Província envia Francisco Ferraz Araújo e a sua mulher, Francisca Galvão de França, acompanhados por um grande número de escravos, para desbravarem o Sertão das Samambaias. Isso foi feito pelo casal de sertanistas que, ao encontrarem o Rio Paraitinga, fixaram residência. (Disponível em: https://www.redencaodaserra.sp.gov.br/cidade. Acesso em: 2 maio 2023.)

[7] Nome fictício.

encontrava sem se alimentar por muitas horas. Ela disse que precisava tomar uma dose de bebida alcoólica apenas para tirar o mal-estar. A mulher apresentava também uma dificuldade para andar, pois tinha problemas de má circulação nas pernas. Contudo, ela comentou que gostaria de continuar conversando comigo. E assim começamos a caminhar na direção de um restaurante. A cidade era muito pequena e logo os comerciantes locais e moradores passaram a demonstrar certa inquietação, pois, conforme caminhávamos e parávamos para ela descansar um pouco, os olhares curiosos não nos passavam desapercebidos. Ela foi me contando ao longo do caminho o quanto sofreu abusos sexuais e violências por moradores da cidade, não nomeou, mas identificou que se tratavam de pessoas muito respeitadas na cidade. No caminho para o restaurante, ele me pediu para acompanhá-la em uma visita em uma escola, a fim de que a ajudasse a solicitar um diploma escolar. Concordei em ajudá-la.

Ao saímos do colégio, passamos no restaurante. O restaurante era bem simples e servia comida caseira. Os donos do restaurante vieram conversar conosco e a chamaram pelo nome e me contaram sobre as suas preocupações com ela e o quanto já haviam a aconselhado a sair das ruas. Eles contaram que ela tinha uma irmã na cidade e que trabalhava perto dali. Ela me olhou e disse que não queria ter contato com esta irmã. Ela falou que não estava conseguindo comer toda a comida, pois se sentia desconfortável com os olhares de alguns homens que estavam sentados próximos a um balcão bebendo. Pediu para embrulhar a comida, pois comeria o restante depois, além de ajuda para caminhar, pois caminhava com dificuldade. Saímos do restaurante. Alguns metros dali tinha uma praça e ela começou a questionar aquela praça, pois disse que haviam sido feitos muitos "trabalhos de mandingas" nesta praça. Na verdade, ocorriam muitos rituais naquela praça mesmo, segundo relatos de moradores. A pedido dela caminhamos para a praça central da cidade sob os olhares curiosos. E ela continuou contando-me a sua história. Em um dado momento, a senhora me disse o quanto era devota a uma santa, à Nossa Senhora de Aparecida. Perguntei se conhecia uma música que era muito bonita e de um artista muito famoso, Renato Teixeira, e por coincidência ele era de Taubaté, uma cidade que ficava a uns quarenta quilômetros dali. O nome da música era Romaria. Eis a letra:

Romaria
De Renato Teixeira e Almir Sater

É de sonho e de pó
O destino de um só
Feito eu perdido em pensamentos
Sobre o meu cavalo
É de laço e de nó
De gibeira o jiló
Dessa vida cumprida a sol
Sou caipira, pira, pora
Nossa Senhora de Aparecida
Ilumina a mina escura
E funda o trem da minha vida

O meu pai foi peão, minha mãe solidão
Meus irmãos perderam-se na vida
A custa de aventuras
Descasei, joguei, investi, desisti
Se há sorte eu não sei, nunca vi
Me disseram, porém, que eu viesse aqui
Pra pedir de romaria e prece
Paz nos desaventos
Como eu não sei rezar, só queria mostrar
Meu olhar, meu olhar, meu olhar.

Ela disse que era uma música que sempre gostou e uma de suas preferidas. O torpor causado pelo álcool já havia diminuído, o que contribuiu para que cantasse com mais afinação. Cantou repetidas vezes. Ela se emocionou muito e com um semblante já mais sereno agradeceu-me por ouvi-la. Ela disse que iria voltar para a casa da mãe sozinha desta vez. A mãe morava na cidade de Natividade da Serra, poucos quilômetros dali. Disse que havia uma condução, um transporte coletivo, que sairia em alguns minutos, e partiu. Semanas depois, eu soube que ele tinha voltado à cidade e alguns comerciantes locais se reuniram e a levaram de volta para a casa da mãe. Clara vivia há mais de 20 anos nas ruas.

O terceiro que vive ali em situação de rua era irmão de um fazendeiro local nesta mesma cidade. Ele era alcoolista, tinha 61 (sessenta e um) anos e vivia perambulando pelas ruas, e dormindo na maioria dos dias nas ruas. Um certo dia, ele foi a uma reunião em uma igreja local onde eu estava visitando e sentou-se nos fundos do salão. Logo que ele chegou visivelmente alcoolizado, começou a falar em voz alta, atrapalhando assim a liturgia. Estava de pés descalços e com uma camisa branca bem fina, mas fazia muito frio. Ofereci minha blusa de frio, pois tinha outra que já me aquecia o suficiente, e ele aceitou. Enrolei seus pés com um pano e lhe ofereci água, e ele foi tomando vários copos de água. O torpor do álcool foi diminuindo e um dos participantes da reunião se ofereceu para levá-lo para a casa do irmão, e ele aceitou. Disseram-me que ele sempre ia à reunião desta igreja e chegava alcoolizado, falando muito alto. Alguns meses depois, eu recebi uma mensagem em meu celular que dizia que ele voltou lá inúmeras vezes, não alcoolizado, e com a blusa que eu lhe dei e ficava em silêncio participando da reunião.

Esses três exemplos de pessoas demonstram o quanto a subjetividade deles estava interligada ao local onde viviam, diferentemente daqueles em situação de rua da grande metrópole, a capital paulistana, a cidade de São Paulo, mesmo estando submetidos, da mesma forma, a uma desestruturação social mais ampla.

As filigranas

Ao trazer uma forma de construção de conhecimento sobre o humano, demonstrando por meio da visão de um artista diante de sua obra, e essa visão sendo extremamente apurada e sensível, também libertando-se de coerções teóricas e fazendo uma crítica contumaz à ciência moderna, Merleau-Ponty nos alerta:

> Jamais como hoje a ciência foi sensível às modas intelectuais. Quando um modelo foi bem-sucedido numa ordem de problemas, ela o aplica em toda parte. (Merleau-Ponty, 2004, p. 11).

Ele nos traz também uma forma de olhar o outro e de sentir o outro, vendo por ele mais do que ele, quando discorre sobre como a contemplação de uma obra de arte pode ser:

> Eu teria muita dificuldade de dizer *onde* está o quadro que olho. Pois não o olho como se olha uma coisa, não o fixo em seu lugar, meu olhar vagueia nele como nos nimbos do ser, vejo segundo ele ou com ele mais do que o vejo. (Merleau-Ponty, 2004, p. 16).

Ele nos ensina:

> O pintor "emprega seu corpo", diz Valéry. E, de fato, não se percebe como um espírito poderia pintar. É oferecendo seu corpo ao mundo que o pintor transforma o mundo em pintura... Essa extraordinária imbricação, sobre a qual não se pensa suficiente, proíbe conceber a visão como uma operação de pensamento que ergueria diante do espírito um quadro ou uma representação do mundo, um mundo da imanência e da idealidade... O enigma consiste em meu corpo ser ao mesmo tempo vidente e visível. Ele, que olha todas as coisas, pode também se olhar, e reconhecer no que vê então o "outro lado" de seu poder vidente. Ele se vê vidente, ele se toca tocante, é visível e sensível para si mesmo. É um si, não por transparência, como o pensamento, que só pensa seja o que for assimilando-o, constituindo-o, transformando-o em pensamento – mas um si por confusão, por narcisismo, inerência daquele que vê ao que ele vê, daquele que toca ao que ele toca, do senciente ao sentido – um si que é tomado portanto entre coisas, que tem uma face e um dorso, um passado e um futuro... (Merleau-Ponty, 2004, p. 14).

Merleau-Ponty também nos descortina como forma de nos vermos no mundo:

> A visão do pintor não é mais o olhar posto sobre um fora, relação meramente "físico-óptica" [30] com o mundo. O mundo não está mais diante dele por representação... ele só é espetáculo de alguma coisa sendo "espetáculo de nada", [31] arrebentando a "pele das coisas", [32] para mostrar como as coisas se fazem coisas e o mundo, mundo. (Merleau-Ponty, 2004, p. 31).

Estar com o paciente em situação de rua é olhar-lhe a angustia. É sempre deixar-se conduzir. Como Angerami, que é referência para a psicologia no Brasil, nos ensina:

Cada vez mais são desprezados os caminhos que não optam pelo tecnicismo e pela sistematização dos padrões de análise e condutas humanas. A psicoterapia existencial é construída de maneira nova a cada momento e em cada encontro terapêutico; ela é sedimentada na verdade que emerge da paixão, e nunca do experimento dito científico; ela é estribada no pulsar do coração, e jamais na generalização de comportamentos obtidos cientificamente de ratos e pombos engaiolados; ela é sustentada pelo choro chorado pela alma humana, e não pelos mecanismos em atrito de alguma possível máquina. A psicoterapia existencial é uma arte destinada a pouco artesãos que, acima de qualquer razão, têm clara a dificuldade de enveredar por caminhos antagônicos aos preceitos considerados praticamente como oficiais no campo da psicoterapia. Não é, nem será jamais uma prática sistematizada com preceitos e normas delimitados formalmente. (Angerami, 2017, p. 156).

Considerações finais (Sub1)

Estar com pessoas em situação de rua é sentir, perceber e ver o irreal e laçá-lo no instante em que se apresenta, pois, a sua aparição pode ser provisória. O ser situado sendo sentido no contexto em que se apresenta sem comparar-lhe com nenhum outro. Não perder a capacidade do espanto e com toda a sua ingenuidade. Estar com pessoas em situação de rua é estar com ela e ser conduzida por ela e ver através dela por ela. É viver com ela a angústia humana que não deixou de estar presente. É saber nada de antemão, nada preestabelecido. E com essa visão olhar algo que se apresenta. O nada antes como postura diante deste ser e a orientar-lhe em um contato corajoso com o nada, depois nada para oferecer-lhe e mesmo assim *arrebentando a pele das coisas.*

Vidas despedaçadas...

Valdemar Augusto Angerami

Para Sulica...

Do incêndio na mata...
Dos hospitais superlotados...
Da vida que clama mais vida...
Da dor que sufoca a alma...
Do grito estancado na garganta...
Da cachaça buscada para o prazer...
Das marcas do pneu no barro do caminho...
De quantas vezes ouvimos sons do desespero...
Da carícia buscada e idealizada...
De que os sonhos são ilusões falseadas...
De dizer eu te amo com a alma sangrando...
Da acidez da vida frente ao sofrimento...
Do suicídio escancarando a realidade humana...
Da timidez juvenil no ruge do batom...
Do desespero incrustrado na dor...
Do frestado de luz que traz esperança...
Dos seios em seu frenesi na palpitação do peito...
Do câncer impiedoso e cruel...
Do religioso levantando esperança e amor nas ruas...
Do aguaceiro que desliza pelas encostas e tudo destrói...
Das vidas arrasadas diante da destruição...
Do bombom de licor anis...
Da adaga cortante cintilando no ar...
De lábios que oram...
De mãos que realizam...
De onde existe amor, Deus aí está...

Serra da Cantareira, numa tarde chuvosa de Verão...

Referências

ANGERAMI, V. A. *Psicoterapia existencial*: noções básicas. Belo Horizonte: Artesã, 2017.

GUERREIRO, S. Pessoas em situação de rua e a autodestruição imposta pela exclusão social. *In*: ANGERAMI, V. A. *Suicídio e suas interfaces*: o ardiloso emaranhado da autodestruição (Org.). Belo Horizonte: Artesã, 2018.

MERLEAU-PONTY, M. *O Olho e o Espírito*. São Paulo: Cosac & Naify, 2004.

SARTRE, J. P. *O imaginário*. São Paulo: Ártica, 1996.

CAPÍTULO 17

Abordagem Técnica a Tentativas de Suicídio: um novo conceito para Salvar Vidas

Diógenes Martins Munhoz

Ao iniciar este capítulo, quero primeiramente agradecer ao meu amigo, Valdemar, que foi muito generoso ao me convidar para escrever essas singelas linhas, e desejo-lhe muito mais sucesso do que ele já tem.

Há cerca de 16 anos estudo e trabalho com a área da suicidologia em sua versão mais urgente e agonizante, ou seja, a própria tentativa de findar a existência, algo de extremidade ímpar. Sou integrante do Corpo de Bombeiros da Polícia Militar do Estado de São Paulo e isso me fez, juntamente com meus colegas, desenvolver uma técnica com um olhar mais humanizado do fenômeno suicida, afinal, respeitar essas pessoas que estão no pior momento de suas existências é realizar um trabalho que tem como objetivo final enaltecer a própria vida, bem maior e intangível.

Ao voltarmos nossa visão para 20 anos atrás, qualquer instituição que abordasse esse tipo de emergência desenvolvia a filosofia de "distrair e pegar", ou seja, o abordador criava várias situações ilusórias para o tentante ao ponto de fazer com que ele deixasse uma aproximação iludida por promessas e mentiras e, na primeira oportunidade, a confiança e o vínculo eram quebrados de forma abrupta. Isso acabava desencadeando uma repulsa muito grande nas futuras abordagens a esse tentante, pois, como sabemos atualmente, estudos mostram que cerca de 70% das pessoas que tentam o suicídio, **caso não sejam tratadas de forma adequada**, irão tentar novamente e, quando a abordagem não é construída sob alicerces de verdade e, principalmente, com respeito ao tentante, uma futura aproximação torna-se cada vez mais difícil para as equipes de emergência e urgência.

Símbolo utilizado por equipes de abordadores no Atendimento pré-hospitalar.

A técnica atual baseia-se em ditames da Psiquiatria, Psicologia, linguagem corporal e até mesmo áreas da Filosofia e foram adaptadas para a realidade do atendimento dessas urgências nos cenários mais inóspitos que abrangem o atendimento pré-hospitalar, ou seja, pontes, sacadas, prédios, viadutos, interior de residências, entre outros.

Para a área do Atendimento pré-hospitalar, a tentativa de suicídio é mais importante que o suicídio em si, pois, enquanto essa última é questão de saúde pública, a tentativa de se matar pode constituir uma ocorrência policial, quebra a ordem pública, que se exige a adoção de medidas administrativas e operacionais especiais de controle de crises. De acordo com o compêndio *Suicídio: informando para prevenir*, da Associação Brasileira de Psiquiatria (2014), o suicídio também faz parte do que habitualmente chamamos de comportamento suicida: os pensamentos, os planos e a tentativa de suicídio. Uma pequena proporção do comportamento suicida chega ao nosso conhecimento.

Uma das principais dificuldades em estudar o fenômeno suicida é o fato de haver muita subnotificação ao efetuarmos uma visão mais detalhada às estatísticas em âmbito nacional, pois, além de haver vários órgãos que atendem esse tipo de ocorrência, há também o fato de algumas tentativas de suicídio não serem tabuladas em qualquer órgão público de atendimento de emergências, como os Corpos de Bombeiros, SAMU ou Polícias Militares.

É notória a importância que envolve o tema, pois, de acordo com todos os dados estatísticos que pude ter acesso, há um crescimento no que tange aos números totais de suicídio no Brasil, evento esse que tem trazido uma atenção especial das equipes de emergência de todo o país.

Não há hoje uma padronização de atendimento no país por parte das equipes de emergência, o que dificulta a transversalidade do conhecimento e a permutação de conhecimento, a fim de melhor desenvolver o tema na área de atendimento de emergência.

A Psiquiatria e a Psicologia abordam tal evento com um foco em um atendimento de consultório, ou seja, sem qualquer tipo de fator externo que possa vir a influenciar no resultado final, porque, atualmente, poucos autores direcionam seus compêndios para a área de atendimento a suicidas em cenários emergenciais, ou seja, onde o socorrista irá realmente atuar.

Por ser integrante do Corpo de Bombeiros do Estado de São Paulo e pesquisador do tema, sempre esbarrei nas seguintes problemáticas: Como abordar um suicida em um local de risco?; O que falar para um suicida?; Como falar?; Distraí-lo para pegá-lo é a melhor opção? Durante muito tempo, essas perguntas permaneceram sem respostas, mas graças ao trabalho de alguns integrantes do Corpo de Bombeiros de São Paulo, hoje podemos ter um norte a seguir para iniciarmos de uma forma padronizada a realização da abordagem a tentativas de suicídio, efetuando e alinhando as técnicas de emergência e urgência com as doutrinas da Psicologia e Psiquiatria.

Para garantir uma abordagem eficaz e segura para as guarnições que trabalham com atendimento pré-hospitalar, temos que nos basear em princípios positivos e negativos e, a partir desses princípios, desenvolver fases na abordagem propriamente dita. Percebam que este escritor não se dirigiu à pessoa que irá falar com o tentante como negociador, pois quem negocia troca alguma coisa, e nós não conseguiremos nunca trocar a vida de um tentante com o oferecimento de alguma coisa, diferente de um negociador.

Uma abordagem correta deve sempre ser pautada por verdade e vínculo com o tentante e, para isso, **nunca** o abordador deve mentir ou prometer algo que não irá cumprir, por exemplo, promessas de emprego. O mapa para a solução de uma ocorrência dessa é simples e bem objetivo: descobrir o fator de proteção e o fator de risco e utilizá-los de forma correta durante a abordagem. Uma vez descoberto tais fatores, a ocorrência tende a findar, acabar. Vamos entender um pouco mais sobre esses fatores.

- **Fator de risco**: alguém ou algum assunto que é extremamente negativo e traz lembranças danosas ao tentante, como um pai que violentou seu filho durante a maior parte da infância. Logo, a presença ou a lembrança desse pai não será bem aceita pela vítima de maus-tratos.
- **Fator de proteção**: alguém ou algo que possa trazer boas lembrança e fazer com que o tentante tenha um motivo para não consumar o suicídio, como uma mãe carinhosa ou a lembrança de um filho querido.

Entretanto, a grande dificuldade dessa técnica é ter a certeza de quando alguma pessoa ou assunto representa fator de proteção ou de risco para um determinado tentante, pois uma mãe, por exemplo, pode representar um fator de risco, dependendo de como é a relação entre ambos.

Um exemplo bem claro de fator de proteção é a situação conjugal que foi desfeita e o tentante, em seu ato, pede a presença do ex cônjuge. Pergunta: Atender ou não atender seu pedido? Caso o ex cônjuge seja um fator de proteção, isto é, alguém que só traz lembranças e memórias positivas, a possibilidade de o tentante desistir da ideia é muito grande, todavia, se o tentante estiver apenas querendo que o ex cônjuge veja a sua morte, o abordador, ao atender seu pedido, acelerou o processo do suicídio. Logo, por não termos a ciência se, neste caso, o ex cônjuge representa um fator de risco ou de proteção, **nunca** devemos ceder a este tipo de pedido.

Alguns princípios são basilares para uma boa abordagem durante o atendimento pré-hospitalar e a possibilidade de uma tentativa ser revertida torna-se cada vez maior quando o abordador consegue seguir uma lógica em suas atitudes perante um tentante. Para isso, devemos sempre estar atentos aos seguintes itens.

Comunicação

A comunicação é a ação mais importante para ajudar o tentante. Devemos observar as ações do tentante para que tenhamos uma leitura de seu estado e podermos, por meio de diálogos dirigidos (que veremos mais adiante), trazer alívio e a melhora de seu sofrimento.

A comunicação pode ser feita por mensagem verbal ou por mensagem extra verbal, que é aquela que realizamos fazendo uso da nossa expressão corporal (postura corporal e mímica facial). Nesse sentido, muitas vezes, o que expressamos por meio da fala se contrapõem ao que o corpo ou a mímica do rosto expressa. Por exemplo: posso dizer que adoro uma pessoa ao mesmo tempo em que meu rosto expressa ódio, raiva, e o tom de voz se eleva, demonstrando ira também.

Faz-se necessário, então, que observemos a linguagem extra verbal dos indivíduos que estão em situação de risco de suicídio, porque ela nos dá uma informação valiosa para prestarmos a assistência, assim como, devemos procurar controlar a nossa comunicação extra verbal, pois passamos informações ao tentante, o qual pode utilizá-las de uma maneira adequada para ele.

Para a formação de um bom abordador, é fundamental que o mesmo conheça a linguagem corporal por dois motivos: para seu próprio controle e para o controle do tentante.

Contato e vínculo com o tentante

Este ponto especificamente trata da relação humana, abordando a confiabilidade entre pessoas, ou seja, você, eu ou qualquer outra pessoa só confiamos e nos vinculamos a pessoas que tenham atitudes positivas, ou seja, o vínculo passa a existir de forma adequada, e quando o profissional passa a ter atitudes adequadas para com o tentante e este, por sua vez, passa a ter segurança e confiança no profissional, isso deve estar presente desde os primeiros momentos do contato.

O profissional precisa dar atenção, saber ouvir, saber compreender e aceitar os atos do tentante, orientar o tentante sobre seu estado e o que deverá ser feito, deve identificá-lo de maneira formal (nome, trabalho, função e o porquê está ali), tornar-se receptivo ao tentante, abordá-lo de forma respeitosa e gentil, sentir-se mobilizado para o sofrimento do tentante e demonstrar que está ali para ouvir o quanto for necessário, sem a mínima pressa de resolver rápido a ocorrência.

Essas questões são de grande ajuda para a formação do vínculo, contudo, devemos ter em mente que **o tentante é quem escolhe a quem, quando e como se vincular a cada abordador.** Uma vez formado esse vínculo, deve-se preservá-lo, pois é de intensa utilidade para conseguir atitudes e abordagens que acabem com a desistência voluntária do tentante de se matar.

O vínculo facilmente se quebra caso o tentante perceba que foi usado, que mentiram para ele, que o ameaçaram ou o desafiaram, e atitudes as mais variadas possíveis podem ser tomadas pelo tentante, caso sinta que o profissional não é confiável.

As Cinco regras para uma abordagem eficaz e segura

Além de um vínculo forte com o tentante, como já visto, certos pontos devem ser extremamente respeitados e seguidos durante uma abordagem, de forma a **nunca** infringir qualquer dos itens que serão apresentados a seguir, pois a tal transgressão facilmente gera a quebra da confiança por consequência do vínculo entre o tentante e o abordador.

Vejamos quais são esses pontos principais e positivos em uma abordagem técnica correta.

Olhar para o tentante

Você já passou pela desagradável experiência de estar conversando com uma pessoa e essa pessoa não olhar para a sua face, ou mesmo, desviar o olhar a todo momento que algo chama a atenção dela, fazendo com que a sua conversa ou o seu assunto se torne secundário? Pois bem, com um tentante a coisa é igualzinha! Olhar para um tentante é preceito básico para a formação de um bom vínculo, além de ser também preceito de educação.

Devemos olhar para o tentante durante o atendimento por uma questão de respeito, demonstrando atenção, percebendo a comunicação extra verbal e, até mesmo como proteção para o profissional, caso estiver disperso e o tentante tentar agredi-lo, porque a reação de movimentos será diminuída e o fator surpresa poderá ser um fator decisivo para o tentante.

Ouvir atentamente

Para demonstrar atenção, educação e respeito ao tentante, devemos ouvir o que o mesmo tem a dizer e, se possível, manter diálogo com o ele, pois, momentos de desabafo podem trazer alívio de tensão e fazer com que o vínculo se estreite, caso haja demonstração de interesse por quem ouve.

No caso de o tentante estar confuso e mudando várias vezes de assunto ou não falar coisas compreensíveis, em momento algum deve-se demonstrar a ele rejeição, rispidez, ameaça moral/física, desafiá-lo, fazer coerção. Tentar explicar o estado ao tentante e fixar limites para que ele não fuja muito do motivo que o levou para a tentativa de suicídio, pois, caso divague muito, a abordagem perderá o objetivo e demorará muito mais do que preciso.

Respeitar pausas silenciosas

Há tentantes que ao relatarem os seus conflitos e problemas durante a ocorrência podem ter um aumento de seu sofrimento e, por vezes, necessitam de uma paralisação, uma pausa para conseguirem se reequilibrar, ordenar o pensamento e aliviarem as pressões.

É comum que o tentante se perca em suas próprias ideias, e caberá ao profissional trazê-lo para a ideia central da abordagem, ou seja, algum fator de proteção que possa evitar a consumação do suicídio. Utilizar pausas silenciosas para fazer o tentante chegar a uma conclusão que pareceria, aos olhos normais, lógica, é uma ferramenta muito importante na abordagem.

Não completar frases para o tentante

A ansiedade em resolver rapidamente este tipo de ocorrência acaba por fazer o socorrista cometer alguns erros basilares como tentar imaginar as frases ou as palavras que o tentante iria dizer, porém, tentantes têm o pensamento de forma mais lenta e, por isso, apresentam dificuldades para se expressar, com isso não conseguem completar frases, falar fluentemente, terminar um assunto. O profissional deve estimular o tentante a concluir a frase, o assunto com as suas próprias palavras, na tentativa de melhorar o curso desse pensamento.

Repetir, resumir e relacionar ideias para o tentante

Quando o tentante mantém um diálogo e fornece várias informações importantes se faz necessário que ao final ou ao tempo que achar adequado o profissional repita as ideias após um pequeno resumo das mesmas e verifique no tentante a repercussão que isto promove. O profissional ao devolver essas ideias deve observar a comunicação extra verbal do tentante assim como as colocações verbais que venham a ser feitas pelo mesmo.

Pois bem, acima descrevi para vocês os principais caminhos que um abordador deve seguir a fim de realizar uma boa abordagem e minimizar ao máximo a possibilidade de presenciar um suicídio em sua frente. Passemos agora a descrever os cinco principais pontos que um abordador deve evitar, ou melhor, nunca fazer.

As Cinco regras básicas para evitar em uma abordagem técnica

Utilizar qualquer tipo de promessa ou mentira na abordagem

Não devemos, em nenhuma ocasião, mentir para o tentante, pois o mesmo, ao descobrir a verdade, sentir-se-á enganado, e o vínculo que possa existir será perdido. Devemos prometer algo, sempre que isso estiver dentro de nossas possibilidades e de uma atuação adequada. O tentante pode pedir proteção, ajuda e atenção ou pedir coisas materiais como alimento, café, cigarro, nesses casos, não é viável dar nada ao tentante, pois em nada o alimento, o café, o cigarro irão ajudar em sua desistência da ideia suicida.

Devemos usar bom-senso frente aos pedidos do mesmo. Não devemos ceder aos pedidos do tentante enquanto ele estiver em situação de risco, no caso de coisas materiais que tivermos facilidade em conseguir, como é o caso de comida, água, celular. Nós devemos fazer o tentante entender que o solicitado estará disponível assim que ele passar para uma situação segura já sob acompanhamento e controle do bombeiro ou da equipe de urgência, ou seja, após ele desistir da ideia de se matar.

Algo que deve ser visto com atenção é quando o tentante psiquiátrico, de posse das informações que passadas frente à situação em que se encontra, em várias ocasiões procede em tentativas de testar a equipe para perceber os pontos fracos. Um dos testes mais comuns está relacionado a algo que é pedido sob ameaça de consumação do suicídio.

Nestes casos, nunca devemos ameaçar, desafiar ou satisfazer a vontade do tentante. Nós, como profissionais, devemos de maneira educada orientá-lo sobre o que podemos fazer, assim como mostrar-lhe a ajuda que podemos proporcionar. Devemos deixar claro que não estamos ali para sermos ameaçados ou nos deixar ser agredidos.

Referir-se ao tentante por nomes depreciativos ou apelidos

Devemos chamar o tentante pelo seu nome, e não colocarmos apelidos, ou mesmo, que de forma carinhosa e respeitosa, chamá-lo de "irmão", "tia", "avó", "mano", etc. Não devemos também fazer comentários negativos sobre o mesmo entre a equipe ou com os familiares e acompanhantes.

Perder a paciência e tornar-se agressivo ou ríspido com o tentante

Em nenhum momento devemos ser agressivos verbal ou fisicamente com o tentante. Nos casos de tentantes com agressividade, devemos usar a ação física somente para nos proteger, mas de forma alguma para agredi-lo. Respeito é fundamental em qualquer abordagem!

Nós devemos adotar a técnica de contenção física se necessário, procurando não agredir o tentante para contê-lo. Também devemos atuar de forma educada e firme com o tentante, demonstrando atenção, sem precisarmos ser grosseiros, mal-educados, ríspidos ou agressivos verbalmente.

Utilizar frases para desafiar o tentante

Há tentantes que ameaçam o profissional frente a uma situação, contudo, devemos lidar não com a ameaça, e sim com a necessidade que o tentante tem. Frente a um desafio do tentante, devemos mostrar-lhe a nossa função de ajuda/de ouvinte. Um exemplo claro desta situação dá-se quando o profissional, ao se aproximar do tentante, é recepcionado com xingamentos e palavrões. Essa é uma situação altamente positiva para as equipes de emergência, pois, além de o tentante buscar o diálogo, mesmo que seja por meio de palavrões, ainda "descarrega" um pouco da sua agressividade perante a situação.

Dar opiniões pessoais sobre o fato que levou o tentante àquela situação

Mesmo que o tentante ou familiar nos peça, não devemos emitir opinião pessoal, julgar os atos ou dar conselhos, pois isso pode piorar, em muito, o estado dele. Por falar em familiares, **nunca, de forma alguma,** leva-se familiares, parentes, conhecidos ou qualquer pessoa que o tentante solicite para que ele deixe de tentar o suicídio. Não são conhecidas as reais intenções do tentante e, com a presença de uma terceira pessoa no cenário, a abordagem poderá tomar rumos inadequados, como a consumação do suicídio só pelo fato de estar à frente da pessoa que ele mesmo exigiu no cenário.

Os grupos de tentantes

Eu sou bombeiro, nunca fiz e não pretendo fazer os cursos de Psicologia ou Psiquiatria, mas admiro e respeito muito esses profissionais que ajudam de forma substancial esse trabalho que hoje está sendo empregado em muitos estados brasileiros. Graças aos conceitos dessas duas áreas, hoje nós, que atuamos no atendimento pré-hospitalar, podemos abordar de forma segura e precisa um tentante.

No entanto, eu sou um leigo, assim como a esmagadora parte dos bombeiros ou policiais com quem tive e tenho a honra de conviver. Dessa forma, como um leigo pode abordar de forma técnica e simples um tentante? A resposta está aí, ou seja, na simplicidade da técnica e na divisão dos tentantes em grupos. Assim, mesmo eu, um leigo, posso identificar e realizar uma abordagem técnica e dirigida.

Não tenho o conhecimento técnico que esses profissionais têm, mas, assim como os bombeiros, policiais, integrantes do SAMU, integrantes do GRAU, tenho a experiência de abordagem em diversos locais da cidade e isso, aliado e auxiliado por esses profissionais técnicos, acaba em uma abordagem segura.

Logo a seguir há uma divisão feita com os nomes que achamos mais viáveis para que conheçam como são feitas as discriminações diante de um tentante, mas isso não quer dizer que as pessoas que estão no grupo dos Psicóticos realmente sejam esquizofrênicas, apenas têm características parecidas, pois, como um leigo, eu não conseguiria fazer tal diagnóstico, assim como o grupo dos depressivos e agressivos.

Ao detectar o grupo em que se encontra o tentante, iniciamos o diálogo dirigido, pois o que eu falo ou abordo com um tentante do grupo dos agressivos não poderá ser igual ao que eu digo e abordo com um tentante do grupo dos depressivos. Mas veja bem, tudo muda, inclusive a postura corporal do abordador.

Vamos ver agora cada um desses grupos e saber como abordar de forma direta e precisa cada um desses tentantes.

Depressivos

O presente grupo se caracteriza pela falta de diálogo com o abordador quando ele se aproxima. O silêncio é a principal característica dos componentes deste grupo. Geralmente, são pessoas que choram e têm uma feição triste. Elas podem ou não apresentar doenças psiquiátricas como a depressão. Esse grupo tem um índice de consumação considerável, mas, assim como os outros dois grupos, a reversão é questão de uma abordagem correta. Geralmente, o abordador tem uma dificuldade inicial de estabelecer vínculo, pois os depressivos evitam o diálogo. Em regra, esses indivíduos necessitam de uma orientação durante a abordagem, pois demonstram carência de aconselhamento muito grande, todavia, o socorrista não deve adotar essa postura, mas sim, ajudar os depressivos e induzi-los a chegar a soluções aparentemente sozinhos.

Agressivos

Dentre os grupos citados, creio que os indivíduos que geralmente desistem da ideia de suicídio com uma certa facilidade são os pertencentes ao grupo dos agressivos, ou mesmo se tornam agressivos durante o diálogo, todavia isso não importa ao abordador que não terá uma postura mais relaxada ou mesmo displicente.

Por definição, dentro de um parâmetro psicológico, a pessoa agressiva é aquela que reage a todo acontecimento, como se fosse uma prova, uma contenda ou uma disputa na sua leitura mental. A competição passa a reinar na alma da pessoa. Se fizermos um levantamento da história do indivíduo, descobriremos que desde cedo o mesmo se esforçou em demasia para não vivenciar a experiência da exclusão.

Durante uma abordagem técnica, tais indivíduos procuram não aceitar qualquer tipo de imposição, e de forma alguma devem ser confrontados, pois isso só os tornariam mais agressivos, com a tendência de consumar o ato suicida.

A postura do abordador é praticamente antônima daquela adotada no grupo dos depressivos. Porém, como disse anteriormente, trata-se de um grupo que se inclina a desistir mais facilmente se comparado aos outros dois. Um dos sinais muito aparente de que pode haver uma desistência da ideia suicida, é quando um tentante que não estava chorando anteriormente à abordagem passa a derramar lágrimas, dessa forma, expondo e se mostrando como uma pessoa que busca socorro em seu choro.

Psicóticos

Neste grupo, enquadram-se as pessoas que têm ou não a doença psicose. Vou explicar melhor. O determinante para que um tentante seja enquadrado no presente grupo é que esteja, no momento da abordagem, sofrendo com alucinações ou com fatos que não sejam verdades. O exemplo mais comum que encontramos no dia a dia das ocorrências atendidas é com pessoas que ouvem vozes ou vêm coisas, animais ou pessoas que não existem. Geralmente, são ocorrências mais demoradas e com uma maior complexidade. Por que são ocorrências mais complexas? Vejam a seguir algumas das muitas manifestações da doença psicose:

- **Delírios**: são ideias falsas, das quais o paciente tem convicção absoluta. Por exemplo: ele se acha perseguido ou observado por câmeras escondidas, acredita que os vizinhos ou as pessoas que passam na rua querem lhe fazer mal.
- **Alucinações**: são percepções falsas dos órgãos dos sentidos. As alucinações mais comuns na Psicose são as auditivas, em forma de vozes. O paciente ouve vozes que falam sobre ele ou que acompanham as suas atividades com comentários. Muitas vezes, essas vozes dão ordens de como agir em determinada circunstância. Outras formas de alucinação, como visuais, táteis ou olfativas podem ocorrer também na Psicose.
- **Alterações do pensamento**: as ideias podem se tornar confusas, desorganizadas ou desconexas, tornando o discurso do paciente difícil de compreender. Muitas vezes, o paciente tem a convicção de que seus pensamentos podem ser lidos por outras pessoas ou que pensamentos são roubados de sua mente ou inseridos nela.
- **Alterações da afetividade**: muitos pacientes têm uma perda da capacidade de reagir emocionalmente às circunstancias, ficando indiferente e sem expressão afetiva. Outras vezes, o paciente apresenta reações afetivas que são incongruentes, inadequadas em relação ao contexto em que se encontram. Torna-se pueril e se comporta de modo excêntrico ou indiferente ao ambiente que o cerca.
- **Diminuição da motivação**: o paciente perde a vontade, fica desanimado e apático, não sendo mais capaz de enfrentar as tarefas do dia a dia. Quase não conversa, fica isolado e retraído socialmente.

Agora, imagine uma pessoa com uma ou mais das características descritas, tentando se matar em cima de uma ponte com 10 metros de altura ou em um quarto fechado com uma faca ou ainda em cima de uma torre de transmissão de sinal de celular. Fácil, né?

Está longe de ser fácil, mas não é uma missão impossível. Caberá ao abordador seguir além das linhas pré-determinadas de qualquer abordagem e atentar ao seguinte:

- Após ser detectado o grupo a que o tentante faz parte, o abordador deverá realizar a abordagem dirigida, de acordo com os ditames mencionados e, para isso ocorrer de forma segura, algumas fases devem ser obedecidas.

Por lógica, essas poucas linhas não resumem a técnica completamente, apenas dá ao leitor uma noção de como as equipes que lidam nas áreas de Urgências e de Emergências vêm se preocupando com essas pessoas que merecem, não só uma preparação mais técnica, mas também o maior grau de respeito possível.

Referências

BERTOLE, José Manoel. *O Suicídio e sua Prevenção*. São Paulo: Ed UNESP, 2012.

BOTEGA, Neury José. *Crise Suicida*: avaliação e manejo. Porto Alegre: Artmed, 2015.

MUNHOZ, Diógenes Martins. *Proposta de Capacitação ao Efetivo do Corpo de Bombeiros do estado de São Paulo ao atendimento de ocorrências de tentativas de suicídio.* Monografia (Mestrado Profissional do Curso de Aperfeiçoamento de Oficiais), 2016.

MUNHOZ, Diógenes Martins. *Manual de Abordagem Técnica a Tentativas de Suicídio*, 2006. Matrícula Biblioteca Nacional, n. 9779/17.

POESIA

De um olhar...

Isabella Leão

Para o meu Lindo...

Ah esse olhar...
Formato, cor, presença tão única...
Invade meus olhos alcança minha alma...
Olhar apaixonado, encantado com os enlaces da vida.
Olhar que pinça a essência do outro e acolhe e abraça.
Maneiras únicas do seu jeito charmoso de ser.
Olhar vibrante, penetrante se conecta...
E se lança ao sentimento...
Enlaça nesse reconhecimento com tudo que nos envolve...
Traz para o presente o amor em algum momento vivido...
Intensamente vivido...
Em cada conexão confirma a essência desse sentir...
De um tempo esteve por aqui...
E já em um tempo presente...
Ganha intensidade cada vez maior...
Nesse coração que mesmo distante...
Te sente tão presente.

Os autores

Organizador

Valdemar Augusto Angerami

Professor de pós-graduação em Psicologia da Saúde na PUC-SP; professor convidado do programa de pós-graduação em Psicologia e Oncologia da Unicamp; professor do programa de pós-graduação em Psicologia da Saúde na UFRN. Autor com o maior número de títulos publicados em Psicologia no país e adotados nas principais universidades do Brasil, América Latina, Portugal, Espanha e Canadá

Colaboradores

Alessandra de Lima Araújo

Assistente Social pela Universidade Federal de Pernambuco (UFPE). Especialista em Saúde Coletiva pela FIOCRUZ-PE.

André Faro

Docente da Graduação e do Programa de Pós-Graduação em Psicologia da Universidade Federal de Sergipe (UFS). Pós-Doutor em Saúde Pública e Saúde Mental pela Johns Hopkins University (Bloomberg School of Public Health) (2017-2018). Doutor em Psicologia pela Universidade Federal da Bahia (2008-2010). Pesquisador CNPq – Nível 2.

Andrea dos Santos Nascimento

Professora Adjunta do Curso de Psicologia/UFES. Coordenadora do Projeto de Extensão Gestalt-terapia, Escuta e Acolhimento de Grupos. Orientadora de pesquisas na Abordagem Gestáltica em uma perspectiva decolonial.

Andrea Regina Soares Poppe

Psicóloga com licenciatura e bacharelado pela Universidade Católica de Santos desde 1992. Atuante, desde então, no Sistema Único de Saúde, primeiro no Aprimoramento profissional do Hospital Regional Guilherme Álvaro e, logo em seguida, como funcionária pública atuando na área de Assistência Social com população de rua, crianças e adolescentes em vulnerabilidades e abrigados. Coordenou ainda a Coordenadoria de Apoio à Mulher. Trabalhou também mais de 15 anos na saúde mental nos projetos de Reabilitação Psicossocial e CAPS Infantil. Atuante, principalmente à frente dos projetos em vulnerabilidades com diversas populações, hoje trabalha com saúde da família. Ao todo foram 29 anos e 4 meses de dedicação ao Suas e Sus. Docente universitária há 13 anos, ministrou várias disciplinas e esteve à frente de vários estágios como psicopatologia geral/especial, oficina de criatividade e psicodiagnóstico interventivo. Doutoranda investigando a correlação entre Imago materna (e Imago parentais introjetadas) e traços depressivos em crianças a partir de variáveis como tristeza, apatia e introspecção. Tem 5 especializações e pós-graduações *lato sensu* (USP, Unisantos e Unifesp), e um mestrado (2009) realizado na Unifesp que gerou publicação em revista Qualis A. Escritora desde 2017. Trabalha ainda na interface psicanálise das imagens (fotografia).

Bruno Gonçalves

Graduado em Psicologia. Especialista em Psicologia em Saúde pelo Conselho Federal de Psicologia – CFP. Especialista em Docência no Ensino Superior pela PUC-RS. Formado em Psicoterapia Fenomenológico Existencial no Centro de Psicoterapia Existencial. Professor no curso de Formação em Psicoterapia Fenomenológico Existencial no Centro de Psicoterapia Existencial. Atuação como psicólogo na prefeitura de Jundiaí.

Cláudia Cristina Lima de Castro

Psicóloga pela Universidade Federal de Pernambuco (UFPE). Especialista em Saúde Coletiva pela FIOCRUZ-PE. Especialista em Vigilância em Saúde pelo Sírio Libanês.

Denise Pereira Alves de Sena

Psicóloga clínica com experiência em atendimentos individuais e casais. Mestre em Psicologia pela Universidade Católica de Brasília. Psicanalista. Especialista em Psicologia da Saúde. Especialista em Sexualidade Humana. Terapeuta habilitada para utilização da terapia EMDR (Eye Movement Dessensitization and Reprocessing). Publicações nas áreas de autoextermínio e famílias. Sócia-fundadora e responsável técnica da clínica de Psicologia Somos Todos Um, em Brasília/DF.

Diógenes Martins Munhoz

Tenente Coronel do Corpo de Bombeiros de SP. Trabalhou 18 anos na Escola Superior de Bombeiros de SP. Idealizador da Técnica e do Curso de Abordagem Técnica a Tentativas de Suicídio. Membro da ABEPS (Associação Brasileira de Estudos e Prevenção do Suicídio). Professor do Instituto Vitalere de Prevenção e Posvenção de Suicídio. Cofundador do Instituto Brasileiro de Abordagem Humanizada a Tentativas de Suicídio. Formado pela Academia de Polícia Militar do Barro Branco – 1996. Bacharel em Direito pela Universidade Paulista – 2002. Engenheiro Civil pela Universidade de Guarulhos – 2012. Psicanalista. Mestre em Ciências Policiais pela Academia de Polícia Militar do Barro Branco – 2015. Doutor em Ciências Policiais e Segurança Pública pelo Centro de Altos Estudos da Polícia Militar de São Paulo. Coautor do Livro *Atendimento Pré Hospitalar* – GRAU – 2014. Coautor do Livro *Psiquiatria Estudos Fundamentais* –2018. Coautor do livro APH no Trauma – 2019. Autor do Livro *Abordagem Técnica a Tentativas de Suicídio* – 2018. Autor de 7 artigos científicos referentes ao tema da Suicidologia.

Ênio Brito Pinto (CRP 06/14675)

Psicólogo. Mestre e Doutor em Ciência da Religião. Pós-Doutor em Psicologia Clínica. Gestalt-terapeuta. Professor convidado de cursos de especialização e formação na Abordagem Gestáltica. Autor, dentre outros, de *Os Padres em Psicoterapia*: *Esclarecendo singularidades*; *Elementos para uma compreensão diagnóstica: O ciclo de contato e os modos de ser*; *Dialogar com a Ansiedade: Uma vereda para o cuidado*; além de livros, artigos e capítulos de livros nas áreas de psicoterapia, psicologia da religião e sexualidade.

Fausto Rocha Fernandes

Graduada em Psicologia pela Unitri – Centro Universitário do Triângulo. Mestre em Promoção da Saúde, Desenvolvimento Humano e Sociedade pela Ulbra – Universidade Luterana do Brasil, Canoas-RS. Especialista *Latu Sensu* em Docência no Ensino Superior pela Unicid – Universidade Cidade de SP. Pós-Graduado em Psicologia do Trânsito pela Universidade Católica de Brasília-DF. Especialista *Lato Sensu* em Psicologia do Trânsito pela Faculdade Venda Nova do Imigrante-ES. Formação em Gestalt-Terapia e Psicoterapia Fenomenológica pela Alethéia – Centro em Desenvolvimento em Psicologia, Uberlândia-MG. Docente e Supervisor de Estágios do Curso de Graduação em Psicologia da Unifucamp de Monte Carmelo-MG, Uniube de Uberlândia--MG e Unitri de Uberlândia-MG. Coordenador e Professor da Especialização *Lato Sensu*: Psicologia Clínica Humanista, Fenomenológica Existencial pelo Instituto Suassuna de Goiânia-GO e do Grupo de Estudos em ACP – Abordagem Centrada na Pessoa na FEP – Fernandes Eventos em Psicologia de Uberlândia-MG. Diretor Executivo do Simpósio Uberlandense de Psicologia e da FEP – Fernandes Eventos em Psicologia. Psicólogo Perito Examinador de Trânsito na Clínica São Miguel de Uberlândia-MG. Psicoterapeuta Humanista Fenomenológica Existencial (Crianças, Adolescentes e Adultos) Self: Clínica de Psicologia e Pesquisa e Clínica Vida Medicina e Psicologia. Coautor dos Livros: Suicídio e suas Interfaces: o Ardiloso Emaranhado da Autodestruição e Atualidades em Psicoterapia Fenomenológico Existencial.

Francisco B. Assumpção Jr.

Psiquiatra. Mestre, Doutor e Pós-Doutor em Psicologia pela PUC-SP. Professor livre docente pela FMUSP. Professor associado do IPUSP. Membro das Academias Paulista de Medicina (cad. 103) e Psicologia (cad. 17).

Giulia Falcão-Lima

Psicóloga graduada pela Universidade Federal de Sergipe (UFS). Membro do Grupo de Estudos e Pesquisas em Psicologia da Saúde (GEPPS/UFS).

Gláucia Torres

Graduanda em Psicologia pela Universidade Estadual de Maringá (UEM). Bolsista PIBIC-AF-IS/CNPq-FA-UEM Integrante do Laboratório Interinstitucional de Estudos e Pesquisa em Psicologia, Fenomenologia e Existencialismo (LIEPPFEX – DPI/UEM) e do Grupo de Estudos em Fenomenologia e Existencialismo (GEFEX – DPI/UEM). *E-mail*: glaucia_torress@hotmail.com

Henrique Landim Santos

Bacharel em Psicologia; Graduado em Relações Internacionais; Pós-Graduado em Psicopatologia e transtornos mentais. Pós-Graduado em Psicologia Forense; Especialista em saúde Mental (IMIP); Mestrando em Psicologia (UFPE).

Isabella Leão

Graduada em Psicologia pela FUMEC, Especialista em Psicologia Hospitalar pela PUC - MINAS. Já atuou nos serviços de saúde mental, unidades básicas e saúde e hospitalar na rede SUS de Belo Horizonte. Atualmente, atua no serviço ambulatorial na rede de educação de Minas Gerais. Membro do grupo de estudos A Clínica Sob Sartre, coordenado por Valdemar Augusto Angerami co-autora no livro *A Psicoterapia Sob Sartre*, Angerami, V.A., (org.), Belo Horizonte: Artesã Editora, 2022;

Joana Paula de Souza Vieira

Psicóloga formada pela UFES. Atualmente, atua como psicóloga no CRAS de Itaguaçu/ES, sendo técnica PAIF e técnica do SCFV.

Liana Mirela Souza Oliveira

Psicóloga. Atua na área clínica-hospitalar do Complexo Hospitalar de Doenças Dr. Clementino Fraga. Mestre e Doutoranda em Psicologia Social pelo PPGPS/UFPB. Especialista em Psicologia em Saúde pelo CFP e em Preceptoria do SUS pelo Sírio Libanês. Experiência docente nos cursos de Graduação em Fisioterapia, Psicologia e Medicina e de Pós-graduação *Latu Sensu*, nas áreas de Educação e Saúde, das Faculdades Integradas de Patos (UNIFIP).

Luiz José Veríssimo

Psicólogo clínico (PUC-RJ). Graduado, Mestre, Doutor e Pós-doutor em Filosofia (UERJ). Graduado em Comunicação Social (Jornalismo, UFRJ). Professor adjunto da Universidade Veiga de Almeida (UVA). Supervisor clínico em psicoterapia existencial e humanista na UVA. Professor do curso de Pós-Graduação-Especialização Psicoterapia Existencial Vivencial e Dialógica na PUC-RJ. Professor do curso de Especialização em Psicologia Clínica Existencialista Sartriana – NUCAFE. Professor do curso de Psicologia Fenomenológico-Existencial na UNIPAR. Membro do Grupo de Estudos *A Clínica em Sartre*, coordenado por Angerami-Camon. Membro da SEAF (Associação de Estudos e Atividades Filosóficas). Publicou livros, capítulos e artigos nas áreas de Psicologia Fenomenológico-Existencial, Psicologia Junguiana, Amor e Afetividade, Ética, Filosofia da Religião, Ecologia.

Maiara da Silva

Graduada em Psicologia pela Ufes. Mestre em Psicologia pela Ufes. Atualmente, está como Psicóloga na Guarda Municipal de Vila Velha/ES.

Maísa Carvalho Silva

Mestre em Psicologia pela Universidade Federal de Sergipe (UFS). Psicóloga clínica pelas abordagens TCC e DBT. Membro do Grupo de Estudos e Pesquisas em Psicologia da Saúde (GEPPS/UFS).

Maria Aparecida Penso

Psicóloga. Mestre e Doutora em Psicologia Clínica pela Universidade de Brasília. Pos-Doutora em Psicossociologia pela Universidade Federal Fluminense. Terapeuta individual, de Casais e Família. Professora Titular do Programa de Pós-Graduação em Psicologia da Universidade Católica de Brasília. Pesquisadora nos seguintes temas: Violência contra crianças, adolescentes, mulheres e idosos; Dependência química, família e exclusão; Construção de metodologia de intervenção com adolescentes e famílias Crianças e adolescentes em situação de acolhimento institucional, história de vida de egressos do sistema prisional.

Maria Carmelita Maia e Silva

Graduada em Medicina pela Universidade Federal de Pernambuco. Mestre em Nutrição pela Universidade Federal de Pernambuco. Doutora em Saúde Pública pelo Centro de Pesquisa Aggeu Magalhães.

Moisés Abdon Coppe

Psicólogo Clínico com ênfase Humanista-Existencial. Psicólogo do Centro de Referência de Assistência Social – Coronel Pacheco – MG. Psicodramatista. Teólogo. Professor universitário e professor de educação básica. Doutor e Mestre em Ciências da Religião. Membro do Conselho do Instituto Rubem Alves. Membro da ONG Koinonia – Presença ecumênica e serviço. Membro do grupo de estudos *A Clínica em Sartre*, coordenado por Valdemar Augusto Angerami. Coautor nas obras: *O Suicídio e suas Interfaces*; *Suicídio no Cinema*; *Psicoterapia sob Sartre* e *Psicologia e Religião* Palestrante, escritor e poeta.

Patrícia Cardoso de Oliveira

Psicóloga. Graduada na Universidade do Estado de Minas Gerais - UEMG. Pós graduada em Psicologia Clínica - Humanista Fenomenológica Existencial pelo Instituto Suassuna.

Raquel Araújo de Vasconcelos

Formada em Medicina de Família e Comunidade (IMIP). Trabalha na função Médica da Estratégia da Família do Projeto Mais Médicos (Ministério da Saúde), município de Jaboatão dos Guararapes (PE).

Sabrina Andrade Rocha

Graduada em Psicologia pela ULBRA – Instituto Luterano de Ensino Superior de Itumbiara-GO (2015-2019). Pós-Graduada em Clínica Humanista

Fenomenológica Existencial pelo Instituto Suassuna (2019-2021). Pós-Graduada em Psicologia do Trânsito e em Psicologia Organizacional e do Trabalho pela UniAmérica (2021-2022). Pós-Graduada em Psicoterapia *On-line* pela Unyleya (2021-2022). Pós-Graduada em Didática do Ensino Superior e em Gestão de Risco e Cybersegurança pela Faculdade Focus (2021-2022). Pós-Graduada em Gestão de Clínicas e Consultórios pela Unopar (2021-2022). Pós-Graduada em Sociologia pela Faculdade Focus (2022-2022). Pós-Graduada em Direitos Humanos pela Faculdade Cenes (2022-2022). Formada em Abordagem Centrada na Pessoa (Formação ACP). Mestrado em andamento em Processos Psicossociais em Saúde e Educação pela Universidade Federal de Uberlândia-MG (2022-2024). Psicóloga Clínica desde 2020. Preceptora e Supervisora Clínica.

Silvana Carneiro Maciel

Psicóloga. Mestre em Psicologia Social pela Universidade Federal da Paraíba. Doutora em Psicologia Social pela UFRN/UFPB. Pós-Doutorado em Psicologia Social pelo ICS-Portugal. Professora do Departamento de Psicologia e do Programa de Pós-graduação em Psicologia Social da Universidade Federal da Paraíba. Coordenadora do Grupo de Pesquisa em Saúde Mental e Dependência Química (GPSMDQ/UFPB). Supervisora de Estágio: Psicologia Clínica e Hospitalar. Bolsista Produtividade em Pesquisa CNPq (PQ-2). Pró-reitora de Graduação da UFPB.

Sueli Guerreiro

Psicóloga. Formada em Psicoterapia Fenomenológico Existencial pelo Centro de Psicoterapia Existencial. Professora no Módulo *Temas Existenciais*; no Curso de Formação em Psicoterapia Existencial no Centro de Psicoterapia Existencial. Atuou com pessoas em situação de rua há mais de 20 anos com predominância em drogadição. Coautora dos livros *Atualidades em psicoterapia fenomenológico existencial*; *Sobre o Suicídio*; *A psicoterapia diante da autodestruição*; *A psicoterapia sob Sartre*; *O suicídio no cinema*; *Suicídio e suas interfaces*; *O ardiloso emaranhado da autodestruição*; *A psicologia da saúde na prática. Teoria e prática*; *Psicologia e Religião. Gerais*. Membra do grupo de estudos *A Clínica Sob Sartre*, coordenado por Valdemar Augusto Angerami.

Sylvia Mara Pires de Freitas

Doutora em Psicologia pela Universidade Estadual de Maringá (UEM/PR). Docente dos cursos de Graduação e de Pós-Graduação em Psicologia (Mestrado e Doutorado – UEM). Autora do livro Psicologia Existencialista de Grupos e da Mediação Grupal: contribuições do pensamento de Sartre, lançado em 2018 pela Editora Appris. *E-mail*: sylviamara@gmail.com

Thaís Fernanda de Oliveira Martins

Mestre em Psicologia pelo programa de Pós-Graduada em Psicologia (PPI/UEM). Integrante do Laboratório Interinstitucional de Estudos e Pesquisa em Psicologia, Fenomenologia e Existencialismo (LIEPPFEX – DPI/UEM) e do Grupo de Estudos em Fenomenologia e Existencialismo (GEFEX – DPI/UEM). Psicóloga clínica. *E-mail*: thaisffernanda@hotmail.com

Walter Lisboa

Docente da Graduação em Psicologia da Universidade Federal de Sergipe. Doutor pelo Programa de Psicologia Clínica do Instituto de Psicologia da Universidade de São Paulo (2012-2015). Terapeuta Cognitivo certificado pela Federação Brasileira de Terapias Cognitivas.

Construindo ideias
e conectando mentes

Este livro foi composto com tipografia Bembo Std
e impresso em papel Pólen Soft 80g.
na Gráfica Formato em outubro de 2023.